Japanese Economic History:

1600-2015

日本经济史：1600-2015

〔日〕浜野 洁　井奥成彦　中村宗悦　岸田 真
　　　永江雅和　牛岛利明 / 著

彭曦　刘姝含　韩秋燕　唐帅 / 译

南京大学出版社

阅读日本书系编辑委员会名单

委员长

　　谢寿光　社会科学文献出版社社长

委　员

　　常绍民　三联书店(北京)副总编辑
　　张凤珠　北京大学出版社副总编辑
　　谢　刚　香港和平图书有限公司总裁
　　马汝军　新星出版社社长
　　章少红　世界知识出版社总编辑
　　金鑫荣　南京大学出版社社长兼总编辑
　　刘佩英　上海交通大学出版社社长兼总编辑

事务局组成人员

　　杨　群　社会科学文献出版社
　　胡　亮　社会科学文献出版社
　　梁艳玲　社会科学文献出版社
　　祝得彬　社会科学文献出版社
　　梁力匀　社会科学文献出版社

阅读日本书系选书委员会名单

姓名	单位	专业
高原 明生(委员长)	东京大学 教授	中国政治、日本关系
苅部 直(委员)	东京大学 教授	政治思想史
小西 砂千夫(委员)	关西学院大学 教授	财政学
上田 信(委员)	立教大学 教授	环境史
田南 立也(委员)	日本财团 常务理事	国际交流、情报信息
王 中忱(委员)	清华大学 教授	日本文化、思潮
白 智立(委员)	北京大学 政府管理学院 副教授	行政学
周 以量(委员)	首都师范大学 副教授	比较文化论
于 铁军(委员)	北京大学 国际关系学院 副教授	国际政治、外交
田 雁(委员)	南京大学 中日文化研究中心 研究员	日本文化

再版前言

本书的旧版《日本经济史：1600—2000》刊行于 2009 年。该书因为通俗易懂而一直受到好评，被许多大学用做教材，曾多次增印。正如书名所示，该书的论述范围截至 2000 年，也就是泡沫经济瓦解后所谓"失去的 10 年"的阶段。

但是，在那之后日本经济发生了急剧变化。从 2001 年至 2006 年长期执政的小泉内阁基于"小政府"论推动结构的调整，可是就在人们还没有来得及实际感受经济复苏所带来的恩惠的时候，由于 2008 年美国次贷危机的影响，日本经济再次陷入严重萧条，"失去的 10 年"因此变成了"失去的 20 年"。接着，2011 年又发生了东日本大地震这一史无前例的自然灾害，经济萧条的状况持续了下来。之后成立的安倍晋三内阁实施了宽松的货币政策，积极扩大财政规模，希望以此使经济复苏增长，不过财政健全化的问题被搁置起来了，这种状况一直持续到现在。

我们一方面必须将这些新的经济动向反映到教材中去，另一方面在这期间日本经济史的研究也取得了长足的进步，有必要吸收这些成果。另外，还有必要向读者强调如何将各个时代的问题与现代联系起来思考。因此，我们重新审视该书，对内容进行了增补和修订。另外在第二章至第五章的最后又增加了"从历史中读取现代"的小节，并在第六章最后增补了 2000 年以后的内容，以《日本经济史：1600—2015 年》的书名重新出版。

在此，必须就作者方面的重大变故进行说明。主要作者浜野洁君于2013年12月23日不幸离世。他人格高尚,和蔼可亲,成果卓著,对学界做出了很大贡献。由他撰写的第一章便是其研究成果的集中体现。该部分现在依然保持着生命力,因此本书保持了原貌。我们希望将本书献给已故的浜野君。

最后对在本教材的选题以及编辑上鼎力支持的藤村信行先生、村山夏子女士表示衷心的感谢。

著者
2017年1月

前　言

由美国次贷所引发的金融危机不仅给发达国家,也给发展中国家带来了很大的冲击,而且其影响仍然在扩大。美国联邦储备委员会(FRB)前主席格林斯潘说这次经济危机是"百年不遇的海啸"①,屡屡暴跌的股票价格让人联想到20世纪初爆发的世界经济危机。

由纽约股市的暴跌(黑暗的星期四)所引发的世界经济危机发生在80年前的1929年10月24日。之后,经济危机席卷全球。主要工业国家美国、德国的工业生产减少了一半以上,失业率急剧上升。另外,世界上许多银行倒闭,金融系统陷入瘫痪状态。危机持续了4年,到1933年前后才逐渐平息,完全恢复过来则花费了更长的时间。

凯恩斯政策便是出于对世界经济危机的反省而出台的。该政策认为国家通过财政以及金融政策能够有效地控制有效需求。此外,还出台了替代金本位制的管理货币制度。虽然战后进一步得到发展的经济学已使这两种工具变得更加精致,但是,用高度发达的理论武装起来的现代经济学这种工具离尽善尽美依然相距甚远,这一点在这次经济危机中暴露无遗。诺贝尔经济学奖得主克鲁曼说:"丝毫没想到在自己的有生之年会遇到类似世界经济危机的事态。"②从他的这句话中我们可以看出经济学家受到了极大的震撼。

另外,这样的事实也表明:即便在极其发达的现代经

---

① 《日本经济新闻》,2008年10月24日。
② 《朝日新闻》,2008年10月14日。

济中,"历史的反复"这种单纯的经验教训依然没有过时。也就是说,此次的次贷危机也许就包含着80年前的经济危机中应对危机、重建经济时的重要教训。在这一点上,不妨认为一直被认为处于边缘的"经济史"这门学科即便在现代也具有实用性。本书所描绘的"经济史"正是包含这种意义的研究领域。

简而言之,经济史这门学科就是对经济发展进行历史考察的学科领域。在叙述历史时提及经济的做法自古就有,但经济史作为一个学科领域独立出来则是19世纪前半叶的事情。当时,经济上还处于落后状态的德国逐渐形成了一种思维,认为应该采取贸易保护政策来扶植本国产业以发展经济,被称为"历史学派经济学"。这一思维与在各国经济中追求普遍规律、主张自由贸易的古典经济学尖锐对立。起源于德国的历史学派经济学关注每个国家经济发展的差异,并对其进行比较,被认为是经济史研究起源。

福田德三是日本最早接触历史学派研究成果的人,他从1898年起留学德国,在慕尼黑大学师从路约·布伦塔诺。福田在学习欧洲经济史的过程中注意到日本经济史的变化与欧洲有共同点,他在1900年提交并出版的用德语撰写的题为《日本经济社会的发展》的博士论文,可以说是日本经济史研究的出发点。

经济史研究从19世纪至20世纪在各国都很盛行,这与起始于英国的工业化在欧洲大陆获得进展,然后扩大到全世界的时期是一致的。在那个时期的欧洲、美国以及日本等地区和国家,当务之急是实现工业化以赶超英国。因此,在20世纪的经济史研究中,关于工业化过程的研究是最重要的课题。在那样的背景下,日本在19世纪末正式迈出了工业化的步伐,并在很短的时期内成为举世闻名的工业国家。为了探讨日本成功的原因,从20世纪70年代前后起,日本经济史研究不仅在日本国内,而且在世界上也受到了普遍关注。

本书是立足于比较史视点撰写的第一部日本经济史

入门教材。具体来说,本书适合具有一些微观经济学、宏观经济学基础的大学生使用。我们常常听到一些大学生抱怨说:"没想到经济学这么枯燥无聊。"我们认为这种状态是由两方面的原因造成的。首先,日文版的经济学入门教材中经济方面的具体事例少,容易沦为图式性的罗列,而对于缺乏实际社会经验的学生来说,从理论教材来想象现实经济并非易事,因此他们将经济学理解为单纯的数学公式也顺理成章;其次,随着学科的细分化、专业化,理论研究和实证研究(特别是实证历史研究)之间的距离逐渐扩大,因此很多学生觉得经济学的每门课程之间没有什么关联,难以从整体上来把握。

但是,到了20世纪末,经济学研究状态发生了急剧的变化。其直接原因是世界经济面临许多不曾预料到的问题。例如:人们认为因为经济政策的进步而得到了克服的通货紧缩再次在许多国家肆虐。即便在日本,人们对被称为"失去的十年"的平成萧条依然记忆犹新。80年前发生的"世界经济危机"再次受到世界的关注,对此发表了许多研究成果,这些都表明历史的经验中依然有许多东西值得我们借鉴。也就是说,我们以新理论知识为基础,通过对过去的政策进行探讨,能够找出解决在前文中提及过的金融危机等现在所面临的经济问题的线索。[①]

另外,本书还在以下几点下了一些功夫。第一,本书时间跨度较大,涵盖从近世到现代。近年来,将重点摆在工业化过程,仅以近代以后的历史为对象的日本近代经济史教材有所增加,但本书将叙述的年代往前推了。具体来说,包括对近世[②]日本经济(不过,有些叙述是从古代开始)的叙述,这是因为尽管20世纪20年代以来在经济史研究中以近世为对象的数量经济史研究取得了显著进展,但将那些成果浅显地进行解说的书却很少。目前围

---

① 岩田规久男所编的《昭和恐慌的研究》(东洋经济新报社,2001年)便是日本经济史研究的一个例子。

② 译者注:"近世"作为日本历史的分期用语,指1568年至1868年。请参见本书正文第1页。

绕近世经济发展对后来的工业化影响这一点,有各种各样的议论。作为探讨工业化的前提条件,尤其应该重视对那些近世经济"遗产"的探讨。

第二,本书在各章的前面设置了"总论",从长期时间系列数据中选出重要的东西并加以解说。近代的数量研究,即近代以来历史统计相当充实,大川一司等主编的《长期经济统计》(由东洋经济新报社发行,附带有分析)就是一个典型的例子,我们可以凭借非常准确的数据对日本经济的发展进行回顾。这种时间系列数据未必均值持续,不过回顾1600—2000年是做得到的。本书意识到了这一点,故以《日本经济史:1600—2000》为题。在每节的开头部分,通过仔细阅读这些数据,可以更加准确地理解经济发展的过程。

第三,本书分为六章,章的划分与一般历史时代的划分时有不同。例如:第二章横跨明治维新,也就是说在时代划分上将近世与近代连续来看待。这种编写方法反映了重视近世经济系统和近代经济系统之间连续性的日本经济史的新观点。第五章也同样横跨了太平洋战争,将战前和战后作为一个连续的整体来看待。这种区分方式是一种尝试,目的在于打破以政治史为基准的时代框架,在中立性框架内给日本经济史进行定位。

遗憾的是,作为初级入门概论,本书受到篇幅的限制,很多新研究成果以及论争中的热点问题不得不省略。不过我们意识到这一点,并尽量列出了参考文献,希望读者以此为线索接触更专业的内容,以让本书起到一个引路的作用。

在此,我们要衷心感谢帮助撰写专栏的荒武贤一朗、田口英明、谷本雅之、岛田昌和、高桥周、镇目雅人、中村一成、小林启祐、岛西智辉各位。另外,也衷心感谢桥野知子女士对草稿提出的宝贵意见。另外,庆应大学出版会的岛崎劲一、藤村信行先生在本书的选题、编辑方面给予了大力支持。多亏他们不断鼓励,才能使著者如期交稿,才使本书得以面世。对此,我们表示衷心的感谢。

著者

2009年1月

目　录

再版前言 / 1
前言 / 1

第一章　近世的成立和全国市场的形成 / 1
　　总　论　　从经济指标看江户时代 / 1
　　第一节　大开垦的时代 / 10
　　第二节　海运的完善和全国市场的形成 / 15
　　第三节　"锁国"和开展贸易 / 25
　　第四节　从元禄到享保 / 36

第二章　从田沼时代到松方财政 / 42
　　总　论　　过渡期的经济构造 / 42
　　第一节　政策的推移（1）——从田沼期到幕藩体制崩溃 / 47
　　第二节　政策的推移（2）——从明治政府成立到松方通货紧缩结束 / 56
　　第三节　产业的发展 / 65
　　第四节　对外关系的变迁 / 78
　　从历史中读取现代——近世日本的人口与生活水平 / 84

第三章　从松方通货紧缩到第一次世界大战 / 89
　　总　论　　战前日本的经济发展（1881—1940年）/ 89
　　第一节　近代经济增长的开始 / 98
　　第二节　诸产业的发展及产业结构的变化 / 110
　　第三节　从"小政府"到"大政府" / 123
　　第四节　日本与亚洲 / 131

从历史中读取现代——从松方正义的经济政策看现代 /141

第四章　从第一次世界大战到昭和恐慌期 /144
　　总　论　国际体系的转变和日本经济 /144
　　第一节　第一次世界大战与日本经济 /147
　　第二节　20世纪20年代的日本经济 /153
　　第三节　经济政策和金解禁问题 /168
　　第四节　世界恐慌和昭和恐慌 /178
　　第五节　"高桥财政"和20世纪30年代的日本经济 /185
　　从历史中读取现代——政府债务的增加会带来什么？ /196

第五章　从战时经济到民主化、复兴 /201
　　总　论　"连续"和"断裂"的时代 /201
　　第一节　战时统制经济的形成和崩溃 /206
　　第二节　战败和战后改革 /216
　　第三节　通货膨胀下的战后复兴 /228
　　第四节　从道奇方针到特需景气 /239
　　从历史中读取现代——战时经济研究的潮流 /251

第六章　从高速增长到平成萧条 /254
　　总　论　战后经济的增长和停滞 /254
　　第一节　高速增长的机制 /259
　　第二节　高速经济增长的终结和结构调整——20世纪70年代—80年代前半期的日本经济 /281
　　第三节　泡沫经济及其崩溃——20世纪80年代后半期之后的日本经济 /291
　　第四节　从"失去的10年"到"失去的20年" /300

引用·参考文献 /304
年表 /325
译后记 /340

图表目录

第一章

图 1-1①　近世实收石数的变化(1600—1872 年) / 6

图 1-1②　近世人口的变化(1600—1872 年) / 6

图 1-1③　近世耕地面积的变化(1600—1872 年) / 7

图 1-1④　近世经济诸变量间的关系(1600—1872 年) / 7

图 1-2　广岛米价的推算值(1620—1858 年) / 8

图 1-3　长崎的银输出量(1648—1672 年):5 年间变化的平均值 / 31

图 1-4　长崎荷兰船铜出口量(1646—1805 年):5 年间变化的平均值 / 32

表 1-1　江户时代的微观经济指标 / 4

表 1-2　1714 年大阪进出口商品的前 15 位 / 19

表 1-3　小判和丁银、豆板银的成色变化 / 37

第二章

图 2-1　1818—1871 年(文政元年—明治四年)江户白米、酱油、酒、灯油每石零售价格的变化 / 43

图 2-2　主要国税的比率变化 / 61

图 2-3　浓酱油的制造法 / 70

图 2-4　沙司的制造法 / 70

图 2-5　明治时期主要工业产品生产额的变化(1874—1910 年)(按行业分类) / 72

图 2-6　明治时期主要工业产品生产额的变化(1874—1910 年)(按产品分类) / 73

图 2-7　国内棉布需求的变化(1858—1897 年) / 75

图 2-8　日本进出口额的变化(1860—1867 年) / 82

表 2-1　主要官营产业出售情况一览(1874—1896 年)

　　　　/ 64
　　表2-2　《明治七年府县物产表》中的主要产品　/ 66
　　表2-3　"开港"后日本的贸易(1860—1867年)　/ 81
　　表2-4　实际石数、人口、人均实际石数的变化　/ 86

第三章
　　图3-1　近代以后日本的人口动态(1872—2003年)
　　　　/ 90
　　图3-2　名义GNP的变化(1885—1940年)　/ 91
　　图3-3　名义GNP年比增长率的变化(1885—1940
　　　　年)　/ 92
　　图3-4　实际GNP的变化(1885—1940年)　/ 92
　　图3-5　各种物价指数的变化(1873—1940年)　/ 94
　　图3-6　普通银行数的变化(1896—1945年)　/ 117
　　图3-7　米价的变化(1868—1940年)　/ 121
　　图3-8　大米的人均年消费量的变化(1880—1940
　　　　年)　/ 121
　　图3-9　日元与美元汇率的变化(1871—1897年)
　　　　/ 125
　　表3-1　NDP的构成(1890—1940年)　/ 93
　　表3-2　有业人口的构成(1872—1940年)　/ 93
　　表3-3　进出口商品的产品类别资料(1885—1939年)
　　　　/ 96
　　表3-4　进出口商品的地域类别资料(1885—1939年)
　　　　/ 97

第四章
　　图4-1　日本的出口额(1914—1936年)　/ 148
　　图4-2　日本的国际收支(1914—1936年)　/ 149
　　图4-3　日本的本位币保有量与日本银行券的发行
　　　　量(1914—1936年)　/ 151
　　图4-4　制造业生产额(1934—1936年价格)及其构

　　　　　成比(1910—1935年) / 160

　　图4-5　日元与美元汇率的变化(1914—1936年)
　　　　　/ 164

　　图4-6　出于各政策目的的政府支出(中央政府、地方政府)的变化(1914—1936年) / 170

　　图4-7　昭和恐慌期的物价下跌(1926—1935年)
　　　　　/ 181

　　图4-8　政府债务余额与债务比率的变迁(1885—2015年) / 197

　　表4-1　国际金本位制小年表(停止、恢复、瓦解)
　　　　　/ 156

　　表4-2　主要国家批发物价指数的变化(1919—1936年) / 158

　　表4-3　大都市人口的趋势(1920—1940年) / 161

　　表4-4　电力行业的发展和"动力革命"(1914—1934年) / 163

　　表4-5　名义国民总支出及其贡献度、贡献率(1928—1936年) / 180

第五章

　　图5-1　实质国民收入与各产业生产指数(1930—1958年) / 203

　　图5-2　财政规模的变化(1929—1958年) / 204

　　图5-3　进出口额指数的变化(1929—1957年) / 205

　　图5-4　亚洲太平洋战争中的船舶总吨数的变化
　　　　　(1941—1945年) / 214

　　图5-5　战后物价的变化(1944—1958年) / 232

　　图5-6　"特需"的合同金额(1950—1954年) / 247

　　表5-1　军费预算的变迁(1936—1945年) / 207

　　表5-2　财阀解体时主要控股公司的举措 / 220

　　表5-3　《排除集中法》适用企业 / 221

　　表5-4　农地改革的实际成绩 / 227

表 5-5　战败时的生产设备能力　/ 231
表 5-6　产业类别融资额占复金融资的比重　/ 236

第六章

图 6-1　经济增长率的变化(1947—2000年)　/ 255
图 6-2　经常收支相对名义GDP的比率和汇率的变化(1955—2000年)　/ 256
图 6-3　对经济成长的贡献度(1947—1985年)　/ 261
图 6-4　经济增长要素的分析(1960—1979年)　/ 263
图 6-5　三大都市圈的转入超过数(1955—2001年)　/ 264
图 6-6　出口构成的变化(1955—1995年)　/ 269
图 6-7　按所有人分类的控股比率变化(1949—2000年)　/ 279
图 6-8　按行业分类的生产额与能耗比(1970—1989年)　/ 287
图 6-9　地价和股票价格的变化(1975—2007年)　/ 296
表 6-1　各经济活动的实质国内生产总额的年平均增长率(1955—2000年)　/ 257
表 6-2　国内总生产的经济活动类别构成比(1955—2000年)　/ 258
表 6-3　高度成长期各产业的生产额、就业人数及劳动生产性　/ 270

专栏目录

专栏1　石见银山　/ 23
专栏2　国产品和舶来品　/ 27
专栏3　19世纪前半期水户藩的农政论争　/ 55
专栏4　幕末的经济发展和棉纺织业　/ 77
专栏5　涩泽荣一与股份公司制的普及　/ 106
专栏6　近代日本的"国内殖民地"　/ 140
专栏7　高桥是清和井上准之助　/ 192
专栏8　总体战和医疗　/ 218
专栏9　"三流董事"的情景　/ 230
专栏10　"昭和遣唐使"和"日本式经营"　/ 265
专栏11　地区社会和企业——夕张和磐城　/ 275

第一章　近世的成立和全国市场的形成

总论　从经济指标看江户时代

关于近世的起止年代众说纷纭。在此,我们姑且认为,近世起始于织田信长在安土筑城,建立政权的1568年(永禄十一年),止于江户幕府倒台的1868年(庆应四年,明治元年)。这一时代的最大特征是日本实现了统一,出现了日本史上前所未有的和平。丰臣秀吉于1586年(天正十四年)发布"惣无事令",禁止大名之间私斗,并表示所有纠纷都将由他亲自处理。其结果是在江户时代日本几乎没有发生过战争,这在世界史上都是罕见的。

与近世完全不同的是,在中世①末期的日本,战乱曾持续了一个多世纪。对于战国时代的领主来说,经济利益就是在战争中获胜,因为那意味着可以扩大领地。战国大名在领地扩张之后,不仅看重领地面积,而且还注重提高领地内的生产力。一些大名还在城市引进了自由经济,实施新经济政策,并通过检地来把握农业生产力。这种起于战国末期的新领地经营方式在织田信长和丰臣秀吉时代日趋完善,最终实现了天下统一。后来,战国时代的最终胜

---

① 译者注:"中世"作为历史分期用语,在日本指镰仓时代(12世纪末—1333年)和室町时代(1336—1573年)。

利者丰臣秀吉为了把握自己所掌控的领地数量，又在全国实施了统一检地。

石数和实际收获石数

在日本，从室町时代到战国时代，"贯数"一直是表示领地的一种指标①。贯数是用铜钱表示的从田地征收来的地租量，同时也表示大名向家臣所要求的兵役量。原本，贯数要经过检地后才能确定，但在大名与其治下的国人领主层势均力敌的情况下，很难实施严密的调查。因此，与其说贯数表示实际生产量，不如说那在很大程度上由大名与国人领主层之间的实力关系所决定。大名常常被称为"〇万贯众"，不过要注意的是数量与实际领地大小有出入。

丰臣秀吉将统一标准引入各不相干的经济指标之中。也就是说，尽可能将检地奉行派往新获得的土地，对土地进行实际测量，以把握领地的经济状况②。丰臣秀吉的检地（太阁检地）与以往做法的不同点之一便是统一了全国各地各不相同的度量衡。具体来说，制定6尺3寸（大约190.9 cm）为1间的检地尺，1间4方为1步，300步为1反③。此外，还将米斗的大小统一为"京斗"。在征收地租时，根据单位面积的收成将田地分为上中下三个级别，并根据不同级别的反的收成来确定石产。将石产乘以面积便是石数。在检地过的村庄，按田地的不同等级来计算面积，确定每个村庄的石数即村石数。因为是以村庄为单位征收地租（村承包制），所以村石数乘以地租率就是地租数。

另外，石数以大米（玄米）的数量来表示，但那并非真正表示

---

① 关于贯数的事例，北条的史料保存得相当完好，通过该史料可以了解到详细情况。参见黑田基树《百姓眼中的战国大名》（筑摩书房，2006年）的第141页。

② 不过，并没有对所有土地进行测量。很多地方是根据自我申报来记载检地账的。

③ 江户幕府在庆长年间之后进行检地（新检）时将1间的长度改为6尺（大约181.8 cm），那样一来，石数也就增加了。那被称为"庆长之苛法"。译者注：1反大约相当于991.7平方米。

该地区大米的收成,这一点希望引起注意。因为在"太阁检地"后的检地中,对不种植水稻的旱田以及宅地也按照一定标准计算出了石产。不过,石数原则上是根据检地结果计算出来的数值,因此与贯数不同,是可以相互进行比较的,这一点具有重要意义。例如:只有全国使用统一的石数标准,才能用石数来区分武士的身份等级。

江户幕府也继承了石数制,后来在明治初年进行地租改正时,也以其作为征收地租的标准。因为在新开垦了土地的地方进行了追加检地,所以石数随着时代的变迁而有所增加。但是,已有的田地就算生产能力提高了,在近世中期以后也未能对其重新进行检地①。重新检地意味着提高课税标准,所以遭到了农民的强烈抵抗。因此,如果生产力提高的话,石数会逐渐与实际农业生产量不相吻合。

在此,不妨看一下贯穿整个近世能够进行长期观察的经济数据(表1-1)。中村哲根据各种各样的信息尝试着在石数的基础上对实际农业生产量进行推测,并将之称为"实收石数"②。也就是说,实收石数是以领地稳定、检地进行得比较标准的1645年的石数和根据明治政府编制的"农产表"将农业生产量换算成大米的数量为基准,从耕地改良、开发件数对其间的收成变化进行推测的数值。实收石数在17世纪初为1,937万石,在整个江户时代一直在增加,至明治初年增加到4,681万石,大约是原来数据的2.4倍。这样推算出来的实收石数比原来的石数要更接近实际农业生产量,可以说在概观农业生产时是一个很有用的指标。不过,由于完全没有包含副业以及非农业生产的数值,所以必须将其与农业部门的收入区分开来。

---

① 在经历了从17世纪末到18世纪初进行的宽文、延宝检地,以及文禄检地之后,幕府事实上没有再实施检地。之后,除了新田,石数基本上没有增加。

② 中村哲:《明治维新的基础构造》,未来社,1968年,169—170页。

表 1-1　江户时代的微观经济指标

时　期	石数（万石）	实收石数（万石）	人口（万人）	耕地（万町）
1600 年前后	1,851（1600 年）	1,937（1600 年）	1,500（1600 年）	207（1600 年）
1650 年前后	2,313（1645 年）	2,313（1645 年）	1,750（1650 年）	
1700 年前后	2,580（1697 年）	3,063（1697 年）	3,128（1721 年）	
1750 年前后	2,970（1716—1748 年）		3,101（1750 年）	297（1730 年前后）
1830 年前后	3,043（1830—1832 年）	3,976（1830 年）	3,248（1834 年）	
1870 年前后	3,220（1867 年）	4,681（1867 年）	3,481（1872 年）	323（1873 年）

出处：速水、宫本（1988：44），以及鬼头（2007：78）。括弧内为调查年。关于 1600 年前后的人口请参见本章正文。

人口和耕地面积

在看待江户时代的宏观经济时，实收石数的变化为我们提供了重要的线索。不过，在评价这个数值时，要用这个数值除以人口以及耕地面积来计算生产能力。

关于江户时代日本全国的人口，1721 年（享保六年）由第八代将军德川吉宗实施的全国人口普查数据广为人知。该调查按照全国的幕府领地、藩国领地分男女对人口进行了普查。1725 年以后，每六年进行一次人口普查，也就是说在子年和午年进行。普查对象是"宗门人别改"①所把握的庶民（工农商）人口，并不包括武士。另外，在一些领地，一定年龄以下的儿童也不在普查范围内，所以普查并不怎么准确。但是，如果假设普查对象以外的人口相对稳

---

① 为了彻底禁止基督教，幕府在 1671 年（宽文十一年）要求全国的大名也实施"宗门人别改"。这样，每年都记载"宗门改账"，那些文书即便在研究近世的历史人口学的时候也被用作贵重的史料。关于历史人口学的成果，请参见速水融《通过历史人口学看日本》（文艺春秋，2001 年）。

定的话(有人推定为两成左右),那么不妨说这些数值对了解人口的长期变化是有效的。

另一方面,关于近世耕地面积的全国性统计,只有享保、延享(1730年)前后的297万780町①这一数值。与此数值最为接近的石数是元禄时期的2,578万8,332石,如果假定1600年前后的耕地面积与石数也维持这个比率的话,那么可以推测太阁检地当时的耕地面积为206万4,657町。另外,进入明治期以后,最早关于耕地面积的数据是1873年的323万4千町。如果将这三个时点的数值加以比较的话便能看出:在17世纪,耕地面积显著增加,而从18世纪到19世纪增长速度则放慢了。另一方面,即便从河川、蓄水池、水渠、新田开发等数据来看,也可知17世纪的土木建筑工程很多,在进入18世纪之后则减少了,从19世纪30年代前后起再次呈增加的趋势。如果假设工程数量与耕地面积的增加成正比的话,那么也可以对这三个时点耕地面积的变化进行推测。

各种经济数据之间的关系

我们基于上述实际石数、人口、耕地面积的值,以50年为单位推算出来的结果如图1—1①—③所示②。关于实际石数、耕地面积,我们可以依据从17世纪初开始的数值,而关于人口的数据则要引起若干注意。关于德川吉宗实施全国人口普查之前的人口变化情况,虽然可以在村以及藩的层面获得片段性线索,但还没有全国性调查数据。以前,吉田东伍假定在近世初期也保持着近世中期1人=1石这样的比率,从而认为当时日本的总人口为1,800万人。此外,速水融根据九州地区的"人畜改账",对这个比率重新进行计算,得出了1,200万人的数值。另外,鬼头宏考虑到与中世末期人口推算的连续性,认为当时日本的总人口为1,500万人。在此,我们依据采取中间值的鬼头的主张,假定日本的总人口为1,500万人,对速水、宫本的数据进行了修正。

---

① 译者注:町为日本的面积单位,1町约折合99.18公亩。
② 速水融、宫本又郎编:《经济社会的成立——17—18世纪》(日本经济史1),岩波书店,1988年,44页。

根据上述各种经济数据之间的关系,我们对长期生产力的变化进行了观察(图1-1④)。首先,用总人口除以实际石数可以得出显示人均生产力的指标。17世纪,虽然石数以及耕地面积都爆发性增加了,但人口增长得更快,估计人均生产量也减少了。另一方面,从近世中期到后期,人均生产力显著提高,特别是在19世纪后半期其速度有所加快。另外,可以说用耕地面积除以实际石数的值就是显示土地生产力变化的数值。根据这个数值来看,从近世前期起,土地生产力一直呈增加的趋势。此外还可以看出,该数值在19世纪后半期的增长速度加快了。

图1-1①　近世实收石数的变化(1600—1872年)

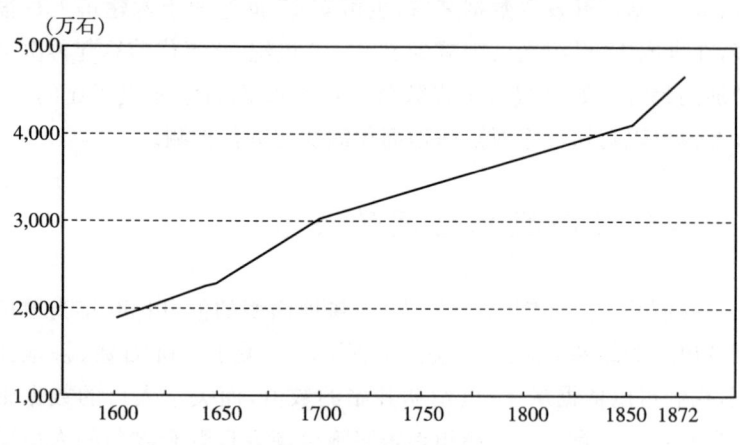

图1-1②　近世人口的变化(1600—1872年)

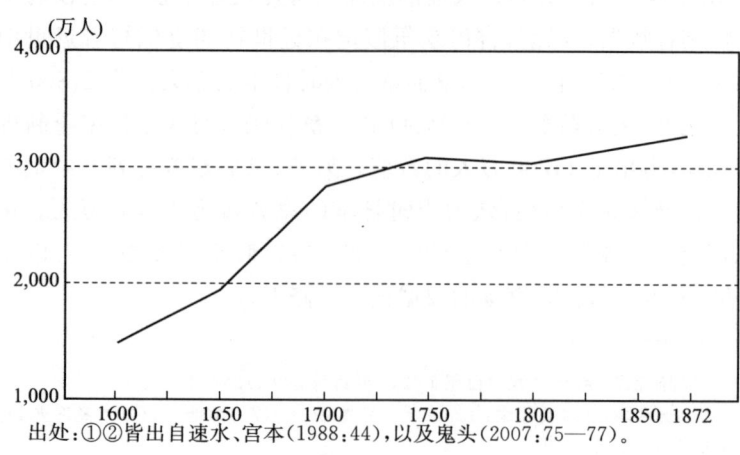

出处:①②皆出自速水、宫本(1988:44),以及鬼头(2007:75—77)。

图 1-1③　近世耕地面积的变化（1600—1872 年）

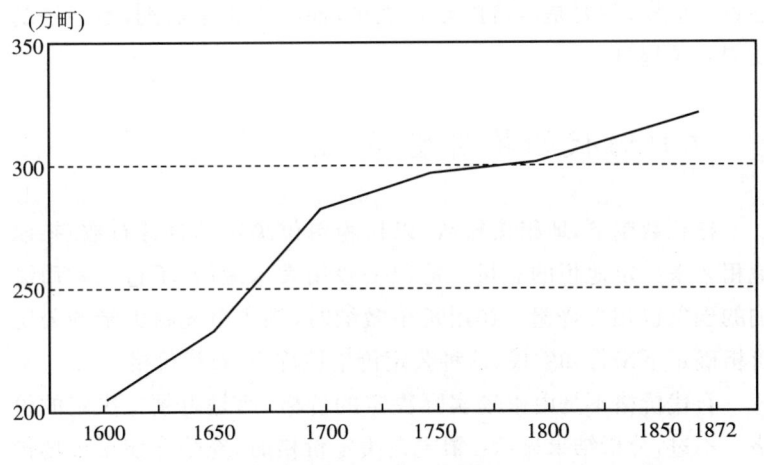

图 1-1④　近世经济诸变量间的关系（1600—1872 年）

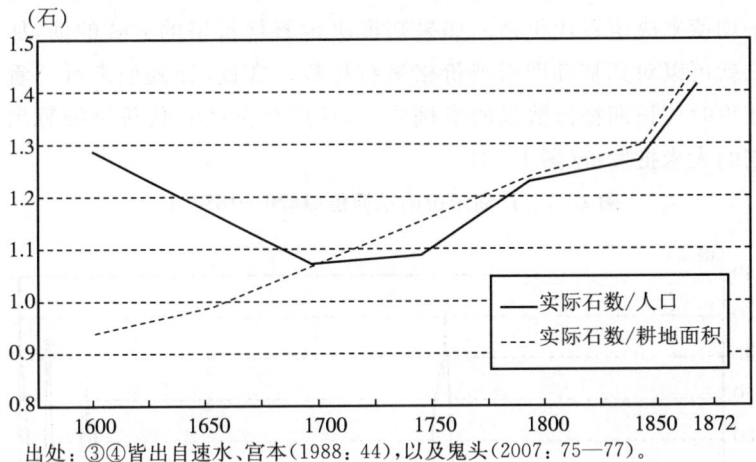

出处：③④皆出自速水、宫本（1988：44），以及鬼头（2007：75—77）。

我们可以将上述分析整理如下：在近世前期，随着耕地面积的扩大，农业生产量也大幅度增加。不过，因为同时人口也增长了，所以人均生产量并没有增加。另一方面，进入近世中期以后，耕地面积和人口的增长速度放慢了，而农业生产量顺利增加①，不论

---

① 不过，分地区来看，未必都处于停滞状态。大致来说，东北地区减少，中原地区持平，西南地区增加，各地存在差异，从整体上来看显得有些停滞（前引速水《通过历史人口学看日本》，56—64 页）。另外，即便在江户、大阪、京都三大城市以及各地的城关镇，在近世中期以后人口或持平或减少，但地方中小城镇人口增长的居多。

第一章　近世的成立和全国市场的形成　　7

是从人均还是从单位土地面积来看,生产力都提高了。总而言之,在近世前期,主要是经济的量扩大了;而在近世中后期,是经济的质得到了提升。

江户时代的物价变动

在石数制下,地租按村数(以村为单位决定的合计石数)乘以地租率来决定地租的总量。地租一般用大米缴纳,不过用货币缴纳的现象也相当普遍。在用货币缴纳时,领主事先将大米的公定价格确定下来告知农民,这种公定价格被称为"石代价格"。

石代价格不是由市场实际决定的价格,而是由领主决定的价格。不过,分析结果显示:领主在决定价格时,充分参照了市场价格①。也就是说,领主定期对不断变动的市场价格进行调查,根据平均值来决定石代价格。如果知道决定石代价格的方式的话,那么就可以对其基础即市场价格进行推算。在此,让我们来看一看江户时代长期物价数据的事例之一,从广岛藩的石代价格推算出来的大米批发价(图1-2)。

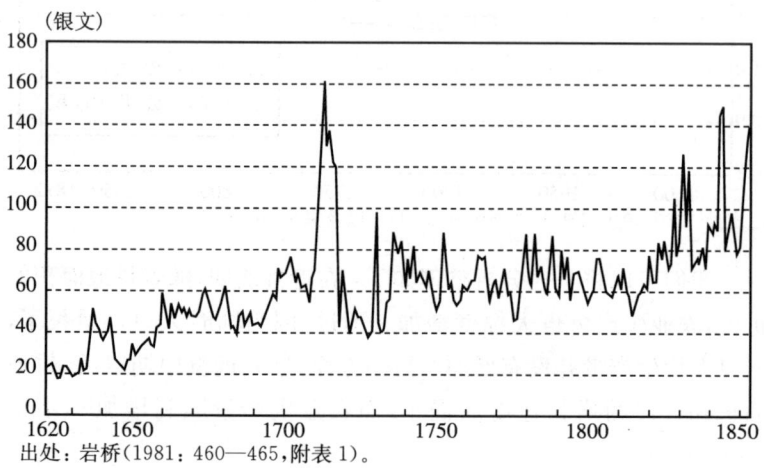

图1-2　广岛米价的推算值(1620—1858年)

出处:岩桥(1981:460—465,附表1)。

---

① 岩桥胜:《近世日本物价史研究》,大原新生社,1981年,116页。

1619年,浅野调至广岛任藩主。从第二年起,在广岛藩就有了关于米价的记录,该记录一直持续到1858年,是长期时间系列数据。广岛藩定期对城关镇的大米行情进行调查,在一定幅度内加价来决定石代价格①,因此扣除加价部分,就可以推算出实际大米的行情。例如从长期米价的图表中,我们可以看出三个不同的局面,即(1)在1710年代以前呈上涨趋势,(2)从1710年代至1820年前后的大约一个世纪基本持平,(3)从1820年代起再次上涨。此外稍微短期一些的变化有:1630年代出现了上涨和下跌,1710年代出现了大幅度的上涨和下跌。

　　物价被称为经济的寒暑表,在这样的米价变动的背景下,理所当然地可以预想发生了某种经济变化。虽然米价只不过是大米这一种商品的价格,但估计在江户时代,大米在决定物价的批发商品中所占比例达30%,因此整体物价动向也会敏感地反映到米价的变动上来。

　　大致来说,供求关系的变化和货币价值的变动是使米价发生变化的主要因素。岩桥认为,18世纪初期米价呈上涨趋势大概是因为背后存在人口压力②。也就是说,在这个时期,大米一直处于供不应求的状态。另外,通过对短期变动情况进行详细调查,发现米价与收成的好坏极其一致。因此,构成大米石代价格基础的广岛市场价格同时又随着长期、短期的供求关系发生变动。

　　另一方面,我们认为由货币改铸③所导致的发行量的变化对从1690年至1730年的米价变动也产生了很大的影响,正如文政期的货币改铸是米价在1820年代开始上涨的主要因素那样。不过,要注意的是:因为货币的改铸导致成色下降(或者提高)的比率与物价上涨(或者下跌)的比率并不是完全一致。例如:从1690年代至1830年代,基准货币的成色下降了大约三分之一,货币数量大致增加到2倍,而米价只上涨了40%左右。这一点表明:货币改铸使人们的购买力提高,市场上大米的流通量也增加了,通货膨胀也相应得到了

---

　　① 一般来说,石代价格高于市场价格。另外,广岛藩1668年在将斗统一为京斗的时候,为了防止地租收入的减少,提高了加价幅度。
　　② 岩桥胜前引书,416—417页。
　　③ 详细情况请参见第一章第四节。

缓和。因此，在观察江户时代的物价系列，特别是像米价那样的长期物价系列的时候，必须在考虑市场供求关系这些实物因素、金银货币改铸等货币因素的同时，还要考虑到其他的因素。

第一节 大开垦的时代

中世末期至近世前期即16—17世纪初又被称为"大开垦的时代"。在这里，开垦特指开发分布在大河川下游的冲积平原。如今河川流域水田随处可见的风景就是在那个时候形成的。

在中世以前的农村，耕地主要不是水田，而是旱地。不仅在山间以及丘陵部等地的倾斜地，而且在河川流域以及泛滥地也有旱地。旱地用来种植麦、豆、杂谷等，而水田开垦在山脚等地方。在山谷间开垦出来的水田被称为"谷户田"或"谷地田"。在开垦时，首先开挖蓄水池蓄积溪水、泉水，然后，用这些水来灌溉水稻。

为什么用水量大的水稻不种在大河川流域呢？那些地方的确有丰富的水源，但在利用那些水源时需要大型供水、排水设施。一到下雨，河川流域还会被淹没。因此，虽然水近在咫尺，但实际上当时河川流域根本不适合种植水稻。

一般认为大河川流域的开发是在战国大名的主导下进行的，但实际上那有可能是由富农以及土豪等当地有实力的人着手开发的。说来，那些土木工程根本谈不上是治水事业，将其称为水利工程或许比较合适。新开发的耕地很脆弱，一到洪水泛滥时就会被冲掉。战国大名的治水事业的目的大概在于让冲积平原上不断被开垦出来的耕地更加稳定，以扩大地租收入①。

武田信玄在甲府盆地修建的信玄堤是战国大名实施的著名土木建筑事业之一，信玄堤是对修建在富士川的堤防的总称。其中修建在釜无川与御敕使川交汇处的堤防意义特别重大。在那里，由于自西流淌而来的御敕使川垂直汇入釜无川，涨水时河水泛滥，

---

① 斋藤修：《大开垦、人口、小农经济》，见前引速水融、官本又郎编《经济社会的成立——17—18世纪》，178页。

造成水灾。通过改变御敕使川的流向，将交汇点略微移至上游，河水冲向被称为高岩的岩石后水势减弱。此外，在交汇处下游筑起土堤，种植细竹，并在土堤前面筑起高6尺的石堤。信玄堤竣工以后，泛滥源头的土地可以开垦了，甲府盆地的冲积低洼地的开发也因此突飞猛进。

引进赤米

大名的治水事业虽然使冲积平原变成了成片的水田，但那些新开发的土地并不能免于水灾。大雨导致决堤，辛辛苦苦种好的稻谷被洪水冲毁的情形时有发生，而在久旱不雨的时候又很容易发生旱灾，这是平原地带的宿命。

为了在严峻环境下种植水稻，当时引进了一种被称为"赤米"的品种。研究发现日本在绳文时代就已种植过赤米。另外，也有史料记载赤米曾作为地租从各地被运至奈良。在14世纪前后，被称为"大唐米"的印度赤米从中国传播至日本，开始进行种植。这种印度米比主要品种的日本米要干，没有黏性，不是非常可口。但那是早熟的早稻，能在台风到来之前收割，而且收成也比日本米好。赤米生命力顽强，即便在排水不畅的湿田以及水量不足的水田也能生长，另外还有煮过后饭量增加的优点，因此最适合在刚刚开发的冲积平原进行种植。

但是，当开发告一段落，水田变得更加稳固的时候，赤米再次被日本米所取代。特别是在18世纪以后，出现了湿田的旱田化趋势。一年种植两季的方式得到普及，施肥效率高的晚稻比早稻更受欢迎。就这样，赤米逐渐从日本的水田中消失了，不过它在近世初始的大开垦中发挥了很大的作用。如果说治水事业以及作为其结果的耕地扩大是开发过程的工学对策的话，那么引进赤米则是开发过程中的农学对策。由于同时采取了这两种对策，所以在近世前期大米的种植得到了爆发性扩大。

小农经营的成立

大开垦的进展也给农业经营方式带来了很大变化。在中世，村落被称为惣村或者惣庄,可以说那是与自然村落不一致的行政村落。惣村独立行使征税、立法、治安等权力,其成员集团行使武力。

仔细分析近世初期留下的村落"人别改账",就会发现作为"一笔"记载在一起的有十几人甚至几十人。如果将那理解为一个家族的话,那么就会认为在近世初期存在复合大家族制。但是,从史料中挑选出与住房相关的记载并对之进行仔细分析便会发现,包括在"一笔"中的人实际上分散居住在多处。也就是说,这里的"一笔"并不是指同居的家人(家庭)。那恐怕是以"名主"为中心分片居住的共同务农集团。在被称为"谷户"的山谷,都形成了那样的集团,在发生战斗时他们很快就能变为武装集团。

大开垦的进展以及和平社会的到来使共同务农集团走向瓦解。以往依附主家的"名子"家庭向新开垦的冲积地迁移,在农业经营上获得独立。这在"人别改账"的记载中体现为户数的增加,但那种现象并不意味着家庭,而是意味着农业经营单位的分割。不过,关于独立了的家庭是否获得了自己的土地这一点还留有疑问①。土地的所有权恐怕仍然属于主导开发的名主阶层。估计新独立的家庭作为以往主家的佃农,获得了经营一些农地的自由。就这样,中世以来的集团农业经营逐渐消失,迎来了以家庭为单位的独立小农经营时代。

诸国山川掟

近世初期进行了大规模开垦,耕地面积的扩大使肥料消费量持续增加。在自古以来的水稻种植农业中,用作肥料的是"割垫"(将所割的青草以及嫩芽堆积起来)或者草木灰。"割垫"的供应源主要是被称为"后山"的丘陵以及低山,那些地方一般只有会员才能进入。随着肥料需求的增大,围绕入会权将几个村落卷入的纠纷时有发生。

---

① 关于所谓"小农自立"的实际状态,请参见速水融《近世日本的经济社会》(丽泽大学出版会,2003年),79—80页。

山还是木材以及燃料的供给源。人口的增加也使木材以及燃料的需求急剧增加。首先是大城市附近的树木被大量砍伐,后来仅仅靠大城市附近的山林已供不应求。于是开发扩大到全国,并且向腹地推进。山林砍伐带来了比资源枯竭更为严重的问题:在大树被砍伐殆尽的地方,由树根所维系的保水能力急剧下降,每到下雨时泥沙就会流失到河床,那些泥沙被冲积到下游,引发洪水。

幕府在1666年(宽文六年)发布了被称为"诸国山川掟"的法令,禁止将树木除根,并要求在没有树木的地方种植树苗,另外还禁止在河滩开垦新农田。那是对近世初期急速进行的开发敲响的一次警钟,受到了人们的关注。①

从犁耙到铁锹

一方面由于小农经营一般化,另一方面由于开垦使土地所承受的压力增大,农业技术的状态也发生了很大的变化。因为中世农业采取的是以名主为中心的集团经营方式,所以一般都是共同饲养牛马,使用被称为"长床犁"的大型农具来翻土。但是,在各经营单位的耕地面积缩小以后,这样来饲养牛马的做法就不合算了。

以浓尾地区名古屋藩内1660年前后和1810年前后的两个时点为例,在可比较的838个村庄中,牛马的数量从17,825头减少至8,104头,减少了大约55%。另一方面,因为那个时期人口增长了,所以如果按人均来计算的话,变化的比率更大,减少了65%。一般来说,随着时代的变迁,牛马主要不是用于农耕,而是用于搬运。在浓尾地区,牛马和人口的比率与每反产量成反比便是一个证据。也就是说,越是在土地产量高的地方,牛马的数量也就越少②。

---

① 鬼头宏:《环境先进国:江户》,PHP研究所,156—157页;康拉德·托特曼(Conrad Totman)著,雄崎实译:《日本人是怎样造林的》,筑地书馆,1998年。

② 不过,在有些地区家畜反而增加了,估计那是用于搬运(速水融:《近世浓尾地区的人口经济社会》,创文社,1992年,20页)。另外,矶田道史:"关于十七世纪的农业发展——从利用草和牛的视点来看",《日本史研究》1996年,402号,27—50页,介绍了一个事例,说在冈山平野,牛的使用在17世纪得到普及。在这方面有可能存在一定的地域差异。

就这样，随着集团农业向小农经营转变，以往牛马所做的工作变得由人来承担了。因此，在江户时代，人们开发出了针对不同土质的各种农具，其中备前锹最为有名。备前锹有两至五根齿，齿与柄的角度比普通平锹要大。这种锹的特点是不大容易黏土，适合深耕。这种铁锹在江户时代以前就在西南地区的一些地方被人们使用，元禄年间（1688—1704年）普及至全国。

此外，在深挖时还使用了铁铲。犁耙是由家畜牵引的农具，而铁铲则是由人来挖掘的工具。像这样，在近世农业中，发生了由犁耙向铁锹、铁铲的变化，这种技术上的变化大概说明劳动强度增大了。这一点与工业化以前的西欧技术变化状况形成对照。在西欧，从11世纪前后起犁耙逐渐大型化，发展为由多头牛马牵引。西欧农业生产能力的提高是由畜力的大量投入带来的，在工业化之前发生了被称为"农业革命"的变化。

金肥的引进

如前所述，中世以前的农业所使用的肥料主要是被称为"割垫"的草木，但在新开垦的冲积地周围，几乎无法获得那种肥料。另外，为了从有限的土地获得最大收成，需要引进更高效的肥料。

首先是大城市周围的农村发生了变化，那些地方不是自己生产"割垫"，而是从商人手里买来鱼肥以及豆饼等肥料来提高农业生产力，那种买来的肥料被称为"金肥"。城里开设了肥料批发店，肥料交易兴旺。鱼肥一开始使用干沙丁鱼，那主要产于九州、四国，后来产地扩大到九十九里滨以及三陆地区。到了幕府末期，产自松前的鲱鱼渣通过北国船运到各地销售。此外，豆饼还使用芝麻、苏子、棉籽、大豆等各种各样的原料。

随着金肥的普及，在进行农业生产时，需要事先筹集一些资金。为了满足这样的需要，肥料以及谷物商人起到了农村金融业者的作用。农民常以收获的农作物作为担保借款购买肥料。在歉收时，不少农民因为还不起债务而破产。

农书的普及

如上所述,进入近世以后,日本的农业技术发生了很大的变化。在这种技术普及过程中农业技术书籍即"农书"发挥了一定的作用。宽永年间(1624—1643年)成书的《清良记》是伊予宇和岛的豪族土居清良的传记。作者松浦宗案在第七卷中讲述了统治农民的心得体会以及农业知识,那被认为是日本最早的农书。另外,1697年(元禄十年)以木板刊行的宫崎安贞的《农业全书》是仿效中国的农书撰写而成的,该书对畿内发达的蔬菜种植等进行了详细叙述,拥有广泛的读者。其中,对肥料的叙述相当详细,对普及多肥密集型农业起到了很大的作用。

另外还出版了针对儿童编写的用作寺子屋教材的农书。如《田舍往来》、《农业往来》、《百姓往来》等书都以农业生产活动为中心,介绍了农业的基本知识。这种实用教科书的普及对提升农村的入学率、提高教育水准起到了很大的作用。

第二节 海运的完善和全国市场的形成

室町、战国时代以前,日本全国流通构造可以用"向心的流通"这样的话来表述[①]。那是因为在当时,不仅地租,而且粮食、原料、初加工品等基本上是单向流往贵族等庄园领主的居住地以及寺庙神社所在地京都、奈良,那些商品的输送、销售逐渐由被称为"问"或者"问丸"的批发商来经营。他们结成被称为"座"的同业行会,向朝廷以及领主支付营业税来行使垄断权。例如,在京都入口淀津就有经营食盐以及咸鱼的批发商行会"淀鱼市问丸中"。这个行会强迫运送鲱鱼到淀津的船只靠岸,垄断性地进行收购,还在关卡

[①] 参见胁田晴子《日本中世商业发展史研究》(御茶之水书房,1969年)以及佐佐木银弥《中世商品流通史研究》(法政大学出版局,1972年)。另一方面,铃木敦子认为到了中世后期,不向畿内集中的区域性流通也很繁荣,不能无视"地域经济圈"的存在。(铃木敦子:《日本中世社会的流通结构》,校仓书房,2000年)

代收盐税。

另一方面,在地方上,各地以农民为对象的小规模市场也比较繁荣,交易主要在港口以及河流交汇处、街道的旅店、寺庙神社前、地头馆前等处的三斋集市或六斋集市等定期交易市场上进行,常设店铺较少。各地的流动商人以及手工业者缴纳一定的税金也可以经商。

城关镇建设和乐市

战国大名在实施一元化统治之后,即着手建设统治根据地城关镇,以吸引周边的定期集市。初期城关镇常住人口限于一部分武士,商品交易主要依靠外部商人的流动销售。在那种状况下,战国大名发布了"乐市令",鼓励商人常住城关镇,以促进城关镇的经济发展。乐市与以往的定期集市不同,谁都可以在那里经商,而且不用交税。因此在乐市,"座"的垄断经营权被否定了。

商人以及手工业者从各地迁居到开设了乐市的战国大名的统治地,城关镇得到了很大发展。1576年,随着织田信长建设安土城,在其西面以及南麓形成的城关镇安土集中居住了被称为"给人"的家臣团以及商人、工匠,那被认为是近世最早形成的城关镇。

路易斯·弗洛依斯(Luis Frois)在其著作《日本史》中指出:"织田信长增建了一座新城镇,那在当时是全日本最有品位的大城镇,因为不论在位置、外观、建筑物的价值还是居民的气质等方面都远远超过了其他所有城镇。……居民人数据说达到了6千。"可见当时相当繁荣。

江户幕府的成立与参勤交替

1603年(庆长八年),德川家康被任命为征夷大将军,在江户开设幕府,政治中心也因此由西向东转移。战国大名为了向德川家康表示忠诚,竞相到江户参勤,德川家康也划地给参勤大名以示鼓励、优待。在第三代将军德川家光任职期间的1635年(宽永十二年),幕府规定大名必须隔年在江户居住,并让他们的妻室常住江户,正式将参勤交替制度化。这样一来,就一直有半数大名带着家臣居住在江户,使得江户人口急剧增加,很快便成为日本最大的城市。江户对生活物资需求的不断增加,仅靠关东周边的生产力无法满足,需要从经济发达地区以及全国各地向江户调配物资。

另一方面,参勤交替开始以后,各藩为了支付藩主以及家臣在江户的生活费用,也需要筹集大量的资金,因此要将作为地租收来的大米拿去销售,而各藩城关镇的市场有限。于是,大量地租米(藏米)被运往消费人口多的大阪、京都或江户。就这样,江户幕府的诞生和参勤交替制的实施就形成了连接畿内与江户之间,进而连接各地大名领地和畿内、江户之间的物流渠道。

海运的完善

在江户消费的各种各样的物资以及地租米不能通过陆运,因而只有通过海运来输送。从现存南部藩史料可知,在庆长、元和年间,就有大量地租米从三陆运往江户。此外,仙台藩也对北上川进行改造,从河口的石卷凑向江户运米。初期往江户运米的船只主要是1、2月份的冬船,那些船只向南行驶到常陆国那珂凑或者铫子港,经利根川把货物装载到河船上,再运往江户,但那样要花费相当长的时间。

另外在民间,1619年(元和五年),堺的商人借用纪伊国富田浦的可装载250石的运米船从大阪向江户运送物资。自那以后,以大阪为中心出现了专门经营海运的业者。1627年(宽永四年),那些海运经营者汇聚大阪,结成了"菱垣回船行会"。菱垣回船采用的是被称为弁才船的行走性能好的帆船,菱垣回船这名称由来于用竹制菱形格子装饰的船舷栏杆。由于地租以及生活物资输送需求的扩大,海运得到了急速发展,但海难事故也频繁发生。因为海难事故的风险全由海运业者承担,所以运费相当昂贵。

1670年(宽文十年),幕府命令江户的富商河村瑞贤从陆奥国的幕府领地往江户输送数万石地租米。对此,河村瑞贤提出了三点建议:(1)雇佣商船运米,但悬挂幕府的旗帜,使之成为事实上的官船;(2)将冬船改为夏船,航路则从房总半岛迂回,驶往相模国三崎或者伊豆因下田,等刮起西南风后再驶入江户湾;(3)在平潟、那珂凑、铫子、小凑等地开设办事处以调查运米船只速度的快慢、水手的勤惰、海难的原因等,在发生海难时,让沿岸诸藩、代官进行救助。幕府接受了这三点建议,另外由于从第二年的1671年起开通了被称为"东回海运"的航路,以致从东北沿太平洋岸南下的航路的运费降低了一半,安全性也大幅度提高。

另外,河村瑞贤在1672年还承包了出羽国最上郡幕府米的运输,这次是沿日本海南下,经关门海峡、濑户内海抵达大阪,事成之后他又提议开设迂回纪伊半岛驶往江户的航路,该建议也被幕府采纳了。被称为"西回海运"的这条航路与"东回海运"相比危险区域少,比较安全,因此东北、虾夷地的货物也都特意绕远走这条航路,该航路因此成为输送网的大动脉,而被运往江户的不少物质也因此开始在大阪中转。

全国市场的成立

随着海运的发达,特别是西回海运的改善,西日本以及北国诸藩的地租米、各种物资都集中到了大阪,在元禄期前后大阪成了决定价格的据点,全国市场也得以形成。据史料记载,早在17世纪初大阪城附近就设置了诸藩的仓库。不过,那主要用来储备兵粮,还没怎么在市场上销售。但到了18世纪中叶,由于西日本诸藩向大阪运送大量地租米,仓库被迁移到了中之岛、堂岛、天满等水运比较方便的地方。在那些仓库周围,自然而然地形成了大米交易市场,其中最有名的是北滨富商淀屋门前的淀屋米市。1688年(贞享五年)井原西鹤所撰写的《日本永代藏》中有以下内容:"北滨之米市乃日本第一津,故有一刻之间125万石之空米交易。"这说明淀屋米市的交易量非常大。

一个地方的大米交易量如此之大,于是形成了标准价格,其影响也波及地方市场。在17世纪前半期,广岛、加贺、福井等地的米价比大阪要便宜得多,而且变动方式也不一样。也就是说,地方米价主要由该地区的需求所决定。但是,从大阪大米市场发展起来了的1660年前后起,那样的差距缩小,米价变动平行化了。也就是说，不同地区之间的米价平均化了①。这种米价的平均化只有在海运得到改善、中央市场与地方市场之间物流通畅的情况下才能实现。

大阪输出输入商品表

在这样背景下成立的大阪市场，除了地租米以外，还经销什么商品呢？1714年（正德四年）的"从诸国大阪江来诸色商卖物及银高寄账"是了解这一点的重要史料。这一史料将从大阪输出的商品以及输入商品进行了分门别类。表1-2分别列出了价格高的15种商品。从这张表来看，在从大阪输出的商品中，菜籽油、棉籽油、木棉、白木棉等手工生产的日用品占绝大多数。另外，输入大阪的第一位商品是大米（不过，不包括地租米），此外农产品、水产品等初级产品占半数。这种构造非常清晰地显示：大阪及周边地区不仅是地租米的销售地，而且已经成为榨油业、棉业这些农产品加工的集散地。

表1-2　1714年大阪进出口商品的前15位

	出	口		进	口	
排名	商品	价额（银·贯）	百分比（%）	商品	价额（银·贯）	百分比（%）
1	菜籽油	26,005	27.1	米	40,813	14.2
2	缟木棉	7,066	7.4	菜籽	28,048	9.8
3	长崎铜	6,587	6.9	木材	25,751	9.0
4	白木绵	6,264	6.5	干沙丁鱼	17,760	6.2
5	棉籽油	6,116	6.4	白木棉	15,749	5.5
6	旧货	6,004	6.3	纸	14,464	5.0
7	缲棉	4,209	4.4	铁	11,803	4.1
8	酱油	3,898	4.1	柴火	9,125	3.2

---

① 官本又郎、上村雅洋："德川经济的循环构造"，速水融、官本又郎编《经济社会的成立——17—18世纪》，岩波书店，1998年，271—324页。

续表

排名	出口			进口		
	商品	价额（银·贯）	百分比（%）	商品	价额（银·贯）	百分比（%）
9	铁制工具	3,750	3.9	铜	7,171	2.5
10	油渣,豆饼	3,267	3.4	木棉	6,704	2.3
11	各种漆器工具	2,839	3.0	烟草	6,495	2.3
12	日用品	2,838	3.0	砂糖	5,614	2.0
13	芝麻油	2,088	2.2	大豆	5,320	1.9
14	陶瓷器	1,574	1.6	盐	5,230	1.8
15	酒	1,200	1.3	小麦	4,586	1.6
	小计	83,705	87.4	小计	204,633	71.4
	其他	12,094	12.6	其他	81,928	28.6
	总计	95,799	100.0	总计	286,561	100.0

出处：新保、长谷川(1988：243，表5-7)。

三 货币制度

对于商品流通来说，除了输送手段的发达以外，交换手段货币的发达也不可或缺。在日本，在7世纪初就进行货币的铸造，但那实际上只是在城市的一部分地区有限地流通。到了11世纪初，货币的流通基本停止，几乎倒退到了以物换物的时代。直到12世纪后半期，日宋贸易繁荣起来之后，才从中国流入了大量钱币，这些钱币开始在各地流通起来。进入中世以后，律令政府权力下降，从地方庄园运往京都以及奈良的物资的安全得不到保障，原本应该用实物缴纳的地租开始被货币所替代。以"用现金缴纳地租"的这种变化为契机，货币经济开始向日本全国渗透。

从室町末期到战国时代，由于经济规模显著扩大，对货币的需求也增大了。但到了16世纪，开始取缔倭寇之后日明贸易衰退，从中国进口的钱币急剧减少①。为此,人们不得不使用私人铸造的劣质钱币,货币制度也因此陷入极度混乱。在各种货币鱼目混珠地流通的情况下,拒绝收取劣质钱币、只收取优质钱币的"选钱"做法十分流行。虽然室町幕府以及战国大名屡次发布禁止"选钱"的命令,但由货币所引发的混乱却难以平息。在近世初期,石数制之所以取代贯数制,用于缴纳地租的钱币不足大概是其中的原因之一。

1533年(天文二年),在开发石见银山(参见专栏1)时,由中国的禅僧引进了"吹灰法"精炼技术,使银的生产量飞速增加,日本从银(吹灰银)进口国变成了银出口国。另外,银作为按重量计价的称量货币也开始被人们使用,城市的银屋商人在银块上烙印保证重量。另外,甲斐以及骏河的金山也使用吹灰法炼金。由于甲斐盛产黄金,所以武田信玄铸造了被称为"甲州金"的金币。这是一种四进法金币,即1两=4分=12朱=64丝。这样,货币的铸造又复活了。

1600年,在关原之战中刚刚获胜的德川家康立刻命令将全国的矿山变为幕府直辖地。进而在1601年设置了金座、银座、钱座,制定了统一的货币制度,那被称为"三货制度"。金币效仿甲州金,采取了四进法,发行了大判(十两)、五两判、小判(二两)、二分金、一分金、两朱金、一朱金。银币则是以海参状银和小颗粒状豆瓣银为基本的称量货币,按重量(1贯=1千匁=1万分)来使用。另外,还在1606年发行了钱币庆长通宝,并于1617年(元和三年)又发行了元和通宝。那是1枚等于1文的计量货币。1608年,幕府曾经命令停止中国永乐钱(永乐通宝)的流通,但因为钱币发行量不够,未能彻底实行。②

国产钱取代中国钱逐渐得到普及,是在1636年发行了宽永通宝之后。宽永通宝一开始在江户和近江的两处钱座铸造,第二

---

① 樱井英治、中西聪编:《流通经济史》(新体系日本史12),山川出版社,2002年;铃木公雄编:《货币的地域史——从中世到近世》,岩波书店,2007年。

② 由于在发行庆长金银的1601年还没有发行银币,所以精钱永乐钱1贯文被定为金1两。但是,1608年永乐钱被禁止流通后,这个交换比率也被废止了。不过"永"这个词作为表示1千分的计量单位保留下来了,一直被人们使用。

年又在仙台、水户、高田、松本、三河国吉田、冈山、丰后国竹田开设钱座,进而在全国普及,铸造量也因此飞速增加。荻生徂徕在其著作《政谈》中指出在元禄期间钱币终于普及到农村。新货币在全国范围内取代中世以来使用的中国钱,花费了将近一个世纪的岁月。

江户幕府引进的由金、银、钱构成的三种货币制度,意味着幕府尊重并在相当程度上继承了中世末期的货币制度。也就是说,在京都、大阪一带,银币作为称量货币使用,商品的价格也用银表示。另一方面,在关东大量发行了信玄的甲州金、家康的武藏墨书小判等在领地内使用的金币。这种差异是由东西日本的地理因素所造成的。西日本银山多,而东日本则金山多。另外,辅助货币铜币取代了以往流通的中国钱。还有,在江户时代,关东人一般说"花金子",而关西人却说"花银子"。实际上,随着时代的变迁,金币使用量呈增加的倾向。但是,作为表示通货的单位,东日本用"金",西日本用"银"这种差异一直持续到明治初年。另外,在东北以及西南部,也有用钱来表示大宗交易金额的例子。有人认为应该将那作为"花钱"的经济圈个别对待①。

货币的行情

因为江户时代有三种不同的货币体系,所以三者之间要有一个交换比率。在刚开始发行庆长金银币的时候,按照金银比价,以金1两=银42—43匁左右的比率交换②。1609年(庆长十四年),幕府规定了金1两=银50匁=钱4贯文的正式比率③。但是,市场并没有按照这个比例进行兑换,市场价格完全是根据需要和供给的关系在变动,当时还出现了经营兑换业务的兑换商。

---

① 岩石胜:《江户期货币制度的活力》,《金融研究》1998年(17—3),59—80页。

② 在16世纪末,日本的金银比价大约为1:10。参见田代和生:《德川时代的贸易》,前引速水融、宫本又郎编《经济社会的成立——17—18世纪》,137页。

③ 这一正式比率在1700年(元禄十三年)改为金1两=银60匁=钱4贯文,在1842年(天保十三年)改为金1两=银60匁=钱6贯500文。

专栏1

石见银山

  2007年（平成十九年）6月，联合国教科文组织世界遗产委员会认定石见银山为世界文化遗产。这是日本第14件世界遗产（第11件文化遗产），也是第一件产业遗产。石见银山位于现在的岛根县大田市大森，从战国时代后期到江户时代前期一直是日本最大的银矿。1526年（大永六年），博多的贸易商人神屋寿祯在统治石见国的战国大名大内义兴等人的支持下正式开发银山，1533年（天文二年）成功地提炼出了白银。日本从此在全国各地开发银矿，从银进口国一跃为银出口国。这在一直为资源匮乏所苦的日本史上也是划时代的事情。

  当时，葡萄牙等欧洲国家以东南亚为据点开展贸易活动，将中国、日本、朝鲜等东亚圈国家也卷入其中，物资、人员、资金的流动相当频繁。神屋寿祯将产于石见的白银运往博多，作为日本在东亚贸易中的出口品进行经销。在中国，因为与蒙古关系紧张，银需求量猛增，大量进口以石见银为代表的日本银以及新大陆银（墨西哥银，产于波托西银矿）。在同一时期将铁炮传入日本的葡萄牙人的主要目的是通过贸易从日本获得日本银。

  进入江户时代以后，幕府为了铸造统一的货币，对原料（金银铜）的供给地矿山进行了直接管辖。管辖石见银山的幕府银山奉行大久保长安新引进了西洋的混汞精炼法，进一步提高了产量。在最盛期江户时代初期，有20多万矿工在石见山从事劳动，给石见山周边地区的经济带来了很大的变化。由于之后产出的白银作为上缴给幕府的地租银被运往大阪的银座，所以经大森到备后国尾道的"银山街道"，再经从尾道凑到濑户内海的航路作为连接大阪的流通渠道开始发挥作用。

  石见银山的开发归功于敏锐地洞察了国际动向的神屋寿祯的信息收集能力以及商业才干，那也给日本国内产业技术以及流通构造方面带来了重大变革。

（荒武贤一朗）

〈参考文献〉村上隆：《金银铜的日本史》，岩波书店，2007年。

兑换商有两种：一种专门经营金银币与钱币的兑换；另一种除了兑换金银钱三种货币以外，还经营贷款、发行汇票的业务。尤其是后者，除了三种货币的兑换以外，还经手幕府以及诸藩的地租等公款，起到了与经营兑换、存款、贷款等金融业务的现代银行相似的作用。当时最有名的是大阪的"十大兑换商"。幕府在1662年（宽文二年）下令天王寺屋五兵卫、小桥屋净德、键屋六兵卫这3名兑换商购买在长崎出口的小判。以此为契机，幕府从经营贷款以及发行汇票的兑换商中选出十人，让他们负责小判的交易。之后，"十大兑换商"对决定货币的行情具有很大的影响力。当时的货币市场已经有了根据将来的期限确定价格的期货交易，幕府设置"十大兑换商"大概是想控制那种交易。

藩券和支票

到17世纪中叶，三种货币在日本制度中扎根了下来。由于货币的价值依附于货币中包含的贵金属的价值，而货币数量由贵金属的采矿量所决定。但从17世纪中叶前后起，金、银的采矿量逐渐减少，货币不足成为一个问题。另外在各藩，由于城市消费水平的提高，支出增加，给财政带来了困难。为了解决这些问题而发行的便是被称为"藩券"的纸币[①]。

现存最早的藩券是1661年福井藩的银券，在史料中有关于1630年备后福山藩发行藩券的记录，不过其起源尚不清楚。在发行藩券时，各藩在设置"札奉行"等官职的同时，还将领地内富商录用为"札元"。另外，如果提出要求的话，原则上还可以将藩券与正式货币即幕府的货币交换，因此领地内各处都设置有藩券会所（银券会所、券座等）。但由于藩券的发行量远远超过准备的正式货币，所以正式货币与藩券的交换比率即券价大幅下跌的情况也时有发生。

藩券原则上限于在领地内流通，但实际上存在流通到邻近领

[①] 在江户时代，人们基本上不使用藩这种称呼，藩券是近代以后的用语。实际上，当时发行的纸币一般被称为金券、银券、钱券，或者直接被称为券。

地的情况。1707年(宝永四年)，幕府就以藩券在领地外流通为由发出了停止使用藩券的命令。不过，该命令的真正目的是为了促进正式货币的流通，因为自元禄年间以来，在货币改铸时发行了大量成色(货币中所含金银的比率)低的货币，因此有必要促进那种正式货币的流通。此后，因为正德、享保年间的改铸，金银含量提高，货币数量减少，幕府在1730年(享保十五年)又解除了禁止使用藩券的命令。后来，有些藩规定超过藩券最低面额的交易全部要使用藩券(藩券的专一通用)，在日常生活中基本上不用金银币的地方增加了。

调查发现，发行藩券的藩多集中在西部日本，这表明当时西部日本的经济比较发达，对货币的需求也大。但是，藩券的发行只限于诸藩领地，在幕府直辖地并没有正式发行纸币。在那种状态下，在经济中心大阪，近世中期以后支票与通货一样广为流通。当时的支票包括兑换商交付给存款人的相当于存款证明的票据(储蓄支票)，在兑换商那里有存款的商人向兑换商，或者某兑换商向别的兑换商开具的支票(出具支票)。特别是兑换商可以超出自己的资本来开具支票，所以开支票的做法具有一定的创造信用的功能。而且，像这样通过发行支票来扩大通货供给的做法在江户基本上看不到。通过支票来创造信用，象征了大阪在经济上的优势。大阪之所以聚集了来自全国的物资，与那种信用经济的发展和通货供给的扩大有很大的关系。

第三节 "锁国"和开展贸易

在谈到近世日本的外交以及贸易的时候，人们大概很容易想到"锁国"这个词，日本史年表中都有"锁国令"这样的条项。从字面上也可以看出，那是指幕府试图把国门关闭起来。但是，在此应该注意到的是，幕府在一连串的法令中根本就没有使用过"锁国"这个词。据说最早使用这个词的人是长崎的翻译志筑忠雄，他在将肯贝尔①《日本志》的附录论文翻译成日语时加上了"锁国"的标题。另外,锁国作为历史术语固定下来是明治以后的事情,在江户时代并不是广为使用的词语。

现在被称为"锁国令"的法令是对从1616年(中国以外的其他国家的船只只能在平户和长崎停泊)到1641年(平户的荷兰商馆迁移至长崎的出岛)期间发布的法令的总称。那些法令禁止基督教,并将贸易置于幕府的管理之下,禁止日本人迁移到海外,但这并不意味着完全封锁与外国的往来。毋宁说"锁国"是幕府为了自身利益而采取的对贸易和外交进行管理的一系列政策。换言之,那是幕府的"综合外交政策"。但是,幕府并没有对那进行一元化管理。在幕府以外,至少有三个藩(对马、萨摩、松前)参与了日本的对外贸易与外交。因此虽说日本"锁国",但仍有多处窗口对外开放,我们有必要注意到这一点。

海禁和中世末期的国际关系

要理解近世日本的外交、贸易,首先要了解以中国为中心的东亚传统的国际关系。中国从公元前2世纪前后的汉朝起,就要求周边国家君主与中国皇帝结成君臣关系,并给服从命令者授予王号(册封体制)。这种国际关系基于中华思想,亦即中国是世界的中心,周边国家是不知礼节的夷狄的观念。不过,那样做也有希望避免与北方游牧民族发生武力冲突的军事意图。此外,那对周边国家来说也有益处,因为依照册封缴纳一定的贡品(朝贡),就会被赐予价值高于贡品几倍的赐品(回赐)。也就是说,册封体制通过在国家之间进行管理贸易,既可以维持和平,又可以获得经济上的利益,可谓一举两得。

但是,到了元、明朝,随着海上民间贸易的繁荣,掠夺贸易物资的海盗"倭寇"成为一大问题。因此,中国实施"海禁",只允许进行

---

① 恩格尔贝特·肯贝尔(1651—1716年),长崎的德国医生,在他去世后的1727年,首先在伦敦出版了他的著作《日本志》英文版,后来又出版了法荷德语的各种版本,在欧洲获得了广泛的读者。

专栏 2

国产品和舶来品

现代日本不论在哪个领域都离不开外国产品,关于其功过有着各种各样的说法。不过,即便在过去被称为"锁国"时代的江户时代,外国产品也多有流入,支撑着人们的生活。近年的研究成果正在改变人们过去的印象。过去人们认为江户时代实施"锁国",只在长崎与海外开展贸易。现在有人认为长崎、松前、对马、琉球这"四个口岸"都是对外贸易的据点。

日本列岛北面的玄关松前是中转北方交易品的重镇。包括松前在内的虾夷地从室町时代起就是向日本国内供应干三文鱼、海带等海产品的一大产地,千岛、萨哈林方面的海獭、鹫羽等毛皮类也是从虾夷地经日本海通道运往京都等地的。那些商品被总称为"松前物",阿依努人是该物流的起点。可以说大阪的煮海带、咸海带,京都一带的鲱鱼荞麦面等即便在今天也是关西名特产的食品都是因为从北方获得材料才形成的。

17世纪中叶以后,长崎贸易的代表性进口品不再是生丝、丝织品,而是砂糖。在1635年(宽永十二年),中国、荷兰船只运往长崎的砂糖多达350万斤,而在正德年间(1711—1715年)每年大约为430万斤,与国内需求一并呈上升趋势。在日本国内的流通据点大阪,萨摩砂糖与进口砂糖一起交易。"萨摩货"指"萨摩藩大阪藏邸"销售给一般商人的特产,不过直到江户时代中期,萨摩砂糖其实都是"琉球货"。因为当时琉球处于萨摩藩的支配之下,所以从琉球销往大阪的商品都被视为萨摩货。琉球砂糖除了琉球产以及奄美诸岛产以外,还有经由琉球的"唐货"(中国产)。萨摩砂糖实际上产自琉球、奄美以及中国。

江户时代中期以后,出现了赞岐、阿波、纪州等地的"和制砂糖",萨摩也开始在樱岛等领地内进行生产,纯国产占据了较大的份额。砂糖的消费扩大带来了日本传统产业和式点心业的发展,可以说舶来品给和式点心业的发展带来了契机,而国产品则使和式点心业得到了飞速发展。

(荒武贤一朗)

〈参考文献〉菊池勇夫、真荣平房昭编:《近世地域史论坛 1 列岛史的南与北》,吉川弘文馆,2006年。

朝贡贸易,禁止普通中国人前往海外。元末实施过一次海禁,不过正式实施海禁是14世纪后半叶的事情。

日本自从5世纪的倭之五王时代向中国朝贡以来,虽然中断过好几次,但长期处于中国的册封体制之下。到了14世纪,明朝要求日本取缔倭寇,并频频向日本派遣使节,说服日本朝贡。因此,室町幕府以及有影响的守护大名对此表示回应,多次派遣朝贡船只。从日本出口的有刀剑、扇子等工艺品,以及硫黄、铜等矿产,而从中国进口的则是铜钱、丝绸品、生丝、书籍、药材等。到了15世纪,那些船只有义务携带明朝发行的出国证明(勘合符),因此那之后的贸易被称为"勘合贸易"。

室町幕府衰退之后,细川以及大内等有势力的大名以及博多、堺等地的商人也参与了日本与明朝的贸易,围绕利益而开展的竞争变得更加激烈,日明贸易最终被大内所垄断。16世纪中期大内灭亡之后,日明贸易也中断了。1592年,丰臣秀吉向朝鲜派兵,并与明朝交战,日明国交中断。

日本式华夷秩序的形成

日明贸易衰退后,与日本贸易最为频繁的是葡萄牙。1543年(天文十二年),葡萄牙船只漂流到种子岛,那是最早来日本的葡萄牙人。[①] 之后,很多葡萄牙船只出入鹿儿岛、山川、津坊、大分、平户等地,垄断对日贸易,那种状态持续了一段时间。

1603年(庆长八年)江户幕府成立后,德川家康开始对贸易进行管制。1604年,又让堺、京都、长崎3个城市的富裕商人[②]结成行会,命令他们从葡萄牙商人手里收购中国生丝,然后卖给日本国内的商人。该制度的出台与其说是为了垄断生丝的收购,不如说是为了优先满足将军以及幕府一部分官员的需要。另外,幕府为了

---

① 根据庆长年间撰写的《铁炮记》的记载。不过关于这种说法,宇田川武久等进行了重新探讨(宇田川武久:《真说:铁炮传来》,平凡社,2006年),这一点值得关注。

② 那被称为"三所商人"。1632年又增加了大阪、江户的商人,被称为"五所商人"。

打破葡萄牙对贸易的垄断，扩大了贸易对象国，从16世纪末期起与西班牙，从1609年起与荷兰，从1613年起开始与英国开展贸易。

另外，德川家康为了恢复与明朝的贸易，曾在1610年致信福建总督。但是，该信没有使用明朝的年号，另外还将中国皇帝称为大明天子，以暗示日本天子的存在，也就是说，采取了与以往明显不同的形式。那是因为德川家康一方面希望获得贸易方面的利益，另一方面又不希望被编入明朝的册封体制，那种相互矛盾的意图显而易见。但那样的要求不可能被明朝接受，日本未能与明朝恢复邦交。

9年后的1619年(元和五年)，一名叫单凤翔的商人携带浙江总督的书信来到长崎。该书信要求取缔倭寇，谈及的是事务方面的问题，完全没有涉及恢复邦交的事宜。不过，如果幕府有意与明朝恢复邦交的话，那不失为一次很好的机会。然而，幕府并没有正式接受该书信，而只是回答以后的交涉通过高丽、对马来进行。

在这两次书信的往来过程中，发生了两件重要事情，这一点值得我们关注。第一件事是从关原之战的第二年1601年(庆长六年)起朱印船贸易兴盛起来了。朱印船是指获得"异国渡海御朱印状"的出国证明而驶往外国的船只。西国大名、幕府官吏、豪商等平均每年派遣10艘驶往越南、柬埔寨、泰国、菲律宾等地。日本的朱印船不能驶往没有外交关系的中国，主要驶往东南亚各国，但日本人并不是为了获得东南亚国家的物产，而是为了获得中国的丝织品。日本的出口品主要是银①。另外，铜、铜钱、硫黄、日本刀也出口到国外。另外，虽然没有外交关系，但明朝船只与日本船只频繁在台湾岛以及东南亚各地进行交易，即开展了被称为"相遇贸易"的交易。第二件事是1617年(元和三年)第二代将军德川秀忠在伏见接见了朝鲜使节团，那是德川秀忠作为将军第一次上京。在京都接见由428人构成的使节团，那无疑具有向诸大名显示幕

---

① 16世纪以来，日本的主要出口品是银，特别是产于石见银山的吹灰银。因为石见银山位于佐摩村，所以又被称为佐摩银。但幕府因为担心银锭大量流失，于1609年禁止吹灰银出口，命令外国船只能收取丁银。一开始，这样的规定没有严格实行，但从1630年起随着幕府强化对贸易的管制，用于贸易的银币逐渐由吹灰银向丁银转换。参见前引田代和生论文《德川时代的贸易》。

府正统性的意义。另外，该活动还表明日本在一定程度上回归到了国际社会。

像这样，即便没有正式恢复日明贸易，也可以通过朱印船贸易以进口充足的中国产品，另外通过对马藩恢复了与朝鲜的邦交，日本从孤立于国际社会的状态中摆脱出来了，因此幕府放弃了寻求与明朝恢复邦交的方针。此外，很有可能幕府希望通过否定与明朝恢复邦交以使日本处于与中国对等的地位，设想了独自的国际关系。在对朝鲜外交上，将军没有称自己为"王"，而是新创了一个"大君"的称号，可以说那也是一个证明。这种以日本国大君为中心的国际秩序与以中国皇帝为中心的国际秩序相比规模要小得多，但重要的是日本独立于明朝。这种体制有时候被称为"日本式华夷秩序"，从这一点可以看出"锁国"体制所具有的积极外交姿态。

长崎贸易

江户幕府当初还鼓励各大名开展朱印船贸易，但从1609年前后起将朱印状优先发给与幕府关系密切的商人。另外，1631年（宽永八年），在朱印状之外还要求将老中的奉书提交给长崎奉行（奉书船）。而在1635年，这种奉书船也废止了，日本人出国全面受到禁止。其结果是贸易全部由到日本来的外国船只进行。

在17世纪初，有葡萄牙、西班牙、英国、荷兰以及中国这5个国家的船只在日本开展贸易。但是，1623年英国在贸易上与荷兰发生势力之争，失败后退出了对日贸易。① 另外，1624年，幕府为了禁止基督教在日本的传播，禁止西班牙船只进入日本。当时幕府也考虑过禁止葡萄牙船只进入日本，但由于担心难以确保以往的丝织品进口量，所以尽管不很情愿，还是决定继续与之开展贸易。岛原之乱（1637—1638年）后的1639年，幕府再次考虑禁止葡萄牙船只进入日本。幕府传唤了荷兰商馆馆长卡隆，在确认了通过荷

---

① 平户的英国商馆借给房东中国人李旦大笔资金无法收回，估计那也是退出对日贸易的原因之一。参见永积洋子："17世纪的东亚贸易"，滨下武志、川胜平太编：《新版亚洲贸易圈与日本的工业化：1500—1900》，藤原书店，2001年，119页。

兰船只进口的生丝以及丝织品的数量之后,最终在同年禁止葡萄牙船只进入日本。

由于葡萄牙人撤离了,在平户拥有商馆的荷兰印度公司提出将商馆迁移到长崎,而担心贸易中断的长崎"五所商人"也对之表示欢迎,于是荷兰商馆在1641年移到了长崎的出岛。这样一来,幕府所管理的贸易限于长崎这一港岸,而且贸易对象也只剩下荷兰和中国的商人。进口品种依然是中国生丝和丝织品,但国内需求越来越大,仅靠"五所商人"的垄断状态无法保证充足的供给。因此幕府不久便废止"丝割符制",改为国内商人能自由参入的"相对交易"。

幕府预想通过相对交易进口量会有所增加,但实际上没有发生多大的变化。另一方面,由于许多商人的参与使竞争激化,生丝价格反而上涨了。因此,从日本出口的白银急剧增加。图1-3分别显示了从1648年至1672年通过中国以及荷兰船只出口商品的5年变动平均值。很显然,从开始实施相对交易的1655年起,白银出口大幅度扩大,在1660年前后迎来了高峰。

图1-3 长崎的银输出量(1648—1672年):5年间变化的平均值

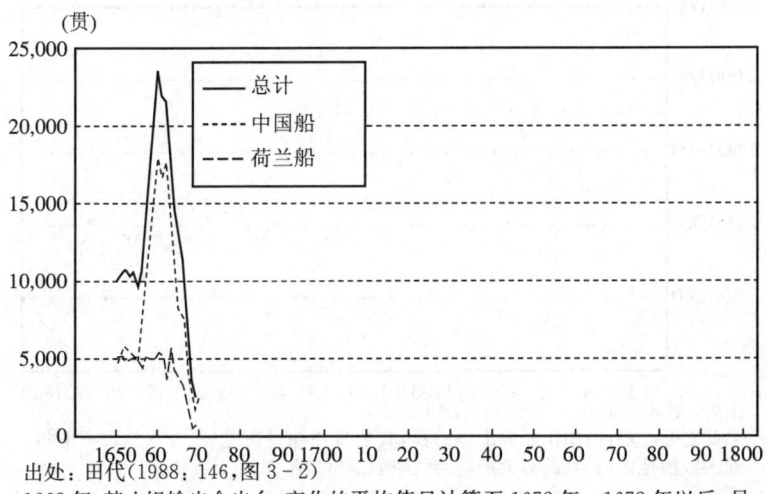

出处:田代(1988:146,图3-2)
1668年,禁止银输出令出台,变化的平均值只计算至1672年。1672年以后,虽对中国商人的禁令解除了,但银的出口途径也只有对马一地。(参照"对马藩的贸易"一项)。

幕府担心白银急速流失,多次发布节俭令,致力于抑制需求,并在1664年解除了禁止出口金币（小判）的命令，进而又在1668年发布了禁止出口白银的命令。这个禁令在1672年对中国商人解除了，但对荷兰商人则一直持续到幕府末期。同在1672年，实施了根据销售业绩将日本商人分为大、中、小三等，只允许在交易限度内购入的"市法商法"（市法货物商法），进口商品价格因此大幅度下跌，金银出口量也减少了。在那期间，作为贸易商品受到关注的是铜①。幕府担心铜的流失影响货币的铸造，在1637年临时禁止铜的出口，但不久铜转为稍微过剩，于是幕府在1646年又将这条禁令解除了。

另外，幕府在1685年恢复了"丝割符制"，开始实施"御定数商法"，也就是说，以金银结算的每年的交易额不能超出幕府事先规定的额度。具体来说，将中国船只每年的交易额限定在6千贯，将荷兰船只每年的交易额限定在5万两。但是，御定数商法也存在问题，因为正规贸易量减少，非正式贸易量增加了，另外进口商品的价格也上涨了。因此，1695年（元禄八年）在御定数的规定之外，允许以铜来支付货款，铜的出口量再次增加（图1-4）。

图1-4 长崎荷兰船铜出口量（1646—1805年）：5年间变化的平均值

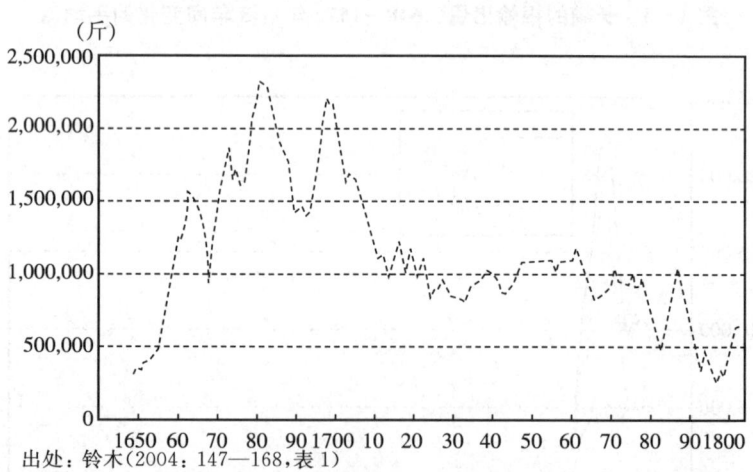

出处：铃木（2004：147—168，表1）

除此之外，也有由中国船只出口的铜，其数量亦超过荷兰船。不过，在所能得到的数值范围内，其趋势大抵与荷兰船的铜出口相同。

---

① 关于平户、长崎的铜贸易的实际状态，参见铃木康子的《近世日荷贸易史研究》（思文阁出版，2004年）。

这样的增加出乎幕府的预料，因而幕府在1698年将作为替代物的铜也限定在"御定数"的范围内。又在1715年（正德五年）颁布《海舶互市新例》（正德新例），明确提出了将贸易规模缩小，使之与铜的出口能力相当的方针。因此，从表面上看，18世纪以后长崎贸易衰退了，但实际上开展了以各种名目追加在"定数"之外的其他交易。我们很难明确提示包括那些其他交易在内的贸易总额，不过已经判明其他交易的总额达到了"定数"的两倍。因为"定数"这种框架内的一定量贸易始终是一个原则，不妨认为贸易量是根据每个时期的经济状况而变迁的。

对马藩的贸易

15世纪以来，日本和李氏朝鲜之间贸易繁荣、文化交流频繁。丰臣秀吉出兵侵略朝鲜以后，两国断绝了外交关系。在丰臣秀吉之后掌握了政权的德川家康力图与朝鲜恢复邦交，而对马的宗氏作为中介起到了很大的作用。宗氏是从守护大名系统中分离出来的，在16世纪中叶，发展为基本上垄断了对朝贸易的战国大名。

1605年，在处理丰臣秀吉出兵朝鲜的后事时，朝鲜方面向宗氏传递了一个要求：江户幕府应该首先向朝鲜国王递交国书。站在两国之间的对马藩为了交涉能顺利进行，向朝鲜方面递交了伪造的国书表示道歉。1607年，朝鲜向日本派遣了回答使，对马藩谎称使节是朝鲜先派遣的通信使，并让他们在江户城谒见了德川秀忠，在骏府谒见了德川家康。结果是日朝在1609年缔结了贸易协定《己酉条约》。①

日朝间的贸易以往是在朝鲜指定的多个港口进行，《己酉条约》却只允许在釜山新设置的日本人居留地（豆毛浦倭馆）开展贸易，但那里没有长期停泊船只的场地，建筑物也比较狭小，因此对马藩反复要求朝鲜提供替代地。1678年，朝鲜允许倭馆迁移到新址，新倭馆（草梁倭馆）的面积是以前的10倍，可以供四五百日本人

---

① 田代和生：《被篡改的国书——德川朝鲜外交的幕后》，中央公论社，1983年。

长期居住。

对马藩每年派遣规定数量的船只（岁遣船）在倭馆进行交易。这种贸易又可以分为公贸易和私贸易。公贸易是朝鲜与幕府、对马藩之间的正式贸易。贸易量是固定的，利润也不太大。另一方面，私贸易是自由的相对交易，利润较高。因此，对马藩致力于私贸易。

主要进口商品与长崎一样，是中国产的生丝和丝织品，货款一般用银两支付。17世纪后半期，随着清朝与朝鲜之间交易通道稳定下来，运往对马藩的中国生丝以及丝织品也呈上升趋势，逐渐逼近长崎的贸易量。进而在实施市法商法以及御定数商法之后，经由对马藩的贸易量超过了长崎。例如，荷兰商馆馆长霍沃思在大阪亲眼目睹对马藩大量销售生丝以及丝织品，估计其数量分别有14—15万斤和2万7千反。当时，每年由中国船只运往长崎的中国生丝不过10万斤左右，而荷兰船只基本上从中国生丝贸易中被排挤出来了。

对马藩的生丝、丝织品进口量之所以超过长崎，在很大程度上是因为对于用来支付的银两出口的限制与长崎相比要宽松得多。1710年，由于幕府发行了成色大幅降低的银币，朝鲜方面拒绝收取。在那种情况下，对马藩不惜采取优惠政策，特别铸造了成色高的银币。该银币被称为"人参往古银"，宣称是用于进口医药品朝鲜人参，但实际上大部分用来支付进口生丝以及丝织品的费用。

成为主要贸易渠道的对马藩贸易在18世纪中叶呈现衰退势头。首先，那是因为在铸造人参往古银时要填补成色差价，另外还要增加铸造费用。其次，生丝以及药用人参的国产化程度不断提高。还有，贸易品种也从那个时候起发生了很大的变化。进口品种以木棉和大米为主，主要出口品由银变成了铜。

萨摩藩的贸易

1609年（庆长十四年），萨摩藩得到幕府许可，向琉球派遣了3千人大军，征服了琉球。琉球王被被押送到萨摩，被强迫效忠萨摩。那以后，萨摩藩在幕府许可下拥有了琉球官吏的任免权以及征税权。

江户幕府命令琉球国在德川将军每次换代时派遣庆贺使,在每次琉球王换代时向江户派遣谢恩使,琉球国臣服于江户幕府。另外,萨摩藩想利用琉球与中国的贸易关系,因而也允许琉球向中国朝贡。因此,琉球成了同时隶属于日本和中国的"两属"国家。

萨摩藩采取的是间接贸易方式,也就是说,萨摩藩筹集银两(渡唐银)运往中国,购买中国销往琉球的商品,再运往日本。在进口中国生丝以及丝织品、出口银两这一点上,与长崎以及对马藩的中转贸易构造完全相同。显示贸易数量变迁的具体史料没有保存下来,详细情况不得而知。不过,不妨认为在某个时期,琉球贸易与对马藩贸易一样,规模超过了长崎贸易。

即便在琉球贸易中,贸易规模的大小也是由能筹集到的运往中国的银两所决定的。1713年,琉球向幕府申请铸造用于贸易的特殊银币并得到了批准,但铸造量比对马藩要少。因此,萨摩藩试图结合当地的实际将出口品种由银两转向海带、鲍鱼等海产品来扩大出口。后来到了19世纪,萨摩藩完全无视幕府的命令大规模开展贸易。通过这样的贸易获得了巨大的利益,在幕府末期的倒幕运动中,那些资金起到了重要作用。

松前藩的贸易

北海道在近世以前一直被称为"虾夷地",在北海道南端从室町时代起就树立了政权的蛎崎(1599改姓松前),在第五代庆广时首先由丰臣秀吉,然后由德川家康承认其在虾夷地(阿伊努)进行交易的垄断权。这样发展起来的松前藩因为完全不拥有以石数为依据的土地,所以不能像其他藩那样赐予家臣以领地。取代领地的是被称为"商场"的制度,即将虾夷地各处场地分配给藩以及高级家臣,允许往那里派遣交易船只(商场知行制)。商场经营一开始就采取了直接经营方式,即将自己经营的船只、雇佣的船只派往当地,与阿伊努进行交易。到了18世纪,进一步过渡到商人承包制(场地承包制),承包商要缴纳一定的费用。

第四节　从元禄到享保

1680年（延宝八年），第四代将军去世，没有留下子嗣，新将军由德川家纲最小的弟弟德川纲吉继任。人们将自1680年起到1709年间德川纲吉的治世称之为"元禄、宝永期"。在德川纲吉执政时期，幕府体制发生了很大的变化，在政治上迎来了一个转换期。直到德川家纲时代为止，幕府政治都是通过从谱代门阀中选拔出来的老中合议制实施的。而德川纲吉一方面任命自己特别信任的堀田正俊为"胜手挂老中"，让他掌管财政和民政部门。另一方面，又将负责实际事务的主干即寺社奉行、町奉行、勘定头（后来的勘定奉行）全部替换，新设置了"勘定吟味"一职，使之负责会计审计。此外，对于分散在全国的代官也实施会计审计，对贪官进行了检举。另外，在1688年（元禄元年），为了确立将军亲政，新设置了侧用人制度，亲信柳泽吉保受到重用。就这样，德川纲吉刷新了幕府政治体制。

荻原重秀和元禄改铸

在德川纲吉的一连串行政改革中，一名担任实际事务的官僚崭露头角，他就是后来担任勘定头的荻原重秀。荻原重秀的祖先是织田信玄的遗臣，后来在德川手下任职，代代担任勘定所的小吏。荻原重秀自身也同样担任过勘定所的小吏，因为在延宝年间开展的畿内总检地以及在德川纲吉命令下对代官进行的会计审计中表现出色，于1687年（贞享四年）出任勘定头差添役一职（即后来的勘定吟味）。① 当时幕府的财政相当困难，在财政收入方面，佐渡金山等矿山收入逐渐减少，但是明历大火之后的江户重建，以及信仰虔诚的德川纲吉命令在各地兴建寺庙，使得财政支

---

① 村井淳志：《勘定奉行荻原重秀的生涯——新井白石嫉妒的天才经济官员》，集英社，2007年。

出不断增加。为了应对这个问题,荻原重秀建议改铸货币,并且自己率先实施。这被称为元禄改铸,是江户时代制定货币制度以来第一次大规模的货币制度改革,对经济产生了极大影响。

在元禄改铸中铸造的货币有金币和银币。幕府在布告中表明:"近年金银矿亦少,世间之金银渐减,故改金银之位,以增世间之金银。"也就是说,为了增加货币数量而降低金银的成色。具体来说,如果是金币的话,就减少金的比率,增加银的比率;如果是银币的话,就减少银的比率,增加铜比率。其比率与庆长金银的比较如表1-3所示。

表1-3 小判和丁银、豆板银的成色变化

种 类	初发年度	重量(文)	成色(%)		
			金	银	铜
(小判)					
庆长小判	1601	4.76	84.29	15.71	—
元禄小判	1695	4.76	57.37	42.63	—
宝永小判	1710	2.50	84.29	15.71	—
正德小判	1714	4.76	84.29	15.71	—
元文小判	1736	3.50	65.71	34.29	—
文政小判	1819	3.50	56.41	43.59	—
天保小判	1837	3.00	56.77	43.23	—
安政小判	1859	2.40	56.78	43.22	—
万延小判	1860	0.88	56.78	43.22	—
(丁银、豆板银)					
庆长丁银、豆板银	1601	不定	—	80	20
元禄丁银、豆板银	1695	不定	—	64	36
宝永二宝丁银、豆板银	1705	不定	—	50	50
宝永永字丁银、豆板银	1710	不定	—	40	60
宝永三宝丁银、豆板银	1710	不定	—	32	68
宝永四宝丁银、豆板银	1711	不定	—	20	80
正德丁银、豆板银	1714	不定	—	80	20
元文丁银、豆板银	1736	不定	—	46	54
文政丁银、豆板银	1820	不定	—	36	64
天保丁银、豆板银	1837	不定	—	26	74
安政丁银、豆板银	1859	不定	—	13	87

出处:《角川日本史辞典》,角川书店,1997年。

像这样,新金银的成色大幅度下降,但流通价值却与旧金银相同。在兑换新旧金银时,规定"金银皆加价若干交付"(《御触书宽保集成》),但其所加价格一开始只有1%。这一法令意义非常重大,因为它试图实现一种思考方式的转换,也就是从认为货币的价值由其中所包含的贵金属量来决定的思考方式(实际货币)向货币的价值是面值表示这样的思考方式(形式货币)转换。这一措施一开始带来了很大的混乱,因为以富裕商人为首的一些人试图囤积庆长金银。对此幕府加大对兑换的奖励力度,后来还命令停止使用旧金银,在付出极大的努力后,最终元禄金银得以顺利通用。这意味着日本在江户时代就已经实现了使用形式货币,人们的货币观也发生了变化。

另一方面,幕府方面通过改铸获得了巨大收益,在当时被称为"出目",元禄改铸的"出目"高达5百万两。在此希望引起注意的是:到1710年为止的金币发行量增加了42%,而银币发行量却增加了222%。① 也就是说,用金币获得的收益主要不是用来增加金币的发行,而是用来增加银币的发行。金银币的增加率存在这种差异,表明了改铸不仅是为了解决财政上的问题,同时也是根据需要使金银货币获得一种均衡。

如果其他条件稳定的话,那么这种货币数量的增加有可能带来物价的上涨。如果对那个时候的连续物价数据,对广岛、名古屋、江户、会津的米价进行观察便会发现:改铸前十年(1685—1694年)的平均值与改铸后十年(1695—1704年)的平均值在广岛为1.45倍,在名古屋为1.52倍,在江户为1.51倍,在会津为1.30倍,上升了3—5成。②

新井白石与正德之治

1709年(宝永六年),将军德川纲吉去世。纲吉也没有留下子嗣,其养子即纲吉之兄纲重之子德川家宣就任第六代将军。在家

---

① 西川俊作:《江户时代的政治经济》,日本评论社,1979年。
② 不过,村井淳志认为物价上涨的原因实际上有可能是歉收。参见村井淳志前引书,119—129页。

宣出任将军期间,儒学家木下顺庵①的弟子新井白石对幕政起着举足轻重的作用。新井白石在家宣担任甲州藩主时就担任他的侍讲,在家宣被将军家收为养子时,也跟着成了幕臣。家宣出任将军之后,他被授予从五位下筑后守,被赐予知行地1千石。

另一方面,荻原重秀在那个时候作为勘定奉行负责幕府的财政,正在为确保幕府的财政收入而绞尽脑汁。土木建筑事业以及将军葬礼花费了巨额费用,元禄大地震的重建也需要大量资金。1711年(正德元年)实施改铸时发行了"四宝银",其银含有量大幅度降低,只有20%。那说起来是银币,但实际上与铜币相差无几。

这一连串货币政策对于看重金银本身价值的新井白石来说是难以容忍的。在今天看来或许觉得有些滑稽,新井白石认为降低金银成色的政策是导致元禄大地震等灾害的原因,为了国家的安定,必须恢复德川家康时代的做法②。

新井白石要求家宣罢免荻原重秀。家宣对荻原重秀的办事能力给予很高的评价,一开始没有同意,但新井白石并没有因此而罢休。1712年9月,在新井第三次提呈弹劾书后不久荻原重秀被免职。家宣于同年10月14日去世,在题为"被仰出之趣"的家宣的遗书中,很快就表明了将金银之制回归到庆长旧制的方针。经过一段时间的准备,这一变革从1714年起开始逐步实施。改铸工作一直持续到享保年间,因此改铸的金银被称为正德、享保金银,其成色又回到了庆长金银的比率(见表1-3)。在刚开始改制时,允许新旧金银并用,而且价格也是以旧金银为标准来表示,所以物价变动较小。但从旧金银停止流通的1719年前后起通货供应量明显减少,导致物价大幅下跌。那样的变化对依靠出售大米度日的武士来说打击很大,他们的不满也逐渐增大。

---

① 木下顺庵是江户时代前期的儒学家。他先是在加贺藩任职,后来成为德川纲吉的侍讲。其门人除了新井白石以外,还有成为德川吉宗的侍讲的室鸠巢,在对马藩为对朝鲜外交出过力的雨森芳洲,培养了被称为"十哲"的出色人才。

② 1715年发布的防止金银流失海外的《海舶互市新例》(正德新例)也是根据新井白石的建议制定的。参见安达诚司《摆脱通货紧缩的历史分析——通过"政策体制"的转变回顾近代日本》,藤原书店,2006年,208—283页。

德川吉宗和享保改革

家宣去世后,继承将军之职的德川家继年仅4岁,他在职4年后便于1716年夭折了。这样,将军家子嗣再次断绝。于是,将军监护人御三家的纪州藩主德川吉宗出任第八代将军。在那之前吉宗已经担任了12年的纪州藩主,曾经通过紧缩银根重建过藩的财政。他罢免了作为几代将军的亲信而享有权势的间部诠房以及新井白石,获得了周围谱代大名的支持,致力于推行被称为"享保改革"的新政。在经济政策方面德川吉宗沿袭了新井白石的方针。也就是说,维持了金银的成色,因而物价继续下跌,经济停滞。为了应对那种状态,德川吉宗采取了紧缩银根、禁止奢侈以抑制消费等消极方针。另外还规定了每个大名领地每1万石要向幕府上缴大米1百石。德川吉宗呼吁:"不顾耻辱,乃出此言。"(《御触书宽保集成》)。

另外,幕府提高地租率,而且为了将其固定,还引进了"定免制"。所谓"定免制"是以过去几年的平均收成为基数,不论丰收还是歉收都要上缴一定数量地租的方法。其结果是,地租收入增加到过去最高水准,造成市场供过于求,米价进一步下跌。就这样,与荻原重秀的时代相反,"享保改革"后通货紧缩成为一大问题。

堂岛米会所和账合米交易

大阪堂岛的大米市场允许实施期货交易,那是最早采取的稳定米价的对策。在1697年(元禄十年)前后,开发堂岛新地时就开始进行大米交易。1725年(享保十年),为了对大米交易进行管制,幕府让江户商人在堂岛设置了"御兑换御用会所"。不过,在那里只允许进行大米交易,期货交易被认为有可能成为投机性交易而遭到禁止。

然而,当时米价下跌幅度较大,给依靠出售地租米度日的武士生活带来了很大的打击。因此,1730年(享保十五年),勘定奉行大冈忠相命令大阪商人设立"堂岛米会所"。堂岛米会所首次承认以往在御兑换御用会所之外偷偷摸摸进行的期货交易,引进了被称为"账合米交易"的新交易法。那种方法被认为与现代期货交易方法非常相近。

享保饥馑与元文改铸

1732年,西日本因为浮尘子的虫害导致稻谷歉收,发生了大饥馑。有报告说关西有46藩收成减少了一半多。米价一时急剧上升,社会动荡不安,幕府忙于向藩以及幕府直辖领地调拨粮食或拨款,在江户还发生了抢米事件,那被认为是在江户时代首次发生的抢米事件。

因此,在1736年(元文元年),幕府根据大冈忠相的献策对货币进行了改铸(元文改铸)①。金银币的成色再次降低,幕府希望以此来增加通货发行量。新发行的元文金银成色如表1-3所示,那与元禄金银的水准相当。不过,与元禄改铸不大相同的是,这次加大了奖励力度,幕府自身基本上没有从中获得收益。因此,市场上流通的货币供应量明显增加,米价在改铸4年后即1740年上升了50%,幕府的财政也创下了大幅度的黑字。

第八代将军德川吉宗也因此获得了"米将军"的别名,据说他十分关注通过调节米价来安定经济。但是,在其执政的前半期,由于政策的中心在于通过"定免制"来提高征收地租的效率,以及通过行会来对米谷市场进行管理,所以未能解决通货紧缩的问题。另一方面,他在执政的后半期对政策进行了大幅度调整,这一点值得大书特书。增加货币发行量的目的不在于通过"出目"来扩大收益,因此具有增加都市商人等群体的货币资产的效果。那相当于现在经济学家所说的"通货再膨胀"政策。就这样,享保改革获得了一定的成功,很显然德川吉宗的灵活政策调整功劳甚大。

(浜野洁)

---

① 关于大冈忠相的改铸,请参见安藤优一郎《江户经济官僚的精英:大冈越前的结构改造》(NHK出版,2007年)。

第二章　从田沼时代到松方财政

总论　过渡期的经济构造

本章涉及从18世纪后期的田沼时代到19世纪后期的松方通货紧缩结束为止的百余年历史。在此期间发生了明治维新，政权之所在发生了明显变化，但从产业构造的角度来看，仍可以将其看作一个完整的时期。日本经济在经过17世纪的快速增长、18世纪前叶的平缓增长，到18世纪后期的田沼时代，再度活跃并快速增长。在这期间，利用剩余农产品发展起来的酿造业、纺织业等农产品加工业发展显著。这些工业作为"传统工业"在近代以后仍然被继承下来，它们大都依靠手工生产支撑。直到松方通货紧缩结束后的企业勃兴期，机械化才开始得到发展。相应数据请参见后面的"明治七年府县物产表"（表2-2）。

石数制的前途

前文所提到的"剩余农产品"产生的根本原因，不能不提到幕藩体制的根基——石数制所具有的强硬僵化的性质。在第一章的总论中已经说过，在石数制下，通常检地不会重复进行。也就是说，地租征收基准不会变，因此如果税率不发生大的变化，农民通过努力不断提高产量，自己得到的份额就相应增加，剩余农产品也随之增加。可以说,这是引发下文所提到的"勤勉革命"的一大诱因。

另一方面,从领主的角度看,在石数制下,"石数"即地租征收基准一旦定下来,基本上就不能指望收到的地租会增加。但同时消费却在逐渐增长,且这种趋势又是不可逆的,因此之后发生财政困难是不可避免的。换句话说,从长期来看,石数制中隐含着使领主陷入财政困难的必然性。在幕藩体制创建后的150余年,财政困难逐渐表面化的这一时期,如何解决上述问题是包括幕府在内的所有领主所面临的共同课题。本章所述各期的幕府及诸藩的政策,都是为了解决这个课题而出台的。然而,他们最终没能提出根本的解决方法。只有长州、萨摩藩等一部分的藩施行了一些较为有效的政策,取得了一定的改革成果,因而他们成为执掌下一代政权的主体。

物价的变化

如图1-2所示,以元文改铸(1736年)为契机物价上升后,在长达约100年的时间里,物价变化都比较稳定。文政改铸(1818—

图2-1 1818—1871年(文政元年—明治四年)江户白米、酱油、酒、灯油每石零售价格的变化

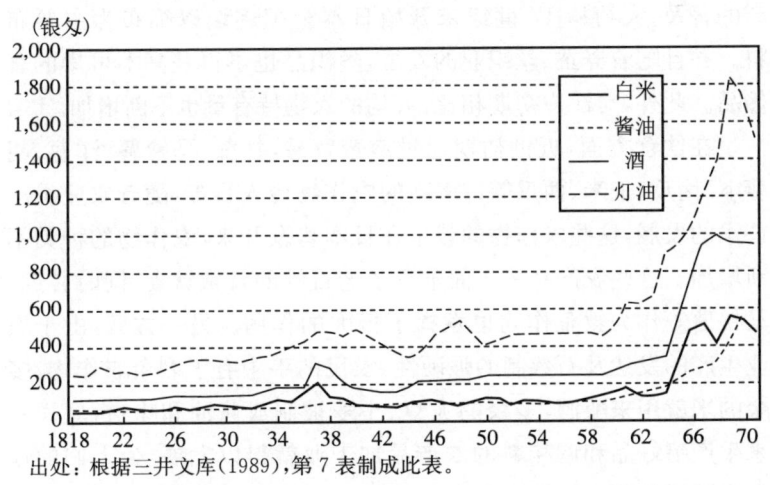

出处:根据三井文库(1989),第7表制成此表。

1829年)以后,物价出现上涨,经过天保饥馑期的暴涨后,以安政期的"开港"为契机,物价再次上涨,进入幕末的庆应期后,物价上涨尤其惊人(图2-1)。

在这100年间,物价的稳定给人们的生活、经济活动带来了安定。而幕府末期物价上涨导致靠一定收入生活的非生产者阶层的生活陷入困境。与此相反,对于农民等生产者阶层来说,物价高涨后就能高价出售自己的生产品,其中也出现了豪农之类获得巨大利益的人,这一点值得关注。

民众生活的变迁

虽然无法像现在这样准确地描绘江户时代的经济增长曲线,但大体能从图1-1①的"实收石数"的演变上看出其变化趋势。之前提到的17世纪的快速增长、18世纪的平缓增长及18世纪后期之后的(再度)快速增长的大致趋势与之相对应,整个江户时代的260余年中,实际石数增加了2.4倍。

生产不断扩大,商品流通也随之发展,人民生活水平逐步提高。实际上,在江户时代,日本人的衣食住行各个方面都得到了显著的提高。比如在衣着方面,在江户初期,除畿内这样的发达地区以外,老百姓的布料以粗糙的麻布为主。随着国内棉花、棉织品生产的普及,大约从17世纪末开始日本全国逐渐以棉布为主要布料。并且随着养蚕、丝织业的发展,丝织品也不再是高不可攀的奢侈品。此外,与江户初期相比,人均的衣物持有量也不断增加。

在饮食方面,近世初期通过南蛮贸易,甘蔗、马铃薯、洋葱、胡萝卜、南瓜、玉米、西瓜等许多新的农作物传入日本,随着农业生产技术的发展,这些农作物的栽培在日本普及开来,农作物的种类不断增加。这些农产品一方面丰富了老百姓的日常饮食,同时甘蔗、马铃薯等作为救荒作物也发挥了极大的作用。另一方面,由于农业生产的发达及石数制的强硬性,农民的手中有了剩余农作物,多余的米就用来酿酒,多余的大豆、小麦被制成酱油和味噌,这样一来生产嗜好品和调味料的农产品加工业就得以发展,为人们的饮食生活增色不少。这些产业出现于17世纪末,在18世纪末取得了巨大的发展。另外,当初的烹饪方法很简单,随便什么东西都放进锅里在地炉上煮着吃,之后人们开始在土房里支起灶头,在那里做饭,烹饪的方法也逐渐多样化。这与住宅构造的变化也不无关系。

在居住方面,首先是住房的规模发生了巨大的变化。江户初期,标准的农民住宅很狭小,构造简单,只是把房子隔成铺地板的房间和土间,有的甚至类似于竖穴住宅,非常简陋。到了江户末期,房子的规模变大了,拥有多个房间的农家也多了起来。另外,随着建筑工艺的进步,没有基石的柱子变成了立在基石上的柱子,椭圆形的房子变成了有棱有角的房子。榻榻米和衣橱等家具的普及、隔窗等室内装饰的发展,也使人们的住宅发生了巨大的变化。①

"开国"及对外关系的变化

18世纪后期开始的100年也是日本对外关系发生巨大变化的时期。江户时代的对外交往很有限,只是和中国、朝鲜、琉球等亚洲诸国及唯一的西方国家荷兰保持邦交及通商关系。1853(嘉永六年)年佩里来航之后,日本迅速和其他欧美诸国展开外交,特别是1859(安政六年)年横滨的贸易开港,成为日本对外关系史上划时代的重大事件。

尽管"开港"对国内经济的影响不小,但正如下文所讲到的,其影响可谓有限。换句话说,在江户时期日本的经济已经发展到能够抵挡国际经济狂潮的程度了。

不断接受着来自国外的新的冲击的日本经济,在此之后远远超越了江户时代,取得了令世人称奇的成就,成为当今发展中国家的目标。然而不得不说的是,这种发展是以江户时代扎实而不起眼的经济发展为前提的。

---

① 以上关于江户时代百姓的生活请参照汉利《江户时代的遗产》(指昭博译,中央公论社,1990年)。此外莫尔斯的《在日本的那些日子里》(石川欣一译,平凡社,1970—1971年)中关于明治初期庶民生活的描述随处可见,莫尔斯在《日本的居所:内与外》(上田笃等译,鹿岛出版社,1979年)中详细描述了明治初期日本的民房,并配有真实生动的插图。莫尔斯的这些著作是了解江户时代的生活的极其重要的资料。

维新政权的性质

关于幕藩体制崩溃后建立起来的明治维新政权的性质,早就有各种争论。特别是在20世纪30年代由马克思经济学者们引发的所谓日本资本主义论争中,明治维新是否属于资产阶级革命这个问题作为一个论点。"讲座派"[①]将明治政权视为封建制度最终形态的绝对主义政权,"劳农派"[②]将其视为资产阶级革命后形成的资本主义政权,两派之间引起了激烈的争论。这场论战在日本进入战时体制两派被检举后一度被迫中断。战后继承两派学说的研究者大量涌现,对日本经济学史产生了深远的影响。

不过另一方面,不为马克思主义发展阶段论所左右,不是从明治维新本身发现划时代的重大意义,而是从近代经济学的数量经济史的角度研究从江户期到近代以后,特别是1970年以后的学者有所增加。这些研究者都认为江户时代是近代以后的工业化的准备时期。[③]

随后,近年来承袭马克思经济学传统的学者也开始引入近代经济学的要素,这样一来马克思经济学、近代经济学这样的区分就变得没什么意义了。

如下文所述,江户后期农产品加工业的发展一直延续到近代以后,这些"传统产业"为日本的近代化作出了一定的贡献。不过,诚如地租改正与江户时代的地租制度在本质上没有很大差异一样,明治维新在经济史上并没有多大的意义。

[①] "讲座派"是指在1932年(昭和七年)—1933年出版的《日本资本主义发展史讲座》(岩波书店)中提到的展开上述论战的学者们。代表人物有山田盛太郎、平野义太郎、野吕荣太郎、羽仁五郎、服部之总等。

[②] "劳农派"是指以《劳农》(1927年创刊的有"战斗的马克思主义者理论杂志"之称的杂志)的同仁为中心的学者们,有山川均、猪俣津南雄、荒畑寒村、大内兵卫、土屋乔雄、宇野弘藏等。之后宇野成为此派别的中心人物,其理论被称为"宇野理论"。

[③] 速水融是其典型人物。参见速水融《日本经济社会的展开》(庆应通信,1973年)。

第一节 政策的推移（1）——从田沼期到幕藩体制崩溃

本节主要着眼于18世纪后期的田沼期到19世纪后期幕藩体制崩溃为止的经济政策的演变。在此期间，幕府的财政困难愈演愈烈，错误的政策试行反反复复。大致有田沼期的扩大均衡政策（扩大经济规模并保持经济平衡的政策）、宽政改革期的缩小均衡政策（通过缩小经济规模来解决供需不平衡等经济问题的政策）、文政期的扩大均衡政策、天保期的缩小均衡政策，这些政策如钟摆般反反复复，却始终无法提出有效的解决办法，最终将幕府引向末路。下面我们依次来看看各个时期的具体政策。

田沼期的积极财政政策

从1767年（明和四年）至1786年（天明六年）的20年间，老中田沼意次作为侧用人掌握了幕藩政治的实权。之前他曾被贴上"贿赂政治家"的标签，名声不佳。① 但近年来正面评价这个时期的见解成为主流。这样的思想来源于20世纪60年代林基、20世纪70年代中井信彦的研究。林基认为在田沼成为幕政中心的宝历-天明期，武装暴动频繁，正处于"革命前夜"。中井信彦认为当时正值幕藩制的转折期，幕府想要扩大其支配领域，以期建立绝对主义国家。②

田沼期经济政策的基调是扩大，即不是通过抑制财政支出而是通过增加财政收入的方式来改善幕府的财政状况。具体来说，首先在收入方面，从石数制以外增加收入，也就是加强同商业资本

---

① 战前的国家指定教科书持这种观点。但是辻善之助认为，不能只看到田沼时代的负面，这个时代也出现了打破成规的自由的新风气。参见辻善之助《田沼时代》（岩波书店，1980年）。

② 林基："宝历-天明期的社会状况"，《岩波讲座：日本历史近世4》，岩波书店，1967年，103—154页；中井信彦：《转换期幕藩制的研究》，塙书房，1971年。

的联系,承认行会的合法地位,通过征收牌照税、营业税给予其垄断特权,通过这种方式增加财政收入。然而,牌照税、营业税的收入实际上并不多,无法从根本上解决幕府的财政困难。由此可以看出,当时的民营经济尚未成熟。

其次,幕府还奖励栽培经济作物,鼓励开垦印幡沼、手贺沼,开发虾夷地(今北海道),用现在的话来说就是推进公共事业。虽然这些措施或者在计划中途就夭折,或者根本没有实施,但以公共事业为起点振兴经济的想法在那个时代是十分了不起的。

此外,在贸易方面,为了抑制金银的流出,一改以往限制贸易的做法,而是试图通过积极的扩大长崎贸易从海外获得金银。作为交换的出口货物是铜和沙丁鱼、鲍鱼、鱼翅等海产品。

而在货币制度方面,铸造南镣二朱银这种以金为单位的银币,体现了从金、银、铜币并行流通的复杂的货币制度,过渡到以金为中心的货币制度(金本位制)的趋势,同时,这在增加货币供给量方面也具有重要作用。关于这点将在后面详细说明。

货币供给量伴随着享保改革末期的元文货币改铸而不断增大,从中可以窥见上述田沼期扩大政策的萌芽(参照第一章第四节)。然而这些政策在幕府内部的保守层中引起了诸多不满。同时对于天明饥馑及随后的暴动,没有采取有效的对策,因此1786年,田沼被迫辞去老中一职。

货币制度的变迁

关于江户时代前半期的货币制度已经在第一章第四节中进行过论述。在此让我们一边简单回顾其变化趋势,一边继续了解江户时代后半期货币制度的变迁。

首先,这个时期货币中所含贵金属的纯度逐渐降低(参照表1-3)。以小判为例,1601年(庆长六年)发行的小判,含金量达到了84%,在不到100年的时间里大致都保持着这个水准,但到了1695年,含金量却下降至52%。通常认为这是幕府为了解决财政困难,企图通过货币改铸从中获益。不过等到新井白石掌握实权后,认为货币品质的低下影响到了幕府的权威,于是在1710年(宝永七年),货币的含金量重新回到84%。第八代将军吉宗一开始也延续了这样的做法。但是在吉宗治世的1736年(元文元年),货币含金量降至66%,之后的1819年(文政二年),再次下降,降至56%。不光是小判,幕末还出现了含金量只有22%的二分金。长期看来,货币品质的低下,本质上是由于经济的发展,货币需要量随之增加,对此幕府不得不采取的应对措施。也就是说,通过降低货币的实质价值来增加货币的发行量。货币的表示价值和实质价值逐渐相分离,这一过程可以看作是货币的近代化。顺便说一下,现在的100日元硬币的实质价值大约仅有3日元。

另外,金、银、钱"三货"的价值和单位各异,这种复杂的状况在江户后期也有所改变。在田沼政权下发行的南镣二朱银虽然带有"朱"这样的金币单位,但其实它是银币。① 此后这种定额银币在货币中所占的比例不断增大,逐渐替代了以前的称量银币。江户幕府垮台后不久,1869年(明治二年)的阶段,金、银货币中称量银币的金额所占的比例仅有2.7%。② 也就是说,金银币一体化,都采用两—分—朱的方式计量,与此同时,钱作为用贯—文的方式计量的定值货币并行存在。这样的货币制度与以往相比简化许多。正因为货币制度得到简化,1871年通过新货条例,才得以顺利过渡到以元—钱—厘这种单一方式计量的货币制度。③

宽政改革的诸政策

田沼意次辞任老中之后,从1787年(天明七年)至1793年(宽政五年),担任老中一职的松平定信,效仿其祖父第八代将军吉宗的享保改革,推行了各种各样的政策。正如他所标榜的朴素节俭那样,其政策的方向性用一句话说,就是与田沼期完全相反的紧缩

---

① 岩桥胜:"江户时代的货币数量",梅村又次等编:《日本经济的发展》,日本经济新闻社,1976年,241—260页。

② "南镣"的意思是优质的银。实际上这个时期幕府铸造的是几乎接近于纯银的银币。这样做是为了尽量防止人们对面额相同,但金银币的实际价值有差异而产生抵抗。

③ 此时,将以前的1两转换为1元。关于江户时代的货币制度转换为近代的货币制度的过程,请参照山本(1994)。

政策。

领主的财政状况每况愈下。在这种情况下,定信于1789年颁布《弃捐令》,迫使通过买卖旗本、御家人的地租米从而侵占其财产的放弃债权,以此来挽救旗本、御家人,同时也沉重打击了代理商。此外,由10名兑换商组成"勘定所御用达",以其出资作为融资的资本,通过代理商向武士发放低利息的贷款。①

此外,1790年以后一再发布《旧里归农令》,向天明饥馑后因东日本的农田荒废而流入江户谋生的农民发放回乡旅费和农业资金,使其归乡务农。然而这个措施却没有收到很好的效果。除此之外还有限制外出打工、兴建社仓、义仓储粮备荒,向地主拨公款利息用于救济穷困的农民,以及复兴荒废的农村等一系列农村政策。这些政策获得了不错的成效。然而在这样的背景之下,穷困的农民与不断富裕的地主,这种农村的阶级分化(不是全面的贫困化)仍在不断加剧。

上述政策无非是为了重新构建并维持幕藩制的根基——石数制。

在城市政策方面,幕府于1790年在江户的石川岛设立流浪者收容所,收留无家可归的人,并对其进行职业培训。这项建议是作为"火附盗贼改"(类似巡捕的职务)而为人熟知的长谷川平藏提出的,此项措施还有益于维护治安。此外,还于1791年,确立七分金积存制度,削减江户城经费,从中提取七成作为救济贫民的资金。

宽政改革取得了一定的效果,但其严厉的统治引起了民众的不满。定信因"尊号一件"事件与朝廷对立,加之与将军家齐性格不合,于1793年辞去老中一职。之后便回到白河藩,专心处理藩政。

文政期的扩大政策

松平定信辞任老中后,朴素节俭的紧缩型政策仍然持续了一段时间,此时经济依旧停滞不前。而后,以1818年(文政元年)的

---

① ·北原进:《江户的代理商》,吉川弘文馆,1985年。

货币改铸为契机,经济重新活跃了起来。此次改铸,幕府通过发行大量成色低的货币,从中获得利益以恢复财政。这种做法取得了一定的成效,但同时货币供给量的增多也引发了经济的通胀,导致物价上涨。幕府财政宽裕后,将军以及夫人的生活渐渐奢侈起来,同时民间经济的活跃也促进了以都市为中心的庶民文化的发展(化政文化)。

在这样的背景下,自天明饥馑以来荒废的东日本的农村逐渐恢复生机。随着剩余农产品的增加和财富的积累,以利根川流域等江户周边的主要河川为中心,农作物、农产加工品等商品流通逐渐活跃,豪农、在乡商人的队伍也开始富裕壮大起来。与此同时,经济的活跃也使得流浪者、赌徒的人数增加,1805年(文化二年),幕府专门成立了"关东取缔出役"加强对不法行为的打击。这一机构起初承担着在大名领、旗本领等统治领域混杂的关八州进行跨领域的治安管理活动。1827年,在改革组合村(寄场组合)成为其下属组织后,关东取缔出役开始对在乡商人和工匠进行统一管理,发挥着所谓经济警察的职能。

天保改革的统制政策

进入天保期(1830—1844年),日本国内天灾频仍,导致农业歉收和全国性大饥馑,农民起义频繁发生。不过与天明的大饥馑相比,这次受灾地仅局限于东北地区,西日本和关东的受灾情况并不是十分严重。无论是农民起义还是市民的动乱,与其说是因危及到了生命而引发的暴动,不如说是对乘机囤积大米哄抬米价的商人及政府当局的反抗。在这背后暗藏着这样的时代背景:不仅在城市,在农村随着职业的分化,购买大米的人也逐渐增多。[①] 1837年(天保八年)暴发的大盐平八郎之乱是这些暴动的典型一例。大盐平八郎是大阪町奉行所的下级武士。当时大阪的米商不仅不救济贫民,反而趁机囤积居奇牟取暴利,而大阪奉行还把米调回江

---

① 青木美智男:《天保起义论》,青木美智男、山田忠雄编:《日本世界史讲座6 天保时期的政治与社会》,有斐阁,1981年,111—182页。

户。大盐目睹了这一切,于是一方面变卖自己的藏书以救济贫民,另一方面集结阳明学(儒学的一个门派)的门徒及一般民众发起武装暴动。尽管暴动在一天之内就被镇压,但身为统治阶级身份的武士居然公然反抗幕府,发动民众进行暴动,这在当时引起了轩然大波。同年在越后柏崎也发生了生田万之乱,全国各地纷纷响应大盐发起暴动。

面对上述的"内忧",以及"外患"——西洋对东亚的冲击(体现在清政府在1840年鸦片战争中的溃败),1841年,幕府为了重整幕藩体制,在老中水野忠邦主持下实行了天保改革。改革总体上延续了享保、宽政改革的缩小均衡政策。忠邦首先颁布"俭约令",上至武士下至普通百姓,禁止奢侈。同时还矫正风俗,将江户的歌舞伎剧场搬出闹市区,要求演员外出要戴草笠,处罚人情本作者为永春水。这样一改前代颓废之风,社会进入极端的紧绷状态。此外,幕府还颁布"返乡令",禁止农民流入城市,并强制流入江户的农民返乡,希望通过这些举措重建石数制。

另外,幕府因认为物价上涨的原因是行会的商业垄断而将其解散,但物价上涨的真正原因是,社会全体收入增加,引致的需求增大,以及在江户、大阪等大市场以外,各地地方市场的成长,致使流入中央大市场的商品量减少。所以,解散行会这一举措反而削弱了向中央市场的商品流通机能。因此,在十年后的1851年(嘉永四年),幕府又颁布"行会再兴令",实行涵盖都市特权商人、在乡商人在内的新的流通体制。

为了消除"外患",幕府还打算在川越藩、庄内藩、长冈藩之间实施"三方领地转封",目的是支援川越藩的财政,以加强相模湾的警备。但这一政策因庄内藩农民的反对并没有实施。1843年(天保十四年),出于强化财政和对外防备的目的,幕府欲将江户、大阪周边的50万石大名领、旗本领划为幕府直辖地,这非但遭到了大名、旗本的抵制,也遭到了担心地租增征和收不回给领主的贷款的农民、市民的反对,最终也没有实施。这些事例表明,将军再也不能将大名等下级领主的领地视为棋子,任意摆布,同时也表明了幕府威信的低落。水野忠邦因此被罢免。

诸藩的藩政改革

　　石数制的强硬、僵化必然带来的幕府的财政衰退,诸藩也同样不能幸免。到了江户后期,没有一个藩不因财政困难而伤透脑筋的。为了解决这个问题,诸藩也都进行了藩政改革。诸藩的具体举措各有不同,但成功的事例并不多。不过改革成功的藩之后都成为明治维新的中坚力量。在此列举几个代表性的例子。

　　在萨摩藩,由下级武士被提拔上来的调所广乡自1827年开始着手进行改革。他以250年分期无息偿还的方式强制处理了对三都(江户、大阪、京都)商人的巨额藩债,实际上这是用近似赖账的方式取消了债务关系。同时,他还对奄美三岛(奄美大岛、德之岛、喜界岛)的红糖实行藩营专卖制度。藩从中获得了巨大的利润。① 从19世纪40年代起,赞岐产的白砂糖上市后,并没有像红糖那样获得丰厚的利益,于是就开始把目光转向贸易。他们将幕府用于长崎贸易的松前产俵物(海产品)换成红糖,通过琉球与清朝进行走私贸易,从中获取了巨大的利益。由于幕府对此事产生怀疑,调所引咎自杀。但是不管怎样,藩财政得以重建,依靠这些资金,1851年(嘉永四年),藩主岛津齐彬通过充实洋式军备、导入西洋产业等措施,推进军制改革,实行殖产兴业政策。齐彬去世后,下一代藩主忠义及其父久光继承了前人的路线,向长崎的英国商人托马斯购买洋式武器,并在英国技师的指导下开设纺织工厂。

　　长州藩于1838年由村田清风开始进行改革。村田清风同样也整理了大笔藩的借债。不过他并没有动用以前积累下来的用于军事的"宝藏银"。而是通过在全藩进行彻底的经济实况调查,根据各地区的实际情况调整税收负担,并强化对棉纺织工业等农产品加工业的税收②的方法进行财政再建。同时,他还加强对下关的越荷方(经营仓库业、金融业的机构)的管理,对从日本海、九州经由下关前往大阪的船只收取抵押金,以此获得利益。通过这些措

---

① 原口虎雄:《幕府末期的萨摩》,中央公论社,1966年。
② 调查结果记录在《防长风土注进案》中(山口县文书馆1983)。

施,藩债大幅减少。

此外,1830年,在佐贺(肥前)藩,藩主锅岛直正通过实行均田制,推行有田烧、伊万里烧等陶瓷器的专卖政策来充实财政,建造备有反射炉的洋式大炮制造所以强化军备。在土佐藩,也由改革派推行了财政再建政策。

上述改革成功的萨长土肥四藩成了明治维新的主力军。此外,宇和岛藩、福井藩等也在各自的藩主伊达宗城、松平庆永的领导下成功地进行了藩政改革。

伴随幕末"开港"的经济政策

1853年(嘉永六年),佩里率舰队登陆日本,日本从此打开国门。之后的对外政策将在下文叙述,这里简单介绍一下伴随"开港"的对内的经济政策。

1859年(安政六年)的"开港"给日本国内经济带来了巨大的影响。贸易开始后的出超,导致国内生丝等供给不足、物价腾贵。但物价腾贵的原因不限于此。产地的商人不经过江户的问屋(批发商),直接把商品运送到横滨,打破了原来以问屋为中心的流通机制,使商品流通出现混乱。"开港"后,随着贸易的兴盛,横滨从一个贫穷的乡村一跃成为商人云集的大都市。① 不仅是用于出口,也为了满足那些聚集在都市的人们的需求,大量商品涌入横滨。这也是产生江户商品供给不足和物价暴涨状况的一大原因。

于是,为了统制商品流通和贸易,幕府于1860年(万延元年)颁布《五品江户回送令》,规定杂粮、水油、蜡、和服布料、生丝这五种商品必须先运至江户,在优先满足江户的需求后方能分配至横滨。然而,生丝以外的商品姑且不论,就生丝而言,因产地商人及外国方面的压力,收效甚微。

幕藩体制在流通机制方面也逐渐走向衰落。

---

① 这是稍后时期的数据:1875年(明治八年)横滨的人口仅次于东京的83万,约为6万,在关东居第二位,大大高于第三位的铫子(约2万)。

专栏 3

19世纪前半期水户藩的农政论争

近世后期,常陆地区大量的农田因为无人耕种而被荒废。但进入19世纪,随着酱油酿造业的发展,大豆、小麦等原料逐渐商品化,对农业生产有利的条件开始形成。出于对19世纪前半叶常陆地区认识的差异,围绕水户藩内的农政展开了论争。在此选取藤田幽谷(1774—1826年)及小宫山枫轩(1764—1840年)的观点,分别介绍各自农政论的特征。

幽谷的农政论建立在对农村荒废这一现状的认识上。他认为,农村荒废的原因来自豪农对土地的兼并。为防止小农的没落,有必要在领内一带重新进行检地,纠正不公平的土地持有量和赋税分配,进一步限制土地持有量以抑制土地兼并。幽谷以"平均"为基本理念的农政论对水户藩的农政改革产生了较大的影响,这反映在1839年实施的藩领内的再检地运动上。

与之相对应的是枫轩的观点。具有农政的实务经验的枫轩,通过对中世、近世地方史料的考证,认为生产力与赋税分配的不均衡状况在近世初期已经存在。正因为存在这种状况,农民世世代代根据每块耕地赋税率的不同,重复着对耕地的买卖借贷,以此增加家产。而且,现在的耕地状况是近世以来历史的产物,即使存在不均衡的现象,为政者也不应该出手干预。

对两者的农政论进行比较后,对农政的态度的差异就显而易见了。幽谷认为,农村的安定是通过"平均"实现的。而枫轩认为,通过再检地而实现的"平均"无视了农村的现状,有可能会白白浪费了农民一直以来的劳动成果。可以说,枫轩的农政论将当时农村中正逐渐产生的剩余视为农民的财富,并以实现其历史的合法化为目的。而藩实施的再检地并没有受到小农的欢迎,可见枫轩的观点反映了大多数农民的想法。

(田口英明)

〈参考文献〉中井信彦:《色川三中的研究》"传记篇",塙书房,1988年。

小室正纪:《草莽的经济思想——市场·道·权力》,御茶水书房,1999年。

第二节　政策的推移（2）——从明治政府成立到松方通货紧缩结束

江户时代既有中央集权的一面，同时也存在地方分权的一面。幕府的直辖领地约占全国领地的四分之一，其他领地由大名等下级领主各自独立统治，他们拥有独立的兵力（家臣团）和征税（地租征收）权。德川政权垮台后建立的明治维新政权为了及早瓦解这种旧体制，夯实自身根基，形成强固的中央集权国家，进行了各种各样的改革。

然而，维新政权实施的不是全盘否定前政权的政策。有些政策貌似与前政权不同，但其实本质并未改变。特别是对这个时代的根基——农业或土地采取怎样的政策，以及对于在产业中的比重逐渐加重的农产品加工业采取怎样的政策，是维新政策的关键所在。

下面，就具体分析一下维新政权经济政策的内容。

维新政权下旧体制的瓦解

1869年（明治二年），新政府要求旧大名等将对土地（版）及人民（籍）的支配权上交政府，即所谓"版籍奉还"。不过旧大名作为藩知事被保留下来，这一阶段的改革并不是十分彻底。于是，新政府于1871年，断然实行废藩置县，即废除藩，设置县，县知事由新政府直接任命，这样就完全剥夺了旧大名的权力。大名等所掌握的兵力及征税权从此落入新政府手中。新政府还于1873年颁布征兵令，推行全民皆兵的方针，组建近代化军队。

在这一过程中，以战斗为职业及特权的武士失去了存在的意义，很可能会引起武士的叛乱，这对明治政府来说是一个危险因素。基于这样的考虑，政府向旧大名支付原先藩收入的十分之一，对其家臣支付原先收入的十分之一作为"家禄"，以维持其生活。但是，旧藩收入中，大名私用的部分与家臣的俸禄、行政费用等公用的部分混杂在一起,因此这种做法保证了旧藩收入的十分之一完全归大名个人使用,对于旧大名来说并不算坏事。然而对于家臣来说,以前的收入本来就几乎都是归个人使用的,现在数额减少到原来的十分之一,因此他们的状况就变得极其窘迫。另一方面,这些"家禄"占到了政府财政支出的三成左右,对于明治政府来说,是十分沉重的负担。如何处理这个问题成为一大课题。于是便有了1876年的"秩禄处分"。

除此之外,早期维新政府对旧制度的改革政策,有1871年的"田地胜手作"(禁止在用于种植大米的田地上种植棉花、烟草等经济作物)的解禁及1872年土地买卖的解禁。对于前者而言,江户时期对农作物的管制因领主而异,但总体上比较宽松;对于后者而言,当时将土地以典当期满而不赎回的方式频繁买卖。所以,可以说维新政府的这些法令并没有多大的实际意义。

新政府的课题及地租改革

明治政府在初期阶段最大的经济改革可以说是1873年开始的地租改革。

初期的明治政府在财政方面面临着许多问题。比如,幕末维新的内战花费了大量战费,当时通过发行不可兑换纸币以及向有力商人借款勉强挨了过去,却留下了回收不可兑换纸币及偿还借款的课题。此外,为了建立巩固新政权,必须振兴工业、强化军事力量(殖产兴业、富国强兵),这些都需要相应的财政保证。同时,正如刚才所提到的,保障失去工作的旧武士生活的支出也是必需的。

政府必须获得比以往更多的,而且是稳定的财政收入以解决这些问题,为此政府决定进行税制改革。在这种情况下,由于"不平等条约"的存在,故无法期待关税收入这一部分。而且根本问题是,当时的日本仍处在工业不发达的农业社会,所以税收改革的对象必然只剩下农业或者土地。于是,明治政府于1873年,颁布了《地租改正条例》,着手进行改革。

地租改革是指,将江户时代由各领主分别收取实物的地租变为由中央政府收取现金的地租的税制改革。这里的关键是纳税单位由村（村请制）变为个人，征收主体由"地方"（领主）变为"中央"（国家）（即由地税变成了国税），基本以**实物**纳税变成了**现金**纳税。征税主体由地方变为中央，象征了江户时代地方分权的特性及明治政府的中央集权的特性。

  江户时代的地租制度，简单说来就是，领主通过检地，以换算成大米重量的石数来估算耕地的生产力，每个村以合计的估算额的百分之几为比率计算地租，然后用实物纳税的制度。如果那个比率为50％，就是"五公五民"，40％就是"四公六民"。相反，支付完地租后的剩余，比如五公五民就是剩余50％，四公六民就是剩余60％，这些就归农民自己所有。但是，一旦经过检地，耕地的估算额在整个江户时代原则上是不变的，地租一直按照那个基准征收。在这种制度下，如果不改变地租征收率，地租就不会增加。如果实际产量增加，农民自己留有的部分就增加。因此，这种制度对领主来说是充满矛盾的制度（参照第一章的总论）。另外，通过实物征收的地租，除去食用的部分，其他必须由领主保存，或者运去市场出售，这时多多少少会有费用支出。① 因此，江户时代的地租制度已不能适应时代的要求，越往后，越显现出弊端。

  在这种情况下，明治政府认为应该重新评估土地，同时减少实物纳税所产生的浪费，于是进行了地租改革。

地价的测算方法

  土地的评估，按下面的算式，用金额来表示。
  地价＝（收获－稻种、肥料费－地租－村费）÷利息率
  根据这个算式，将收获所得减去稻种、肥料费等必要经费以及地租、村费（地税）等税金后得到的毛利除以利息率算出地价，这种资本还原的所得税方式看似已经是近代的税制。但是，如果将这个算式分解，就会看出不同的一面。现在假设地价为 x 元，收获所

---

① 据说在明治政府征税的情况下，征税费用占到全部地租的15％—20％。参见山本有造《从两到日元》，密涅瓦书房，1994年。

得为 y 元。稻种、肥料费假设是收获的 15%，即为 $0.15y$，地租和村费假设分别是地价的 3% 和 1%，即分别为 $0.03x$ 和 $0.01x$。再将利息率设为 6%，则上式变为：

$$x=(y-0.15y-0.03x-0.01x)\div 0.06$$

在这个式子里，稻种、肥料费比实际估得低，这样分子就比较大。而 6% 的利息率低到在当时几乎是不可能的，这样整体上，x（地价）就变得比较大。

再将这个式子进一步简化，得到：

$$x=8.5y$$

即，地价是 8.5 倍年份的收获。而地租是地价的 3%，故

$$0.03x=0.255y$$

而包含地方税在内的总税金为：

$$0.03x+0.01x=0.255y+0.085y=0.34y$$

也就是说，地租约为一年收获所得的四分之一，总税金约为一年收获所得的三分之一。但是，这个"收获"并不是每年的实际收益，从结果上看，地价是为了迎合国家利益而定下的估算额。换句话说，这里的地租是为了获得不低于原来的地税而估算出来的。因此，新税制同样也是根据**统治者制定**的基准纳税，从这个意义上说，新税制与江户时代的税制没有什么区别。农民的实际负担与江户时代也几乎没什么分别，甚至不少地方比以前的负担更重。

地租改革与佃耕地

上面的算式是自耕地的地价算式。而佃耕地则采用下面的算式：

地价＝(佃租－地租－村费)÷利息率

假设此处的佃租为"收获"的 68%，利息率为 4%。虽然此处的佃租之高、利息率之低有悖于现实情况，且利息率与自耕地不同，但姑且同上面一样，用符号来表示上述算式，即为：

$$x=(0.68y-0.03x-0.01x)\div 0.04$$

将式子进一步简化，得到：

$$x=8.5y$$

最终地价也是 8.5 倍年份的"收获"。看来是为了使结果与自耕地的情况保持一致,才把佃租和利息率定得有悖于现实的。

佃耕地的税金是由地主支付的(佃农不支付税金)。其数额与自耕地相同,一年 $0.34y$。如果佃农支付给地主的佃租为 $0.68y$,那么地主手中就留有 $0.68y-0.34y=0.34y$。而从全部收获所得 y 中扣除 $0.68y$ 的佃租,佃农手中就留有 $y-0.68y=0.32y$。所以,对于佃耕地来说,有 $0.34y$ 归国家及地方所有,$0.34y$ 归地主所有,$0.32y$ 归佃农所有。也就是说,国家/地方收取的部分、地主所有部分、佃农所有部分各占三分之一。① 实际上,佃租率参差不齐,一般以每年所得的一半以实物的形式上交地主的情况居多,因此比收获所得的估算额乘以 0.68 后的数值要来得少。而必须支付的税金为收获所得的估算额的三分之一($0.34y$),所以地主所得的部分比刚才计算的数值($0.34y$)要少很多。另一方面,对于佃农来说,实际上手中会留有约一半的收获所得。不过,佃农一般还必须支付农业生产所必需的经费,所以能够供他们自由支配的金额也比较少,这样的状况同江户时代没多大差别。

地租改革并没有减轻农民们的负担,这就引起了农民的不满②,各地相继发起反对地租改革的武装暴动。在这种情况下,政府在改革中间阶段的 1877 年,分别将地租及村费下调 0.5%,即将地租调整为地价的 2.5%,村费为地价的 0.5%。就这样,改革在迂回曲折中进行,至 1880 年左右地租改革事业终于告一段落。

地租改革的影响

地租改革给各方面带来了怎样的影响呢?

首先,对于政府来说,新税制不像江户时代那样要花费征税成本,因而从这个意义上说,是一个十分便利的税制。另外,它还保证了政府的稳定财源。从图 2-2 可以看出,初期地租在国税收入中占有压倒性的比重。

---

① 教科书中经常出现这样的表述:将佃耕地的收获所得三等分,国家/地方、地主、佃农各得一份,就是这样得来的。

② 起初维新政权在戊辰战争时,为了赢得民众的支持就曾提出将地租减半。

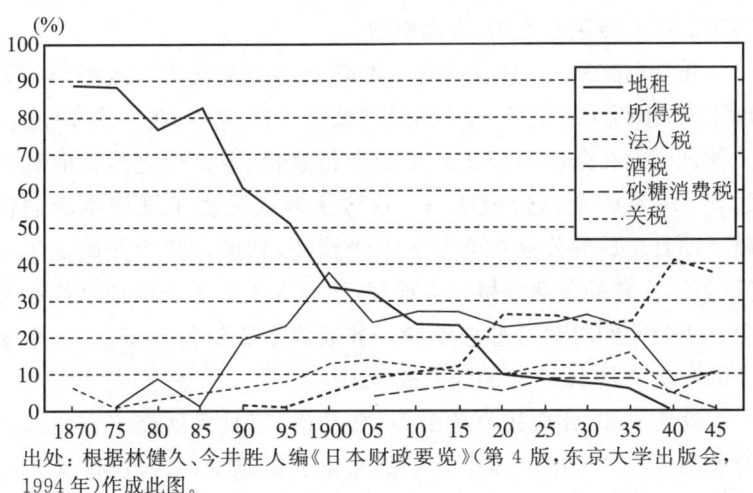

图 2-2 主要国税的比率变化

出处：根据林健久、今井胜人编《日本财政要览》(第 4 版，东京大学出版会，1994 年)作成此图。

其次，对于交纳地租的地主、佃农层来说，实质的税赋负担非但没有减轻，以前在实物纳税制度下由领主负担的征税成本也转嫁给了他们。这样一来，更是加重了他们的负担。也就是说，以前农民只要将生产的大米上交给领主就好了，由领主出售大米换成现钱。然而在新制度下，纳税人必须把农作物卖了换成现金，再以现金纳税。这样一来，他们就被卷入行情瞬息万变的市场经济中。在那样的状态下能够巧妙应对的人与不能巧妙应对的人之间产生了差异，那与之后的松方紧缩财政一起，促进了农村的阶层分化。另外，如前文所述，佃农层并不是纳税人，他们向地主支付佃租，与地主保持着与以前一样的关系，他们的境遇并没有改变。

总之，地租改革后，仍是根据**统治者**制定的基准纳税，从这个意义上说，与江户时代的地租制度并无区别。但纳税单位由村变为个人、由实物纳税变为现金纳税，从对农村的影响方面来说地租改革意义极为重大。

大隈财政和西南战争时期的通货膨胀

包括前文提到的地租改革在内，推进明治初期的财政政策的中心人物是大藏大辅、大藏卿大隈重信，他推行的财政可以概括为积极财政。到1881年的"明治十四年政变"下野为止,大隈重信所实施的财政政策被称为"大隈财政"。

正如前文所述,明治政府从推翻旧体制和解决财政困难两方面出发,推行了所谓的"士族解体"政策。1876年,政府颁布《金禄公债证书发行条例》,停止向士族支付家禄,取而代之的是向其交付5—14年的金禄公债证书。这样士族就失去了维持生活的保障。而且发放的公债在前五年不予偿还,到第六年才开始每年抽签偿还,士族的生活变得异常艰苦,不断有人变卖公债证书换取现金。于是他们对政府愈加不满。各地武士纷纷发动叛乱,其中最大的一次就是1877年的西南战争。

众所周知,此次战争是由因"征韩论"不被采纳而下野的西乡隆盛为中心的旧萨摩藩士发动的叛乱。讽刺的是,镇压这次叛乱的是由西乡费尽心血建立的征兵制下组建的军队。这暂且不谈,在经济方面,明治政府为了筹措战费以应对这场大内战,发行了不可兑换纸币。

在此之前,政府为了殖产兴业的资金供给,于1872年,根据《国立银行条例》设立了国立银行。① 虽然有纸币发行权,但因有不得发行不可兑换纸币的限制等原因,并未如政府所愿。1876年,同意发行不可兑换纸币后,国立银行迅猛发展,市场上不可兑换纸币数量增加。此时西南战争爆发,加上为了筹措战费而发行的不可兑换纸币,致使全日本的货币量增加,货币贬值,引发了严重的通货膨胀。从1877年到1881年,物价上涨了近2倍。

可以说通货膨胀对于农民等生产者来说是好事。自己生产的东西能高价卖出,而同样的土地每年所交纳的税金是固定的,税负担相对减轻。当然,各种经费也会上涨,但从总体上说这种状况对地主及自耕农来说是有利的。不过,没有富余作物可以出售的佃农没有从通货膨胀中受惠。通货膨胀带来的地主、自耕农层的经济上的宽裕,为自由民权运动的高涨奠定了基础。

另一方面,对于每年收取定额地租的政府来说,通货膨胀实质上是减少了税收,情况不容乐观。推行积极财政政策的大隈也希望采取

---

① 此时的"国立银行"是根据国法而设立的银行,并非国营而是民营。

对策以解决当时的困难。然而如上文所述，大隈因"明治十四年政变"被撤职，所以这一课题便留给了松方正义。松方自1881年至1892年为止长期担任大藏卿、大藏大臣，负责这一期间的财政政策。

松方正义的财政政策

1881年松方正义就任大藏卿后，首先积极回收引发通货膨胀的不可兑换纸币。具体方法是，增加财政收入，削减财政支出，使财政转亏为盈，回收市场上的纸币进行销毁。增加财政收入的方法之一是在地税之外增收酒税、烟草税，恢复酱油税，新增糕点糖果税。因为已经不可能再对迫于农民的反抗而降低税率的地税下手，所以只好另辟蹊径。造酒税从江户时代开始就以按造酒石数征收冥加金的形式存在。1880年制定《造酒税则》后，改名为"造酒税"，每造1石酒征收2日元。在松方财政下的1882年，进一步将税增加到每石4日元。之后在甲午、日俄战争后造酒税也屡次成为增税对象，1900年甚至超过地租成为国税中比重最大的税种。而烟草税是在《烟草税则》制定后的第二年，即1875年，以营业税及印花税的形式开始征收，和造酒税一样，也是在1882年成为增税对象的。只不过在1904年《烟草专卖法》颁布后，烟草税在过渡到专卖制的过程中被废止了。酱油税和江户时代的造酒税一样，按酿造石数以冥加金的形式征收，进入明治时期后，1871年开始以牌照费、牌照税、酿造税的形式征收。不过这些税曾在1875年被废止，直到松方财政下的1885年又再次开始征收。之后虽然不像造酒税那样幅度大，但也有过几次增税。到1926年（大正十五年）以不可对必需品征税为由被废止。此外，在政府恢复酱油税的同年新设了糕点糖果税，直到1896年因与营业税重复征收而被废止。

增税、恢复、新设的对象有一个共同的特性，就是在今天看来那些都是嗜好品或者调料。那些可以看作不影响人们基本生活的物品。不仅如此，从下面的第三节中可以看出，这些物品都是当时日本具有代表性的工业产品。换句话说，政府把目标瞄准了农业以外新兴产业中有望获取税收的产业。

此外，出售官营企业，即所谓官营企业的民营化，也是增加财政收入的一大措施。如表2-1所示，较早时期就有出售官营企业，但绝大部分是在松方正义时期实施的。出售官营企业的收益一方面增加了政府的财政收入，另一方面也减少了用于运营这些企业的资金支出，从这个意义上说，这一政策在减少财政支出方面也具有重大意义。

表2-1 主要官营产业出售情况一览（1874—1896年）

出售年月	大藏卿·大臣	物件	出售价格（日元）	买方
1874.11	大隈重信	高岛煤矿	550,000	后藤象二郎
1882.6	松方正义	广岛纺织厂	12,570	广岛绵丝纺织会社
1884.1	同	油户煤矿	27,943	白势成熙
1884.7	同	中小坂铁山	28,575	坂本弥八等
同	同	摄绵笃制造所	61,741	浅野总一郎
同	同	深川白炼化石	12,121	西村胜三
1884.8	同	小坂银山	273,659	久原庄三郎
1884.10	同	梨本村白炼化石	101	稻叶来藏
1884.12	同	院内银山	108,977	古河市兵卫
1885.3	同	阿仁铜山	337,766	同
1885.5	同	品川玻璃	79,950	西村胜三、矶部荣一
1885.6	同	大葛、真金金山	117,142	阿部潜
1886.11	同	爱知纺织厂	—	筱田直方
1886.12	同	札幌麦酒酿造所	27,672	大仓喜八郎
1887.5	同	新町纺织所	141,000	三井
1887.6	同	长崎造船所	459,000	三菱
1887.7	同	兵库造船所	188,029	川崎正藏
1887.12	同	釜石铁山	12,600	田中长兵卫
1888.1	同	三田农具制作所	33,795	子安峻等
1888.3	同	播州葡萄园	5,377	前田正名
1888.8	同	三池煤矿	4,590,439	佐佐木八郎
1889.11	同	幌内煤矿、铁道	352,318	北海道煤矿铁道
1890.3	同	纹鳖制糖所	994	伊达邦成
1893.9	渡边国武	富冈制线所	121,460	三井
1896.9	松方正义	佐渡金山	2,560,926	三菱
同	同	生野银山		

出处：根据小林（1983）作成此表。

在此期间，政府在1882年设立日本银行，发行兑换纸币（实际的发行是从1885年开始的），同时在1883年修改《国立银行条例》，规定国立银行停止发行纸币，并将其变成普通银行，从而减少纸币量。

经过这一系列的政策，市场中的货币量减少，货币价值相对上升，物价下跌，引发了通货紧缩。对于制造这种状况的政府来说，收取等额的税收但实质价值变高了，这是件十足的好事。另外，对于消费者（比如城市的工薪阶层）来说，物价下降也是好事。但当时占人口绝大多数的农民和工商业者却面临着相当大的困境（详情参照第三章第三节）。

不过，通货紧缩的状况并不是一直这样持续下去。通货紧缩的长期化引起了利息降低。这样一来就方便了那些借钱兴办产业的人。1886年左右兴起的所谓第一次企业勃兴就是在这种形势下发生的。棉纺织业等终于迎来了机器大工业的发展。以下内容留待以后的章节叙述，不过值得注意的是，松方正义不仅仅实行了紧缩政策，对于之后经济的走向也予以充分关注。

第三节　产业的发展

本节将关注江户后期到明治初期的产业发展。正如本章开头所述，这一时期在产业构造上可以看作一个统一的时期。

在江户时期，如之前介绍过的长州藩，有以藩为单位的生产品的详细数据的记载[1]，然而却没有日本全国生产品的详细数据，所以我们无从知晓日本全国有哪些产品、产量多少之类的情况。一进入明治时期，内务省劝业寮便立即制作了《明治七年府县物产表》[2]（以下简称《物产表》），虽然对于某些数据尚存有疑问，不过还是可以通过这张表在日本历史上首次掌握日本全国生产品的全

---

[1]　前面已经介绍过，天保期长州藩的《防长风土注进案》是其代表。从中可以获取十分详尽的生产信息（山口县文书馆1983）。还可以参照穐本洋哉《前工业化时代的经济》，密涅瓦书房，1987年。

[2]　收录于明治文献资料刊行会编（1959年）。虽然对数据的正确性存在质疑，但对于生产状况的大体把握并无影响。

貌。从这一角度看,这一史料可以说具有划时代的意义。

这一史料,网罗了从米、酒、棉纺织品等主要的农、工业品到鞋类、日用品等各种产品,并分别按府县统计生产量、生产额,并算出全国合计。这里记载的情况至少与江户时代末期相差无几。可以说,《物产表》显示了明治初期的生产状况,同时也反映出江户时代生产所达到的程度。这一史料反映了本章所涉及的时代的生产状况,所以本节从对这一史料的探讨开始。

以大米为中心的农业社会

表2-2将《物产表》中列出的全国的生产品分为初级产品(农林水产品、矿产)和二级产品(工业产品),分别选取位于全国生产额前列的生产品,列明其生产额,并计算出两部门的合计数。根据这张表,可以看出,初级产品和二级产品之比大约为7∶3,初级产品中农产品占据了绝大部分,前6位都是农产品。其中大米的生产额占到初级产品的一半以上,与其他生产品比重悬殊。可见当时的日本是一个以大米为中心的农业国。

表2-2 《明治七年府县物产表》中的主要产品

商品名称	生产额(日元)	比率(%)
(初级产品)		
米	14,280	38.4
大麦、裸麦	1,990	5.3
薯类、蔬菜类	1,166	3.1
杂粮类	870	2.3
棉类(实棉、粗棉等)	743	2.0
大豆	740	2.0
鱼类和贝类	698	1.9
柴类	604	1.6
菜籽	604	1.6
小麦	517	1.4
蚕茧	492	1.3
矿产物	381	1.0
初级产品计	26,041	69.9

续表

商品名称	生产额（日元）	比率（%）
（二次加工产品）		
酒类	1,861	5.0
棉织物	1,086	2.9
酱油	634	1.7
生丝类	616	1.7
味噌	614	1.6
油类	544	1.5
纸类	517	1.4
绢织品	458	1.2
制茶	395	1.1
二次加工产品计	11,189	30.1
总计	37,231	100

出处：明治文献资料刊行会(1959)。

大米除了可供食用外，同时也是酿酒的重要原料。而酒的生产额在二级产品中也是绝对领先的。所以大米在农工两部门发挥着中心作用。从这个意义上说，日本显然是以大米为中心的农业社会。初级产品中大麦、裸麦等食用谷物排在大米之后，居于第二位，但其生产额却远比不上大米。紧接其后的是薯类、蔬菜类、杂粮类等食用作物。到第五位终于轮到了服装的原料棉花等。之后的大豆、小麦除了可以食用外还是酱油的原料，而菜籽则是油的原料。

"勤勉革命"的成果

如前文所述，这里所反映出的农业生产的状况体现了江户时代的发展程度。在第一章中也提到过，江户中期以后，耕地开发达到极限，耕地面积停滞，日本的农业转向以提高单产来增加总体产量。这是在强硬的石数制的前提下，农民与市场的联系逐渐加强的过程中，农民希望过上舒适富裕的生活的动机起作用的结果。通过提高劳动效率，在单婚小家族为单位的辛勤劳动下，实际上农业生产率得到了惊人的提高。速水融将这一时期的变化称为"勤勉革命"①。下面将用若干数据来证实这一史实。

首先,如表1-1所示,每1反(约991.7平方米)耕地实收石数从江户初期的0.955石增加到明治初期的1.477石。单看明治初期的1878年至1882年的大米产量,很多研究者提出了每公顷2.53吨(换算到每反的石数就是1.69石)的数值。这一数值实际上可以匹敌甚至超过70—80年后亚洲其他国家的水准②,换句话说,在江户时代结束的时候,日本的农业已经比亚洲其他国家先进70—80年甚至更多。如果这一差距是江户时代农业状况变化的结果,那这样的变化的确可以当之无愧地被称为"革命"。

《物产表》所反映的农业生产状况,体现了江户时期的"勤勉革命"的成果。

传统工业的发展

在二级产品中酒类居第一位、棉纺织品居第二位,接着是酱油、生丝、味噌。第一位的酒类和第二位的棉纺织品之间相差近一倍,二级产品中第三位的酱油超过了出口品第一位的生丝。前一、三、五位是酿造制品,二、四位是纺织品。从这样的构成可以看出,这个时代的工业部门可以说是由酿造业和纺织业构成的。

此后农工业间生产额的差距逐渐减小,但在本章所涉及的时期内,农业的生产额持续高于工业。以纺织业为中心的工业部门的机械化逐渐普及,但这一时期仍然是以手工业为主,直到进入昭和期后,工业生产额才开始超过农业(参照表3-1)。

这一时期日本主要的手工业是在继承了江户时代(特别是18世纪后叶)在各地成长起来的手工业的基础上逐渐发展起来的。例如,酒在滩,棉线、棉织品在近畿、浓尾、濑户内等地,酱油在野

---

① 速水融在多部著作中都提及"勤勉革命",请参照速水融《近世日本的经济社会》,丽泽大学出版会,2003年。
② 前引汉利著,指昭博译《江户时代的遗产》,192—193页。根据此书,1953—1962年这一时点亚洲诸国每公顷大米产量分别为:菲律宾1.17吨、印度1.36吨、印度尼西亚1.74吨、马来西亚2.24吨、韩国2.75吨、中国台湾地区2.93吨。韩国和中国台湾地区超过了明治初期的日本的水准,但是1953—1962年左右,日本已经达到4.73吨。

田、铫子、生丝、丝织品在桐生、足利等地发展尤其兴盛,形成了那些产品的"产地"。

自古以来,京都、伊丹、池田等地作为酒的产地而为人熟知。但是滩通过技术改良以及企业家的积极活动,从 18 世纪后叶起发展迅猛,超越了以前的那些产地,直到今天依然如此。① 该时期的造酒业在以原料大米产量高的畿内为中心的西日本较为兴旺,其生产扩展到今日著名产地东北、北陆地区是在明治后半时期以后。②

同样是酿造业的酱油酿造业是在关西的龙野等产地发展起来的,但随着适宜生长在关东垆垆质土层的大豆、小麦的生产逐渐扩大,酱油酿造业在关东取得了惊人的发展。③

这些酿造业无论在当时还是在今日,都是日本引以为豪的,可以说在这些领域日本引领着世界。图 2-3 是酱油的制作流程图,图 2-4 是经常拿来同酱油相类比的欧美代表性调料沙司的制作流程图,很明显,酱油的制作工艺看上去要比沙司复杂很多。而且酿造酱油的时候要在原料大豆和小麦中加入曲霉这种微生物,然后经过一年多的发酵才能酿成酱油。所以,酱油酿造业是对酿造者的耐心、细心、经验有很高要求的极其复杂的产业。酿酒除了原料只需要大米以及酿造周期比较短之外,从酿造工艺上看与酱油相差无几。而且日本的造酒业同经常与之类比的欧洲的葡萄酒酿造业相比,工艺上也是复杂很多。山梨县的两个青年 19 世纪后叶去了法国,当他们看到葡萄酒酿造过程后,曾进行过这样的描述:"葡萄酒酿造之法实属简单。只需将葡萄捣碎置于桶中,沸腾后待到热气消散,榨取之则成葡萄酒。"也就是说葡萄酒的酿造非常简单,只要把葡萄捣碎放进桶里,使其自然发酵就可以了。其实,当时的法国既没有人从学理上解说酿造技术,也没有获

---

① 参见柚木当《近世滩酒经济史》(密涅瓦书房,1975 年)和"提起问题";上村雅洋"滩酒制造业的展开"(《社会经济史学》,1989 年,55—2 号),对于概括性地理解近世-近代的日本造酒业十分便利。
② 参见中村隆英《酿酒业的数量史:明治—昭和初期》,《社会经济史学》,1989 年,55—2 号;藤原隆男《近代日本酿酒业史》,密涅瓦书房,1999 年。
③ 油井宏子:"酱油",永原庆二等编《讲座日本技术社会史 农业、农产加工》日本评论社,1983 年,169—202 页;林玲子《酱油酿造史研究》,吉川弘文馆,1990 年;林玲子、天野雅编《东方与西方的酱油史》,吉川弘文馆,1999 年。

得准确的技术知识。①

在当时,日本也许在棉纺织业等机器生产的领域落后于欧美,不过在酿造业等依靠人力的敏感度和心血生产的领域倒是远远超过了欧美。

图2-3　浓酱油的制造法

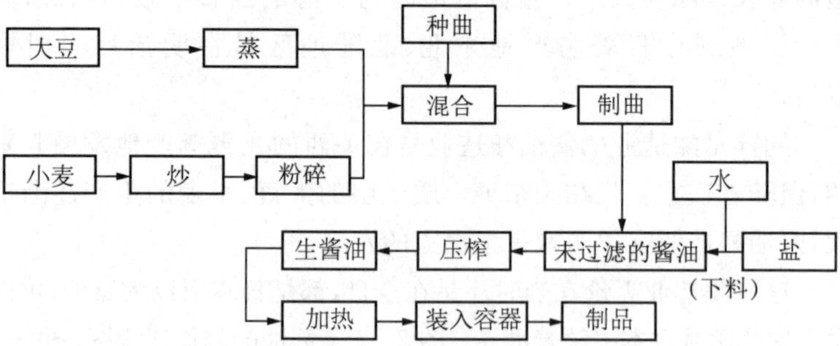

```
大豆 → 蒸 ┐            种曲
         ├→ 混合 → 制曲
小麦 → 炒 → 粉碎 ┘          ↓
                           水
生酱油 ← 压榨 ← 未过滤的酱油 ← 盐
  ↓                    (下料)
加热 → 装入容器 → 制品
```

图2-4　沙司的制造法

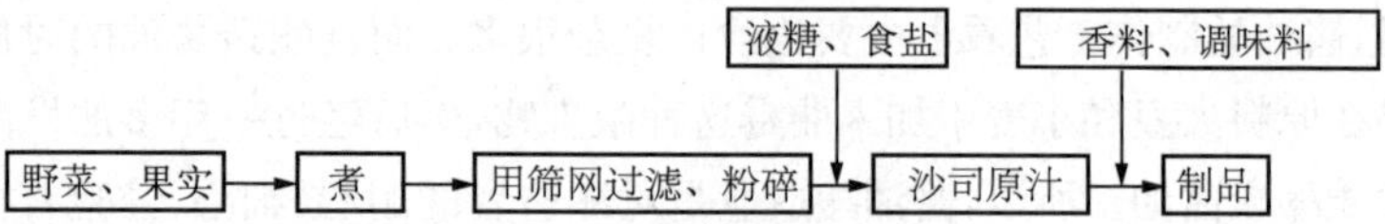

```
野菜、果实 → 煮 → 用筛网过滤、粉碎 → 沙司原汁 → 制品
                    ↑                ↑
               液糖、食盐         香料、调味料
```

17世纪末以后,伴随幕府对贸易的限制,代替进口的日本棉织业、丝织业发展壮大起来了。棉花本来是原产于热带的作物,主要种植在气候温暖的西日本,因此棉线、棉织物的生产也是在该地区较为发达。② 而同样是纺织业,因养蚕适合在气候凉爽的地区,所以生丝、丝织品的生产在东日本比较发达。特别是随着幕末的"开港",更加加快了发展的速度。③

如上所述,前工业化时代在自然气候的制约下因地制宜发展

---

① 浅井昭吾:"欧洲造酒技术传入日本",梅棹忠夫、吉田集而编:《酒与日本文明》,弘文堂,2000年,117—142页。

② 有关畿内的棉花种植、棉业的研究,成果众多,如古岛敏雄、永原庆二:《商品生产和寄生地主制》(东京大学出版会,1954年);山崎隆三:《地主制成立期的农业结构》,青木书店,1961年;中村哲:《明治维新的基础构造》,未来社,1968年。近期的有井奥成彦:"近世南山城的棉作与浅田家的手工作坊经营",石井宽治、林玲子编《近世近代的南山城》,东京大学出版会,1998年,245—283页。有关棉纺织品业请参照谷本雅之《日本的传统经济发展与纺织业》,名古屋大学出版会,1998年。

③ 有关纺织业也请参照第三章。

起来的农业又带动了工业的发展。因此酿造业大致可以分为西日本的酒和东日本的酱油,而纺织业可以分为西日本的棉和东日本的丝。

而且作为手工业,这些工业的生产技术已达到极高的水平。这些从幕末首次来访日本的佩里的话中也可看出。他说:

> 日本的手工业者的熟练程度不逊于世界其他任何国家,如果能够让人们更自由地发挥创造力的话,日本人将成为最成功的工业国国民,且永远不会次于其他人。他们有着学习他国先进物质成果的好奇心,而且能马上学以致用,若不是有那么多迫使他们断绝与他国人民交往的政府的排外政策,很快他们就会达到最优越的国家的水准。日本人一旦拥有世界文明过去及现在的技能,将来很可能在机器工业的竞争中成为强有力的竞争者。①

日本手工业技术水准之高,对此,哈利斯和阿礼国也表示认同。②

商品流通的发展

生产的发展必然带来了商品流通的发展,而商品流通的发展则进一步促进了生产的发展。以江户周边为例,随着江户这个特大城市的膨胀,各种物资的需求量也不断增加。前一章中提到过,江户的物资供给主要依靠大阪,但到了江户时代后期,有些物资几乎全部依靠江户周边的供应。由此出现了针对以江户为中心的经济圈——"江户周边经济圈"的研究③。不过,发展起来的不仅仅是江户中心的商品流通。生产力的提高促进了不以江户为媒介的地

---

① 佩里著,土屋乔雄、玉城肇译:《佩里提督日本远征记》(上、下),弘文堂,1935—1936年。

② 哈利斯著,坂田精一译:《日本旅居记》(上、中、下),岩波书店,1953—1954年;阿礼国著,山口光朔译:《天皇之都》(上、中、下),岩波书店,1962—1963年。

③ 伊藤好一:《以江户为中心的经济圈的展开》,柏书店,1966年;林玲子:"以江户为中心的经济圈的成立过程",大塚久雄等编:《资本主义的形成与发展》,东京大学出版会,1968年,255—271页。

域间的商品流通,各地的区域性市场应运而生。①

工业生产的发展

下面,我们通过《长期经济统计》来了解工业生产的变化趋势。(图 2-5、2-6)。

首先从行业来看,到 19 世纪 80 年代末,食品业始终居于领先地位。占据食品业中心的还是酒类(清酒)。酱油业发展缓慢,被急速成长的糕点糖果业所取代。酒在明治时期仍独占鳌头,而糕点糖果也继续保持增长势头。不过,虽然在此期间,酒的生产额有所增长,但生产量并不是直线上升,而是在 300 万石到 500 万石之间徘徊。② 生产额的增加并不完全随着生产量的增加而增加,很大程度上是由于原料价格的上涨、货币的贬值、酿造税的增征等原因而引起的价格上涨。进入大正期后,糕点糖果超过酒类跃居食品

图 2-5　明治时期主要工业产品生产额的变化(1874—1910 年)(按行业分类)

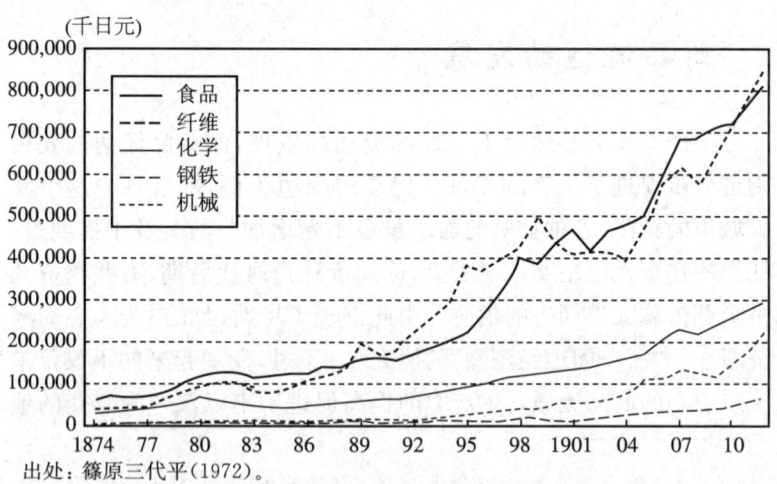

出处:篠原三代平(1972)。

---

① 井奥成彦:《19 世纪日本的商品生产与流通》,日本经济评论社,2006 年。
② 前引中村隆英"酿酒业的数量史";谷本雅之:"酿酒业",西川俊作等编:《日本经济 200 年》,日本评论社,1996 年,255—280 页。

图 2-6　明治时期主要工业产品生产额的变化（1874—1910 年）（按产品分类）

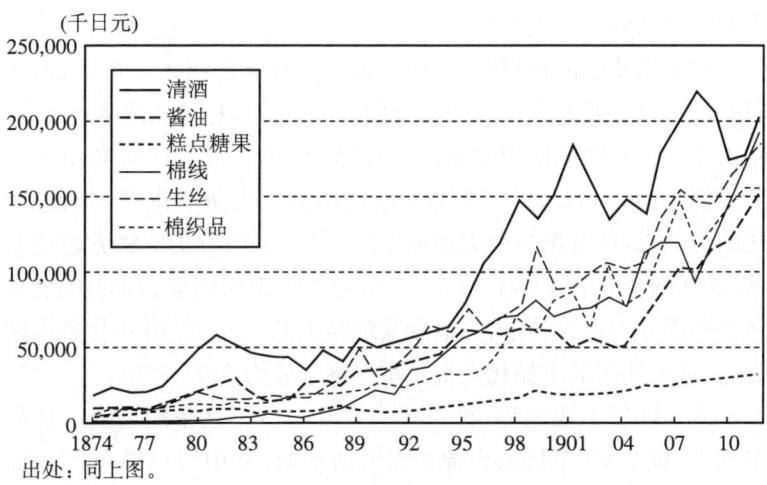

出处：同上图。

业的首位,制果业持续成为战前日本的主要产业之一。在这种背景下,从 19 世纪末到 20 世纪初,森永制果、不二家、东京果子会社（现在的明治制果）、江崎格力高等当今日本的代表性西式糕点商家陆续创立。战前日本制果业的影响力到目前为止未曾引起大家的注意,希望今后作为日本近代化的一个侧面能加深对它的研究。

这些发展良好的食品业,也成了明治政府的课税对象。尤其是造酒税,政府屡次增征造酒税,使其在国税中的比率不断上升（参照图 2-2）,到 19 世纪末,它超越地租,在国税中所占比例最大。另外,值得注意的是,在松方财政的财政重建下恢复、新增了酱油税和糕点糖果税。

在各行业中,当初居于食品业之后的纺织业,在 19 世纪 80 年代末开始赶超食品业,在整个明治时期两者的发展呈你追我赶的态势。纺织品中,以生丝、丝织品、棉线、棉织品为主。

不发达的机械化生产

本章所涉及的时代的工业概况大致如上所述。这一期间,酿造业基本上还未实现机械化,直到明治末至大正期,才终于有一部分大酿造商开始引入机器,当时的所谓机械化也只不过是空气搅拌等形式的机械化。在生产工艺方面,依然延续着杜氏集团的依靠熟练劳动的传统生产方式。

而纺织业中的棉纺织业,在幕末已经从英国引入了机器,但当时并没有马上普及。进入明治期后,也暂时是以手纺,或者是1873年由日本人发明的使用原始机械的"粗纺"为主流。1882年由涩泽荣一创办,并于第二年开业的大阪纺织会社大量引进英国的近代化的纺织机,这是第一个大规模工厂。① 不过当时正值松方通货紧缩,这样的企业并不多。以1887年钟渊纺织的创立、1889年尼崎纺织的创立为标志,在松方通货紧缩结束的19世纪80年代后半期之后,这个部门的机械化大批量生产终于成为主流。

为了证实上述趋势,我们看一下图2-7。这张图显示了从幕末到19世纪90年代国内棉布需要的动向,从中可以看出以各种方式生产的棉线的需求量,由此可以了解日本棉线生产的动向。从这张图中,可以看到,从19世纪60年代到70年代,日本的棉线生产以手纺、(进入明治期后)粗纺为主,这一时期通过贸易,国外的棉布棉线进入日本,使得日本国内产量减少,此外此时机械的棉线生产几乎处于停滞的状态。进入19世纪80年代后,用进口的半成品的棉线在国内加工的棉布超过了进口的成品棉布。此时手纺、粗纺的棉线生产尽管出现了大幅波动,却并无衰落之势。另一方面,虽然机械化的棉线生产渐渐扩大,但仍不及手纺、粗纺的生产。但是在松方通货紧缩结束的19世纪80年代后半期到90年代,机械化的棉线生产急剧增加,一举成为日本棉线生产的主流。

这一趋势一方面说明日本生产技术的落后,但从另一方面也说明用日本传统且独特的工艺制作的粗线、厚布料仍有一定市场,在一定需求的支撑下,这些工艺依然保持、发出顽强的生命力。那个时代就是这样。即使现在,粗纺仍被用于军用手套等粗线的生产中。

---

① 之前的纺织工厂最多也只有2000锭的规模,大阪纺织的规模达到了1万5千锭。

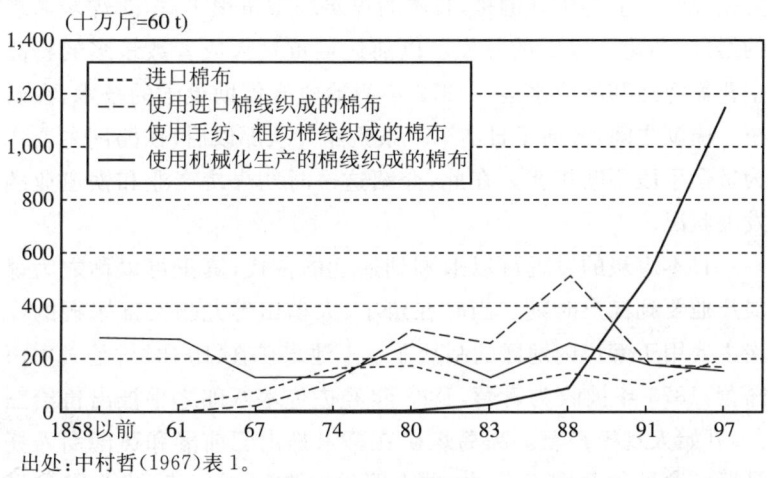

图 2-7 国内棉布需求的变化(1858—1897 年)

出处：中村哲(1967)表 1。

即便如此，棉线制造业也是日本工业中最早实现机械化的部门。出口产业中最引人注目的是缫丝业，由于制造工艺复杂，必须依赖女工熟练的技艺，加之出口态势良好，引进或是开发新技术的积极性并不高。直到 19 世纪末，用引进的外国技术对日本技术进行了改良的机械缫丝产量才开始超过传统的手摇缫丝。此外，纺织品业的机械化也不见进展。这一时期的织机从古代的高机到脚踏织机，只是在不需要动力的"工具"的范围内进化，直到 19 世纪末的 1896 年才由丰田佐吉发明了动力织机。不过，这还不是全机械化的织机，仍然有一部分工作需要人工完成。全工序机械化的丰田式自动织机是由丰田佐吉在 1926 年（大正十五年）发明的。其实织机的机械化在世界范围内也并不那么早。虽然美国的诺斯罗普公司（Northrop）发明世界上第一台自动织机是在 1894 年，在时间上早于丰田，但是丰田式自动织机具备了其无法比拟的卓越之处。

煤炭产业和铁道业

工业生产离不开能源动力，随着对原料、燃料及产品需求的增加，对运输部门的要求也日益提高。如前文所述，虽然这一时期仍以手工生产为主,但机械业也逐渐普及开来,在当时,机器的原动力是煤炭。值得庆幸的是,日本的煤炭埋藏量很丰富,对煤炭需求的增加,加速了煤田的开发。以前运输重量大或者数量多的物品主要靠海运和河流水运。1872年明治政府借助英国的技术,在新桥—横滨之间,开通了日本第一条铁路。从那以后,铁路网主要作为货运手段不断扩张。在此,介绍这一时期煤炭产业和铁道业的发展状况。

日本煤炭的发现可以追溯到遥远的古代,真正可以称之为煤炭产业要到江户时期。当时在筑丰、大牟田等九州北部采掘的煤炭主要用于濑户内地区的制盐业。三池煤矿在江户时代是大牟田藩营,1873年被收为官营,1888年经佐佐木八郎之手被出售给三井,开始大规模经营。高岛煤矿在幕末是由肥前藩和英国商人托马斯·戈贝尔共同经营的,进入明治时期后,曾一度成为官营煤矿,之后经后藤象二郎之手转让给了三菱。高岛煤矿起用外国雇员,很早就引入西洋技术,作为一个近代化的煤矿为人所熟知。此外,19世纪70年代在佐贺县的唐津、松浦等地区也有一些小规模的劳动密集型采掘。80年代后期,松方通货紧缩结束后,筑丰的煤炭产业也活跃起来。在麻生、贝岛等地方企业家的努力下,煤矿经营逐渐兴旺。同时,三井、三菱等中央财阀也开始进入这一地区经营煤矿。90年代后机器在国内诸产业的普及加速了作为动力来源的煤炭的增产。煤炭还作为重要的出口品被销往海外。然而,在煤炭产业,对矿工的残酷压迫与虐待成为普遍问题。1883年三池煤矿的囚犯矿工的暴动、1887年高岛煤矿事件等就是其中的典型事例。[①]

另一方面,明治初期岩仓遣欧使节团在欧洲见识了铁路高效的运输效率,认识到其重要性,由此明治政府积极地推进铁道事业。在这点上,与当时中国对铁道漠不关心的态度形成鲜明对比。当时在新桥—横滨铁路之后,在政府主导下又陆续于1874年开通了大阪—神户铁路,于1877年开通了京都—大阪铁路,这些铁路

---

① 隅谷三喜男:《日本煤炭业分析》,岩波书店,1968年;田中直树:《近代日本煤矿劳动史研究》,草风馆,1984年。

专栏 4

幕末的经济发展和棉纺织业

棉花在日本属于外来植物，种植的历史也比较短。不过，与欧洲不同，棉花在江户初期在日本各地就已广泛种植。最原始的生产形态是，棉花种植、纺织（织线）以及织布这三道工序全部由棉农自己完成。从江户时代后半期开始，各地面向市场的以销售为目的的棉纺织品生产地域逐渐形成，在此过程中，各工序的承担者逐渐分化。比如，19世纪中叶在著名的白棉花生产地新川地区（现富山县东部），由北前船将产自近畿地区的原棉（去掉棉籽的棉花）送到纺线、织布的纺织品生产者（棉农）手中。同样是白棉花产地的和泉地区（现大阪府南部），在区域内除了原棉，还有棉线的流通。另外，日本的和服通常会用到有条纹等花样的布，而有花纹的棉织品，大多需要对线进行染色，并采用较高级的手织机（高机）。在那里，出现了比在白棉花产地更高级的区域内分工结构（有尾张地区：现爱知县西部；入间地方：现埼玉县西南部等）。

在这三道工序分化成熟的地区，从19世纪中叶起出现了雇佣织工进行生产的专业纺织作坊。有人将其定位为近代化"工厂制"的原型（工厂制手工业）。不过，在所有地区，几乎全部的纺线作业都由农家的女性成员作为副业在家中进行。织布作业也主要以这种形式进行。另外，幕末开港后，外国产（英国、印度）的棉纺织品流入日本，在这种状况下，能否成功将原材料换成进口棉线、能否开辟新销路，决定了棉纺织品生产地区的盛衰。这时重要的不是"工厂制"（或者是其原型）的存在与否，而是地区内商人的行动力。棉纺织业的历史表明，商人活动和农户多元就业战略（在同一户家庭内将农业劳动和其他就业机会相结合的家族劳动力的分配战略）的结合，尽管不能归结为"工厂制的确立"，但可以说是日本产业发展的一大方向。

（谷本雅之）

〈参考文献〉谷本雅之：《日本传统经济的发展和纺织业》，名古屋大学出版社，1988年。

联通了三都和贸易港。之后官营铁道事业逐步推进，1889年东海道线全线贯通。然而，在此期间，由于资金困难等问题，铁路铺设越来越依赖民间资本。1881年成立、1883年开始营业的日本铁道是以华族为中心的最初的民营铁道公司，其铁路网遍布东北和北关东地区。到松方通货紧缩结束后，才出现其他铁道企业，进入19世纪80年代后期，山阳铁道（1888年）、九州铁道（1889年）、关西铁道（同年）、北海道煤矿铁道（1892年）终于陆续开业。他们与早期开业的日本铁道并称为民营的五大干线公司。此时，民营铁路完全成为主体。①

第四节 对外关系的变迁

幕末"开港"之前的对外关系，基本是这种状况：在幕府的管理下长崎与荷兰、中国开展贸易，分别委托对马藩、萨摩藩与朝鲜和琉球开展贸易。这一状况在"开港"后发生了巨大变化。本节首先追溯"开港"前的状况，在此基础上再去了解"开港"后对外关系的变化②。

"开港"前的对外关系

17世纪末以后，政府因担心金、银、铜过度流向海外，逐渐进行贸易限制。尽管有像田沼期那样一时的贸易振兴政策，不过长期来看，日本的贸易总体上呈现逐渐减少的倾向。

然而，到了18世纪末，外国对日本逐渐施压，迫使其开国或者通商。1792年（宽政四年），俄国使节腊克斯曼在送还漂流民大黑屋光太夫来航日本根室之际，便提出与日本通商的要求。幕府拒绝了俄方的要求，并下令加强虾夷地区和江户湾的警备。

进入19世纪后，1804年（文化元年）俄国使节雷札诺夫来航长

---

① 野田正穗等编：《日本的铁路》，日本经济评论社，1986年。
② 这一点从图1-7可以看出。

崎,再次要求通商,却又遭幕府拒绝。被激怒的雷札诺夫在归途中攻击了萨哈林、择捉的岗哨和渔船。之后幕府愈加重视北方的防备,将松前、虾夷地区所有的领地划为直辖地,由 1802 年设置的松前奉行管理,并动员东北诸藩加强戒备。不过,在 1813 年双方相互释放被扣留的戈罗夫宁和高田屋嘉兵卫,两国关系有所好转后,又恢复了松前藩对虾夷地区的管辖。

1808 年英国军舰费顿号为追捕敌国荷兰的船只闯入长崎,并逮捕了荷兰商馆馆员作为人质。费顿号用人质与日方交换淡水、燃料和粮食,然后撤离。长崎奉行因这一事件引咎自杀。此后,英国船、美国船屡屡出没于日本近海,索要淡水和粮食等。对于这些要求幕府基本都接受,然而 1825 年(文政八年),幕府发布《异国船驱逐令》,下令对靠近日本沿海的外国船只,除有通商关系的国家外一律击退。1837 年(天保八年)的驱逐前来浦贺寻求通商的美国船莫里逊号的事件,就是在这一方针下引发的。针对这一事件批判幕府"锁国"政策的渡边华山、高野长英被处罚一事也是人尽皆知。

1842 年,中国在鸦片战争中败于英国一事传入日本,幕府转变方针,提出《供给燃料淡水令》。尽管如此,幕府仍没有跨出"开国"这一步。即使 1844 年荷兰国王送来亲笔信劝告"开国",1846 年美国东印度舰队司令长比得尔来航浦贺要求通商,幕府都一一拒绝。但是,当美国逐步向西开拓疆域侵占了加利福尼亚,企图横跨太平洋,开辟中美贸易后,迫切希望日本"开国",这就有了 1853 年(嘉永六年)的佩里浦贺来航。

1853 年 6 月 3 日(旧历),美国东印度舰队司令长佩里率领由两艘蒸汽船和两艘帆船组成的舰队("黑船")出现在浦贺近海。佩里打着"友好"、"通商"的旗号,带来菲尔莫尔总统的国书,要求幕府开国。美国的真正意图是想在日本设立港口以补充中美贸易、捕鲸船只的燃料和粮食,以及获得对遇难船只的保护。从派遣军队来航这件事本身就可以窥见美国欲以武力威胁日本开国的意图。

幕府与佩里约定第二年给出答复,姑且送走了佩里。然而幕府却拿不出像样的对策。第二年 1 月佩里再次来航,这次他率领的是九只舰船的大舰队,3月终于成功地与日本签订了《日美和亲条约》。据此下田、箱馆两港被迫开放。同年,日本还与英国、俄国签订了亲善条约,1855年(安政二年)与荷兰也签订了亲善条约。

"开港"以后的贸易及对外关系

基于亲善条约建立外交关系后,紧接着就是外交官的通商交涉。美国派总领事哈利斯前来进行通商交涉,于1858年6月,同日本签署了《日美修好通商条约》。同年,荷兰、俄罗斯、英国、法国也分别与日本签订了同样的条约,这五个条约总称"安政五国条约"。这些条约中加入了神奈川、长崎、函馆、兵库、新潟的开港、领事裁判权以及协定关税(关税由日本和当事国通过协议决定)等条款,迫使日本承认对五国的最惠国待遇。领事裁判权一直持续到1894年(明治二十七年),而协定关税完全废除要到1911年。众所周知,日本政府为取消这些不平等条约付出了长期而艰辛的努力。

因外国商人的商业活动限定在开港城市的外国人居留地,所以内地的生丝买卖完全由日本商人所掌控。当时的中国因签订了《天津条约》,允许外国商人在国内自由地从事商业活动,最终导致中国的半殖民地化。可见对外国商人商业活动的限制有着极其重要的意义。

大老井伊直弼未经天皇敕准就擅自签订了条约,这引起了幕末的动乱。但不管怎样,日本根据这些条约开始发展对外贸易。1859年5月,贸易首先在神奈川、长崎、箱馆三地展开。不久后神奈川被腹地广阔、易于对外国人进行管理的横滨所取代,横滨开港后,下田港被关闭。而兵库、新潟的开港分别是在公元1868年及1869年的1月1日(和历分别是庆应三年十二月七日及明治元年十一月十九日)。

贸易开始后,进出口都顺利增长,尤其是出口情况良好,连年出现顺差。此时外国商人利用日本国内外金银比价之差将日本的金币带出国外。为应对这种状况,幕府发行劣质金币,这成为国内物价高涨的主要原因。正因为幕府及时的应对措施,流出的金币量并不是很多,据推测约为 10 万两。① 而在贸易港中,横滨的贸易额占压倒性比重(表 2-3)。

表 2-3 "开港"后日本的贸易(1860—1867 年)

	年	全国的金额(美元)	其中横滨的金额(美元)	横滨的主要贸易品及其比率(%)		
出口	1860	4,713,788	3,954,299	生丝 65.6	茶 7.8	油 5.5
	1861	3,786,652	2,682,952	生丝 68.3	茶 16.7	铜 3.6
	1862	7,918,196	6,305,128	生丝 86.0	茶 9.0	铜 1.2
	1863	12,208,228	10,554,022	生丝 83.6	原棉 8.9	茶 5.1
	1864	10,572,223	8,997,484	生丝 68.5	原棉 19.9	茶 5.2
	1865	18,490,331	17,467,728	生丝 83.7	茶 10.2	蚕种 3.8
	1866	16,616,564	14,100,000	—		
	1867	12,123,675	9,708,907	生丝 53.7	蚕种 22.8	茶 16.7
进口	1860	1,658,871	945,714	棉织物 52.8	毛织物 39.5	药品 1.9
	1861	2,364,616	1,494,315	棉织物 46.0	毛织物 26.7	金属 8.6
	1862	4,214,768	3,074,231	金属 38.7	棉织物 19.4	毛织物 17.9
	1863	6,199,101	3,701,084	毛织物 28.3	金属 21.5	棉织物 15.9
	1864	8,102,288	5,553,594	棉织物 30.9	毛织物 29.2	绵丝 13.6
	1865	15,144,271	13,153,024	毛织物 43.8	棉织物 35.8	棉丝 6.6
	1866	15,770,949	11,735,000	—		
	1867	21,673,319	14,908,785	棉织物 25.3	毛织物 22.4	米 10.1

出处:横滨市史(1959)。
注:1866 年因为大火,史料烧损,所以没有 1866 年的详细材料。

从表 2-3 中可以看出,开港后数年间,在出口商品中生丝占有压倒性的比重。虽然第二位的茶数量不少,但与生丝相比比率悬殊。进口商品中,棉织物、毛织物、棉线等纺织品多占据前几位。最先要求日本开国的美国因南北战争(1861—1865 年)无暇顾及贸易,因此当时英国成为日本最主要的贸易对象。

英国产棉纺织品流入日本给日本的传统棉纺织业造成了巨大打击,这是一直以来普遍的说法。② 但近年来也出现了不同的观点,认为外国产的细线、薄布料同日本传统的粗线、厚布料特质不同,不存在竞争关系;还有人认为开港后日本有部分棉纺织业者逐

---

① 石井宽治:《大系日本的历史 12 开国与维新》,小学馆,1989 年。
② 高村直助:《日本纺织业史结论》(上、下),墙书房,1971 年。

渐衰落是日本行业内竞争优胜劣汰的结果。① 也有人对这样的言论进行再反驳②，目前尚无定论。

日本开港后持续贸易顺差，在出口方面，是因为日本价廉物美的生丝在国外有很好的销路；而在进口方面，日本进口高关税是一大原因。通过"安政五国条约"协定的进口关税，根据种类不同，从5％到35％不等，平均为20％的从价税。除英国外，还有美国、法国、荷兰诸外国，不愿看到日本在贸易中持续处于优势地位，为使自己在贸易中占上风，以延期兵库开港（原定1863年〈文久三年〉开港）以及延期支付下关事件的赔偿金为补偿，迫使幕府降低关税率，最终于1866年（庆应二年）成功与幕府签订《改税约书》（江户协约）。据此，将主要进口商品的关税率改为以从价5％为标准的从量税。从第二年开始到松方通货紧缩，日本则持续出现贸易赤字（图2-8）。

图2-8　日本进出口额的变化（1860—1867年）

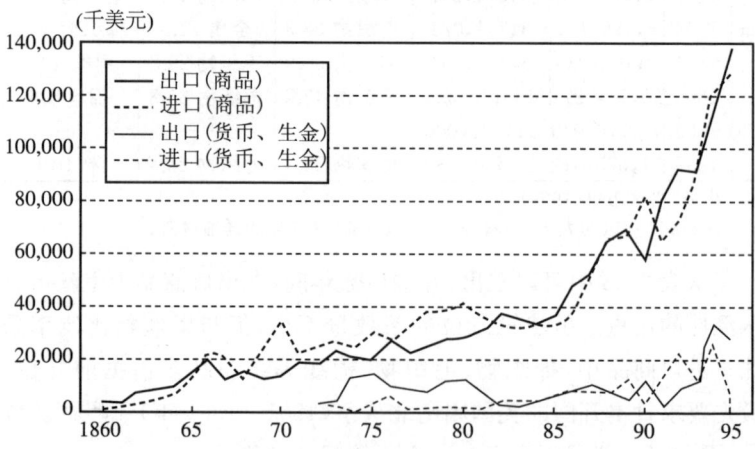

① 川胜平太："亚洲木棉市场的构造与展开"，《社会经济史》，1985年，15—1号，91—125页。

② 高村直助："围绕维新前后'外部压力'的一两个问题"，东京大学社会科学研究科《社会科学研究》，1987年，38—4号，1—29页。另外石井宽治虽然肯定了川胜等人的部分看法，但认为从根本上说，传统棉织品受到了进口棉织品的冲击。参见石井宽治："维新变革的基础过程"，《历史学分析》，1986年，560号，138—148页。

"开国"及之后的国内产业

前文概观了"开国"后日本的经济状况。在此,简单论述一下贸易对之后国内的主要产业产生的影响。如前节所述,当时日本的主要产业是酿造业和纺织业。至于以酒、酱油、味噌为主要产品的酿造业,对于这些产品的需求基本上局限在国内,而且没有从国外流入可以与之竞争的商品,因此没有发生什么变化。也就是说,酿造业在稳定的国内需求的支撑下稳步发展。至于纺织业中的棉纺织业,尽管因国产棉织品和进口棉织品的特质不同,在国内市场上可以各分得一杯羹,但进口棉织品的流入还是给日本政府和业者带来了一定程度的刺激和危机感,其结果就是棉纺织业在国内的产业中最早实现机械化。但是在丝织业中,由于在制作过程中有部分难以实现机械化,一直以来出口的良好状况并没有推进生产方式的转变,直到明治后期的1894年为止,总体上手摇缫丝的生产量一直居于机器缫丝之上。

从历史中读取现代
——近世日本的人口与生活水平

关于近世初期日本人口的各种观点

正如在本书第一章中论述过的那样,关于近世初期(1600年前后)的人口,至今为止有各种各样的推算。吉田东伍是20世纪初著名的历史地理学家,曾经编纂过《大日本地名辞典》。他认为石数与人口应该成正比,1910年日本的石数为5000万石,人口为5000万人。"太阁检地"时的石数为1800万石,他据此推算当时的人口为1800万人。① 对此,速水融根据从北九州小仓藩"人畜改账"所获得的人口与石数的比例关系,并结合"太阁检地"时的石数进行了推算。此外他还将从信州诹访郡"宗门改账"分析出来的人口增长趋势扩大到日本全国。据此,他认为近世初期日本的人口大约有1200万人。②

吉田采取的是一种单纯的推算方法,而速水则运用了数量经济史的方法,因此速水的观点一时间占据优势。③ 但后来,麦迪逊提出了1850万人的观点④,这与吉田的推算值十分接近。近几年来,过去支持速水的学者也提出了不同观点。鬼头宏考虑到近世初期前后的人口增加率,认为当时的人口大约有1500万人。⑤ 本书第一章第一节"姑且"采用这一观点。另外,斋藤也主张当时的

---

① 吉田东伍:《维新史八讲》,富山房,1910年,25—26页。
② 速水融:《日本经济史的视角》(东洋经济新报社,1967年)第五章;速水融:《近世农村的历史人口学的研究》,东洋经济新报社,1973年;社会工学研究所编:《日本列岛的人口分布与长期时间系列分析》,社会工学研究所,1974年;新保博、速水融、西川俊作:《数量经济史入门》,日本评论社,1975年。
③ 斋藤修:"大开垦、人口、小农经济",收录于速水融、宫本又郎编《日本经济史1》(岩波书店,1988年,173页)。
④ Maddison, A. *The World Economy: A Millennial Perspective*, Paris: Development Centre of the Organisation for Economic Co-operation and Development, 2001.
⑤ 鬼头宏:《图说:通过人口看日本史》,PHP研究所,2007年,76页

日本人口有1700万人。①

像这样,关于近世初期的人口的推算值,首先是吉田的1800万人,之后是速水的1200万人,速水的推算值最小。后来有麦迪逊的1850万人,鬼头的1500万人,斋藤的1700万人。虽然数值各有不同,但呈现接近吉田观点的趋势(其实,这几种观点没有太大的差异)。这些推算值究竟哪一个更为准确还有待进一步证实。

近世日本生活水平的变化

在此,拟从生活水平变化的角度对这些观点的有效性进行验证。中村哲曾经对5年的不包括近世非农产品的实际石数(以石为单位实际产量数)进行过推测,②速水、宫本根据其结果对近世期数十年间隔的实收石数的趋势进行了分析。③斋藤最近又对该推算进行修正,对包括非农产品在内的实际石数的趋势进行了独自的分析。④可以说斋藤推算出来的实际石数相当于实际GDP。如果他的推算准确的话,那么根据这个数值就可以计算出人均实际石数,也就可以看出近世日本生活水平的变化。在此,我们尝试运用斋藤根据1721年以后幕府调查推算出来的人口(关于该年之后的人口,所有学者的推算大致相同,在此以斋藤的观点为代表),与斋藤推算出来的主要年的实际石数来计算人均实际石数,计算结果如表2-4。1721年的人均实际石数为1.59石,1804年为1.97石,1846年为2.13石,1874年为2.21石,一直呈现增长的趋势,因此表明生活水平也有所提高。将上述关于近世初期人口的各种数值与这里的推算结果结合起来会怎样呢?让我们以从少到多的顺序来看一看。速水认为1600年前后的石数高达2.52石,到1721年急速下降,之后逐渐恢复,即便到了近代初期的1874年依然不

---

① Saito, O. "Population, urbanization and farm output in early modern Japan, 1600—1874: A review of data and benchmark estimates", *RCESR Discussion Paper Series*, No. 2015, DP15—3
② 中村哲:《明治维新的基础构造》,未来社,1968年,169—170页。
③ 前引速水融、宫本又郎编《日本经济史1》,44页。
④ 前引斋藤2015年英文论文。

及近世初期的水准。鬼头推算近世初期为2.02石,之后直到近世中期呈下降趋势,然后逐渐恢复,但进入19世纪后依然不及近世初期,到了幕府末期才终于超过近世初期。按照吉田以及麦迪逊的推算值算出来的结果与依照斋藤的推算值算出来的结果十分相似。近世初期人口的估算值越高,那么从近世初期到1721年的石数减少速度也就越缓慢。另外,根据中村的推算进行同样计算,即使数值不同,但所呈现的趋势是一样的。

表 2-4 实际石数、人口、人均实际石数的变化

		1600年	1721年	1804年	1846年	1874年
实际石数(斋藤说)(石)		3024万	4961万	6050万	6849万	7635万
人口(上段)(人)及人均实际石数(下段)(石)	速水说	1200万 2.52				
	鬼头说	1500万 2.02				
	齐藤说	1700万 1.78	3129万 1.59	3069万 1.97	3221万 2.13	3.456万 2.21
	吉田说	1800万 1.68				
	麦迪逊说	1850万 1.63				

注:1600年前后的人均实际石用各学者的推算值除以实际石数(斋藤,2015年)算出。1721年之后的数值,各种主张都是依据幕府的调查,因而大同小异。此处用斋藤推算的人口(Saito 2015)除以实际石数(斋藤推算出的数据)算出。

如果采取速水的观点,那么意味着近代初期的生活水平要低于大约300年前的近世初期,这与近世期民众生活水平有所提高的众多事实不相符合,因此速水的观点难以令人首肯。即便速水推算出来的实际石数增长值要高过斋藤,他观点中的问题也不会因此而消失。因为那样一来,近代初期的实际石数会很高(至少要达到9000万石)才说得通,而实际上并非现实。其次,如果采取鬼头的观点,那么意味着进入19世纪以后依然没有恢复到近世初期的生活水平,这样的结果也令人怀疑。如果采取斋藤、吉田、麦迪逊的观点,那么可以得出以下结论:近世初期(17世纪初)由于人口急速增长,直至近世中期生活水平有所下降,但之后顺利恢复,到了近世后期已经超过初期的生活水平。应该说,这样的结论比较

自然。

速水将小仓藩以及诹访地区的分析结果扩展到全日本,这种做法存在一定的问题。因为小仓藩在日本属于生产力比较发达的地区,那里的人均石数要高于其他地区,将那里的计算结果原封不动地扩大到日本全国,针对石数的人口数量必然偏少。这样看来,吉田的推算值的依据也存在问题,但其着眼点十分独特。不过,关于人均实际石数的以上考察只是笔者个人的观点,并不能因此保证斋藤推算值的正确性。如果换一个视角来看,对各种观点的评价或许又会有所不同。

近世初期(17世纪初)日本人口爆发性增长以及之后的状况

接下来让我们来看一看近世初期日本人口快速增长以及随之而来的生活水平下降的问题,上述任何一种观点在这个问题上都是一致的。这个问题可以与当今发展中国家的所谓人口爆发性增长的问题联系起来考虑。①

"人口爆发性增长"并没有明确的定义,那是指在较短时间内人口急速增长的状况。如上所述,在从1600年前后到1721年的一百多年里日本人口大约翻了一番,尽管各种观点的推算值有所不同。我们不妨将之称为人口爆发性增长,或者是接近爆发性增长的状况。当时还没有工业化,医疗技术也没有得到显著发展,因此人口增长主要是在前文中论及过的土地开垦扩大,以及随之带来的农业生产力增大所带来的结果。其结果是人口的增加超过生产力的增长,因此直到近世中期日本人的生活水平呈下降趋势。如前所述,近世中期以后日本的人口持平,那期间生产力提高,生活水平也相应提高。

另外,在自19世纪末以来的一百多年里,日本人口增长了3倍,人口增长速度远远超过近世初期。那一方面是由于农业的进

---

① 参见黑田俊夫、大渊宽编《现代的人口问题——人口学研究系列1》(大明堂,1990年)。

一步发展,粮食产量增加,可以抚养的人口相应增长;另一方面是由于在工业化过程中工业生产扩大,可以出口工业产品以换取粮食,人口增长并不完全受到国内农业生产力的制约,另外医疗的发展也使死亡率下降。总之,这些导致人口爆发性增长的一般性原因在这里都可以看到。同时我们也不能忘记,二战前的人口爆发性增长与日本的对外移民以及对外扩张政策也有关联。

(井奥成彦)

第三章　从松方通货紧缩到
　　　　第一次世界大战

总论　战前日本的经济发展（1881—1940 年）

在第三、四章中,将松方执政期到日中战争爆发后经济体制转为战时体制这一时期为止的大约 60 年,以第一次世界大战为界,分为两个部分。第一次世界大战前的内容在第三章介绍,从第一次世界大战开始到日中战争为止的内容在第四章介绍。与所涉及的时期跨越 3 个世纪的第一、二章相比,第三、四章涉及的时期较短。但是,这一时期的变化却是急速且巨大的:日本迫于欧美列强的压力被卷入 19 世纪的自由贸易体制中的同时,自身快速推进近代化,推行军国主义,对邻国侵略扩张,不久发动了亚洲太平洋战争。[①] 在此,首先用几个宏观经济指标来概括此 60 年间的变化。

近代经济发展及人口变动

在编制近代第一部户籍制度(壬申户籍)的 1872 年,日本的人口为 3,481 万(关于江户时代的人口变动请参照第一章总论)。此

[①] 对昭和期一系列战争的称呼,因政治立场、历史观的差异而各不相同。在此将 1937 年开始的"日中战争"和 1941 年开始的"太平洋战争",按其地域性统称为"亚洲太平洋战争"。

后,人口以年均超过1%的幅度递增,到1940年达到7,193万人。从明治初期到亚太战争,日本的总人口增加了2倍以上。战时人口也有增加,但从1944年到1945年,因阵亡者、战争受害者的增加以及出生率的低下,出现了近代以后首次的人口减少。战后,日本的总人口再次增加,到2005年达到1亿2,777万人。然后从2006年开始,人口又一次减少,进入了"人口减少时代"(图3-1)。

图3-1 近代以后日本的人口动态(1872—2003年)

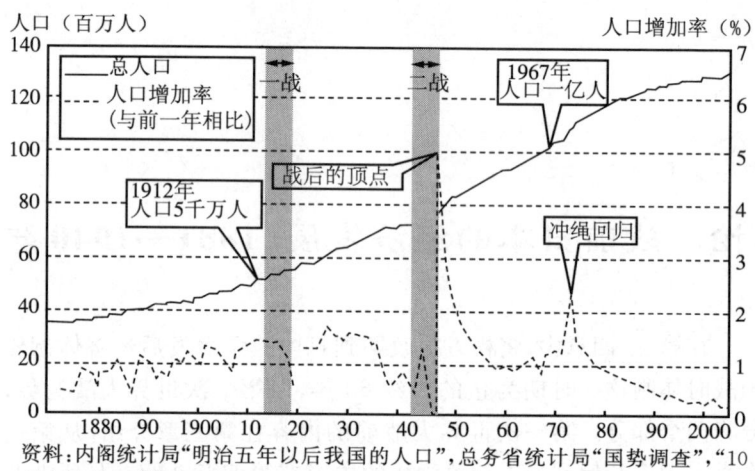

资料:内阁统计局"明治五年以后我国的人口",总务省统计局"国势调查","10月1日现在推算人口"。
出处:内阁府《平成十六年少子化社会白皮书》。
http://www8.cao.go.jp/shoushi/whitepaper/w-2004/html-h/index.html.

人口的持续增长是库兹涅茨①所说的现代经济增长的特征之一。不过,人口增长的方式不是千篇一律的。战前的人口增长可以分为两种情况:第一种情况的特征是高出生率、高死亡率(1872—1924年);第二种情况的特征是低出生率、低死亡率(1925—1945年)。② 在第二种情况中,营养状况的改善、现代医学的发展、基础设施的完备等原因降低了死亡率,同时,人口向都

---

① 现代经济增长,是由西蒙·库兹涅茨(1901—1985)提出的概念,是以① 人口的持续增长,② 有意识地将科学发现应用于生产活动,③ 与经济结构密切相关的社会结构发生迅速变化为特征的积极发展过程[库兹涅茨著,盐野谷祐一译:《近代经济成长》(上、下),东洋经济新报社,1968年]。

② 鬼头宏:《图说:通过人口看日本史——从绳文时代到不久的将来》,PHP研究所,2007年,120—122页。

市集中、就业形态的变化、所得水准的提高等原因降低了出生率。

第二种情况下的"人口转换"表明日本经济进入了新的阶段。不过,战前人们存在这样的意识:人口增长非常迅速,与粮食生产相比已经是"过剩"状态。值得注意的是,很多人将此与对外殖民政策的必要性联系在一起。

那么,究竟是怎样的近代经济增长支撑了这种程度的人口增长呢?下面,根据《长期经济统计》中的数据来确认一下战前GNP(国民生产总值)的变化趋势。

从图3-2可以清楚地看出,名义GNP从1885年到第一次世界大战为止呈缓慢增长态势,以第一次世界大战为契机飞跃上升,到20世纪20年代发展停滞,之后因30年代初的"昭和恐慌"(1930—1931年)出现低沉,而后又开始回复。再来看比上年增长率的变化趋势(图3-3),到第一次世界大战前的1913年为止平均约为7%,第一次世界大战后的1920年到1940年平均约为5%。而第一次世界大战中(1914—1918年)平均约为22%,可见的确是"飞跃般"的上升。从去除价格变动影响的图3-4也可以看出,其规模是当初的近5倍,超过了人口的扩大规模,可见人均GNP确有提高。

图3-2 名义GNP的变化(1885—1940年)

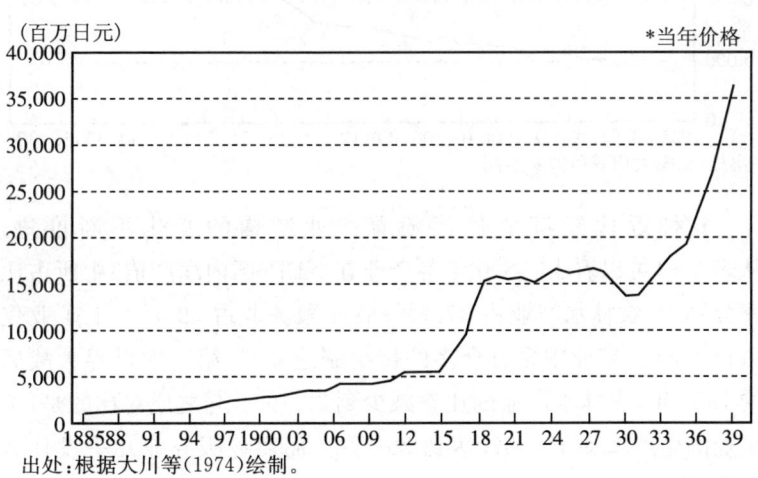

出处:根据大川等(1974)绘制。

图 3-3 名义 GNP 年比增长率的变化（1885—1940 年）

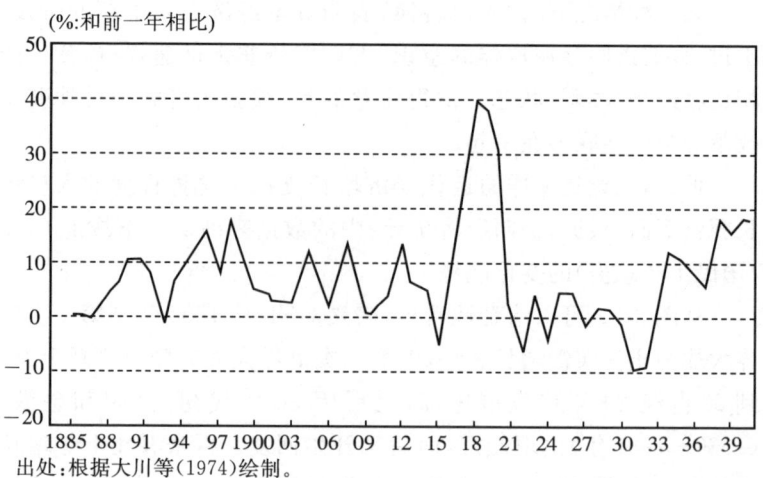

出处：根据大川等（1974）绘制。

图 3-4 实际 GNP 的变化（1885—1940 年）

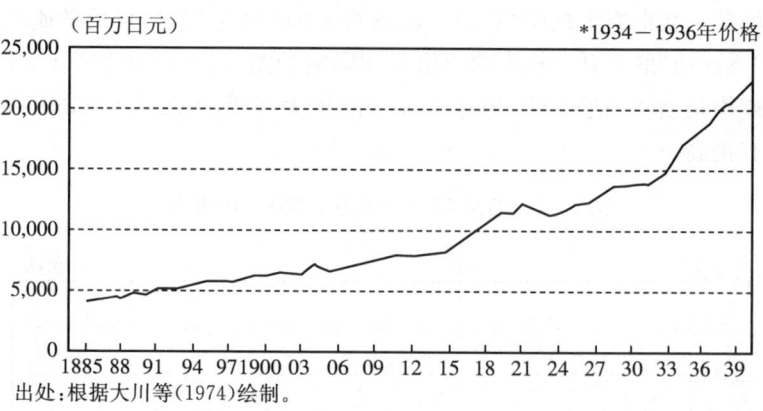

出处：根据大川等（1974）绘制。

  这种近代经济增长伴随着产业结构的变化不断推进。从表 3-1 可以看出，1890 年各产业在 NDP（国内净产值）中所占比率分别为：农林水产业占 47.1％、商业服务业占 39.4％、工矿业仅占 13.5％（工矿业中含有众多的传统制造业）。第一次世界大战后的 1920 年，农林水产业的比率减少到 32.9％。与之成对比的是，工矿业的生产增加了一倍，达到 26.5％。而商业服务业几乎没什么变化，为 40.6％。到了 1928 年，工矿业生产的比率首次超过农业生产，"昭和恐慌"之后农林水产业的比率维持在 20％左右。至太平洋战争爆发前的1940年,农林水产业所占比率为20.9%,工矿业为45.6%,商业服务业为33.5%。

表3-2显示了各产业从业人口所占的比率,从中可以看出,战前日本仍然是"农业国",从业人口有半数在农林水产业,但从NDP中工矿业生产所占的比率可看出,日本就在这60余年中逐渐蜕变成了"工业国"。

表3-1　NDP的构成(1890—1940年)

	总额(亿日元)	构成比(%)		
		第一产业	第二产业	第三产业
1890	10.77	47.1	13.6	39.4*
1900	22.74	39.5	18.7	41.8
1910	36.28	33.1	23.1	43.8
1920	136.71	32.9	26.5	40.6
1930	130.62	18.5	32.1	49.4
1940	356.41	20.9	45.6	33.5

出处:中村(1993:30)的第11表。

表3-2　有业人口的构成(1872—1940年)

	总数(万人)	构成比(%)		
		第一产业	第二产业	第三产业
1872	2,139	70.1	29.9	
1880	2,185	67.3	32.7	
1890	2,295	62.6	37.4	
1900	2,425	59.1	40.9	
1910	2,526	60.6	16.9	22.6*
1920	2,726	54.0	21.6	24.4
1930	2,962	49.7	20.8	29.5
1940	3,300	43.7	26.1	33.5*

出处:中村(1993:29)的第10表。
1) 1872—1900年第一产业仅有农业的统计数字。
2) 1905—1940年的比率是根据除去分类不详的合计数值计算出来的。
3) 第一产业即农林水产业,第二产业即矿工业、建筑业,第三产业即运输通信、电气煤气、自来水、商业、金融业、服务业以及公共行政管理事务。
分类是根据梅村等人(1988)划分的。
*译者注:表中数据或有误,原书如此。

物价、景气动向

下面首先分析这一时期的物价和景气动向(图3-5)。由松方正义从1882年开始推行的纸币整理,虽然稳定了大隈财政期严重的通货膨胀,但又引发了松方通货紧缩①,导致物价下跌,持续萧条。然而,在发行日本银行券(银兑换券)后,货币价值逐渐趋于稳定,从19世纪80年代后半开始物价缓慢上涨,同时迎来了第一次企业勃兴期。之后,随着1890年恐慌,物价在甲午战争时期再次大幅上涨,带来了第二次企业勃兴。这股热潮在1899年恐慌和1900年金融危机时消散,但此后,伴随着"甲午战后经营"下财政支出的增加,景气好转,物价也有所上涨。日俄战争后情况也如甲午战争后一样,一度下跌的物价由于"日俄战后经营"又再次上涨。直到实行紧缩财政后物价又开始下跌,经济萧条。不过,这一时期在大藏省、日银的"健全财政路线"的基调下,地方的财政支出有所增加。

图3-5 各种物价指数的变化(1873—1940年)

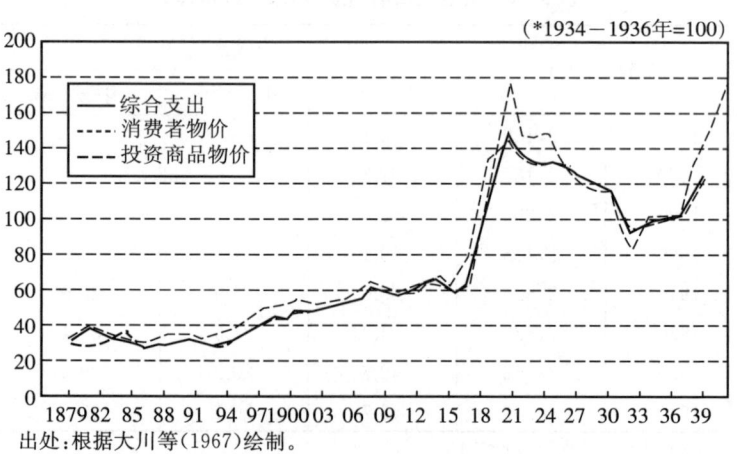

出处:根据大川等(1967)绘制。

第一次世界大战时期的日本经济,特别是面向美国市场、欧美

---

① 一般是指物价的持续下跌。IMF对它的定义是,2年以上的持续的物价低落。

的殖民地——东南亚市场的出口增加，带来了空前的战争景气。与生丝、棉线、铁有关的纺织、金属产业盛况空前，除此之外，股市、土地的投机活动也很活跃。不过，第一次世界大战景气期的物价飞涨，在刺激生产活动的同时，也沉重打击了百姓的生活，引发了1918年的"米骚动"。1920年，大战景气在生丝市场、股市的暴跌中结束。之后，经济在20世纪20年代停滞不前。此外，20世纪20年代，在恢复金本位制①（金解禁）这一政策目标下，通过金融紧缩等抑制了国内物价的上涨。再加上1930年的金解禁的紧缩政策的实行，从而引发了"昭和恐慌"，国内经济陷入衰退。高桥是清藏相的通货再膨胀政策（关于江户时代的通货再膨胀政策请参照第一章第四节）使经济从"昭和恐慌"中摆脱出来。但在1931年的"九·一八事变"爆发后的准战时体制下，政府开始逐渐推行经济统制政策。

进出口的变化

随着工业化的推进，日本的进出口结构也从落后国的"进口产品、出口原料"型转变为先进国的"出口产品、进口原料"型。不过，战前日本的出口产品以生丝、丝织品、棉线、棉织品等纺织品为主，重化学工业产品主要依靠从欧美的进口。因此，对于欧美先进国来说，日本的贸易结构还是属于落后国型，即所谓的"中等国型"贸易结构（表3-3、表3-4）。另外，虽然面向美国市场的生丝、丝织品是赚取外汇的产业，但在以廉价劳动力为武器的中国民族纺织业勃兴后，日本的棉纺织业就失去了出口竞争力，于是开始将其主力转向中国的现地生产（通过在华设立纺织工厂实现资本输出）。

---

① 金本位制是指以金兑换的纸币（兑换券）的发行、黄金的自由铸造、黄金的自由进出口等来实现货币价值稳定的一种制度。比如，在美国黄金0.1克＝3美元，在日本黄金0.1克＝300日元，一旦像这样规定好黄金和纸币的兑换率，就可以以黄金为媒介确定美元和日元的汇率（1美元＝100日元）。当日本对美国的贸易出现顺差，黄金从美国流入日本（不考虑外运的成本），日本的黄金储备增加，货币增发。一旦货币增发，物价就上涨，对美出口就受到抑制。这种机制就称为金本位制的自动调节机制。如果禁止黄金的自由进出口，上述机制就无法起作用。金解禁就是解除这种禁止措施。

日本向东南亚市场出口以印度产棉花为原料的棉织品,在20世纪30年代与殖民地宗主国欧洲的产品发生了激烈的贸易摩擦。①

表3-3 进出口商品的产品类别资料(1885—1939年)*

	初级产品	出 口(%)				以及其他的合计	合计
		工 业 品					
		纤维	金属	机械	化学		
1885—1889	33.7	45.7	5.9	0.1	5.5	66.3	100.0
1890—1894	25.7	49.3	6.9	0.2	7.4	74.3	100.0
1895—1899	21.3	53.0	5.3	0.2	6.9	78.7	100.0
1900—1904	17.2	54.2	5.8	0.6	7.5	82.8	100.0
1905—1909	13.5	52.4	7.0	1.5	7.3	86.5	100.0
1910—1914	12.7	56.3	5.9	1.3	7.2	87.3	100.0
1915—1919	8.9	54.3	9.1	4.5	8.7	91.1	100.0
1920—1924	6.9	66.0	3.6	2.3	6.9	93.1	100.0
1925—1929	6.7	66.9	3.2	2.5	6.6	93.3	100.0
1930—1934	6.7	55.5	6.3	5.1	8.6	93.3	100.0
1935—1939	6.8	44.4	9.4	10.0	10.4	93.2	100.0

	初级产品	进 口(%)				以及其他的合计	合计
		工 业 品					
		纤维	金属	机械	化学		
1885—1889	13.5	40.1	9.7	11.2	7.9	86.5	100.0
1890—1894	32.2	25.4	8.1	10.5	8.0	67.8	100.0
1895—1899	37.6	16.9	9.0	13.2	9.6	62.4	100.0
1900—1904	45.5	10.6	9.5	10.6	11.1	54.5	100.0
1905—1909	42.0	10.6	11.7	9.9	15.6	58.0	100.0
1910—1914	50.6	5.7	11.1	7.8	14.7	49.4	100.0
1915—1919	54.4	2.3	17.6	4.5	13.6	45.6	100.0
1920—1924	51.0	6.1	11.4	7.6	12.7	19.0	100.0

① 杉山伸也、伊恩·布朗(Ian Brown)编著:《战争期间东南亚的经济摩擦——日本的南进与亚洲、欧美》,同文馆,1990年。

* 译者注:表中数据或有误,原书如此。

续 表

	初级产品	进　口(%)				以及其他的合计	合计
		工　业　品					
		纤维	金属	机械	化学		
1925—1929	59.1	4.9	7.9	6.1	11.1	40.9	100.0
1930—1934	61.8	3.3	8.4	5.1	10.4	38.2	100.0
1935—1939	57.3	1.9	16.3	6.1	10.6	42.7	100.0

出处：太田等(2006：202，252)。

表3-4　进出口商品的地域类别资料(1885—1939年)*

	出　口(%)						合计
	亚洲	欧洲	北美	南美	非洲	大洋洲	
1885—1889	23.2	33.0	40.4	0.0	—	0.9	100.0
1890—1894	28.9	29.3	39.6	0.0	—	1.2	100.0
1895—1899	39.2	25.6	33.2	0.0	0.1	1.6	100.0
1900—1904	43.2	23.7	30.8	0.0	0.1	1.9	100.0
1905—1909	44.6	21.1	31.7	0.0	0.1	2.0	100.0
1910—1914	42.8	21.3	32.4	0.2	0.3	2.5	100.0
1915—1919	45.9	15.6	33.0	0.9	1.4	3.1	100.0
1920—1924	45.0	8.2	40.0	1.0	1.6	3.1	100.0
1925—1929	43.2	6.9	43.8	1.0	2.3	2.8	100.0
1930—1934	49.7	9.3	29.7	1.6	6.5	3.2	100.0
1935—1939	56.9	9.6	21.3	2.6	6.3	3.3	100.0

	进　口(%)						合计
	亚洲	欧洲	北美	南美	非洲	大洋洲	
1885—1889	33.1	57.4	8.9	0.0	—	0.3	100.0
1890—1894	40.9	47.1	8.8	0.0	—	0.4	100.0
1895—1899	43.0	42.7	12.9	0.0	0.1	0.6	100.0
1900—1904	44.6	35.5	17.4	0.0	0.7	0.8	100.0
1905—1909	40.3	39.1	17.6	0.1	0.8	1.1	100.0
1910—1914	46.4	32.2	16.7	0.4	1.0	2.0	100.0
1915—1919	49.2	8.3	33.7	1.0	2.4	4.0	100.0

* 译者注：表中数据或有误，原书如此。

续 表

	进　　口(%)						合计
	亚洲	欧洲	北美	南美	非洲	大洋洲	
1920—1924	40.5	19.6	32.5	0.6	1.6	4.3	100.0
1925—1929	42.2	18.0	31.4	0.5	1.7	6.0	100.0
1930—1934	36.6	15.2	34.6	0.7	2.3	9.3	100.0
1935—1939	37.3	12.7	36.6	3.6	3.7	5.9	100.0

出处：太田等(2006:202,252)。

另一方面,重化学工业的基础——钢铁工业发展迟缓。众多钢铁企业自己并不生产生铁,因此要发展重化学工业,就不得不依赖进口生铁。此外,甲午、日俄战争后,通过吸引外资,与外国企业的资本合作来输入资本,用以扩充军备、发展重化学工业。为使这些成为可能就必须维持金本位制,这就对日本的自律性财政、金融政策产生了限制。

第一节　近代经济增长的开始

近代经济增长伴随着社会经济结构的变化。这意味着,以人均GDP(国内生产总值)为标志的经济规模持续且不可逆扩大的社会经济结构正在形成。当然,虽说它是不可逆的,但因为增长自身不是单线的扩大,所以通常也会有高峰和低谷。不过基本上,使各种市场发挥作用的条件的具备、训练有素的劳动力的投入及技术的发展促进了生产率的提高,而生产率提高的社会经济结构的形成又使得近代经济增长得以实现。

除了战争中特殊的一段时期,日本经济也取得了持续的增长。与江户时代不同,从等级制度下解放出来的人们,可以享受居住迁移的自由、营业的自由、职业选择的自由、处置私有财产的自由等。① 这种自由主义原则的确立使通过市场有效分配资源成为可能。此外,通过提高土地、劳动、资本的生产率(每单位产出与投入

---

① 当然,如第二章的第一、第二节所述,在江户时代已经有很多经济上的自由。

的比值)也可以促进经济增长。自然资源储量有限的日本,从明治维新以来一贯致力于生产技术的提高。

以下内容将涉及:第一,能够顺利调配资本的货币、金融制度是如何确立、发展起来的;第二,公司企业作为将资本与劳动结合起来的生产组织,经历了怎样的发展过程;第三,训练有素的劳动力是如何产生的;最后,将从国内市场的动向和人民生活的变化方面来探讨生产出来的财富和服务的消费市场的扩大。另外,关于技术的引进过程,将在第三章第二节概观各产业发展之际时涉及。

货币、金融制度的确立

对于后进国来说,如何顺利筹措资本使其流向投资以实现工业化,为实现上述目的如何确立并完善货币、金融制度,是个非常大的课题。明治政府,当初有过多次的错误试验,经过松方正义的纸币整理事业以及之后中央银行的建立,终于巩固了货币、金融制度的基础。

在"明治十四年政变"之后就任大藏卿的松方正义,一方面推行增税、抑制支出政策,另一方面以西南战争为契机着手对发行过剩的国立银行券和政府纸币进行整理。这样,一下子减少了货币供应量,结束了从 1878 年左右开始的日益严重的通货膨胀。另外,通货膨胀使元银[①]与纸币之间的价值产生乖离,通货膨胀结束后,元银与纸币的价格差也消除了。

纸币整理政策主要是由 1882 年 10 月创立的日本银行实施的(首任日银总裁吉原重俊[②]和松方一样,也是萨摩藩出身)。日银为消除元银和纸币之间的价格差,于 1884 年规定,将来的兑换银行券为银兑换。并于次年 5 月,首次发行了日本银行兑换银券。[③]虽

---

① 1875 年,政府发行了仅限在开港地使用的贸易银。1878 年,承认贸易银可以在国内无限制通用后,开始作为一元银(元银)流通。

② 历代日银总裁可查阅日银网站的"日本银行历代总裁一览"(http://www.boj.or.jp/type/list/rekidai/governor.htm)。

③ 实际开始兑换是从 1886 年开始的。此外,还规定以往的国立银行今后无权发行纸币。在下文中以日银券来表示日本银行发行的纸币。

然1871年公布的新币条例规定了金本位制的货币制度,但是这种兑换银券的发行事实上使日本变成了元银本位的银本位制国家,也造成了元银与弗银(也叫墨西哥银币、墨银)竞相成为亚洲贸易结算货币的局面。

此外,日本银行是以比利时银行为范本,具有在政府的监督下管理货币供给职能的中央银行。虽说是在政府的监督之下,但中央银行相对独立的制度不得不说是吸取了政府滥发纸币从而引发通货膨胀的教训。

1885年当初的日银券的流通额仅为总流通货币额的2%,但到兑换开始3年后的1889年很快就达到了总流通货币额的42%。另外,1888年的兑换银行券条例修正案,使以政府公债等为抵押的担保发行以及限制外发行成为可能。纸币发行可以超过准备金,日银的这种中央银行的形式已经接近于先进国。另外,作为中央银行的日本银行还专管国库、国债业务,确立了"政府银行"的地位。①

具备"发券银行"、"政府银行"职能的日本银行在1890年恐慌之际,通过发放贷款,发挥了"银行的银行",即"最后的贷款者"的作用。松方通货紧缩后的第一次企业勃兴期的资金融通,是以私营股份公司用发行的股票作抵押向各普通银行贷款的形式实现的。② 但是,这些股份公司的总资本的缴纳比率一般很低,一旦外部条件出现恶化,以股票作抵押所借的资金很难回收。在1890年恐慌时,日银在1890年5月通过付抵押物的票据贴现,向普通银行发放贷款,从而挽救了金融危机。

在日本的工业化中发挥了重要作用的,除了日银还有1880年创立的横滨正金银行。正金即为正币之意,也就是金银硬币,取名正金的立意就为表明正金银行是专门供给金银币的流通、促进贸

---

① 玉置纪夫:《日本金融史——从安政开国到高度成长期之前》,有斐阁,1994年,64—68页。

② 设立企业不需要缴纳全部资本金,可以只缴纳四分之一的资本金。所以银行将缴纳部分资本金的企业的股票作为抵押进行资金融通。这种股票抵押金融由日银对私营金融机构的股票抵押金融支撑着,当资金融通缓慢时,股价上涨使资金筹措变得容易,因此会出现过热化现象。相反,当金融紧缩时,容易因银行的滞贷而导致企业的连锁倒闭。

易的银行。这是一家以国际汇兑为主要业务的专门银行。在松方通货紧缩下生丝出口萎缩,出口押汇资金的回收迟滞,为强化管理,从1882年开始由大藏省实施《外汇交易修订规程》。以这次修订为契机,换下了旧的管理层,由第百国立银行行长原六郎就任新行长。① 松方为了密切日银和横滨正金的联系,1887年以敕令颁布了《横滨正金银行条例》。根据这一条例,横滨正金银行升格为同普通银行有所区别的重要银行,地位仅次于日银。及至1890年,在原驻英国总领事园田孝吉就任第五代行长后,横滨正金银行在与日银保持密切联系的同时,开始发展海外业务。② 另外,在与以香港上海银行、孟加拉银行(两者都是现在的汇丰银行)等英国银行为首的外国银行的激烈竞争中,横滨正金银行以低利融资的优势,从外国手中夺得了日本邮船、三菱合资、美孚石油等客户。③

此外,政府还在1896年设立了专门提供长期产业资金的日本劝业银行,在各县设立了劝业银行分行性质的农工银行、北海道拓殖银行,在1900年设立了以证券流通化及外资引入为目的的日本兴业银行。兴银的主要业务有:以国债、地方债券、公司债券为抵押的贷款及其发行,保管,地方债券、公司债券、股票的信托业务。

企业勃兴期的公司制度的普及与发展

名义GNP的比上年增长率由负转正是在松方通货紧缩结束后的1886年(图3-3)。之后,到第一次世界大战爆发为止的大约30年间,以农业及农村工业为中心的产业结构逐渐将重心转移到以各种制造业、机械工业为中心的近代产业,在此意义上,可以称之为"工业化"的开始时期。与此同时,整体的经济结构也随之变化,在此意义上,可以称之为日本的"产业革命期"。而从各种企业

---

① 这次人事刷新暗含松方将大隈派逐出由大隈重信创办的横滨正金银行的政治意图。

② 这一时期,横滨正金银行在国内有横滨、神户两家银行,在伦敦、纽约、旧金山、里昂(办事处)、夏威夷、上海、孟买、香港设有海外分行,同时通过接受日银的资金支援,源源不断地获取正币。这些正币在推进工业化的过程中发挥了巨大作用。

③ 玉置纪夫:《日本金融史——从安政开国到高度成长期之前》,有斐阁,1994年,80页。

相继设立这一意义上,可以称之为"企业勃兴期"。

当然,无论将这一时期称为什么,伴随着社会结构巨变的急速且不可逆的经济增长这一事实是不容置疑的。这种经济增长是全面的全国性的,不仅体现在从欧美移植过来的近代产业,也体现在江户时代以来持续发展的各种传统产业。另外,也出现了以传统组织及技术生产近代化商品的这种近代化元素与传统元素的结合。

更为重要的是这一发展的推动者——明治政府,从一开始就认为只有发展近代产业,才能实现"富国强兵",从而采取了各种近代产业扶植政策。例如,从幕末开始推进的近代产业移植,明治维新后,在政府尤其是内务省、工部省的主导下,由官营工厂接手。不过,很多这样的官营工厂在19世纪70年代中期经营陷入困境,在西南战争后的财政危机中确立了处理给民间的方针(参照表2-1)。虽然接受这些官营工厂的人中有部分所谓的"政商",但政府的这一方针是重视近代事业的经营能力的结果。

松方通货紧缩后,最初的企业设立热潮是以纺织、铁道、银行、保险等近代产业为中心掀起的。这称为第一次企业勃兴。第一次企业勃兴因1890年恐慌曾一度停顿,1891年以后形势逐渐转好,随后即迎来了以甲午战争为契机的第二次企业勃兴。[①] 在以甲午战争中获得的赔款为基础实行的大规模的财政扩充政策("甲午战后经营")下,民间的重工业、电力、机械产业等的投资十分活跃。在这种背景下,出现了第二次企业勃兴。关于这一时期民间的旺盛的投资,福泽谕吉在给出口商社森村组纽约支店的村井保固的信中写道:"日本普遍大景气,人们发疯般地设立种种公司、铁道、银行。"[②]此外,此后成为钢铁业发展的中心的八幡制铁所[③](官营)的设立也是在甲午战争后。但是,1900年发生了金融危机,银行等

---

① 近年来也有人将第一次企业勃兴到第二次企业勃兴为止的时期理解为长期景气扩大期。

② 庆应私塾编:《福泽谕吉书简集》第8卷,岩波书店,2002年,200页。

③ 八幡制铁所在1934年的制铁大合并后成为日本制铁。日本制铁的产铁量曾占到日本铁生产的九成,战后根据《过度经济力排出法》分成八幡制铁和富士制铁两家公司。1970年再次合并,诞生了新日本制铁(详见第五章第二节)。山崎丰子的《华丽一族》中登场的"帝国制铁"就是以新日本制铁为原型的。

纷纷倒闭。第三次企业勃兴是伴随着"日俄战后经营"而出现的。与重化学工业化和城市化有关的投资的亢进和企业组织的大规模化，是第三次企业勃兴期的特征。

另外值得注意的是，承担近代产业的众多企业从很早开始就采用了股份公司的形式。其原因主要有：第一，在学习西欧近代产业先进技术的同时，也注意到了其企业组织形式；第二，福泽谕吉、神田孝平等有关西欧"公司"的介绍和启蒙活动；第三，近代产业需要巨额资金，当时不具备有单独出资能力的资本；第四，投资全新的事业活动具有很大的风险，采用股份公司的形式可以分散风险。所以，甲午战争后的1896年，公司总数4,596家中56%（2,583家）是股份公司。①

政府加紧制定股份公司设立的法律依据——商法，1890年由德国人罗斯勒尔起草了《商法草案》（旧商法）。不过，由于旧商法与以法国法为模本制定的民法存在不一致而延期施行，1893年先施行了与公司有关的部分。当时公司的形式有三种：合伙企业、合资企业、股份企业。1899年新商法实施后，公司设立的方式从许可主义变为准则主义，允许股份公司自由转让股票、发行无记名股、优先股。之后，经过数次修改，2005年《公司法》从《商法》中独立出来。

日本股份公司的发展速度，即便与欧美相比也是非常迅速的，然而也因此存在许多问题。其一，从股东的构成方面来讲，缺乏中心投资者，以分散投资、多角型股票投资为主。以纺织企业为例，1898年这一时点63家公司中有33家的股东超过300人，最大股东的持股比例超过10%的情况一家都没有。很多股东没有要积极参与特定企业经营的意向，只是期待以投资获得稳定的分红，只不过是所谓的"放债的资本家"。因此，为确保能获得许多资本家的投资，会让有社会威信的大股东当董事，而实际经营多委托给"经理"或"总工程师"等管理层职员。因为是这样的出资结构，公司为了满足股东高红利的要求，有时还会以牺牲留存

---

① 宫本又郎：《日本的近代11：企业家们的挑战》，中央公论新社，1999年，237页。

收益、折旧来实现高额分红①,这也成了一个社会问题②。

在股份公司设立之际,当时商界的领袖人物涩泽荣一、五代友厚等在募集股东投资的时候发挥了重要的作用。他们在由实力派企业家创立的商业会议所、由银行家创立的银行集会所等机构③中历任要职,之后作为"财界主管人"④不仅在经济界,在政治界也具有重大的影响力。涩泽作为商界领袖的业绩,将在专栏5详述。他所做的一切不是单纯地追求利益,他追求国民经济全体的共同利益的信念也是值得我们铭记于心的。

股份公司的结构在日俄战争后开始发生巨大变化。具备多个职能部门且具有完备的内部管理组织的"现代企业"的登场就是其一。⑤"现代企业"真正发展起来是在第一次世界大战后,但其先驱是从银行业、海运业等产业中发展起来的。不具有企业所有权的专业经营者的人数的增加也是日俄战争战后期的特征之一。他们大多是大学毕业具备专业知识的技术人员,除了从别的企业引进外,也有企业内部晋升的。

随着公司结构的变化,资本的所有结构也有所变化。少了一部分"放债的资本",资本开始集中于大股东手中,还有一些管理人员获得股票成为大股东,银行、保险公司等机构的股票获得也很引

---

① 超过可分配利润的违法分红称为"章鱼分红"。章鱼在没有饵料的情况下会吃自己的脚以延续生命,用章鱼的这个习性来比喻没有利润的企业通过处置财产来维持利润分红。

② 宫本又郎:《日本的近代11:企业家们的挑战》,中央公论新社,1999年。

③ 商业会议所在1878年设立之初称为商法会议所,设立于东京、大阪、神户。之后更名为商业会议所,遍及全国主要城市。1892年,作为商业会议所的联盟,组成了商业会议所联合会。而银行集会所来源于1877年由涩泽发起的择善会,以促进银行界的联络协商为目的,初期还致力于金融出版业的扶植。1879年创刊(之后独立)的田口卯吉的《东京经济杂志》也是其成果之一。1880年,择善会改名为东京银行集会所,之后银行集会所作为银行界同仁信息交换、票据交易的场所,陆续在各地建立起来。

④ 松浦正孝:《财界的政治经济史——井上准之助、乡诚之助、池田成彬的时代》,东京大学出版会,2004年。

⑤ 艾尔弗雷德·D.钱德勒(Alfred Dupont Chandler Jr.)著,鸟羽钦一郎、小林袈裟治译:《经营者的时代——美国产业界近代企业的成立》(上、下),东洋经济新报社,1979年。有关钱德勒的理论,请参照铃木良隆等的《MBA日本经营史》(有斐阁,2007年)。

人注目。三井、三菱等企业也形成了被称为"财阀"的企业形态,它们以家族资本控制的控股公司("财阀总公司")为核心,通过集中个人、企业的股票,将在各个领域具有垄断地位的企业纳入旗下。

另外日俄战争后,除了"财阀"之外还出现了一些由大企业合并而来的垄断企业,如1906年的大日本麦酒、大日本精糖,1910年的大日本人造肥料等。在不合并的情况下,大日本纺织联合会等通过在萧条期缩短作业时间等卡特尔行为来增强市场支配力。

工厂、劳动者的培训及劳动问题的出现

从农业社会转变为工业社会,在产业结构发生巨大变化的局面下,适应工厂生产的劳动力的存在变得尤为重要,但培养这些劳动力并非易事。在日本,在工业化初期如何培育出适应工厂生产的劳动力,也成为当时最重要的课题之一。

因此,以"富国强兵"为目标的明治政府一早就致力于这一课题的解决。在1872年学制实施时,专门发布《关于奖励学事的被仰出书》,要求"一般的人民,必须邑无不学之户,家无不学之人",奖励实学,制定基于个人主义、功利主义教育观的"国民皆学"制度。① 不过,初等教育最初并未普及。因为当初小孩也是重要的农业劳动力,很多家长不愿把他们送去学校。直到1900年,颁布第三次小学校令,确立以四年制普通小学免学费为前提的义务教育制度后,未就学儿童的比例才大幅降低。另外,与学制实施同一年,政府还施行了主张"国民皆兵"的征兵制。不过,实际上免除兵役的比率很高,征兵仅限于身体强健的青年男子。

---

① 提起明治期的教育,很多人会想到"教育敕语",当初提倡个人主义、功利主义的教育。

专栏5

涩泽荣一与股份公司制的普及

日本在移植近代资本主义时,很早开始就有意识地引进股份公司这种企业制度,这一做法的意义极其重大。江户时代的工商业基本是靠个人的财产和才智运营的。通过导入股份公司制,以社会资本的集中使用代替分散的资本积聚,促进了资本所有权与使用权的分离,赋予了企业社会性的功能。

在引入、普及股份公司制的过程中,涩泽荣一发挥了不可估量的作用。之所以这么说是因为三菱、三井等财阀在财阀家族封闭的所有权和集团内经营的框架下取得了发展。涩泽建立起一个谁都可以成为经营者,谁都有出资机会的机制,并为此进行了多次实践。

涩泽一生中与其公职有关的企业达178家。这些企业涉及众多行业,有陆铁(铁道)、中国及朝鲜半岛等的对外事业、银行、矿业、窑业、化工业、电气、保险、海运等。他曾担任第一国立银行行长,东京瓦斯、日本砖瓦制造、东京制钢、东京人造肥料、东京石川岛造船所、帝国饭店、王子制纸、磐城煤矿、札幌麦酒等股份公司的董事长,还协助设立了大阪纺织、日本铁道、东京海上保险、日本邮船等代表日本的大公司,并作为董事参与其中。

当然,这些公司的运营离不开众多不同类型经营者的协助。① 浅野总一郎(磐城煤矿、东洋汽船等)、大仓喜八郎(帝国饭店、札幌麦酒等)、益田孝(三井物产、东京人造肥料等)、马越恭平(大日本麦酒、帝国商业银行等)、蜂须贺茂韶(华族资本),涩泽为使这些大资本家能长期稳定地出资而让他们参加董事会。② 植村澄三郎(札幌麦酒)、大川平三郎(王子制纸、东洋汽船)、梅浦精一(东京石川岛造船所),涩泽看中他们强烈的责任感和卓越的谈判能力,选任他们做专务董事。③ 诸井恒平(日本砖瓦制造)、竹田政智(东京人造肥料),涩泽任命这些亲自发掘的人才为经理。

涩泽在导入进出自由的股份公司制的同时,还培养了各种类型的经营者,构筑了可以稳定运作的商业系统。

(岛田昌和)

对近代工厂的劳动者更直接的培训是在初期的官营工厂、民营工厂内进行的。工厂只有通过一定数量的劳动者在同一时间内进行规定的作业,才能提高生产率。尽管对于日本人来说多少有一些在同一作坊进行生产的经验,但在大规模的时间管理下的劳动经验,却是第一次体验。即使是在"第一工业国"①英国,在工业化初期,劳动者的培训也是一大课题。② 在日本,要让习惯了日出而作日落而息的农民适应工厂的劳动不是一般的困难。③ 政府的官营工厂是培训劳动者的第一个实验场。

　　同样,在铁路、学校、军队也通过近代化的时间管理对人员加以培训。"尽管提倡四民平等,破除了江户时代的身份制度,但是由于阶层的不同及城乡差异,存在完全不同的时间体系、时间感觉以及劳动时间的习惯。以工厂为中心,在定时法的时间体系及其时间感觉的影响下,明确了城乡劳动时间的差异,但两者也有统合的倾向。这种倾向逐渐明朗化,是在产业革命开始、近代化国家体制准备就绪的1886年(明治十九年)左右。"④从官营工厂开始的近代化时间管理,在生产重心移向民营企业的过程中不断地被强化,有时间概念的近代劳动者由此诞生。

　　然而,伴随着急速的工业化,工厂劳动者数量激增,又带来了新的问题。在世纪之交,劳动争议频发。为此,政府于1899年着手制定《工厂法》,1903年农商务省根据工厂的实况调查,整理出了《职工情况》。并在1911年,颁布了《工厂法》,对最低就业年龄(12岁)、最长劳动时间(12小时,仅限于未满15岁的女子)、深夜作业的禁止(22时到4时,仅限未满15岁的女子)等做出了规定,此法于1916年开始施行。不过《工厂法》仅适用于15人以上的工厂,此

---

① 彼得·马赛厄斯(Peter Mathias)著,小松芳乔译:《最初的工业国家——英国经济史1700—1914年》改订新版,日本评论社,1972年。
② 川北稔、角山荣编:《胡同里的大英帝国——英国都市生活史》,平凡社,1982年。
③ 在第二章第三节中提到过,日本曾经有过"勤勉革命"。关于近世的"勤勉革命"与近代的"劳动"之间的关系,请参照武田晴人的"保险业的发展"(经营史学会编:《日本经营史的基础知识》,有斐阁,1994年)。
④ 铃木淳:"两种时刻,三种劳动时间",桥本毅彦、栗山茂久编著:《迟到的诞生——近代日本时间意识的形成》,三元社,2001年,119页。

外规定缫丝业的最长劳动时间为 14 小时,纺织业也允许有深夜作业等,这些例外规定是基于当时产业界的意向而制定的。在第一次世界大战后的 1919 年通过的 ILO 第 1 号条约中规定了一天 8 小时、一周 48 小时的工作时间,不过在战前,日本的国内法并没有批准这一规定。① 日本实行 8 小时工作制要等到战后的 1947(昭和二十二年)年劳动基准法制定之时。

关于劳动问题,政府方面和劳动者方面存在各自不同的应对方式。专管国内治安维持的内务省在取缔劳动运动和社会运动的同时也认识到社会政策的必要性,于是开始进行调查研究活动,于 1922 年联合其他省厅的部局设置了社会局。此外,在政府、财界的主导下成立了协调会,以协调劳资关系、处理劳动问题。另一方面,在此之前,1897 年由片山潜、高野房太郎等人组建了日本第一个工会——劳动组合期成会。但根据 1900 年制定的《治安警察法》开始对工人运动进行镇压后,1902 年劳动组合期成会被迫解散。1912 年由铃木文治等人成立的友爱会(1919 年改名为"大日本劳动总同盟友爱会")以更加稳健的主张主导着战前的工会运动。

国内市场的变化与人们的生活

江户时代各地经济发展,在初期形成了以大阪为中心的流通结构,到了后期则发展成为以三都为中心的地域经济圈(参照第一章第二节、第二章第一节)。但是,企业勃兴期以后,很多地方因近代化产业的移植动向、交通网的配置等因素,发展程度开始出现明显分化。特别是从 20 世纪初前后开始,物流的结构发生了巨大变化,这时全国的铁道网建设基本完成,并实现了铁道的国有化。曾一度繁荣的日本海沿海海运路线的地位相对下降,连接东京、名古屋、大阪等太平洋沿岸大都市的线路成为物流的主力军。②

---

① 先进国从人道主义观点出发对日本的低工资、长时间劳动给予批判,但另一方面也是为了保护自己国家的产业。

② 关于 20 世纪初的交通网,请参照松本贵典编《生产与流通的近代画像——100 年前的日本》(日本评论社,2004 年)的序章补论。

日俄战争后地域经济的产业结构,可以分为4种类型:① 农林水产业所占比重高的县的产业结构;② 虽然农林水产业占有较大比重,但纺织(长野)、食品(兵库)、矿业(福冈)等第二产业成为产业结构中最重要的产业;③ 尽管农林水产业仍是中心产业,但作为交通枢纽,也有一定比重的第三产业(茨城、富山、滋贺);④ 虽然第二产业有所发展,但第三产业的发展明显超过了第二产业(东京、大阪等)。其中,第三产业在产业结构上占据重要地位的府县达到全国的约半数。① 尤其以东京、大阪为中心的南关东圈和近畿圈在之后的经济发展过程中经济取得巨大成就,东京、大阪与地方之间的经济差距不断拉大。由于基础设施的完备程度以及资本、劳动力等流动程度的不同,在经济发展上产生了不协调。战前日本的发展与这些不协调是并存的。

这些不协调,再加上农工间的差距问题,是造成日俄战争后社会不安扩大的原因之一。针对这些不协调因素,根据侧重点的不同,开出的药方也不同。比如,倡导农本主义的人们强调,过火的近代化、都市化给以农业为基础的国体(天皇制)带来了危机。其具体方案有以同业组合为核心的农村复兴,也有移民奖励,但其共通之处是对农村救济的重视。②

虽然存在着各种不协调,但国民经济的总体水准较以前有明显提高。人们的营养状况得到改善,平均寿命延长,人口增加。对很多男性来说,只要接受教育就有出人头地的可能;面向女性的高等教育机构也不断增多。都市中充满了各种有魅力的东西(尽管不尽是好的事物),成为人们向往的地方。

广播、电影、唱片等要到进入昭和期后才开始流行,但报纸、杂志等出版物在甲午、日俄战争时已遍及城乡。报纸、杂志成为近代商品的广告宣传媒体,刺激着人们的消费欲望。化妆品、药品、香烟等非急需的奢侈品成为广告宣传的主角,这表明在这一时期日本已经立于大众消费社会的入口。

---

① 松本贵典编:《生产与流通的近代画像——100年前的日本》,日本评论社,2004年,84页。
② 详情请参照中村宗悦《后藤文夫——从人格的统治到国家的统治》(日本经济评论社,2008年)。

推动大众消费的主力——百货商店是在这一时期出现的。始于江户时代的老店三越吴服店,克服了维新期的经营危机,1904年将"百货商店宣言"以书信寄给顾客,并于次年1月2日将该宣言刊登在报纸上。百货店具备了以往小卖店所没有的特点,如陈列销售方式、橱窗展示、大力度的广告宣传、品种齐全的商品等,很快成了大众消费社会的一大殿堂[①]。

第二节 诸产业的发展及产业结构的变化

在本节中将概述各个产业的发展历程。由于篇幅的关系,不可能涉及所有的产业,以下选取几个有代表性的产业进行论述。

首先要提到的是日本近代化过程中尤为重要的两大纺织业,即缫丝业和棉纺织业。尽管这两大产业有着各自不同的发展历程,但它们在战前都是持续占据主导地位的产业。此外,在开港后伴随着对外贸易发展的海运、造船业也是不可或缺的产业。除棉纺织业外,铁道、银行、保险业也是企业勃兴的火车头,它们作为基础设施部门的产业功能将在下文介绍。然后是20世纪初开始走上正轨的重化工业初期的情况,具体涉及机械、钢铁、化学工业。最后,将分别从近代化过程中支撑人口增长的粮食供给的侧面、服装供给的侧面以及从环境问题的角度,依次概观农业、纺织品业及铜矿业。

引领产业革命的两大纺织业

缫丝业 虽然日本自古就有缫丝的工艺,但江户时代初期仍从中国大量进口了生丝和丝织品。后来由于贸易统制和国产奖励政策,国产生丝逐渐替代了进口生丝。到幕末为止,缫丝业以东山

[①] 据说百货商店诞生于19世纪中叶的巴黎。请参照鹿岛茂《开创百货店的夫妇》(讲谈社,1991年)。

地区等水稻种植不兴盛的地区为中心蓬勃发展。纺织品业也在京都、江户等大消费地及其周边地区发展起来,生丝被运往这些纺织品产地。

缫丝业在开港后作为面向欧美市场的出口商品而引人注目,并以此为契机取得了飞速的发展。特别是向当时发展大众型的丝织品业的美国市场的出口不断增加。明治期以后的缫丝业不断适应着这种需求结构的变化而发展。

首先批发商把缫丝机器租给农户,从他们手中购买通过共同作业生产出来的品质均一的生丝,然后将它们卖给通商港口的生丝商人。茂木总兵卫、原善三郎等一些经销商开始从事出口业务,往贸易公司方向发展。缫丝农户组成被称为"社"、"社中"的共同生产组织,根据市场的需求不断提高丝的品质以及实现产品的均质化(丝粗细不一致的话会被视为低等品)。

缫丝结社"社"、"社中"在长野县的诹访地区最为发达。其中最有名的是开明社。开明社在1884年建立了共同再缫场以完成生丝的最后一道工序,在经过严格的品质检查后,给合格的生丝贴上"开明社"的商标。开明社的生丝博得了美国市场纺织品商人的好评。品牌的确立不仅激发了生产者提高品质的积极性,还促进了缫丝技术的发展①。此外,1875年由武居代次郎等人创办的中山社,在引进意大利、法国等欧洲的先进技术的同时,还开发了独创的缫丝机器"诹访式缫丝机"。这种传统技术与近代技术的融合节约了后进国日本短缺的资金,是资本节约型技术发展的一个实例。但是,如第二章第三节中所述,出口的良好销路也制约了缫丝业的大规模工厂化。

生丝的品质除了有赖于品质管理、技术改良外,还有赖于手巧的女子劳动力。众所周知,缫丝工女②的工作非常辛苦,但贫苦的

---

① 中林真幸:《近代资本主义的组织——制丝业发展下的商业统制以及生产结构》,东京大学出版会,2003年。

② 按照惯例,在缫丝业称为"工女",在棉纺织业称为"女工"。

农家为了减轻家里负担、获得现金收入,很乐意把女儿送去当工女①。对于缫丝工女的真实状况也不能仅仅看到消极的部分。为了留住优秀的工女以保证生丝品质的竞争力,各缫丝企业也努力改善工女待遇,优秀的工女往往可以获得不错的报酬。

缫丝业初期的发展源于通过结社对品质保持的尝试。但随着美国市场对高品质生丝的需求的提高,19世纪80年代后期开始结社方式下的生产出现瓶颈,合资冈谷缫丝、片仓组等大规模的缫丝企业开始尝试流水作业以实现生丝均质化(1907年规模最大的缫丝结社开明社解散)。从20世纪初到20年代,各种类型的缫丝企业一边与中国生丝竞争,注视着不断高品质化、细分化的新的市场动向,一边致力于扩大生丝的生产②。

棉纺织业 同样在江户时代,棉纺织、棉织品在面向国内市场的生产上同样都取得了较大发展。但是开港后,机械制大工厂大量生产的廉价的英国产棉线、棉织品开始涌入日本市场。廉价的英国产棉线与日本的传统棉线(粗线)由于在特性上存在差异,所以没有构成直接的竞争关系。英国产棉线一般用来做传统织物的经线等(有关棉线、棉布的竞争的各种说法参见第二章第四节)。另外薄棉布(平纹细棉布、衬衫布料)作为丝织品的次等替代品渗透进国内市场③。

为遏止英国产棉线、棉布的进口,日本有必要建立自己的近代化棉纺织工厂(机械制纺织)。日本的机械制纺织业始于幕末至明治初期创设的萨摩藩鹿儿岛纺织所、萨摩藩堺纺织所及鹿岛纺织所(号称"始祖三纺织")。之后,为了设立样板纺织工厂,明治政府于1878年向英国订了2套2000锭走锭纺织机,创办了官营爱知纺

---

① 山本(1968)的小说描写了贫苦农民家的女儿在诹访的缫丝工厂工作的情景,成为当时的畅销书。虽然是小说,但作者山本花了十数年在飞騨信州一带取材,采访了数百名工女及工厂有关人员。

② 参照花井俊介的"从制丝结社到大制丝企业"(经营史学会编:《日本经营史的基础知识》,有斐阁,2004年,94—95页)。

③ 川胜平太:《日本文明与近代西洋——重新思考"锁国"》,日本放送出版协会,1991年。

织所、广岛纺织所①。次年,又向英国订了 10 套同样的设备,1880 年以后将其出售给有志于兴办棉纺业的私人资本家。然而,当时英国的纺织工厂的规模已达到 10 万锭规模。要想追求规模经济,日本当时的那些工厂的规模还太小。另外,由于原料棉花品质的差异,不适合用于进口纺织设备,高品质棉线的生产极其困难。

通过借鉴这些官营工厂的经验,民间资本家开办了真正的近代纺织工厂。1882 年,辞去大藏省官职投身民间商业活动的涩泽荣一,募集民间资本,设立了大阪纺织公司②。大阪纺织做了以下几方面的努力。

第一,为了发挥规模经济效应,一开始便设立了超过 1 万锭规模的大工厂。另外,为了最大限度地使用工厂设备,机器 24 小时全天运转,为此还引进了当时刚刚发明的电灯③。而且为防止火灾,纺织工厂不能使用蜡烛、煤油灯。第二,为了确保廉价劳动力、原料、动力,经讨论,工厂选址定在繁荣的大阪三轩家村④,这里很早开始就是码头。大阪自古就是商都,很容易从腹地获得劳动力。近港的地理位置也便于从中国、印度进口适合日本加工的棉花,以及确保机器的燃料——煤炭的供给。第三,任用刚从英国归国的技术人员山边丈夫,将其任命为工厂长,负责现场管理。仅通过从国外引进机器,不可能顺利生产。选择合适的技术、根据现实条件进行细微的技术改良,这些都离不开兼具知识和技术的人才。

就这样,大阪纺织在机械制大工厂的棉线大量生产上取得成功。松方通货紧缩结束后,借鉴大阪纺织的成功经验的大规模纺织企业纷纷设立。在大阪、兵库有速浪纺织、平野纺织、摄津纺织、泉州纺织、尼崎纺织等,东京有钟渊纺织,爱知有尾张纺织等。由于这些近代化纺织企业的兴起,1890 年机械制棉线的生产额超过了进口额,不久又开始向中国、印度市场出口。于是,1897 年,棉线

---

① 纺织工厂的规模以纺线的纺锭数表示。纺锭越多单位时间生产的棉线越多。
② 涩泽荣一将股份公司称为"合本会社"(合股公司),也就是 joint stock company(股份公司)的译词。
③ 爱迪生发明白炽灯是在 1879 年。
④ 因此大阪纺织也被称为三轩家纺织。

的出口额大大超过了进口额。

进入 20 世纪后，这些大纺织企业通过合并等不断扩大规模，同时也开始进军织布部门。大阪纺织在 1914 年与 1886 年设立的三重纺织合并，成立了东洋纺织；1918 年尼崎纺织与摄津纺织合并为大日本纺织。它们与当时国内销量第一的钟纺，构成了日本第一次世界大战期的三大纺织体制。

基础设施产业与金融保险业（海运、造船、铁道、银行、保险）

海运、造船 为将外国资本逐出国内海运业，由日本人掌握航线，政府将国有船出售给 1872 年由大阪大商人创设的邮便蒸汽船，对海运业进行保护。另一方面，岩崎弥太郎借用土佐藩有船设立了九十九商会，积极投身于海运业。1873 年他将九十九商会改名为三菱商会，与邮便蒸汽船会社相抗衡，还在出兵台湾之际协助政府承担运输任务。1875 年，在竞争中处于优势地位的三菱商会按照政府的要求兼并了邮便蒸汽船会社（邮便汽船三菱会社）。之后在政府的大力扶持下，实力大增的三菱，战胜了美国的太平洋汽船、英国的 P&O 汽船，独占了日本沿岸航线。但是，涩泽荣一、井上馨担心这种垄断会带来负面影响，于是于 1882 年将东京风帆船会社等 3 家已有的海运公司合并，成立了共同运输会社，与三菱相抗衡。三菱和共同运输的降价竞争过于激烈，结果两败俱伤。1885 年，岩崎弥太郎去世后，两家公司终于相互妥协，同年，日本邮船会社诞生。

另一方面，濑户内海海运的中小汽船公司也展开了不正当竞争，然而在松方通货紧缩的影响下，最终它们联合起来，于 1884 年成立了大阪商船。日本邮船和大阪商船在政府的保护下，成为日后日本海运业的两大中心。

造船方面，长崎造船所、川崎造船所、东京石川岛造船所、大阪铁工所等是当时比较有实力的几家造船厂，由于 19 世纪 90 年代后期的甲午战后经营热潮以及航海奖励法、造船奖励法的制定，它们积极引进技术、投资设备等①。不久,其中的三菱长崎造船所、川崎造船所脱颖而出。三菱长崎造船所在庄田平五郎的指挥下采取扩充路线,到1910年左右为止已经有能力制造1万吨规模的船舶②。1896年,出售给川崎正藏的川崎造船所也被改组为股份公司,通过引进干船坞等新的造船技术不断扩大规模。但是,无论是三菱还是川崎,其发展都依赖于海军的军舰需要,而在民用方面,由于采用的是面向国内海运公司的订单生产方式,制约了它的发展。为使国内造船业能与海外造船业相抗衡,必须依靠国内钢铁生产的成功、机械制造加工等周边技术的发展,以降低造船成本。突破这一难关的契机是第一次世界大战引起的世界范围内的船舶不足。第一次世界大战前,日本拥有制造1,000吨以上船舶能力的造船所只有9所,而1918年达到了49所。不过,大战结束后,日本的造船业反而陷入了设备过剩以及战时库存的苦恼之中③。

铁道 有关初期铁道业的发展已经在第二章第三节中涉及,在此围绕1906年的《铁道国有法》进行论述。

日本铁道应该官办官营,这是初期铁道事业的一线指挥井上胜一贯的主张。不过政府对私营铁路也有一定的优惠政策。私营的日本铁道的成功(1881年成立),在企业勃兴浪潮中掀起了修建铁路的热潮,1884年的阪堺铁道、1887年的伊予铁道、两毛铁道、山阳铁道、水户铁道、九州铁道、大阪铁道等,由民间资本投资的铁路公司纷纷设立。然而由于1890年恐慌,一些铁路公司的经营陷入困境,于是井上在1891年提出了以收购现有私铁为中心的铁道国有化论。涩泽荣一以及福泽谕吉的外甥、重建三井的中上川彦

---

① 在甲午战争后的1896年施行的航海奖励法和造船奖励法,前者是对于就航于外洋航线的吨位1,000以上、时速10海里以上的大型船舶给予补助金;后者是奖励国产钢铁船建造的政策,对吨位700以上的钢铁船给予补助金。不过,这两个保护政策,从日本海运、造船业的发展角度来看,未必是相互补充的(参见桥本寿朗、大杉由香:《近代日本经济史》,岩波书店,2000年)。

② 顺便说一下,1912年在首次航海途中沉没的豪华游轮泰坦尼克号的总吨位是4万6,328吨。

③ 柴孝夫:"造船业的发展与斯托克波特",山崎广明编:《日本经营史的基础知识》,有斐阁,2004年,116—117页。

次郎①(1887—1891年,山阳铁道社长)对此表示反对。涩泽等人于1894年制定了出售官办铁道的计划,以期铁道民营化的全面实现,但计划因甲午战争的爆发受阻。

甲午战争后,关于铁道国有化的议题再次被提出,日俄战争后基于军事保密的考虑,由股份公司运营干线铁路被视为一大问题而引起关注。另外,随着大规模生产时代的到来,能大量运输且规格统一的铁路对大企业来说意义重大。1906年通过了铁道国有化法案,日本铁道、甲武铁道(现在的中央本线的一部分:御茶水—八王子间)、山阳铁道、阪鹤铁道②、九州铁道、北海道铁道等17家私营铁道公司被收购。1908年成立铁道院,直属于内阁(第一代总裁是后藤新平)。铁道院在1920年升格为铁道省,1949年由公社组织形式的日本国有铁道(现JR各社)接手。《铁道国有化法》颁布后,私铁的建设曾一度停滞,为满足地方铁道的铺设要求,政府分别于1910年、1919年制定并实施了《轻便铁道法》和《地方铁道法》。以1905年阪神电气化铁道的开业为开端,同样由《轨道法》管理的郊外型电车即路面电车作为都市郊外的私铁事业发展起来。1907年箕面有马电气轨道(之后的阪神急行电铁,现为阪急电铁),以国有化的旧阪鹤铁道的干部为中心,召开了创立发起人大会。就这样,都市郊外型私铁在第一次世界大战时期取得了飞速发展③。

银行 普通银行(当初的私营银行以及由国立银行转变过来的银行)本来应该以短期贷款、商业票据的贴现为主要业务,实际上它们还通过股票抵押金融,以日本银行的资金供给为后盾,给勃兴的产业企业提供资金。然而一旦由于经济危机等原因企业倒闭,很可能波及银行引发连锁倒闭。于是,政府提出了促进银行合并、大规模化的方针。1900年恐慌时的1,890家银行,之后逐渐被整理合并(图3-6)。不过,基于"大银行主义"的合并的正式实施

---

① 关于中上川,请参考大东文化大学创业家研究会编《世界创业家50人》(学文社,2004年),198—203页。

② JR福知山线的原型尼崎~福知山间是由阪鹤铁道经营的。

③ 原武史:《"民都"大阪对"帝都"东京——作为"思想"的关西私营铁路》,讲谈社,1998年。

是在第一次世界大战后的恐慌之后。而且直到1927年的昭和经济危机为止,依然存在众多弱小的银行。

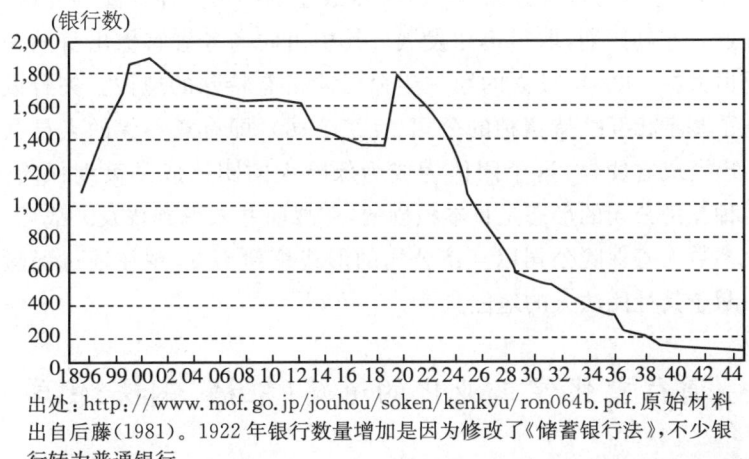

图3-6 普通银行数的变化(1896—1945年)

出处:http://www.mof.go.jp/jouhou/soken/kenkyu/ron064b.pdf.原始材料出自后藤(1981)。1922年银行数量增加是因为修改了《储蓄银行法》,不少银行转为普通银行。

在这一过程中逐渐抬头的是三井、三菱、住友、安田这些财阀系银行以及都市的大型银行。三井、三菱、住友各银行对各自财阀旗下的企业发挥着机构银行的作用,同时在财阀本身的重化学工业化过程中负责融资。安田虽然没有形成自己的财阀,但它旗下拥有多家银行,同时还在金融方面支持浅野财阀、甲州财阀。除财阀系银行外,还存在着涩泽的第一银行、由华族资本设立的十五银行、岩下清州的北滨银行、1933年经合并而成的三和银行及大阪的鸿池银行、山口银行、三十四银行等有影响力的银行。

保险 以防备各种风险的保险为商品进行出售,以运营参保人的保险金获得收益的近代保险业于1880年开始正式登场。经过企业勃兴期的优胜劣汰,加之相关法律不断完善,幸存企业得到了进一步的发展。在海上保险(损失保险)方面,受到政府保护的东京海上(1879年成立)、帝国海上、日本海上这三家保险公司到1900年为止确立了垄断体制。在火灾保险方面,明治火灾、日本火灾、东京火灾、横滨火灾等有实力的企业幸存下来,但由于保险费率的决定问题、外国保险企业的加入等原因,经营并不稳定。在这种情况下,东京海上保险迅速进入火灾保险领域(1918年更名为东京海上火灾），走在损害保险业界的最前端。在东京海上火灾的发展过程中，前往英国学习保险业的各务镰吉（曾任三菱财阀企业的总裁）发挥了举足轻重的作用①。

另外，人寿保险方面，以1881年成立的明治生命保险为开端，经过企业勃兴期，取得迅猛发展。其中由农商务省官僚出身的矢野恒太在1902年设立的第一生命保险占有特殊的地位。矢野设立了基于相互扶持精神的公司（互济公司），即有意参保的人员共同出资成立团体，这个团体为成为保险人的团体成员策划保险。这种互济公司的形态是日本独创的，在战前并未得到普及。战后，大多数人寿保险公司以互济公司的形式重新出发，现在通过保险法赋予其社团法人的地位。

通往重化学工业化的道路（机械、钢铁、化学）

机械 引领机械工业发展的是东京、大阪的炮兵工厂，横须贺、吴的海军工厂等军工厂。尤其是海军工厂，它汇集了众多的技术人员，在1906年这一时点，技术人员的人数超过了官办铁道的机械技术人员。铁道车辆方面有新桥以及神户的铁道工厂、民营山阳铁道兵库工厂、日本铁道大宫工厂等，它们承担着引进技术、进口代替的任务。

在电气机械中的重型电机领域，著名的有1909年以与GE（通用电气公司）的合作为契机，确立了发展基础的东京的芝浦制作所（现在的东芝）。另外在通信机电领域，由冲牙太郎设立的冲商会（现在的冲电气工业）及与美国西部电气公司合资的日本电气是具有代表性的两家公司。

尽管这些机械工业取得了一定的发展，但GE、西屋、西门子等公司的进口商品仍具有优势。由于这些进口品以及能与之匹敌的国产品价格较高，那些为传统纺织业者等制造廉价机械的中小机械制造所，就以城市近郊为中心发展起来。甲午、日俄战争时，这些中小机械制造所也被发动起来制造军需品，在此过程中它们也

---

① 前引武田晴人《工作与日本人》。

开始涉及高端技术领域,以此为契机,战后各种生产加工用机械的制造所也逐渐发展了起来①。

在更广泛的领域内发展的中小企业群承载着"制造产品"的日本技术。这种技术的发展始于明治末期。从织机制造起家,之后一跃成为汽车产业的龙头企业的丰田,其初期的发展也是源于明治末期的这种机械工业。

钢铁 日本近代制铁业是从釜石制铁所开业(1857年)开始的,但真正实现从洗矿到炼钢一条龙生产,是在甲午战争赔款的资金支持下,于1896年设立的官营八幡制铁所开始的。1897年大岛道太郎等人经过海外调查,以德国技师的设计为模本制定了一条龙生产的计划,不过实施的时候,规模大幅超出了当初的计划。1899年同清政府签订大冶铁矿石的优先进口合约,1901年官营八幡制铁所开始营业。但是,最初的经营没有成功,曾一度被迫停止营业。之后,以野吕景义为中心的技术人员,对与日本的原料条件不相适应的高炉进行改良,在日俄战争前夕使经营上了轨道,1910年首次实现盈利。另一方面,民间的炼钢业在日俄战争后开始兴起。神户制钢所、住友制钢所(旧住友铸钢场)、住友钢管(旧住友伸铜所)(1935年与住友制钢所合并为住友金属工业)、日本制钢所、日本钢管等就是当时的一些著名企业。但这些钢铁企业都是从国外进口生铁、屑铁(印度生铁等)用于钢铁生产的平炉炼钢企业。八幡制铁所和民间的制钢业齐头并进的状况一直持续到第一次世界大战后②。

化学 明治时期,化学工业也经历了最初的企业化③。1880—1883年由工部省派往英国的高峰让吉知道了化学肥料的存在,他认识到了过磷酸钙对日本农业的必要性,于是说服涩泽荣一、益田孝等人,于1886年创立了东京人造肥料公司,他自己也辞去官职

---

① 泽井实:"机械工业",西川俊作、尾高煌之助、斋藤修编著:《日本经济200年》,日本评论社,1996年,299—320页。

② 奈仓文二:"钢铁业与民间钢铁业",经营史学会编:《日本经营史的基础知识》,有斐阁,2004年,94—95页。

③ 当然,酿造业从广义上讲也属于化学工业,不过这里的"化工业"是专指基于西方化学知识的工业。

投身于这一事业。然而普及在当时知名度不高的过磷酸钙并非易事,高峰途中退出了公司,由涩泽接手其事业。之后虽然扩大了过磷酸钙的市场,但由于其制法简单,遭遇到了过度竞争。此外,高峰在1894年发明了消化酶"高峰淀粉酶"并获得专利,在1913年出任三共株式会社的首任社长。

另一方面,硫酸铵也是一战前的代表性化肥。在硫酸铵制造方面取得成功的是日本氮肥会社(1907年创办的日本碳化物商会,于次年与曾木电气株式会社合并,改名为日本氮肥会社。现日本氮株式会社)的野口遵。到第一次世界大战为止,野口将日本氮肥发展成为国内最大的硫酸铵制造公司,并1924年进驻朝鲜,1926年成立了朝鲜水利电力(朝鲜水电)和朝鲜氮肥两家公司。他还在1929年创办了日本铜氨纤维绢丝株式会社(现旭化成),被誉为"电气化学工业之父"、"朝鲜半岛的事业王"①。

粮食生产和衣料生产

大米生产 随着工业化的发展,人口增加,人民的生活水平不断提高,大米消费也随之扩大,米价也不断上涨。米价的长期上涨刺激了农民的大米生产,同时也增加了进口量。特别是从19世纪90年代起,消费量持续超越生产量的状况进一步推高了米价(图3-7)。当然,通货紧缩的影响、大米歉收也常常引起米价的剧变,但总体上,从19世纪80年代到20世纪20年代,大米生产量和国外进口量持续增加,人均大米消费量在1920年达到顶峰(图3-8)。

殖产兴业政策从以欧美工业移植为中心转为奖励国内产业,这是大米生产顺利发展的原因之一。1881年设立的农商务省通过府县的劝业科不断推动农业改良。而在民间,在全国各地存在众多被称为"老农"的农事改良家,他们将农业技术的改良整理成"农书",在全国推广。这些采用无床犁、干田牛马耕的深耕法,系统化施肥、除草的农法,也被称为"明治农法"。

---

① 大盐武:"化学工业的成立",经营史学会编:《日本经营史的基础知识》,有斐阁,2004年,120—121页。

图 3-7 米价的变化（1868—1940 年）

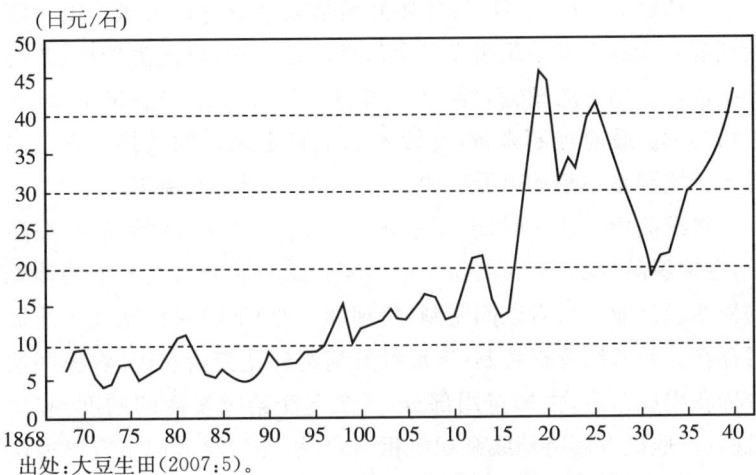

出处：大豆生田（2007：5）。

图 3-8 大米的人均年消费量的变化（1880—1940 年）

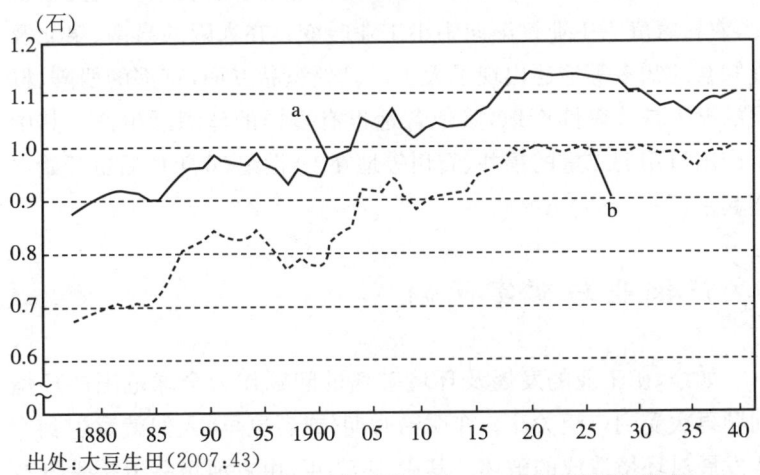

出处：大豆生田（2007：43）。
注：图中 a，即可供给量＝国内生产量＋进口量－出口量；b，即用于米饭＝a－清酒原料×2。数值是每 5 年的变化的平均值。

  初期的大米生产改良是为了提高出口大米的品质，而 19 世纪 90 年代以后的改良则是与进口增加的外国产米的竞争以及国内产地间相互竞争的结果。各产地的米在市场上被分成不同等级，这成为大米品牌化的开端（现在被视为好米代表的新潟大米、东北大米，在当时却是低级米）。尽管如此，大米供不应求的状况依然存

第三章　从松方通货紧缩到第一次世界大战　　121

在。第一次世界大战前,朝鲜米、台湾米等从殖民地输入的大米占到总流通量的10%左右,另外还开始从东南亚进口大米。出兵西伯利亚之际的大米不足引发了全国性的米骚动,以此为契机,政府开始认识到稳定的粮食自给的重要性。1921年政府制定了《米谷法》,尝试由政府控制米价,却没有起到稳定米价的效果。真正实行米价统制是在昭和恐慌后的1932年制定《米谷统制法》以后。

纺织品业 这一时期,承担着出口及国内衣料供给的纺织品业,在棉织品方面,有大纺织企业的兼营织布和分布在各地的传统的棉纺织品业。后者以问屋制(代理加工业)下的农村家庭工业形式存在。问屋制有棉替制(产地批发商将棉花交给农民,农民用这些棉花织成布后,去掉自用部分,其余上交给批发商的制度)和出机制(产地批发商将棉线和织机租给农民,并付给他们工资以换取农民织的布)两种类型。由于机械制纺织的普及,农户的手纺线生产停滞,后一种类型增加,尤其是经过日俄战争后的第一次力织机化,农村家庭手工业逐渐向中小工业转变。在大阪的泉南、泉北及爱知县的知多等地还出现了大工厂。丝织品方面,京都的西阵、群马的桐生是代表性产地,其他各地也有多样的丝织品生产。其中生产出口用羽二重的福井、石川等地在19世纪90年代后也开始兴盛起来。

产铜业与矿害问题

如今,矿工业的发展及环境破坏的问题作为全球范围的环境问题再次受到广泛关注。在明治时期(或者更早)人们就意识到产业发展对环境造成的破坏。其中1877年,由古河市兵卫接手进行再开发的足尾铜山所在的渡良濑川流域的污染问题,是日本近代环境破坏问题的原点。"足尾矿毒事件"成为一大社会问题是从1885年左右开始的,当时足尾的铜开采量是日本第一。渡良濑川洪水泛滥后,从上游带来的泥沙堆积成水田,这些水田里的作物相继枯萎,为此附近的农民发起了多次暴动,但当时并不知道明确的原因。真正搞清渡良濑川流域的污染是来自足尾铜山的矿毒气体(主要成分是二氧化硫)和矿毒(主要成分是铜离子等金属离子)是在1892年古在由直等人的调查之后。农民们在当地选出的议员田中正造的指导下广泛地展开了反矿山运动，1900年请愿农民与警察发生冲突（川俣事件），1901年还发生了田中的直诉事件。

然而，政府对成为社会问题的足尾矿毒事件的处理却很消极。因为甲午、日俄战争事关国家命运，在这种情况下不可能关闭铜矿。政府在1897年3月设立足尾铜山矿毒调查委员会，数次发布矿毒预防令，治理渡良濑川。在此过程中，政府指定在反对运动的根据地谷中村修建蓄水池，对土地进行强制征用（1906年，废村）。在政府的这些"对策"下，洪灾得以平息，但却没有根本解决矿毒问题。足尾问题从此留下了祸根。

第三节　从"小政府"到"大政府"

明治政府最初试图通过建设、经营样本工厂等推进"自上而下的工业化"。但这种方法在较早阶段就被舍弃，政府的直接干预仅限于军事部门、运输通信部门等部分领域。其原因无非是政府的财政困窘。因此，从松方通货紧缩到第二次企业勃兴期以前，可以说日本的经济原则上是由"小政府"运营的。

在甲午、日俄战争后的"战后经营"的展开过程中，"小政府"逐渐转变为"大政府"。以甲午、日俄战争为界，财富在地方的再分配要求不断被提出，特别是各地对于铁道、公路、通信设施等基础建设的要求逐渐提高。政府于1900年成立立宪政友会，开始采纳这些建议，并着力巩固政治基础。

另外，在甲午战争赔款的资金支持下，1897年，日本过渡到金本位制。这为日俄战争时军事公债的发行以及"战后经营"时引进外资准备了条件。然而，重工业化的推进导致了欧美进口的逆差，给第一次世界大战前的日本带来了国际收支危机。

从官民对立到合作

明治政府初期的权力基础并不稳固。政府在接受民众自由民权运动中不断高涨的政治参与要求的同时，为驾驭这种形势的发展，有必要以稳健的形式应对议会开设要求，建立稳固的财政基础。"明治十四年政变"中，主张开设激进的英国型议会的大隈派被罢免，这成为构筑渐进、稳健且君主权利强大的普鲁士型国家的第一步。此外，松方通货紧缩一方面享受着通货膨胀的发展果实，一方面也削弱了发动自由民权主义运动的农民层的力量①。因为通货紧缩大幅减少了作为生产者的农民层的收入，并且在地价固定的情况下，农产品价格下跌，现金收入减少，因此实际上也就加重了税的负担。很多农民无法承受这种负担，为保证现金收入，他们出售土地，因此土地便集中到地主手中。而失去土地的农民变成了佃户，他们向地主租借土地进行耕作，以出售农产品获得的收入缴纳地租。有些农民在19世纪80年代后期的工业化过程中逐渐变成了雇佣劳动者。一些困窘的农民出现了过激的武力行为，但最终都被政府镇压②。另外，作为自由民权运动旗手的豪农，由于不得不奔走于自家的经营与地域经济的重建，逐渐脱离了运动。

松方通货紧缩结束后，政府为建立以天皇为中心的立宪体制迅速做准备。1889年颁布了东亚第一部近代宪法《大日本帝国宪法》，次年由年满25周岁、缴纳国税15日元以上的男子选举产生了众议院议员，经过众议院议员选举形成了由众议院和贵族院两院组成的帝国议会。当选议员的人中大多数是在松方通货紧缩中兼并大量土地的地主、豪农。到此为止，屡屡受到民众抵抗而动摇的明治政府的权力基础暂时得到巩固。并且这种近代的立宪主义政体在第二次世界大战中也继续发挥其职能，勉强维持到战后，并逐渐过渡到现行的宪法体制。在亚洲，1876年奥斯曼土耳其制定了宪法，也召开了议会，但不久又退回到专制体制。明治时期的知识

---

① 由于松方通货紧缩，消费者物价截至1885年下跌了15%左右，农产品价格下跌了40%左右。参见岩田规久男《通货紧缩的经济学》，东洋经济新报社，2001年，140—144页。

② 1884年的加波山事件、秩父事件等"激化事件"是典型的民众骚动、叛乱事件。它们从侧面反映了民众对颠覆以往经济惯例的市场原理的反抗（牧原宪夫：《民权与宪法——日本近现代史系列②》，岩波书店。2007年，64页）。

分子常常将土耳其的例子作为反面教材，引以为戒。

图 3-9　日元与美元汇率的变化（1871—1897 年）

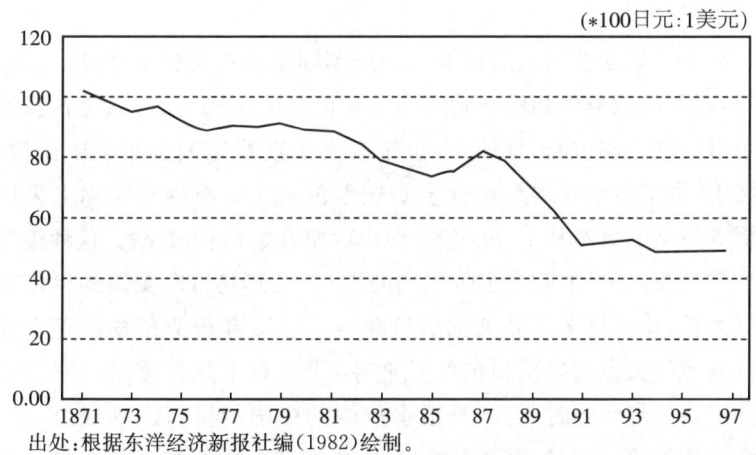

出处：根据东洋经济新报社编（1982）绘制。

然而在初期议会（第一至六次议会），主张"经费节俭"、"休养生息"的多数派的民党①与立于超然主义、倡导"富国强兵"的执政党，在预算编制方面出现严重分歧，使政府在政权运营上陷入困境。1892 年的第二届总选举之际，松方首相对选举进行大规模干涉，对民党方面施加压力，甚至发生了出现 25 名死者的流血事件。最终松方辞职，而民党方面则以自由党为中心，将方针由"休养生息"转为"培育民力"，开始探索与政府的合作。政府方面也为了在议会内形成支持政府的势力，开始酝酿与自由党的星亨、原敬等人进行合作。相反，立宪改进党等对自由党接近政府的举动进行批判，在条约改正等问题上对政府进行攻击。不过 1894 年的甲午战争最终结束了政府与民党的对立。在战时召开的第七次议会上，全票通过了政府的军备预算案，形成举国一致体制。随着预算规模的扩大，到此为止勉强成立起来的"廉价政府"、"小政府"开始向"大政府"转变。

---

① 指以自由党与立宪改进党为中心的自由民权派诸势力。

金本位制的确立及甲午战后经营

第一次企业勃兴的背景之一是国际范围内的银价下跌。1871年,以普法战争胜利后开始实施金本位制的德国为首,欧美各国纷纷过渡到金本位制,致使15世纪以来长期稳定的国际金银比价,在19世纪后半叶逐渐出现金贵银贱的现象。特别是实际上采用银本位制的日本从19世纪80年代后期开始,银价暴跌。这种银价下跌,促进了日本向金本位制国的出口,尤其是以向美国的生丝出口为首,众多日本产品大批出口欧美。1880年设立的横滨正金银行就专门负责面向出口的汇兑业务,当时日本的直接出口贸易十分兴盛。与此同时,与同是银本位国的中国的贸易也呈现出一派活跃的景象。当时,聚集在神户港、横滨港的中国华侨将大量的日本的产品输往中国市场。

对于没有关税自主权的日本来说,银价的下跌代替关税起到了抑制进口金本位制国(欧美诸国)商品的作用,促进了相关进口替代企业的发展。其中的代表就是前文中提到的棉纺织业。

但是,松方正义认为本位货币的价值下跌会导致国内的通货膨胀,而且在欧美先进国纷纷实现金本位制的背景下,日本将来也应该采用金本位制。松方看到英国的殖民地印度(1858年成为维多利亚女王统治下的印度帝国)在1893年开始实行金汇兑本位制后,于同年11月组建了货币制度调查会,就是否实行金本位制进行审议。虽然货币制度调查会的意见出现分歧,但因为1894年日本在甲午战争中获胜,在有望获得赔款的情况下,松方将调查会的意见解读为支持实现金本位制,为新货币法的制定(1897年)打下了基础。松方的这种强行将货币制度引向金本位制的做法,是为了抑制以甲午战争为契机的民间投资热潮,阻止正币流出,同时也是为了让日元在国际上获得认同[①]。1898年松方命大藏官僚添田寿一将《明治三十年币制改革始末概要》翻译成英文并发表。题为

---

① 详情请参见野口旭编《经济政策形成的研究——既成观念与经济学的矛盾》(中西屋出版,2007年)第三章。

"Report of the Adoption of the Gold Standard in Japan"的英文报告,表明日本意图通过币制改革使外国投资家在日本的投资变得便捷①。不过,正式的引进外资是从以日俄战争时发行军事公债为开端的"第一次外资引进时代"开始的。

此外,1895年《马关条约》缔结后,政府利用获得的战争赔款扩充军备。开始实施被称为"甲午战后经营"的积极财政政策。甲午战后的首次议会第九次会议上提出的1896年度的预算案的规模为1亿5,250万日元,是战前预算规模的两倍。其结果是,1890—1893年中央、地方的政府支出与GNP的比值为9.8%,而甲午战争后的1897—1900年飞升至17.3%。尤其突出的是,在以陆军12个师团计划为中心的军备扩张预算中,7年间的预算为8,000万日元。另外,海军也计划实现战舰6艘、巡洋战舰6搜的"六六舰队计划"。不过构成这些舰队的主力舰中有90%是英国制造。缘由于此,在之后的日俄战争中,日本是用外国建造的船在打日本海海战②。除军费外,包括八幡制铁所的建设费、铁路铺设费、通信基础设施配备费等在内,预算也增加了1,190万日元。教育的扩充在广义上也属于基础设施建设。1886年《帝国大学令》发布后提出的"在近畿也设置帝国大学"的要求,因财政困难而被持续搁置。1895年西园寺公望提出用甲午战争中获得的赔款设立京都帝国大学的议案,1897年6月第二所帝国大学——京都帝国大学成立。

甲午战后经营以上述军备扩张、基础设施建设等为中心展开,但维持这些事业的资金并不充足。政府于1896年公布《注册税法》、《造酒税法》、《营业税法》、《烟草专卖法》等增税、专卖政策,又于1898年实施了修改《地租改正条例》、公布《耕地地价修正法》等增税政策③。这些包括增税在内的积极财政政策的实施在众议院遭到了自由主义经济论者田口卯吉等少数人的反对。为抑制反对增税政

---

① 玉置纪夫:《日本金融史——从安政开国到高度成长期之前》,有斐阁,1994年,95页。
② 请参照桥本寿朗、大杉由香前引《近代日本经济史》,139—141页。
③ 盐专卖法是在1905年为筹措日俄战争的战费而制定的。请参见前引桥本寿朗、大杉由香编《近代日本经济史》,142页。

策的言行,政府提出了"卧薪尝胆"①的口号。

另外还以金本位制为手段,通过在海外进行"借新还旧"(1897年大藏省存款部保有的4,300万国债在伦敦出售)、发行债券(1899年发行了1,000万英镑的外债),以补充因扩张性财政政策流出的正币。虽然金本位制与以引进外资实现工业化的路线没有直接关系,但如果没有金本位制就不可能实施甲午战后经营。最重要的是日本通过加入以英国为中心的国际金本位体制,享受到了国际金融决算系统的利益,在这点上它具有划时代的意义。

第一次世界大战结束后,各国纷纷恢复金本位制,日本也有意根据旧平价金解禁政策恢复金本位制。其理由之一是,有人认为只有在以英国为中心的国际金融体系下才可能实现军扩与工业化的并存。

日英同盟与日俄战争

日本在甲午战争中的获胜对远东地区列强的力量关系也产生了重大影响。由于清朝的衰落,俄国终于可以实现其在远东的扩张计划。所谓的"三国干涉"也是俄国远东战略的一环。而英国之所以没有进行干涉,是因为它为了维护自己在中国的利益,采取了与日本构建友好关系、共同对抗俄国的战略②。因此,1902年缔结的日英同盟,对于英国来说也许是想利用日本作"远东的看门狗";而对于日本来说,它在与俄国开战之际能否获得以英国为中心的欧美资本的支持上具有重要意义。事实上,在日英同盟缔结后,松方访英,会见了罗斯柴尔德、科恩·娄布商会的会长,试探在非常时期发行外债的可能性③。金本位制的实现与日英同盟的缔结是日本进行日俄战争的重要前提条件。

另一方面,在中国抵抗欧美列强殖民地瓜分的排外运动高涨,

---

① "三国干涉"后提出的口号。目的是转移人们对甲午战后经营的增税政策的不满。

② 也是因为当时英国因第二次波尔战争无暇东顾。

③ 玉置纪夫:《日本金融史——从安政开国到高度成长期之前》,有斐阁,1994年。

1900年打着"扶清灭洋"旗号的义和团与列强军队发生冲突(义和团事件)①。日本作为八国联军(英、美、俄、法、德、奥、意、日)的成员进驻北京平定了这一冲突。但入侵"满洲"的俄军仍赖着不走,还在1903年开通了西伯利亚铁路、东清铁路,使从莫斯科到符拉迪沃斯托克,甚至到大连的军事运输成为可能。

对霸占"满洲"的俄国,日本提出"满韩交换论"等展开外交交涉,但最终与意图保持在朝利益的俄国决裂。1904年2月,日俄开战。外债募集的成功为日本与大国俄国进行战争准备了经济条件。当时,日银的副总裁高桥是清通过与刚才提到的会长间的交涉,从1904年6月到1905年8月共计四次成功发行军事公债6.9亿日元。加上国内的4.35亿日元的国债,总共筹集的战费达11.25亿日元。日本在1905年2—3月的奉天会战中击退了俄国陆军,又在5月27日的日本海海战中打败了俄国的波罗的海舰队,在日俄战争中获得胜利。9月在美国总统西奥罗·罗斯福斡旋下,日俄签订了《朴次茅斯和约》②。但是,与甲午战争不同的是,日本在日俄战争中没有获得战争赔款。日俄战争后,俄国承认日本在朝鲜的特权,将库页岛北纬50度以南的地区割让给日本,以及将东清铁道中旅顺至长春间的"南满洲"支线及其附属地的煤矿租借权转让给日本等。此外,桂太郎首相认为日本在财政上无力单独经营"满洲",而且要牵制俄国必须获得列强的援助,于是与美国的铁路大王爱德华·哈里曼签署了《桂太郎—哈里曼备忘录》,商定共同开发"满洲",但因遭到从朴次茅斯回国的小村寿太郎外相的强烈反对而取消。然而民众也不满政府在讲和条约中的软弱表现,各地纷纷发起了反对讲和的暴动③。

---

① 此时发生的俄军屠杀中国人的事件激起了日本的恐俄反俄情绪(山室信一:《日俄战争的世纪——从连锁的观点看日本与世界》,岩波书店,2005年)。1901年第一高等学校根据这一事件创作了《黑龙江的流血啊》作为舍歌。人们耳熟能详的《劳动歌》就是采用了这首歌的歌谱。

② 第二年将奉天会战胜利后入驻奉天城(现沈阳)的3月10日定为"陆军纪念日"。巧合的是在40年后的1945年的3月10日美军对东京进行了大规模空袭。另外将日本海海战开始的5月27日定为"海军纪念日"。

③ 其中"日比谷烧打事件"最为轰动。政府为了镇压暴动,9月6日通过紧急敕令发布了《行政戒严》(11月29日解除)。

日俄战争后，日本与英国在围绕俄国的利害关系上保持一致，关系更加亲密。日本已于1894年与英国签署了《日英通商航海条约》，恢复了部分关税自主权，取消了治外法权。以此为背景，日本开始同其他各国进行条约改正交涉，1911年签署《日美新通商航海条约》，终于夙愿以偿，完全恢复了关税自主权。

日俄战后经营与地方改良运动

未能在日俄战争中获得战争赔款的日本，在"战后经营"中的中央以及地方财政支出的扩大远远超过了甲午战争后的增长，1907—1910年财政支出比例占GNP的25.6％。其中大部分是用于军备扩张，根据《帝国国防方针》依次实现了陆军25个师团增设，海军由战舰8艘、巡洋战舰8艘组成的"八八舰队计划"①等。在甲午战争后的军扩中，主力战舰等的建造都是依赖外国，但这一时期的兵器国产化取得了质的飞跃，战舰长门、陆奥，巡洋战舰榛名、雾岛都是由国内的海军工厂建造的。此外陆军的制式枪三八式步枪(顾名思义是在明治三十八年即1905年开发的国产枪)，到太平洋战争期为止一直作为陆军步兵的小型枪被广泛使用。

其实如果剔除军费，在日俄战后经营中，中央的财政支出并没有增加很多。反倒是都市财政支出的增加比较显著。与1905年相比，1911年中央政府的一般支出是1905年的1.4倍，府县财政是2.18倍，镇村财政是1.77倍，而都市财政竟达6.3倍。都市财政支出的扩大主要是用于港湾、自来水、电气轨道、电力供应等公共事业的开发、扩大，这种城市开发并不是有计划地进行综合性的都市开发，而是以发展能填补地方财政的事业为中心②。此外，由于偿还外债利息以及军扩、重工业化而出现入超，在这种环境下，因为难以通过新发行外币国债投入资金，所以不是由日本政府发行外

---

① 前引桥本寿朗、大杉由香《近代日本经济史》；中村隆英：《明治大正时期的经济》，东京大学出版学会，1985年。但是，由于第一次世界大战后的华盛顿海军缩条约，计划被迫变更(参照第四章第二节)。

② 持田信数、山本有造："财政与财政政策"，西川俊作、尾高煌之助、斋藤修编著：《日本经济200年》，日本评论社，1996年，125页。

债,而是以东京、名古屋、横滨等地方政府为主体发行外债,从而引进外资。

以完善基础设施为目标,都市间展开激烈的竞争,在这种风潮下,1908年发布了《戊申诏书》,教导人们要"上下一心、忠实服业、勤俭治产、惟信惟义、醇厚成俗、去华就实、荒怠相戒、自强不息"。此时正值第二次桂太郎内阁时期。之前的第一次西园寺内阁时期,实行的是原敬内相的地方利益引导政策,而在第二次桂内阁时期,政府主张遵循《戊申诏书》,在紧缩方针下进行财政再建,并强调国民国家的再统合的政治目的。由平田东助内相倡导的地方改良运动就是其中一环。运动的目的是重建因日俄战争的战费负担而疲弊的镇村财政,消除行政村与自然村的二重结构,强化行政村。此外,奖励产业组合、推进农事改良也是地方改良运动的一部分。1900年根据产业组合法组建的产业组合是以信用、销售、购买、生产为目的的农村合作社组织。起初组织化难以展开,后来随着日俄战争后数次法令修改以及政府向产业组合提供资金贷款的职能逐渐完善,组织化率才开始有所提高。

从日俄战争到战后经营期,桂内阁与西园寺内阁交替主持政权,即所谓的"桂园时代",这一时期紧缩财政政策与积极财政政策交替进行,同时通过引进外资推动了基础设施建设等事业的发展。然而在第一次世界大战前夕,为维持金本位制不得不施行紧缩财政政策,致使景气低落。此外在政治方面,1913年发生了的第一次宪政拥护运动(护宪运动),第三次桂内阁因此倒阁("大正政变"),日本逐渐迎来了大众社会时代。

第四节 日本与亚洲

以往的日本经济史研究中有很多将开港以后的近代化、工业化过程视为追赶欧美先进国家的过程。然而,我们不应该忘记日本在开港后,不仅对欧美,对亚洲也打开了国门。特别是近年来的一些研究中非常重视华裔、印度裔商人的影响①。他们推动着亚洲贸易的发展,亚洲贸易虽然受到了欧美的冲击,但其发展却超越了世界经济的发展②。

华裔商人在开港后不久就通过横滨、神户的港口把日本商品带到中国各地。虽然欧美列强的外商的力量强大,但近世以来遍布亚洲各地的商人的存在绝对不容忽视。此外,日本作为通商国家在开拓海外市场之际,也构筑了各种网络,并进行了激烈的商权争夺。

但是,日本与列强竞相争夺亚洲殖民地的事实也是无可辩驳的。甲午战争后的台湾领有、日俄战争后的南萨哈林割让、关东州的租借权获得、日韩合并,这一过程无疑是帝国主义的领土扩张过程。不久,殖民地范围扩展到中国东北、华北、东南亚,最终引发了亚洲太平洋战争。

本节将就日本的海外市场开拓及信息网的构筑及明治期成为日本殖民地的台湾、华北、南萨哈林、关东州、朝鲜分别加以概述。

海外市场的开拓及信息网的构筑

日本在近代化的过程中,来自海外的资本输入是不可或缺的,为此除了第三章第三节中所提到的外资引进外,还必须扩大出口。

在向海外出口商品的时候,如何掌握出口地的需求,并生产出与之相适应的产品是一个重要的课题。日本很早就官民协力收集有关海外市场动向的信息。比如,益田孝宣传贸易商社的重要性,并在1876年创立了三井物产会社,同时还设立了中外物价新报社(现在的日本经济新闻社的前身),刊行了《中外物价新报》。除了这些民营企业的努力之外,政府也通过外务省的驻外领事收集海外市场的信息,并将这些信息通过《通商汇纂》(外务省通商局编,

---

① 笼谷直人:《亚洲国际通商秩序与近代日本》,名古屋大学出版会,2000年;古田和子:《上海网络与近代东亚》,东京大学出版会,2000年等。此外,华裔、印度裔商人也被称为华侨、印侨,但因为这些概念适用范围较广,此处选用华裔、印度裔商人的说法。

② 杉原薰:《亚洲贸易的形成与构造》,密涅瓦书房,1996年。

1881—现在①等广泛传达给工商业者。在与海外的电话、电信等通信设施尚未配备的那个年代,虽然驻外领事传递的信息缺乏及时性,却具有很高的价值。这些"领事报告"在通商国家日本的信息战略中占据最重要的地位②。此外,为了把日本的商品介绍到海外,还在各地设立商品陈列所。在国内,除了商品陈列所外,还通过博览会、共进会,分享物产改良的具体成果;在国外,通过商品陈列所开展日本产品的宣传活动。通过这种形式获得的对日本产品评价,再经由"领事报告"等反馈给国内的工商业者。在第一次世界大战期间,日本出口产品的"粗制滥造"成为普遍问题,这也从反面表明这种具有反馈机能的信息网在一战期间已经建立起来。

在"领事报告"中登载的信息以当时日本的主要贸易对象国的主要贸易产品为中心,但并不仅仅局限于此,其中也涉及各种未开拓市场和商品。此外还载有与当地商人进行贸易时的有关法律上的注意点、商业习惯的差异、传染病等信息。在收集这些信息方面,很多时候超出了领事的能力,因此有时会另外设置商务官,或者从农商务省、商业会议所等业界团体中派遣特命调查官。这些海外市场信息的收集、分析,可以说是在各种官民的网络下不断发展的③。

比如,学校组织也参与到人际网络的形成过程中。东京高等商业学校(后来的一桥大学)设立了领事科,致力于培养专业人才,东京外国语学校也努力培养熟知各国语言的翻译。在正式开始向亚洲地区扩张的甲午战争前后,特别培养了众多的"中国通"。尤其是1901年在上海创办的东亚同文书院,首任院长为甲午贸易研究所(1890年,由陆军大尉荒尾精等人设立)的根津一,从各个侧面影响了战前期的日中关系。

另外,在民间,三井物产、大仓组等综合商社也发挥了传递贸

---

① 名称数次变更,现在为《通商弘报》,是由独立行政法人日本贸易振兴机构(JETRO)发行的日刊。

② 角山荣:《"通商国家"日本的信息战略——读领事报告书》,日本放送出版协会,1988年。

③ 杉原薰前引《亚洲贸易的形成与构造》,205—251页。杉原将包括领事报告在内的传递海外市场信息给日本生产者的体系称为"信息的基础设施"。

易信息的作用。综合商社不仅贸易业务多样,还一手包揽了汇兑、保险、信息提供等与贸易有关的所有业务,是日本所特有的商社形态。对于后进国的日本来说,这些综合商社也发挥了类似基础设施的机能。

台湾领有与殖民地经营的开始

从1895年(明治二十八年)的签订《下关条约》清政府割让台湾,到1945年(昭和二十年)日本战败为止的半个世纪,台湾是置于台湾总督府的支配、统治之下的日本第一个殖民地①。首任总督府长官是桦山资纪,直到1919年(大正八年)的第八代总督田健次郎,台湾一直由武官统治。可见台湾经营的稳定要经历如此长的时间。实际上,台湾人民常常会与日方发生冲突,最终都被日方镇压。在第四代总督儿玉源太郎时期的1898年,就任民政长官一职的后藤新平决定了殖民地经营的方向。后藤首先组建了临时台湾旧惯调查会,对台湾的法律制度、社会习俗进行彻底调查。后藤的殖民地经营是施行适应当地风俗习惯的政策,通过周密的调查,进行土地制度的改革、基础设施建设、学校教育的普及、制糖业等产业的培育等。受后藤邀请就任民政部殖产局长的新渡户稻造在甘蔗、番薯的普及和改良方面取得了重大成果。

1900年三井物产等在总督府的号召下出资设立了台湾制糖,它抢占了作为台湾产业主力的制糖业的发展先机。台湾制糖除从总督府获得补助金以外,还获得了各种特权和保护,被赋予"准国策会社"②的地位。另外,三井物产打开了台湾制糖生产的砂糖的销路。台湾制糖的成功为之后明治制糖③、东洋精糖、大日本制糖(之后兼并了东洋精糖)等进入台湾打下了基础。

---

① 从广义上讲,北海道、冲绳可以看作是"国内殖民地"。关于"国内殖民地"请参照专栏6《近代日本的"国内殖民地"》。
② 久保文克:《殖民地企业经营史论——"准国策会社"的实证研究》,日本经济评论社,1997年。
③ 第二章第三节中提到的明治制果(1916年作为东京果子成立)于1917年成为了明治制糖的子公司。

台湾有名的初级产品除砂糖外还有樟脑。在社长金子直吉统领下的铃木商店(1902年改组为合股公司铃木商店)就是以经营这些樟脑兴起的商社。铃木商店在1899年获得台湾樟脑油的销售权后,在第一次世界大战时期强化了同台湾银行(台湾的"中央银行",1906年设立)的关系,采取逐步扩大路线,兼并了各种企业。然而,在第一次世界大战后的恐慌中,铃木商店多次面临经营危机,最终在1927年的昭和金融危机中,由于台湾银行的融资中断而破产(参照第四章第二节)。

下面以铁路铺设事业为例,概观台湾的基础设施建设。台湾最早的铁路于清代的1891年完工,开通了基隆—台北间的一部分线路。进入日本统治期后,台湾铁路于1899年起由总督府铁道部管辖,之前以军用为主的铁路逐渐开始向民用运输开放。接着总督府又着手建设台湾纵贯铁路,1908年纵贯线的基隆—打狗(后更名高雄)段404.2公里全线贯通。此外,还铺设了轻便铁道规格的台东线等线路,在推进台湾的近代化上发挥了巨大作用[①]。

台湾的教育政策,是认识"大日本帝国"存在方式的重要方面。日本在台湾实行的教育政策,并不只是单纯为了实现近代化,也是"从人们的内心开始将台湾同化"的殖民同化政策的一部分。同时,当时近代国民统合的问题摆在了本国教育政策的面前,希望将台湾变成其教育政策的实验场。台湾总督府的首任学务部长伊泽修二(之后成为台湾总督的民政党系官僚伊泽多喜男是其弟),于1895年开始对台湾的乡绅层子弟进行日语教育,次年还设立了国语传习所,到1897年末其数量达到16所。伊泽发行了《台湾教科用书国民读本》,采用彻底的表音式假名用法,向台湾人教授日语。以此为契机,在日本国内的国语学者、教育家、新闻杂志等媒体相关人员中,引起了对"标准语"的高度关注[②]。

---

① 高成凤:《近代日本的社会与交通9——殖民地的铁路》,日本经济评论社,2006年,6—13页。

② 原田敬一:《日清、日俄战争——日本近现代史系列③》,岩波书店,2007年,114—116页。

关东州与南萨哈林的经济地位

关东州 日本通过《朴次茅斯和约》获得了萨哈林南半部与朝鲜的优先权,以及俄国在满洲的权益。虽然因没有获得战争赔款,政府遭到了国民的抨击,但这些领土、权益的获得对日本的经济具有非同小可的意义。在此介绍下关东州租借地及南萨哈林的情况。

关东州的"关东"一词指的是山海关(长城)的东侧,广义上是指满洲的意思,而关东州则是以大连、旅顺为中心的辽东半岛的顶端部分。原本日本在《下关条约》中,迫使清政府割让了辽东半岛(营口、凤凰城、鸭绿江一线南侧),但由于"三国干涉",日本又将其返还清政府。然而,作为三国干涉的补偿,1898年俄国从清政府手中获得了关东州的租借权,作为东清铁路的终点站建设了达里泥,成为向旅顺港供给物资的基地。

日俄战争后,由日本继承其租借权,将达里泥更名为大连。1905年日本在辽阳设立关东总督府,1906年总督府迁至旅顺,并改名为关东都督府(1919年以后分为关东厅与关东军,1934年关东厅改名为关东州厅)。关东都督府是相当于朝鲜总督府、台湾总督府的殖民地统治机关,但除了关东州的行政之外,南满洲铁道株式会社(满铁)附属地的行政、基于日本的治外法权的满洲各地的警察业务等也在其管辖之下。

日本在关东州的经济活动是通过1906年由日本政府设立的半官半民的国策会社——满铁为中心展开的。满铁表面的任务是东清铁路的支线长春—大连间的铁道设施及其附属地经营,以及日俄战争中为输送物资而建设的轻便铁路安奉线(安东—奉天〈现丹东—沈阳〉间的铁道)及其附属地的经营。

因台湾殖民地经营而被器重的后藤新平在就任满铁首任总裁时,担心关东都督府的干涉会限制满铁的自由,于是作为就任条件,提出让满铁总裁兼任关东都督府最高顾问的要求。由此可见从一开始满铁就不只限于铁道经营,除此之外它还承担着非常广泛的职能,比如抚顺煤矿的开发、鞍山铁矿的开发、鞍山制铁所

(1918年)、港湾、电力、畜牧业、旅馆(大和旅馆)等的经营等。另外,在后藤的提议下,于1907年成立了满铁调查部,之后作为日本最好的"智囊团"而为人熟知。在日后,日本国内的自由主义者、马克思主义者遭到激烈镇压时,满铁调查部也将他们吸收进来,为此也多次遭到军部的干涉。此外,满铁地方部除了负责铁道附属地的行政外,还推进了自来水、电力、煤气供应、学校、医院、图书馆等基础设施的建设,成为满洲经营的中心。

对日本来说,满洲是对俄防卫的前哨基地,同时也是各种资源的一大供给地。除煤炭、铁矿石之外,满洲产的豆渣作为肥料被大量运往日本。不过当时日本人的迁入仅限于满铁相关人员等,真正开始移民要到1932年的"满洲国"成立后①。

南萨哈林

1855年(安政元年)的《日俄通好条约》规定国后、择捉岛属日本领有,1875年的《萨哈林千岛交换条约》规定得抚岛至占守岛属日本领有,萨哈林(库页岛)属俄国领有。但《朴次茅斯和约》的签订,使萨哈林南半部(北纬50度以南)再次成为日本领地(以下的"萨哈林"均指"南萨哈林")。1906年,日本在萨哈林设置行政机关萨哈林民政署,1907年升格为萨哈林厅②。首任民政署长官是熊谷喜一郎,首任萨哈林厅长官是楠濑幸彦,第三代长官平冈定太郎(内务官僚)因为是作家三岛由纪夫的祖父而广为人知。岛上原有阿伊努、赫哲、尼夫赫三个民族的住民,主要靠打猎、捕鱼为生。日本在占领萨哈林后,积极从事渔业资源(大马哈鱼、鳟鱼、蟹等)、森林资源以及地下资源的开发。其中,通过森林资源的开发成功获得了低成本的纸浆原料,这成为明治以来受制于廉价进口洋纸的造纸业发展的契机。

---

① 塚濑进:《满洲的日本人》,吉川弘文馆,2004年。
② 1942年设置大东亚省后,由内务省接管。1945年8月28日,苏联军占领全岛。

日本与朝鲜的经济关系(从征韩论到日韩合并)

通过开国、开港确立起自由贸易体制的日本,也要求与大清国、李氏朝鲜建立国交以及通过条约开展自由贸易。1871年日本与大清签订了平等条约《日清修好条规》,而在册封体制下向大清朝贡的朝鲜却拒绝了日本的要求。于是,在日本,主张用武力迫使朝鲜开国的"征韩论"开始兴起。但经过"明治六年政变",大久保利通等内治优先派占了上风。此后,1875年日本挑起了江华岛事件,借机胁迫朝鲜签订了《日朝修好条规》,之后列强也纷纷与朝鲜签订不平等条约,朝鲜被迫开国、开港。

开国、开港后,朝鲜于1882年发生了壬午事变,1884年发生了甲申事变①,守旧派(事大派、亲清派)与开明派(独立派、亲日派)对立激化。日本企图使朝鲜进行政治改革,但清政府始终主张朝鲜是其册封体制下的附属国。于是,1894年日本以镇压甲午农民战争(东学党之乱)为名出兵朝鲜,甲午战争爆发。在甲午战争中获胜的日本,通过签订《马关条约》,迫使清政府承认朝鲜的"自主独立",由此日本成功排除了清国在朝鲜的影响力。

另一方面,到19世纪80年代中期为止,日本和朝鲜保持着农业国之间的贸易关系:朝鲜从日本进口谷物、铜、丝织物、棉布,日本从朝鲜进口大米、药材、生丝、蚕。之后,随着日本的迅速工业化,日本开始向朝鲜出口棉布、棉线等纺织品、金属制品、酒、火柴等工业品,同时从朝鲜进口大米。进口的朝鲜产大米是大都市的下层劳动者、都市杂业层的主食②。此外,朝鲜的贸易活动在甲午战争前中日商人均有参与,但甲午战争后,日本商人掠夺了在朝商权。此外,1884年涩泽荣一的第一银行已经与朝鲜王朝签订协约,代理朝鲜的关税管理业务,1901年虽然身为民营银行,却发行第一

---

① 由在福泽谕吉支援下采取近代化路线的金玉均发起的政变。但政变很快失败。金玉均逃亡日本。之后金在上海被暗杀,其遗体在朝鲜被示众。因这次政变对朝鲜的近代化的失望,也是福泽发表《脱亚论》的原因之一。

② 李宪昶著,须川英德、六反田丰译:《韩国经济通史》,法政大学出版局,2004年,278—279页。

银行券在朝鲜国内流通,说明当时日本在金融方面也行使了很大的权利。

甲午战争后,得到日本援助的开明派实力大增,1895年守旧派的闵妃遭暗杀,1897年大韩帝国成立。之后,朝鲜也实施了土地制度改革和殖产兴业政策。但由于日本的干涉及财政困难,近代化政策受阻。此外,为弥补财政短缺,滥发白铜币,最终引发通货膨胀。没有根本变革体制的近代化政策不久就以失败告终。

在日俄战争期,日本通过签订《日韩议定书》(1904年2月)、第一次《日韩协约》(同年8月),限制了朝鲜的外交权,《朴次茅斯和约》签订后的1905年,又通过签订第二次《日韩协约》完全掌握了朝鲜的外交权,确立了对其的保护国地位,并在汉城(1910年以后的京城,现首尔)设立韩国统监府。1910年又通过《日韩合并条约》设置朝鲜总督府(首任总督为寺内正毅),正式开始对朝鲜实行殖民地统治①。

日本在掌控朝鲜后,首先着手对混乱的货币进行整理,这项事业由1905年作为财政顾问就任的大藏官僚目贺田种太郎主管。目贺田认为第一银行作为民营银行不应具有银行券发行权,于是在1909年,基于《韩国银行条例》设立了中央银行——韩国银行,取代了第一银行。1911年韩国银行被兼并后,根据《朝鲜银行法》(日本法)改名为朝鲜银行。1908年为推进朝鲜的殖民地政策而设立的国策会社——东洋拓殖,通过将购买的土地租给朝鲜农民征收地租,以地主兼金融业为其中心业务。

殖民地的基础设施建设也以铁路铺设为中心迅速发展。尤其是早在1905年就完工的连接京城与釜山的京釜线、京城与义州的纵贯路线,是连通日本—朝鲜—满洲的干线铁路。这些凝结了众多朝鲜廉价劳动力血汗的铁路与其说是为了朝鲜的产业发展,不如说是为了实现日本的军事目的。而朝鲜总督府的财政负担最终也都转嫁给了朝鲜人民②。

(中村宗悦)

---

① 台湾总督府属内务省管辖,而朝鲜总督府是天皇直属。
② 李宪昶著,须川英德、六反田丰译:《韩国经济通史》,法政大学出版局,2004年,327—334页。

专栏 6

近代日本的"国内殖民地"

位于南北狭长的日本列岛两端的北海道和冲绳,经历了与本州、四国、九州(以下为方便起见将这些称为"日本")完全不同的历史过程。但是也不能因此说北海道、冲绳与"日本"没有关系。从经济方面来看,从近代开始以前,北海道、冲绳就与"日本"有着紧密的联系。北海道以水产资源加工的食品、肥料,以及冲绳用甘蔗做的砂糖作为消费品被送到"日本"。

进入明治期后,北海道、冲绳从政治上被纳入"日本"。1869年(明治二年),政府在北海道设置开拓使,而15世纪以来的琉球王国解体,冲绳于1879年(明治十二年)成为冲绳县。这样一来两者就完全与"日本"一体化了吗?答案是否定的。比如,在北海道留有"内地"、在冲绳留有"本土"这样的说法,也许就是上述回答的表现。虽然在日本国内,对具有殖民地性质的近代的北海道和冲绳,在历史研究中也被称为"国内殖民地"。

在思考近代日本经济发展的时候,将"国内殖民地"与"日本"对立的视角极其重要。这时,有必要同时把握北海道、冲绳的存在对"日本"经济的影响以及"日本"的存在对北海道、冲绳的影响。

比如,北海道的鱼肥同样在江户时代支撑着"日本"的农业,此外随着煤炭开发的推进,大量煤被送往"日本"。明治期的北海道,向"日本"供应农林水产品及矿产资源,为"日本"的近代化做出了贡献。相反,"日本"通过向北海道的大量移民,对其产生巨大影响。虽然江户时代对"日本人"迁入北海道有过限制,但后来为"开拓"北海道,政府开始积极推进移民。"日本人"的增加,给作为阿伊努人世世代代的生活场所的北海道带来了巨大的社会变化。

"国内殖民地"的存在,使我们在思考近代日本时有必要进行各种比较。比如,中央与地方、整体与部分这种日本国内的比较,以及台湾、朝鲜这些"殖民地"与"国内殖民地"这种"大日本帝国"内的比较。经过这些比较,可以描绘出多面化的近代日本形象。

(高桥　周)

从历史中读取现代
——从松方正义的经济政策看现代

本章第一节对松方正义经济政策的贡献进行了论述。松方创建了近代货币金融制度,设立了作为中央银行的日本银行,整理不兑换纸币,发行兑换银行券,最终成功地实施了金本位制。本章第三节则对松方整理补偿不兑换纸币所带来的所谓"松方通货紧缩"问题进行了论述,通过通货紧缩可以进行马克思论述过的"资本的原始积累"。但前文对于从这种通货紧缩快速转向"振兴企业"过程的逻辑并没有展开论述。

本节将根据近年的研究成果,将松方在上述过程中是如何针对现实经济动向灵活开展经济运作,使日本在从1880年开始的20年左右便成功实现了工业化腾飞这个问题进行探讨。

在此,首先对松方曾经实施了货币紧缩政策这种观点提出质疑。室山义正认为用"日元纸币"所表示的物价与用"日元银币"所表示的物价有所不同,并分别对两者的通货膨胀情况进行了推算,还就松方的货币紧缩政策对农业部门和非农业部门影响的显著差异,以及对经济增长的贡献因素进行了分析。① 他认为在大隈重信财政时期银币从市场消失,纸币价格暴跌,通货膨胀加剧,对日元纸币通货膨胀的预期增大,日元银币的供给量不断减少,金融因此陷入困境。而在松方财政时期,纸币的价格急速回升,出现了日元纸币的通货紧缩,针对日元纸币的通货膨胀预期降低。但因银币的供给量急速扩大,金融趋于缓和,银币持续升值。② 总之,在室山看来,以往对松方财政或者说松方通货紧缩政策的评价依据的仅仅是日元纸币的情况,而实际上日元银币的供给量增加了,并因此提升了对通货膨胀的预期,使投资变得更加活跃。

从这一点可以看出,为了保持经济的持续增长,采取货币宽松

---

① 室山义正:《近代日本经济的形成——松方财政与明治的国家构想》,千仓书房,2014年。
② 同上书,270页。

政策是十分重要的。货币紧缩、消费疲软状态持续的话,企业会倾向于增持现金,结果将是企业本身的投资功能受到抑制。松方巧妙地避免了货币紧缩的困境,采取了增加投放日元银币的政策,带来了所谓"企业勃兴"的热潮。泡沫经济瓦解以后的现代日本经济就处于通货紧缩的状况,这种状况被称为"失去的20年"。在经历了这样的经济停滞以后,其作用显得十分清楚。

不是将纸币与名义上的本位货币金币,而是与事实上的本位货币银币形成关联,这其实起到了令银价贬值,也就是使日元贬值的作用,而日元贬值可以增加出口。现在,发展中国家往往因为对外债务而陷入破产状态,当时松方避免了这样的结果,因此松方财政功不可没。

1885年6月6日,松方在训示中就最初发行的纸币(日本银行券)与银币兑换的理由进行过以下的说明:"此次布告规定与银币兑换。正如各国所知,我国的本位货币为金币,按理说应该与金币兑换,然自从条例发布以来经多次修订,现今1日元银币与金币同为本位货币,故可无碍兑换。……且今日依据东洋贸易形势,中国以及英国所属印度皆以银币为交易之本位。总之,东洋各国依然处于银币之世界,唯独日本积极采用金本位制,闯入金币世界而不顾实际,不免贻笑大方。"[①]

松方首先强调日本选择实质性的银本位制有利于与中国以及印度的贸易。当时,日本凭借在甲午战争后获得的巨额赔款准备向金本位制过渡。受国际金银比价下跌的影响,与银币联动的日元比《货币条例》公布时点贬值了一半。根据这样的实际价格,松方通过货币法规定以新金币(含金量为旧金币的一半)为1日元。当时在日本银行横滨支行工作的高桥是清对松方的这一举措给予了高度评价,就连始终立足于财界的立场反对金本位制的涩谷荣一也对松方让日元贬值的做法进行了评价。

其实,松方所采取的让日元贬值的这一政策与后来高桥是清第五次担任大藏大臣时所采取的重新禁止金币的政策相似。的

---

① 大藏省编:《明治前期财政经济资料集成》第1卷,明治文献资料刊行会,1962,599页。

确,前者采取金本位制,而后者放弃金本位制,两者完全是相反的政策。但两者都是为了尽量避免给民间经济带来冲击,试图控制日元的价值,这是两者的共同点。松方与高桥的经济政策确实有许多互不相容之处,但实用的方法和民间的活力才是经济发展的根源。也就是说,我认为"富国裕民"的思想是两者的共同点,这些对现代日本的经济政策具有启发意义。

再看一看前田正名的政策思想,这一点就会更加明确。前田曾经对地方上的实际情况进行了详细调查,并根据调查结果提出了各种政策建议。他的建议被整理成了多达30卷的《兴业意见》,这一点广为人知。1925年,高桥是清出任新设的商工大臣,他向当时担任文书处长的吉野信次(曾在第一次近卫文麿内阁担任商工大臣)询问《兴业意见》的情况。碰巧吉野的部下拥有该书,因此该书在商工省内广为传阅。[1] 而高桥是清曾在前田手下参加过《兴业意见》的编纂工作,因此对其重要性有所认识。

以往的研究认为前田的《兴业意见》与松方尖锐对立,因为松方重视自上而下的近代化。但松岛认为前田的殖产兴业政策与松方的政策构想未必对立,而是处于其延长线上。松岛指出:"放在大久保利通、松方正义殖产兴业政策的延长线上来对《兴业意见》的形成过程进行分析,有必要对他在《直接贸易意见一斑》中所提议的帝国银行、贸易公司以及生产企业三足鼎立的政策构想在《兴业意见》中是如何展开的这个问题,追溯到政策形成的精神来进行重新探讨。"[2] 总而言之,我们有必要对松方、前田、高桥等人的经济政策思想重新进行审视,并以此为参考来思考应该如何把握摆脱通货紧缩以后的日本经济的发展方向。

(中村宗悦)

---

[1] 松岛茂:"前田正名《兴业意见》再考",《日本经济思想史研究》2012年12月号,21—33页。

[2] 同上,30页。

第四章　从第一次世界大战到昭和恐慌期

总论　国际体系的转变和日本经济

回顾20世纪的历史，最重大的事件莫过于两次世界大战了。处于这两次大战之间的时期被称为两战中间期，以英国为中心的19世纪国际秩序——不列颠和平体系土崩瓦解，美国在世界的政治经济方面开始发挥举足轻重的作用，这段时间是形成美式和平的过渡时期。

本章主要围绕从1914年第一次世界大战爆发到1937年日中战争前期的日本经济，不仅要阐明经济增长的原因和产业发展的进程，还要将其放入国际性的政治经济环境中加以论述。日本作为在19世纪末亚洲唯一的工业国进入了不列颠和平体系，在与英美关系日益密切的同时实现了经济发展的日本，经历了由于世界恐慌引发的国际经济体系崩溃。到了20世纪30年代，为了在亚洲称霸，日本开始与英美对峙，这一章将阐明日本是如何走向战时经济的。

经济增长的概观

本章所要研究的历史时期的宏观数据，已经在第三章总论中概览过了。在这里,我想通过反映1914年到1936年间经济增长的图3-2和3-3来进一步证实。这一时期的日本经济主要分为以下四个阶段:① 由一战热潮带来的高速增长期(1914—1919年);② 20世纪20年代的相对低增长期(1920—1929年);③ 20世纪30年代初的世界恐慌(昭和恐慌)期(1930—1931年);④ 从恐慌中恢复并增长的时期(1932—1936年),各阶段都具有显著的特征。

一战给日本经济带来了"前所未有"的繁荣,1914年到1919年的实际国民总支出(GNE)的平均增长率创下了7.3%的高水平纪录。大战景气在1920年的战后恐慌中宣告终结,20世纪20年代日本经济陷入了"慢性萧条"之中,整个20年代的实际GNE的平均增长率只能勉强维持在2.1%的低水平,这一时期的经济特征可以概括为"不景气下的经济发展"。

以1929年10月的纽约股市的暴跌为导火索的世界恐慌,再加上以恢复金本位制(解除黄金出口禁令)为目的的紧缩政策的影响,给日本带来了被称为"昭和恐慌"的严重经济萧条。昭和恐慌伴随着剧烈的物价下跌,1930—1931年的实际GNE的平均增长率仅仅只有0.4%,而剔除了物价变动的名义GNE的平均增长率创新低,为负9.3%。

1931年末开始实施的积极财政政策——"高桥政策"标志着日本经济开始从昭和恐慌的阴影中走了出来。1932年到1936年的实际GNE的平均增长率为6.1%,虽然表面上看日本迎来了仅次于一战期间的高增长时代,但是在国际孤立的深化以及对进口物资愈加依赖的背景下,这一时期的经济不能说是可持续的增长,而是在经历了1936年"二·二六"事件和1937年的日中战争之后,进入了战时经济统制的时代。

以上从宏观的角度对本章进行了概观,这一时期,日本经济经历了巨大的波动,形成了以重化学工业化为中心的持续性的产业发展战略,度过了战时经济期,为战后经济打下了基础。

经济政策的作用

在考察一战之后的经济时,要将政府在推动经济方面起到的作用,即经济政策的问题作为一个重要论点。由于中产阶级开始登上社会舞台,以及俄国革命的影响,大战后,在世界范围内掀起了社会运动、劳动运动的狂潮,萧条和失业等经济问题通过普通选举和议会政治等方式演变为政治问题。对于各国政府来说,为了实现本国经济的稳定而制定经济政策已经成为一项极为重要的政策议题,受到高度重视。

另一方面,在重建一战后的世界经济的问题上,恢复由于大战而终止的国际金本位制是其中一个重建目标,此外各国还努力恢复因大战期间的通货膨胀而贬值的通货价值和金本位制(解除黄金出口禁令)。此时,在与国内经济稳定密切相关的情况下,各国何时以及以何种方式恢复金本位制的问题就成了经济政策方面一个争论焦点。这一围绕着解除黄金出口禁令而展开的争论后来被称为"首次以国际规模展开的经济辩论"①,凯恩斯、卡塞尔、费希尔等人根据这次辩论开创了新的经济理论②。

即使在1917年就脱离了金本位制的日本,解除黄金出口禁令也被置于经济政策方面最为重要的位置,然而1930年恢复金本位制的日本却是发达国家中最晚的一个,因为世界大恐慌和国际金本位制的瓦解,只用了不到两年的时间就脱离了金本位制。在日本经济史的研究中,围绕解除黄金出口禁令的问题一直备受关注,到现在为止,有关"井上财政"和"高桥财政",或是对从20世纪20年代到30年代之间日本经济政策的研究,已经不计其数③。除此之外,研究者处在日本20世纪90年代开始的长期通货紧缩萧条以及国际金融危机的爆发等当前诸多经济问题的背景下,对两战期间的日本以及实际的历史性经验仍然抱有很强烈的兴趣。笔者在本章中从尽可能广泛的视角选取有关经济政策的问题,并试图依照历史的脉络来理解这一时期的经济问题。

---

① 杉山伸也:"国际环境的变化与日本经济学",杉山伸也编:《"帝国"的经济学》,岩波书店,2006年,7页。

② 若田部昌海:"'失去的13年'的经济政策争论",岩田编:《昭和恐慌研究》2004年,63—116页。

③ 关于日本有关解除黄金出口禁令的主要文献,请参阅杉山伸也编《"帝国"的经济学》(岩波书店,2006年)中的"附录文献解题"。

第一节　第一次世界大战与日本经济

19世纪后半叶的世界，迎来了列强抢夺殖民地，瓜分势力范围的时代（帝国主义竞争）。在欧洲，英国、法国、荷兰已经将广大殖民地收入囊中，完成了国家统一的德国也在迅速推进工业化进程，在这一背景下，欧洲各国采取海外扩张政策，俄罗斯也在向巴尔干半岛和远东地区扩张势力范围。19世纪80年代开始，近代经济增长的日本也试图进入朝鲜半岛和中国，在甲午、日俄战争之后以一名列强的身份加入到了帝国主义的竞争中。列强各国为了争夺霸权剑拔弩张的同时，有着共同利益关系的国家相互缔结协约，结成同盟。为了对抗20世纪初德国、奥地利和意大利结成的三国同盟，英国、法国和俄罗斯三国达成了同盟协议，以谋求势力的均衡。但是，这种将欧洲一分为二的对峙结构背后隐藏着由局部纷争波及整个欧洲的危险，而第一次世界大战就是最好的证明。

第一次世界大战的爆发和"大战景气"的到来

1914年6月，塞尔维亚民族主义者暗杀了奥地利皇太子及其夫人（萨拉热窝事件），由此奥地利在德国的支持下，于7月28日向塞尔维亚宣战。随即，由于主张对塞尔维亚掌控权的俄罗斯也表明了要介入战争，德国向俄罗斯及其同盟国法国宣战，开始了军事行动，英国也依照三国协约向德国宣战。这样一来，原本是巴尔干半岛的地域性纷争一下子将欧洲列强和他们的殖民地卷入其中，扩大成为一场"世界大战"。

产业发展和科学技术的进步完全改变了战争模式，坦克、机关枪、毒气等大量破坏性武器纷纷登场，战争持久而且伴随着惨重的人员伤亡，结果演变为了耗费国家全部军事力量和经济力量的"总体战"。为了继续战争，需要庞大的物资和资金储备，而美国作为这些资源的最大供给方登上了历史舞台。原本在开战初期表示中立态度的美国也于1917年作为协约国（三国协约方）的一员正式参战。由于要向协约国供给物资，美国的出口额从1914年的24.45亿美元剧增到1918年的107.76亿美元，这一时期美国经济呈现了空前的繁荣。同时，美国还持有英国将近37亿美元以及法国将近20亿美元的战时公债，在成为净债权国的同时，还获得了与英国同等的世界金融中心的地位。

第一次世界大战的爆发也给日本经济造成了巨大的冲击。大战爆发前的日本经济，由于国际收支入超，本位币不断流出，为了维持金本位制不得不转向紧缩的财政政策，陷入了本位币危机之中（参见第三章第三节）。而大战的爆发消除了这场危机，正如井上馨所说，"这是大正新时代的天助"，日本经济由此迎来了被称为"大战景气"的高速增长时期。

大战景气的特征是出口主导型的经济增长。如图4-1中所示，日本的出口额从1914年的约6亿日元快速增长到1919年的约21亿日元。从各地区来看，由于大战导致欧洲制品流入减少的亚洲地区和大发战争财的美国（尤其是生丝出口）成为主要出口对象。此外，由于民间船只也被用在战场上，导致世界范围内的船舶不足和海上运费的飞涨，这些都为日本的海运业带来了空前繁荣，以海运、保险金收入为中心的贸易外收支也创下了大幅增收记录。在1915年到1919年这五年间，经常收支的盈利累计额达30多亿

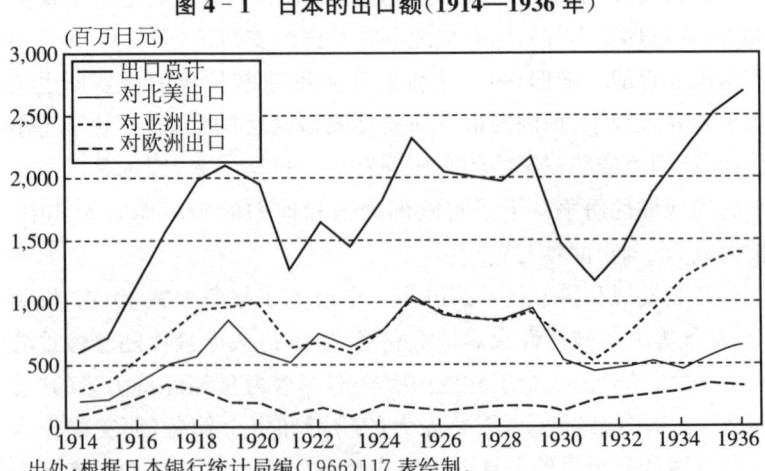

图4-1　日本的出口额（1914—1936年）

出处：根据日本银行统计局编（1966）117表绘制。

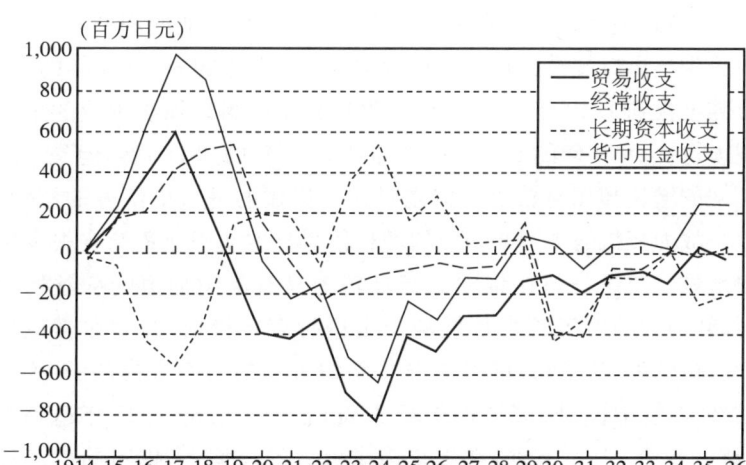

图 4-2 日本的国际收支(1914—1936 年)

出处:根据日本银行编(1986)《日本银行百年史》资料编绘制。

日元(图 4-2)。向中国的资本输出和认购协约国的战时公债等对外投资活动也很频繁,1918 年,日本的对外债权超过对外债务,成为净债权国。

出口的扩大和海运业的繁荣刺激了国内的产业,带来了生产的急剧扩大。其中造船业的发展最为显著,民间造船建造量从 1913 年的 5.1 万总吨发展到 1919 年的 63.4 万总吨。造船业的繁荣又催生了对原材料钢铁的巨大需求,但此时却发生了由于进口停止和国内生产能力不足导致的,被称为大战期间"铁荒"的钢铁供给不足情况[①]。在那之后,民间部门纷纷向制钢业转型,钢材的产量从 1913 年的 25.4 万吨增长到 1919 年的 54.8 万吨,一战结束后的 1923 年更是增长到了 75.4 万吨。而且,此前由于依靠进口而缺乏国际竞争力的肥料、染料、药品的化学工业也因为停止了从欧美的进口而获得了发展的机会。政府也积极地培育重化工业,实施了诸如《染料医药品制造奖励法》(1915 年)、《制铁业奖励法》

---

① 1918 年,日美经过协商达成以日本的船舶出口交换美国的铁材的"船铁交换"协议,据此,总共约有 38 万吨的船舶出口到美国,25 万吨的铁材进口到日本。

第四章 从第一次世界大战到昭和恐慌期 149

(1917年)、《军用汽车补助法》(1918年)等保护扶持政策①。

在轻工业部门,一战前作为日本主导出口产业的制丝业,由于对美生丝出口规模的扩大而持续增长。生丝产量从1914年的1.2万吨增长到1919年的2.3万吨,将近翻了一番。棉纺织业的生产规模也从1914年的265万锭增加到1920年的381万锭,但是一战期间的增长却相对较小。加之对纺织机械的进口供给方的制约,以一战为契机的中国纺织业的增长使得日本纺织业逐渐丧失了优势地位。纺织公司在将主力产品转为具有高附加值的细丝的同时,转向劳动力工资水平低的中国进行直接投资,开始在当地生产。被称为"在华纺"的日本在华纺织公司的生产规模从1918年的24万锭增长到1920年的87万锭,在一战后的1927年达到了138万锭②。另一方面,在出口需求巨大的环境下,棉布的生产额从1914年的1.628亿日元迅速扩大到1929年的6.244亿日元。纺织公司不仅兼营大规模的织布生产,而且还在地方的纺织品产地大力引进机械式织布机,从一战到20世纪20年代,日本棉纺织业的中心从棉线转为棉布,同时也向具有更高附加值的产品转变③。

物价的上涨和"大战泡沫"

大战经济热潮伴随着物价的急剧攀升,如第三章的图3-5所示,日本的物价水平从一战期间到一战结束后飞速上涨。伴随着出口需求的急剧扩大和国内生产规模的扩大,供给越来越跟不上需求增加的步伐,对进口物资的限制更加重了供需的不平衡,更为严重的是,战争期间陡增的货币供给量导致了通货膨胀。日本银行为了应对出口扩大,放宽了对横滨正金银行等汇兑银行的外汇

---

① 以这种特定产业为对象的政府保护培育政策(目标产业政策)是明治时期以来日本的产业政策的一大特色,进入20世纪30年代以后,政府的产业政策开始向具有强制性和计划性的产业振兴政策转变。参见桥本寿朗、大杉由香:《近代日本经济史》,岩波书店,2000年。
② 高村直助《近代日本棉业与中国》,东京大学出版会,1982年。
③ 阿部武司《日本棉产地的棉纺织业的展开》,东京大学出版会,1989年。

贷款额度,增发了纸币①。同时,为了协调由于战争景气带来的资金需求增加,日本银行下调了官方贴现率,降低了对城市银行的贷款额度。如图4-3中所示,日本的本位币保有量从1914年末的3.4亿日元上升到1920年末的21.78亿日元,日本银行券的发行量也从1914年末的3.86亿日元上升到1919年末的15.55亿日元,大约增长了4倍。

图4-3　日本的本位币保有量与日本银行券的发行量(1914—1936年)

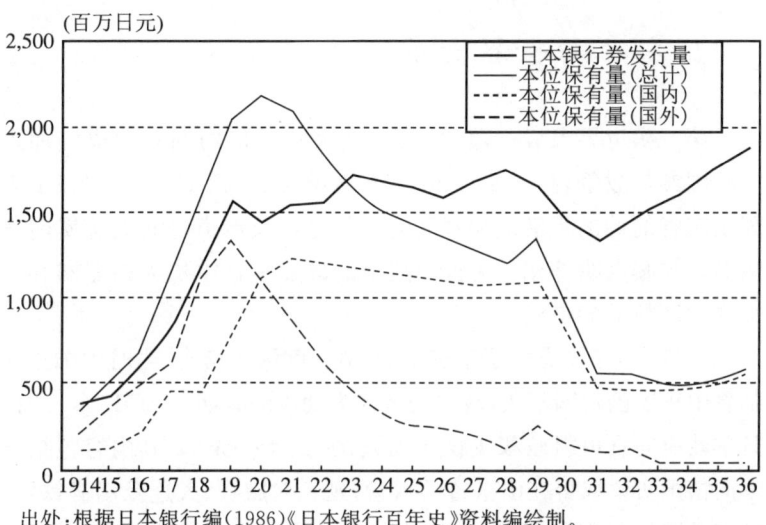

出处:根据日本银行编(1986)《日本银行百年史》资料编绘制。

在经济繁荣和金融政策缓和的背景下,股市也相当活跃,企业积极地进行增资和股票公募。而且很多人开始利用股市和商品市场的价格上涨来套利,投机性交易增加,在大米、砂糖、生丝等市场出现了囤积居奇的现象。背离了实际需求的投机性价格上涨不正意味着"泡沫"的出现吗?

物价的上涨给人民生活带来了巨大影响。劳动力市场上,出现了以熟练工为主的劳动力不足现象,从而抬升了工业部门的工

---

① 外汇贷款要使用本位币(金地金和外国货币)偿还,这使得日本银行的本位币储备增加。通过日本银行将出口金融转化为本位币的回收方法,与松方财政时期实行的本位币获取政策类似,增发日银券后本位币储备增加,从这个角度来说,这与按照"金本位制的游戏规则"实现的通货增加有所不同。请参见伊藤正直:《日本的对外金融与金融政策1914—1936》,名古屋大学出版会,1989年。

资水平,不过因为物价的上涨幅度超过了工资,因此劳动者的实际工资从1917年到1918年间是下降的。加之日本劳动运动的开展(第三章第三节)和俄国革命的影响,劳资纠纷案件在1919年达到了2388件。此外,在由投资性交易导致人民对米价飞涨极度不满的背景下,1918年发生了历史上被称作"米骚乱"的全国性动乱,寺内正毅内阁引咎辞职。一战时期社会运动的扩大,是政府认识到社会政策重要性的开端。

日本参与世界大战

第一次世界大战一爆发,第二次大隈重信内阁立即决定加入协约国参与战争,并于8月23日向德国宣战,到11月已占领了中国山东省的德国租借地和青岛的一部分以及赤道以北的德属南洋诸岛。加藤高明外相认为世界战争的爆发是日本扩大在亚洲和太平洋地区权益的良机①。

1911年,中国爆发了辛亥革命,清王朝因此垮台,当时中国正面临着中华民国建国不久,政治局势极为动荡的时期②。1915年1月,日本政府向袁世凯政权提出了所谓的"二十一条"。其内容包括日本向德国协议取得在山东省的权益,延长对旅顺、大连及南满铁路、安奉铁路的租借期限,要求扩大日中合办汉冶萍公司中日本的权益,并且以希望条款的形式要求起用日本人担当中华民国的政治财政、军事顾问。虽然这一希望条款最终由于中华民国的强烈反对和英美施加的压力被撤回了,但是日本政府在修正案的基础上发出最后通牒,袁世凯政权于5月9日表示接受所提要求。基于强硬的对华政策,日本成功地扩大了在华权益,但是中国人将此次接受日本提出的要求视为"国耻",掀起了民族主义运动的高潮。

1916年6月,袁世凯一去世,围绕着中华民国政府(北京政府)

---

① 比斯利(W.G.Beasley)著,杉山伸也译:《日本帝国主义1894—1945》,岩波书店,1990年。

② 1912年中华民国建国时,辛亥革命的领导者孙中山出任临时大总统。次年,北洋军阀袁世凯逼孙中山辞职,自己掌握了实权。他一坐上大总统的位置,就开始镇压革命派,企图建立独裁体制。

的实权问题,掌控着各地区的军阀之间抗争激化。同年 10 月成立的寺内正毅内阁支持当时掌握着北京政府实权的段祺瑞(援段政策),试图以此保护和扩大日本的特权。作为其中一环的总额达 1.45 亿日元的借款(西原借款)却因段在一场军阀纷争(安直战争)中惨败而付之东流①。

另一方面,战争期间的 1917 年,俄国革命推翻了罗曼诺夫王朝。以列宁率领的布尔什维克(俄国社会民主劳动党左派)为中心的社会主义政权诞生,与德国单独结成媾和条约,从第一次世界大战中抽身而退。针对这一事件,1918 年,日美英法四国以干涉俄国革命政权为目的向西伯利亚出兵。此次出兵,日本共派出了多达 7 万余人的大规模兵力,大战结束后仍继续驻留当地。日本采取的这一行动是企图维护、扩大在满蒙(满洲、内蒙古)的权益。但是,由于协约国的反对和苏联的成立,日本最终于 1922 年从西伯利亚撤兵。

第二节　20 世纪 20 年代的日本经济

学术界围绕 20 世纪 20 年代日本经济的历史性评价,主要存在强调停滞性和重视增长性的两种观点。前一观点将 20 世纪 20 年代称为"慢性不景气"的时代。1920 年的战后恐慌、1923 年的关东大地震、1927 年的昭和金融恐慌以及 1929 年开始的昭和恐慌(世界大恐慌),大战后的日本经济屡次遭受经济危机的冲击。不仅如此,持续整个 20 年代的物价下跌,企业利润率下降等都说明了经济活动的停滞。而后一观点则更加关注 20 世纪 20 年代日本经济的宏观变化,即经济增长率和产业、人口结构,20 世纪 20 年代仍在持续一战爆发造成的经济、社会结构的变化,日本经济以内需为中心稳健地成长着。这一时期的经济增长率虽然与大战期间,或者是在后文中提到的 30 年代相比较低,但是在全球性经济增长较慢

---

① 西原借款得名于参与借款的寺内首相的特使西原龟三。这部分资金是从临时军事费用特别账目、大藏省存款部、日本兴业银行、朝鲜银行、台湾银行中筹集的政治借款。不能收回的借款最终作为公共资金(交付公债)处理。

的大背景下,日本在国际范围内仍旧创下了高增长的记录①。

虽然存在以上两种截然相反的观点,但是却反映了20世纪20年代日本经济的特征。也就是说,这个时代的日本一方面遭受着一战快速增长后的反作用和接二连三的经济危机的冲击,另一方面也把世界大战作为经济结构变化的契机,稳步前进,为20世纪30年代以后的经济发展奠定基础。

第一次世界大战后的国际秩序:凡尔赛—华盛顿体系

一战中,约有1,000万士兵阵亡,900万非战斗人员丧失生命,负伤者更是超过2,000万人,由于战争导致的经济损失总额约达2,000亿美元。在1919年1月开始召开的巴黎和会上,一方面确定了对战败国德国的惩罚措施,另一方面也在摸索建立国际新秩序,于6月缔结了《凡尔赛条约》②。

根据《凡尔赛条约》的规定,德国将失去一部分的本国领土和海外的殖民地及权益,而且还要向战胜国缴纳巨额赔偿。1923年,法国以德国未缴纳赔偿金为由占领了德国的鲁尔区,以此为开端,德国陷入了由通货膨胀导致的经济危机中。此后,由于美国的介入,1924年根据道维斯计划又缔结了新的赔偿协定,德国一方面接受美国的资本,另一方面重新对协约国支付赔偿③。另一方面,战胜国的英国、法国承担了美国巨额的战时债务。结果导致美国资本流入德国,德国将赔偿金支付给英法,再由英法向美国偿还战时债务,就行成了"美元回流"的现象。虽然随着德国赔偿问题的进展,欧洲加速复兴,但是依赖于美国资本输出的资金循环结构成为

---

① 中村隆英:《战前日本经济成长的分析》,岩波书店,1971年。
② 参加巴黎和会的日本首席全权代表是西园寺公望。
③ 1921年的伦敦会议上,将向德国索取的赔偿金额定为1320亿金马克,但是在道维斯计划中没有确定赔偿金额,而是决定了当时的赔偿金。1929年召开的委员会上,赔偿金额被缩减为358亿金马克,再加上由于世界恐慌导致的德国无力赔偿,使得赔偿金额在1932年的洛桑会议上再度缩减为30亿金马克。但是,1933年,德国纳粹政权拒绝支付赔偿,就这样,直到第二次世界大战爆发,德国的赔偿问题都没有解决。

了日后世界大恐慌蔓延的潜在因素之一。

巴黎和会上,根据美国总统威尔逊的提议,决定在国际协调原则的基础上,建立国际联盟这样一个和平维持机构,并于1920年着手组建。美国议会由于不愿意卷入国际纷争,没有批准《凡尔赛条约》,美国因此未能加盟国际联盟,苏维埃联邦也拒绝参加,因此国际联盟是在大国缺席的情况下成立起来的①。尽管如此,国际联盟在建立战后外交、经济等国际新秩序方面都起到了主导作用。日本和英国、法国、意大利共同成为常任理事国,获得了世界"一等国"的地位。

一战给亚洲太平洋地区的国际关系带来了巨大变化,战后各国开始谋求利害关系的调整。一战期间,日本企图扩大在华权益,其中大部分已被《凡尔赛条约》承认②,但因此与鼓吹门户开放、机会均等主义,企图扩大对华影响力的美国之间的利益冲突表面化了。同时,大战之后日美两国建立了大规模的海军扩充计划,开始开展造舰竞争,给财政带来巨大负担。在这一背景下,由美国总统哈丁牵头,召开了华盛顿会议(1921—1922年)③。在此次会议上,制定了限制日本、美国、英国、法国、意大利的主力舰和航空母舰保有数量的《华盛顿海军裁军条约》④,签订了规定太平洋地区的领土完整和势力均衡的《四国条约》,以及主张尊重中国主权、领土完整和门户开放、机会均等主义的《九国条约》。根据《四国条约》,日英同盟解散,另外依照《九国条约》,日本返还了通过"二十一条"获取的山东半岛的原德国权益,并从山东半岛撤兵。

根据《凡尔赛条约》和华盛顿会议的一系列条约,形成了以通过列强间协调达成的利益调整为基础的战后国际秩序(凡尔赛—华盛顿体系)。虽然日本的帝国主义扩张政策被抑压,但是在整个20世纪20年代,日本逐步加强了在经济方面与英美的合作关系,尤其是

---

① 虽然苏维埃联邦于1934年加入了国际联盟,但是美国到最后也没有加入。
② 巴黎和会上中国要求返还原德国权益和取消"二十一条",但是被驳回,中国国内掀起了反帝国主义运动——五四运动。
③ 参加华盛顿会议的日本首席全权代表是加藤友三郎海军大臣,全权委员是德川家达贵族院议长和币原喜重郎驻美大使。有关华盛顿体系的建立和之后的发展,请参照细谷千博、斋藤真编《华盛顿体制与日美关系》(东京大学出版会,1978年)。
④ 主力舰的保有比率:美国为5,日本、英国为3,法国、意大利为1.75。

与美国在金融方面的关系①。然而,以军部为中心,对于政府姿态的不满根深蒂固,这一问题在20年代末逐渐显现了出来。

国际金本位制的重建

第一次世界大战后,世界经济的复兴和国际贸易、结算体系的重新建立成为经济层面亟待解决的问题。大战爆发后,各国禁止出口黄金,国际金本位制停止。各国通货汇率事实上变成了浮动汇率制,其水平与大战前相去甚远。为了商议大战后的经济问题,在国际联盟的主导下,1920年召开了布鲁塞尔国际经济会议,1922年召开了热那亚国际经济会议,会议通过了以国际金本位制和自由贸易为基础的世界经济重建方针。在国际金本位制的重建问题上,考虑到战后各国的经济实情,虽然认可了货币贬值和为了节约黄金而对黄金兑换本位制的修改,但也要求各国以重建和维持金本位制为目标制定相关财政金融政策,例如财政的均衡和抑制通货膨胀,以及由政治上独立的中央银行进行金融调节等。观察各国恢复金本位制后的变动趋势,可以发现在大战结束后的1919年,美国最早解除对黄金的出口制约,随后德国在1924年通过发行新货币德国马克,恢复到金本位制。此外英国也在1925年将比价恢复到大战前的水平,完成了向金本位制的回归,其他国家也紧随其后(表4-1)。

表4-1　国际金本位制小年表(停止、恢复、瓦解)
金本位制的停止

1914	7月荷兰;8月阿根廷、挪威、丹麦、意大利
	11月瑞典、俄国
15	7月法国、瑞士、芬兰、澳大利亚;11月德国;12月比利时
17	9月美国、日本
18	8月加拿大
19	4月英国(8月恢复,1920年12月再次停止)

---

① 三谷太一郎:"华尔街与满蒙",细谷、斋藤编:《华盛顿体制与日美关系》,东京大学出版会,1978年,321—350页。

金本位制的恢复（＊是下调货币比价国）

1919	7月美国
24	4月瑞典；10月德国＊
25	4月英国、澳大利亚、荷兰
	6月阿根廷
	9月瑞士（正式是在1928年8月）
26	1月芬兰＊；7月加拿大；10月比利时＊
27	1月丹麦；12月意大利＊
28	5月挪威；6月法国＊
30	1月日本

金本位制的瓦解

1929	12月阿根廷，澳大利亚
31	7月德国（开始外汇管理）；9月英国、瑞典、挪威、丹麦；10月加拿大、芬兰；12月日本
33	4月美国
34	5月意大利（严格的外汇管理）
35	3月比利时
36	9月法国、荷兰、瑞士

出典：转引自三和、原编(2007)4.61表。

国际金本位制的重建虽然是以向大战前的"常态恢复"为目标，但是重建后的金本位制与战前截然不同。战前曾经是世界经济中心的英国由于受到战争影响以及国际竞争力的下降，原本作为全世界资金供给方的地位下降了，取而代之的是从美国流出的资金增加，世界金融中心变成了伦敦和纽约两极格局。但是，在拥有巨大的国内市场的美国，对国内的资本供给和对海外的资本输出之间产生了竞争关系。同时，国际金本位制是以各国遵守以维持金本位制为目标的经济政策为前提的，因此各国政府以及中央银行间的协调是必不可少的。但是，大战之后，经济政策成了政治性难题，因此各国在考虑到与国内经济的关系时，就不能把稳定货币和维持金本位制放在优先的地位了。这些原因使得重建的金本位制变得风雨飘摇[1]。

---

[1] 巴里·艾肯格林(Barry Eichengreen)著，高屋定实译：《全球化资本与国际货币系统》，密涅瓦书房，1999年。

"大战泡沫"的崩溃和通货紧缩

1918年11月,德国投降,签订停战协定,支撑大战景气的条件消失后,日本国内由于采取了积极的财政政策和企业旺盛的设备投资,经济依旧呈现一派繁荣景象,地价、股价都在1920年达到了顶峰(战后高潮)。但是,在出口的大幅减少导致贸易收支明显恶化的1920年3月,以股市暴跌为标志的"大战泡沫"宣告破灭,日本经济突然进入了战后恐慌之中。如第三章的图3-5所示,1920年的高峰后,物价水平大幅下跌。原本因为投机性交易而持续上升的股市和商品市场的价格回落尤为显著,东京粮食交易所、横滨生丝交易所暂时休业。在4月到7月的这段时间里,信用危机使得日本169家银行遭到挤兑[1],21家银行被迫停止营业。政府通过银行进行了多达2.55亿日元的融资,虽然有效地控制了恐慌的局面,但这也导致很多企业在战后很长一段时间内都苦于巨额负债和过剩的设备,"财界整顿"和不良债权问题也成了20世纪20年代日本经济的一大课题。

20世纪20年代,放眼看世界,可以发现这是个通货紧缩蔓延的时代(表4-2)。这一切都是由于一战中的增产导致世界产能过剩,外加面临严重通货膨胀的各国试图稳定货币价值,为了回归金本位制推行紧缩政策造成的。相对于持续下跌的物价,日本的产业界出现了各产业结成的卡特尔,通过调整生产维持价格水平[2]。

表4-2 主要国家批发物价指数的变化(1919—1936年)

(1914年=100)

	美国	英国	法国	德国	意大利	日本
1919	204	251	341	393	465	247
1920	227	313	488	1,405	610	272
1921	143	200	335	1,808	560	210
1922	142	161	318	32,334	560	205

---

[1] 挤兑是指存款者同时涌到银行提取存款的现象。
[2] 武田晴人、桥本寿朗编著:《两次大战间隔期日本的卡特尔》,东京大学出版会,1985年。

续　表

	美国	英国	法国	德国	意大利	日本
1923	148	161	406	15,722×10亿	565	209
1924	144	169	471	116	565	216
1925	152	163	529	123	630	211
1926	147	150	676	124	645	187
1927	140	144	594(121)	130	540	178
1928	142	143	600(122)	134	525(143)	179
1929	140	139	588(119)	135	500(136)	174
1930	127	122	512(104)	123	450(123)	143
1931	107	107	435(88)	109	390(106)	121
1932	95	104	382(78)	95	365(100)	134
1933	97	104	365(74)	92	330(90)	154
1934	110	108	347(70)	97	325	157
1935	117	108	329(67)	100	355	161
1936	119	115	382	103	400	168

出处：石川(1999)表3-3摘录。此表是根据米切尔(2001)，美国商务部编(1986)，三和、原编(2007)汇总而成的。

注：德国在1924年后使用新通货德国马克。
法国、意大利部分的括弧内是根据下调金比价后的黄金价值测算的。

此外，农产品价格，尤其是米价也有下跌的倾向。原因之一是从殖民地圈进口的农产品增加。政府担心再度爆发米骚动，产生因人口增加导致的农产品供应不足，于是在朝鲜和台湾大力推行生产加强政策（产米增殖运动），但是廉价的殖民地大米的流入给国内米价造成了降价的压力，结果演变成了农工之间收入差距加大的一个原因[①]。

城市化和重化学工业化时代

由一战繁荣带来的经济增长和产业发展给20世纪20年代的日本经济带来了巨大变革。如图4-4中所示，制造业的生产额从1910年到1920年翻了一番，而且在20年代依然呈现扩大的趋势。其中重化学工业品（金属、机械、化学）所占比例虽然在大战后短时间内有所下降，但是到了20年代又转而上升。同时，轻工业品的

[①] 大豆生田稔："第一次世界大战期间的粮食问题与粮食政策——依靠国外粮食政策的破产"，近代日本研究会编：《经济政策与产业》，山川书店，1993年，55—77页。

纤维制品的生产额增加,与重化学工业部门同步发展。

图4-4　制造业生产额(1934—1936年价格)及其构成比(1910—1935年)

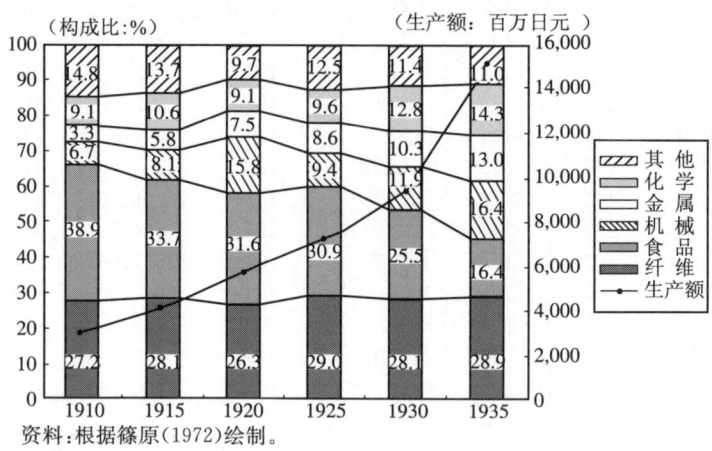

资料:根据篠原(1972)绘制。

产业结构的变化也给国内的就业结构带来了影响。1910年,各产业就业人口的比重分别为:第一产业60.6%,第二产业16.9%,第三产业22.5%。到了1920年分别为54.0%、21.6%、24.4%,1930年为49.7%、20.8%、29.5%,第二、三产业的比重有所上升(第三章表3-1)。就业结构的变化伴随着人口从农村向城市的转移,如表4-3所示,全国人口中城市人口的比例在1925年为34.6%,其中56.3%的人集中在京滨、阪神、中京和北九州这四大工业圈内。急剧的城市化进程使得城市内道路、上下水道、电气、煤气供应、交通工具等社会资本(基础设施)的建设速度加快,从20世纪初开始,城市财政的规模迅速扩大。在大城市,依照城市规划推进调整区划的工程,并完善交通设施。例如,关东大地震后,由东京市长后藤新平主导的帝都复兴工程虽然因为财政困难缩小了工程规模,但是从投入资金总额达7.77亿日元的规模上来看,仍然算得上是一项真正意义上的城市规划工程①。

---

① 工程总额由政府的直接工程款和东京府、神奈川县、东京市、横滨市的工程款合计而成(岸田2002)。关于帝都复兴工程请参见持田信树《都市财政研究》(东京大学出版会,2007年)、越泽明《复兴计划》(中央公论新社,2005年)、田中杰《帝都复兴与生活空间》(东京大学出版会,2006年)。近年来,有关对后藤新平的重新评判正在进行(请参见御厨贵编:《时代的先驱者后藤新平1857—1929》,藤原书店,2004年)。

20世纪20年代,在东京丸之内形成了一条具有代表性的现代商务街,在城市中心的人口纷纷从市中心向郊外转移的"面包圈化"现象也开始显现。民间企业出资修建了连接市中心和郊外的铁路,现在的小田急电铁、京王电铁、东京快速电铁、阪急电铁、京阪电铁等主要的私铁线路都在这个时期建成通车了。在这些铁路沿线同时也进行着住宅开发、观光开发和商业设施的建设。其中具有代表性的有阪急电铁的创始者小林一三开发的宝塚观光项目(温泉浴场、少女歌剧团)以及沿线按户出售的住宅,大阪、梅田车站的百货店等。在东京,由涩泽荣一主导创办的田园都市股份公司(日后被目黑蒲田电铁——现在的东京快速电铁买断)在东京南部开发的住宅项目也相当有名。

表4-3 大都市人口的趋势(1920—1940年)
(括号内的是占全国人口的比例)　　　　　　　　　　(千人・%)

	全国人口	都市人口	京滨・京阪神都市人口	4大工业圈都市人口
1920	55,963	18,501(33.1)	8,584(15.3)	10,387(18.6)
1925	59,737	20,674(34.6)	9,549(16.0)	11,636(19.5)
1930	64,450	23,470(36.4)	11,251(17.5)	13,675(21.2)
1935	69,254	26,688(38.5)	13,311(19.2)	16,117(23.3)
1940	71,993	29,248(40.7)	15,061(20.9)	18,311(25.5)

出处:对中村、尾高(1989)表1-9稍微进行了修改。
注:这里的都市人口是指,1925年根据市制建立的都市,再加上现在的北九州市市区范围,以1980年为准。京滨即东京府、神奈川县,京阪神即京都、大阪、兵库3府县的都市人口,4大工业地带是指再加上爱知、福冈两县的都市人口。

在产业化、城市化发展的同时,日本于20世纪20年代迎来了大众社会的时代。由于接受高等教育的群体扩大,以白领劳动者(工薪阶层)为主体的"新中间层"在城市中形成,以这些人群为中心形成了大众文化以及大量消费型的社会。全国规模的商业报刊、电影、广播的普及,衣食住行方面的西方化,可以说那个时代的风貌是现今生活模式的原型。

上述的城市化的进程以及随之而来的经济、社会的变化,从宏观经济的角度来看有很重要的意义。城市财政的扩大激发了公共投资的扩大,在战后经济萧条的大环境下,以城市为中心的旺盛的消费需求在支撑日本的总需求方面发挥了重要作用。

电力行业的发展和动力革命

在一战期间取得长足发展的重化学工业在战后经历了艰苦的发展,其中20世纪20年代发展最显著的则是电力工业。大战期间的产业发展和城市化带动了对电力的需求,同时,远距离输电技术的成熟也使得在偏远的地方建立水力发电站变成了现实,全国范围内进行大规模的电力开发,如表4-4所示,发电能力从1914年的54.9万千瓦剧增到1929年的318.5万千瓦。需要巨额设备投资的电力公司,开始向海外寻求融资渠道,20世纪20年代,以纽约金融市场为中心相继发行了电力外债。从1923年到1928年发行的民间外债总额约达4.4亿日元。①

电力公司通过一系列合并收购,目的在于扩大市场份额,到20世纪20年代后半叶东京电灯、宇治川电气、日本电力、大同电力、东邦电力这五大电力公司几乎占了电力市场的一半份额。在当时面向工业的电力市场上是允许多家公司提供电力的,因此五大电力公司围绕需求量大的关东地区、中京地区展开了俗称"电力战"的激烈竞争,电气费用随之下降。

电力供给的扩大和费用的下降给日本制造业整体带来了巨大的影响。工厂里的电力使用量增加,1927年,电动机在制造业的动力机中所占比例超过了蒸汽机,到20年代末大约达到80%。这场动力的转变被称为"动力革命",尤其是电动机在中小、零星工业的普及,推动了明治时期以来的"传统产业"的近代化和重组②。同时,随着电动机的普及,国内的电气机械工业也与欧美企业合资,一方面引入先进技术获得发展,一方面推进用国产品替代进口品③。除此之外,电力费用的下降也催生了硫酸铵、人造纤维(化学

---

① 橘川武郎:《日本电力业的发展与松永安左卫门》,名古屋大学出版会,1995年。
② 南亮进:《动力革命与技术进步:战前期制造业的分析》,东洋经济新报社,1976年。
③ 与美国GE公司合作的东京电气和芝浦制造所,与WEC公司合作的三菱电机,以及和德国西门子公司以及古河电气工业合作的富士电机等都是资本合作的范例。

纤维)、铝精炼等电力消耗型的新兴产业,在进入20世纪30年代后飞速发展。

表4-4 电力行业的发展和"动力革命"(1914—1934年)

	发电能力 (1,000 kW)			发电量 (百万 kWh)	电灯费用 (日元/kW)	电费 (日元/kW)	制造业的原动力马力数		
	水力	火力	合计				(千马力)	其中蒸气机关比率(%)	其中电动机比率(%)
1914	377	172	549	1,791	49.3(79.8)	38.1(61.7)	561.6	47.6	30.6
1919	576	218	794	4,193	63.3(41.5)	54.5(35.7)	1,262.6	30.1	56.8
1924	1,295	471	1,776	7,835	84.1(62.9)	54.7(40.9)	2,316.0	32.2	62.2
1929	2,059	1,126	3,185	15,123	95.6(86.4)	41.6(37.6)	3,783.5	20.0	78.3
1934	3,171	1,568	4,739	21,774	104.9(108.1)	31.7(32.7)	4,499.5	15.8	81.3

出处:对中村、尾高(1989)表1-2稍作改动。
注:电灯费用、电费括号内的是1934—1936的实际价格。

国际收支的恶化和"在外本位币"的作用

在一战期间获得大幅黑字的日本的国际收支在大战后再次转向赤字(图4-2)。大战景气的终结导致需求的减少,再加上战后欧洲各国开始恢复生产和出口,使得日本的出口产业在海外市场面临激烈的竞争。另一方面,在世界性的通货紧缩的情况下,日本的物价水平相对较高,出口产品自然失去了国际竞争力(表4-2)。而1923年的关东大地震的灾后重建对进口的需求大幅增加,这一切最终导致日本的贸易收支在1924年创下了创纪录的8.5亿日元的赤字额。

国际收支的入超致使本位币从日本流出,日元汇率下跌。此时,日本政府和日本银行将大战时期获得的"在外本位币"用于结算国际收支[①]。所谓在外本位币是指政府以及日本银行在海外持有的外币资产,所谓结算即是将大战时期获得的巨额本位币从日

---

① 有关两战期间对外金融和在外本位币的作用,请参见伊藤正直《日本的对外金融与金融政策 1914—1936》,名古屋大学出版会,1989年。

本银行的本位币储备中分出。1920年末,日本在外本位币的持有额约为10亿日元(图4-3),自从1920年国际收支出现入超以后,政府和日本银行开始对汇兑银行转让在外本位币,到1929年转让额大约达到10亿日元①。但是,仅仅靠转让在外本位币也不能结清如此巨额的国际收支赤字,日本对美元汇率在1924年按照金本位制的要求,创下100日元＝38.5美元的记录,比平价(100日元＝49.85美元)约低20％,之后直到1930年金本位制恢复(金解禁),一直以低于平价5—10％的水平推移(图4-5)。

图4-5 日元与美元汇率的变化(1914—1936年)

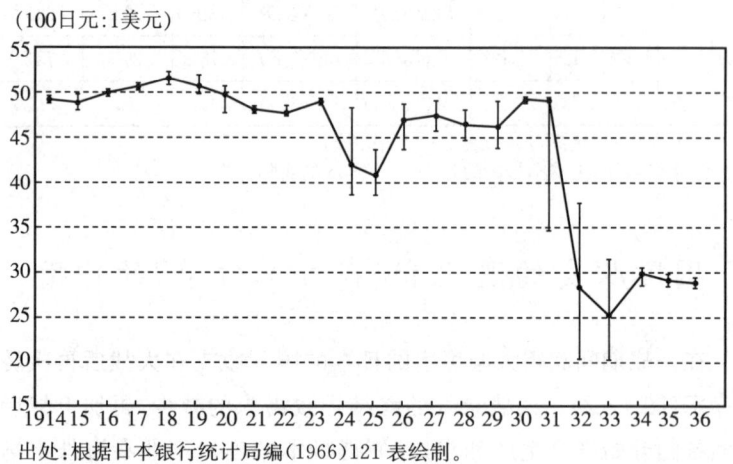

出处:根据日本银行统计局编(1966)121表绘制。

为了补充减少的在外本位币,政府重新开始发行外债。1924年发行了总额约为5.5亿日元的政府外债(震后重建外债),此外,还有以财政担保为前提发行的地方债券(东京市、横滨市)以及特殊公司企业债券(南满洲铁路、东洋拓殖公司),实收款由政府买下,用来补充在外本位币②。还有,以电力外债为中心的民间资本流入也对外汇银行外币资金的供给起到了重要作用。如图4-2所

---

① 此外,由于支付现有外债的本息和支付海军购入物资款项,政府每年必须要从在外本位币账目中支出1亿日元左右(请参见岸田真"对20世纪20年代日本的本位货币收支数量的探讨",《三田学会杂志》,2003年,96—1号,61—90页)。

② 1924年的政府外债在英美的票面利息分别为6％和6.5％,发行条件较为苛刻,在日本国内被认为是"国辱外债"而受到强烈批判。之后,虽然日本的外债发行条件有所改善,但是如何维持日本在英美市场的信用成了政府一项重要的课题。

示,20世纪20年代长期资本收支呈现大幅超额(资本流入),日本迎来了继日俄战争之后的"第二次外资流入时代"。

以在外本位币进行的国际收支结算是在金本位制终止的情况下,为了遏制由于外币资金的不足造成汇率下跌而采取的一项外汇管理政策,这种引导日元汇率向高位攀升的做法,通过国内外物价的变动给国内经济带来通货紧缩的压力。相反,处在本位币储备框架以外,以在外本位币进行的对外决算,则会通过国际收支入超→本位币储备的减少→国内通货紧缩这一金本位制的"游戏规则"起到规避通货紧缩压力的作用,这一看似矛盾的政策,虽说是在考虑到不久的将来要恢复金本位制的基础上为了维持汇率所采取的,但是从试图回避给苦于战后萧条的国内经济造成通缩压力的角度上说,实乃苦肉之计。20世纪20年代,日银券的发行额以超过15亿日元的水平推移(图4-3)。在外本位币这种"战时储蓄"和通过发行外债重新筹措的外币保证了这一政策的可持续性。

昭和金融恐慌

所谓昭和金融恐慌是指从1927年3月到4月之间,由于信用危机导致银行挤兑的发生,大量中小银行相继停业、破产的一场全国规模的金融系统危机[①]。昭和金融恐慌是在1920年战后恐慌后的不良债权问题的背景下发生的,并由此引发出作为关东大地震后的金融系统救济方案——"震灾票据"问题,因此可以说是象征20世纪20年代经济问题的重大事件。

关东大地震和震灾票据问题 1923年9月1日,震源位于相模湾、波及首都圈的关东大地震造成了14万人丧生、失踪,300万人受灾,建筑物损失45亿日元。灾难袭来,原本苦于战后恐慌的

[①] 一直以来,1927年的金融危机被简单地称为"金融恐慌",但是近年来为了与20世纪90年代泡沫经济崩溃之后的金融危机相区别,改用"昭和金融恐慌"的叫法。关于昭和金融恐慌的整体情况,请参见高桥龟吉、森垣淑《昭和恐慌史》(清明会出版部,1968年)以及山崎广明《昭和金融恐慌》(东洋经济新报社,2000年)。此外,相关基本资料已被收入日本银行调查局编纂的《昭和金融史资料 昭和篇》中的第24—第26卷中。

日本经济雪上加霜(称作震灾恐慌)。由于地震导致面向受灾地区的银行以及企业的票据无法结算,债权者的资金运转恶化,很可能引起连锁性的金融危机。为此,政府于9月7日发布了支付延期令(延期偿付),允许将与受灾地有关的债务结算期限延长30天,27日又发布了《震灾票据贴现损失补偿令》。补偿令规定银行持有的与受灾地区相关的票据(震灾票据)由日本银行二次贴现(以票据为担保进行融资),若因为不能收回融资给日银带来损失,政府可以对其进行上限为1亿日元的补偿。

这些措施虽然在一定程度上避免了地震导致的金融系统混乱,但是仍然发生了让政府和日本银行都没有料想到的问题。以1924年3月末为期限,由日本银行二次贴现的震灾票据总额为4.3082亿日元,其中有2.68亿日元到1926年末依然没有结清(未收回)。其原因是以震灾票据形式获得日银二次贴现的债权中,包含着大量与震灾无关的不良债权——其中大多数是战后恐慌时银行持有的。其中,约有一半的未结算票据来自台湾银行,大部分是与铃木商店有关的票据①。除了台湾银行,还有很多银行也因在大战期间不加限制的融资,后因战后恐慌无法回收,背负了大量债权,变身为震灾票据的不良债权问题在当时被称作"金融界的癌症",金融界也呼吁尽快找到解决之策。

昭和金融恐慌的发生 1927年1月,第一届若槻礼次郎内阁以解决震灾票据问题为目标,在第52次议会上提出了《震灾票据损失补偿公债法》和《震灾票据善后处理法》这两个法案。前者是依据《震灾票据贴现损失补偿令》制定的对日本银行的损失补偿,后者是针对持有震灾票据的银行,以10年期交付公债形式发放贷款,推进对震灾票据的清理工作,目标是利用总和约为2亿日元的公共资金,对震灾票据问题进行彻底的处理。

但是,不断有人批判在处理震灾票据时,对特定企业以及银行

---

① 铃木商店于1877年作为神户的砂糖商成立,1894年在握有经营实权的金子直吉的管理下,获得了飞速发展,实现了多元化。但是,据说由于一战期间的事业规模扩大和积极地参与投机性交易,在战后恐慌中受到沉重打击,经营状况恶化。台湾银行通过交易台湾产的砂糖、樟脑油与铃木商店构筑了紧密的关系,承担了大部分铃木商店的贷款。

的优待,对于法案的审议更是议论纷纷。同时,在审议的过程中,台湾银行等多家持有高额不良债权的银行浮出水面,银行面临信用危机。在3月14日的众议院预算总会上,听取了东京渡边银行资金周转恶化报告的大藏大臣(财务部部长)片冈直温做出了"该银行已经破产"的错误发言。以此次"片冈失言"为开端,包括东京渡边银行在内的数家银行遭遇挤兑,被迫停业。这便是昭和金融恐慌的开端。

虽然初期的混乱被日本银行颁布的紧急融资和震灾票据两法案稳定了下来,但是4月发生的台湾银行经营危机和围绕对其的救助导致的混乱最终引发了全国性的信用危机。在政府的指导下,以恢复经营为目标的台湾银行于3月27日终止了对铃木商店的融资,铃木商店因此宣告破产。但是,由于无法收回对铃木商店的融资,导致人们对台湾银行本身的信用产生怀疑,由于三井银行等大型银行从台湾银行撤走了短期资金(银行间的短期融资),同行的资金周转困难,面临停业的危机。若槻内阁颁布了一条紧急敕令,规定了由政府担保的2亿日元日本银行特别融资,以此来拯救台湾银行,由于枢密院将这条敕令案否决了,台湾银行自4月18日起停业,若槻内阁也陷入全体辞职的窘境之中①。如此混乱的结果就是国民对金融体系的不安情绪再次表面化,随后发展到全国性的银行挤兑以及36家银行停业的地步。

昭和金融恐慌的整顿及终结　4月20日成立的田中义一内阁任命高桥是清为财政部部长,并着手对昭和金融恐慌进行整顿。高桥下令全国银行在4月22日、23日两天临时停业,并颁布了3周的支付延期令。在此期间,日本银行对城市银行进行了最大额度为18亿6,800万日元的特别融资②。另外,通过了由政府担保,对台湾银行实行2亿日元日银特别融资的法律,使台湾银行幸免

---

① 枢密院是根据《大日本帝国宪法》设置的天皇最高咨询机构,其职责是审议有关宪法的事项和敕令。对台湾银行救助敕令案的否决,其实是批判宪政会内阁提出的中国外交的伊东巳代治等枢密内部强硬派为推倒若槻内阁而做出的政治阴谋。

② 日银券的发行额一时间达26.6亿日元,增加到恐慌前约两倍的水平。由于紧急需求大量纸币,甚至发行了反面为白纸的日本银行券。

于难。这样一来,一连串的恐慌在5月中慢慢平静了下来。

昭和金融恐慌给日本的金融体系带来了巨大变化。由于中小银行的经营危机,存款者开始将存款转移到信用等级较高的大银行和邮政储蓄。五大银行(第一、三井、三菱、住友、安田)的存款总额从1926年的22.33亿日元(占全国银行存款总额的24.3%)增加到1929年的32.1亿日元(同34.5%),存款集中现象明显,邮政储蓄的总额也由1926年的11.56亿日元大幅增长到1929年的20.51亿日元。

其次,1928年1月实施的《银行法》[①]也更新了日本的银行制度和金融行政。该法将银行的资本金下限定为100万日元(大城市为200万日元),同时禁止银行员工兼职,该法律的目的是解决明治时期以来一直存在的中小银行乱建问题和机构银行问题。政府要求不满足条件的银行停业或是与其他银行合并,1926年末普通银行数为1,417家,到了1932年减少到538家,之后以地方银行为中心的银行合并政策依旧在执行(图3-6)。不仅如此,还在财政部银行局设立了检查科,实施定期的银行检查,以强化对银行的监管和指导。就这样,以昭和金融恐慌发端的金融行政的变化成为战后"护送船队方式"的原型[②]。

第三节　经济政策和金解禁问题

从1912年,爆发反对第三届桂内阁成立的第一次护宪运动,到1925年的男子普遍选举法的成立,这段时期被称为"大正民主主义"时期。大正民主是以吉野作造的民本主义为思想核心,在《大日本帝国宪法》规范下,以寻求顺应民意的政治为目标开展的群众运动,在这过程中,1918年成立了第一个真正意义上的政党内阁——原敬内阁。从1924年的第二次护宪运动中获得胜利的护宪三派(立宪政友会、宪政会、革新俱乐部)组成的加藤高明内阁成

[①] 《银行法》公布于第一届若槻内阁时代的1927年3月。
[②] 伊藤正直、霜见诚良、浅井良夫编:《金融危机与革新——从历史到现代》,日本经济评论社,2000年。

立,到 1932 年的"五·一五"事件导致犬养毅内阁倒台期间,众议院两大政党——立宪政友会和宪政会(后为立宪民政党)交替组建政党内阁。当时的政权由于恶政垮台时,在野党第一大党的党首组建下一届内阁的这样一种政权交叠的方式被称为"宪政的常规",这个时代就是"战前的日本政治最为民主的七年"[①]。

政友会和宪政会(民政党)所采取的经济政策的方针截然不同。联合了自由党的派别,背后又有地方上的地主、资本家阶层等有限制选举权的阶层支持的政友会,以"产业立国"为口号,提出了要积极整顿社会资本和产业培育政策的施政诺言。另一方面,前身为桂太郎主导设立的与政友会相抗衡的立宪同士会的宪政会(民政党),在战后势力有所抬头的都市中产阶层的支持下发展壮大,在 1924 年的大选中压倒政友会成为第一大党,稳固了两大党中一部分的席位。宪政会(民政党)的经济政策的基本方针是采用重视财政均衡的紧缩财政以及非募债主义,这与政友会形成鲜明对照。在社会政策方面,宪政会也很积极,在加藤内阁期间的 1924 年制定了《佃农调解法》,在第一届若槻内阁期间的 1926 年还制定了《劳动争议调解法》。在如何解决战后的国际课题——重建金本位制的问题上,两党的方针也有差异。主张积极政策的政友会,对于恢复会制约财政扩大的早期金本位制表现出消极态度,而宪政会(民政党)则将恢复金本位制作为政策目标。是重视以积极的财政政策促进国内经济的发展,还是重视在采取紧缩政策的同时实现国际收支均衡的稳定经济,这样一种政策路线上的对立,从明治初期的大隈重信和松方正义,亦或者是处于日俄战后经营期的西园寺公望和桂太郎的经济政策中都可见一斑,20 世纪 20 年代,这一问题和围绕金解禁的争论相关联,成为经济政策上一个重要的争论焦点。

---

① 坂野润治:《近代日本政治史》,岩波书店,2006 年,132 页。不过,"宪政的常规"并没有根据《大日本帝国宪法》制度化,而是在元老西园寺公望的指挥下实现的。犬养在"五·一五"事件中被暗杀后,西园寺就推荐了稳健派的代表——海军大将斋藤实作为首相接班人,由此"宪政的常规"的时代落幕了。

财政支出的推移

两大政党的政策方针的不同是如何反映在实际的财政政策上的呢？图4-6是将包括中央、地方、特别账目在内的全政府支出扣除重复计算，再按照不同政策目的重新合计后得出的。政友会内阁期间的1918—1921财年（原、高桥内阁期），1927—1928财年（田中内阁期），1932—1933财年（犬养、斋藤内阁期），这些年份的政府支出都有所增加，尤其是原、高桥内阁时期，在大战景气的背景下，大幅扩大了对土木、交通、教育等方面的财政支出①。而在由宪政会主掌大权的1924—1926财年（加藤、第一届若槻内阁时期），以及民政党内阁的1929—1931财年（滨口、第二届若槻内阁时期），政府支出受到抑制甚至有减少的倾向，特别是在1929年以后的"井上财政"期间，支出明显减少。

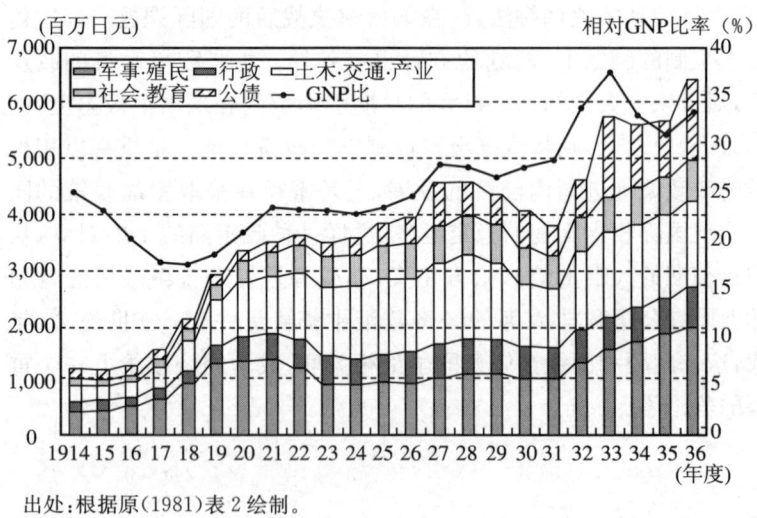

图4-6 出于各政策目的的政府支出（中央政府、地方政府）的变化（1914—1936年）

出处：根据原（1981）表2绘制。

---

① 只不过由于这个时期物价也大幅上涨，所以政府支出的实际额增加率比名义额增加率低。

如上所述,两大政党的不同的政策方针通过财政支出的走向也表现了出来,如果从占 GNP 的比重来看的话,20 世纪 20 年代的财政支出几乎一直处于上升态势。20 年代的城市化使得地方财政(尤其是都市财政)的支出增加,财政支出的水平被拉升了。此外,在主张紧缩财政主义的宪政会内阁时期,由于关东大地震后的重建工程和社会政策费用的增加导致财政规模无法缩减,而政友会掌权下的田中内阁时期财政支出规模扩大,在 1928 年度达到顶峰,所以说两大政党的政策路线并没有贯彻到底①。

中国局势的变化和币原外交、田中外交

在两大政党的时代还有一个争论的焦点,那就是外交问题,尤其是如何应对中国的问题。在军阀之争持续已久的中国,蒋介石率领的国民革命军为了打倒北京政府,从 1926 年开始北伐,1927 年建立了南京国民政府。列强各国在华盛顿体系下虽然承认尊重中国主权的原则,但是与北伐同时,中国展开了反帝国主义的运动,围绕中国的权益保护问题,列强内部乱了阵脚。

对于中国局势的变化,宪政会内阁(加藤、第一届若槻内阁)起用外交官出身的币原喜重郎为外务大臣,在中国问题上,他表现出要在遵循华盛顿体系的基础上,与英美协调解决的协调外交的姿态(币原外交)。而当陆军出身的田中义一担任曾在原、高桥内阁时代构建了基于华盛顿体系的协调体制的政友会的党首后,就对宪政会的外交政策大加批判,称其为"软弱外交"。

在第一届若槻内阁倒台后,于 1927 年成立的田中内阁,首相亲自兼任外相,阻止北伐军向满洲进攻,拥护掌控着北京政府实权的北洋军阀张作霖,开始采用维护、强化日本在满洲利益的"强硬外交"(田中外交)②。但是,张作霖败给了北伐军,美英两国的方针转向,开始承认国民政府为中国的正式政府(正式承认是在 1928

---

① 原朗:"二十世纪二十年代财政支出与积极、消极两政策路线",中村隆英编:《战争期间的日本经济分析》,山川出版社,1981 年,77—109 页。
② 田中内阁为阻止北伐军的进攻,两度出兵山东,1928 年 5 月在济南发生了直接武力冲突(济南事件)。

年),田中内阁的中国外交遇到了阻碍。此时,关东军①企图独自直接支配满洲,于1928年6月4日杀害了张作霖(张作霖炸死事件),而张作霖的儿子张学良转与国民政府联合,最终计划以失败告终。田中内阁承担了一连串事件的责任,于1929年7月2日全体辞职。

日本的金解禁问题

1922年的热那亚国际经济会议,将重建国际金本位制作为今后的目标,自此日本也将解除自1917年以来对黄金出口的禁止(金解禁)作为政策上一大课题。当时,日本是为数不多的几个早期能恢复金本位制的国家之一,但是政友会的原、高桥内阁却对实施金解禁表现出消极的态度。其后,在加藤友三郎内阁的时代,虽然金解禁的趋势高涨,但是由于1923年的关东大地震和随后国际收支的恶化导致汇率一落千丈,向金本位制的早期回归又变得困难起来了。

1925年,英国恢复金本位制,重建世界性金本位制的进程开始加速,宪政会的加藤内阁也于同年9月开始转向实行汇率的恢复政策(图4-5)。汇率的恢复和金本位制的回归不仅反映了应对全球标准的一个侧面,而且从日本的外债发行和外资引入这一点上来说也是相当重要的。汇率的低迷被认为是日本的国家危机的扩大,从而导致在英美金融市场上发行的日本外债价格低迷,新发外债的发行条件也相应恶化②。日俄战争以来,日本一直背负着巨额外债,从补充在外本位币的观点上来看也必须持续发行外债,从这一角度考虑,通过回归金本位制来恢复国际信用就被视为一个重要的问题。在宪政会内阁的时代,制定了出口组合法、上调了关税税率(1926年)③,实施了旨在改善国际收支的政策,同时还实行了

---

① 关东军是指在旅顺、大连等关东州租借地以及南满洲铁路附属地执行防卫任务的陆军部队的名称。

② 岸田真:"东京市外债发行谈判与宪政会内阁的金本位恢复政策1924—1927年",《社会经济史学》2002年68—4号,45—66页。

③ 1926年关税修正既是一项改善国际收支的政策,同时也是一项保护重化学工业的政策,请参见三和良一"1926年关税改革的历史地位",逆井孝仁等编:《日本资本主义——展开与理论》,东京大学出版会,1978年,173—191页。

抑制财政支出以及国债偿还等政策,第一届若槻内阁以1927年为目标,巩固了实施金解禁的方针。前文中提到的震灾票据处理和银行法的制定虽然也是金解禁的一个预备环节,但是由于昭和金融恐慌的发生,若槻内阁倒台,继任的田中内阁实施了积极财政,对金解禁采取了消极姿态。

但是,在推行重建国际金本位制的过程中,国际上对于日本恢复金本位制的进程缓慢施加了很大的压力。1927年10月,访问日本的美国摩根商会的拉蒙特在与美国国务卿及纽约联邦储备银行行长等人协商过后,要求日本采取财政紧缩政策,实现金融系统的稳定,同时尽早恢复金本位制[①]。在1929年召开的国际清算银行(BIS)的成立协议中,也对尚未实现通货稳定的日本能否就任常任理事国提出了质疑。

最终使日本决意实施金解禁的是在1931年迎来偿还期限的2.3亿日元的日俄战时公债。在1928年末的时候,日本实际在外本位币的保有额仅1亿多日元(图4-3),要换借到期的外债,通过恢复金本位制重获国际信用是必不可少的。1929年5月,田中内阁的三土忠造藏相命令担任对外谈判事务的津岛寿一财务官开始与英美的金融界有关人士商讨金解禁的问题,然而如前所述,田中内阁在7月全体辞职了,因此金解禁政策的实施就移交到民政党的浜口雄幸内阁手中。

浜口内阁的成立和金解禁政策

浜口内阁于7月9日发表施政方针声明(十大政纲),提出要改革外交政策和经济政策的目标。在外交政策方面,指出:① 重建中日关系,在维护日本权利的同时实现与中国的共存共荣;② 谋求与

---

① 岸田真:"昭和金融恐慌后的美国对日经济认识与日美经济关系——以1927年10月摩根财团T.W.Lamont的访日为契机",《三田学会杂志》2003年96—3号,91—119页。此时日本正在为补充在外本位币向拉蒙特探询发行南满洲铁路外债的事宜,但是遭到担心影响到中国问题的美国国务院的干涉,结果没有成功。这件事虽然是从英美调用本位币的一项有关经济政策的问题,但是却显示出与外交不可分割的关系。

列国经济、通商关系的振兴,重视国际联盟并协助相关活动;③ 积极应对裁军问题等方针,以恢复田中内阁期停顿下来的日中关系的改善和基于华盛顿体系的协调外交为目标。在经济政策方面,提出:① 财政的整理紧缩和金融界整顿,实现国民的消费节约;② 抑制和递减国债发行额;③ 坚决执行金解禁;④ 社会政策的确立和国际收支的改善等。也就是明确指出要恢复悬而未决的金本位制,并实施相关的日本经济的整顿工作和紧缩政策。浜口内阁的外交政策和经济政策是表里一致的,这使得日本在华盛顿体系和以国际金本位为基石构建的 20 世纪 20 年代的国际秩序中处于一个明确的位置。浜口任命币原喜重郎为外务大臣,前日银总裁井上准之助为财务大臣,这两位大臣所采取的"币原外交"和"井上财政"可以说是浜口内阁政策的两驾马车①。

就任财政大臣的井上,一上任就致力于削减财政支出,将已经确定的 1929 财年一般会计预算削减了将近 9,100 万日元,编制了"实际预算"(16.81 亿日元),此外还将 1930 财年的一般会计预算中的岁出削减到 16.02 亿日元②。此外,井上对地方财政也进行了彻底地削减,如图 4—6 所示,包括中央和地方在内的政府岁出大幅减少③。在外交方面,与英美统一步调,与中国签订关税协定,同时,在 1930 年的伦敦海军裁军会议上,与美英就补助舰艇的保有量限制达成协议④。从减轻财政负担的角度来说,伦敦裁军有着重要的意义。

除此之外,为了削减进口,浜口内阁还倡导国民节约消费,通过出版物和演讲等方式奖励节约和储蓄,呼吁民众齐心协力帮助

---

① 有关井上准之助的经历请参见专栏 7。有关井上的经济思想和金解禁政策的国际意义请参见杉山伸也"金解禁论战——井上准之助与世界经济",杉山伸也编:《"帝国"的经济学》,岩波书店,2006 年,125—172 页。

② 与此同时,井上还打算下调公务员工资,但是遭到官僚的强烈反对,最终撤回。

③ 井上财政期的岁出规模,与宪政会内阁时代的 1925—1926 财年相当,可以说井上财政将田中内阁时期膨胀的财政支出拉回到原来的水平。

④ 在伦敦海军裁军会议上,以比海军主张的"英美的七成"水平稍低的保有比率缔结了海军裁军条约。海军军令部和政友会强烈批判下此决断的浜口首相,称该条约的缔结损害了天皇的统帅权(统帅权侵犯问题),成为了之后枪击浜口首相事件的一个因素。

政府实现金解禁①。同时,还以内务省为中心展开了全国性的公私经济紧缩运动,并开展了消费节约运动和爱用国货运动。

另一方面,为提高金解禁后日本的国际竞争力,实施了产业合理化运动。主导这次运动的是受到大战后德国合理化运动影响的商工省的中坚官僚(吉野信次和岸信介等人),这项运动的特点不在于促进企业间的竞争,而在于通过产业的"组织化"以强化国际竞争力。所谓组织化是指由各行业的卡特尔来协商价格和生产数量比重,或者通过企业合并(托拉斯)限制价格竞争,在保障企业一定利润的前提下促进合理化投资,提高产业整体的生产能力。1929年12月,商工审议会(关于商工政策的咨询机关)对产业合理化的具体方案做出汇报,提出官营失业的民营化,推进企业合同和同业者协定,推进各企业效率提高等六项提案。根据这一报告,1930年6月在商工省内部设置了临时产业合理局作为实施机构。标志着产业合理化政策,尤其是企业的组织化政策的目标实现的,是1931年制定的《重要产业统制法》。这一法律正式承认了卡特尔这一组织形式,并且能将不遵守这一法律的企业强制纳入卡特尔②。

将以上所述的浜口内阁的经济政策体系概括如下。实施金解禁和维持后来的金本位制,都必须要保证国际收支的持续顺差。因此,在通过削减政府支出和节约消费来达到削减总需求、抑制进口目的的同时,还要下调国内物价水平。这种通货紧缩政策虽然在短期内会打击国内经济,但是日本的物价水平在国际上就能够处于较低水平,从而通过产业合理化政策达到强化国际竞争力的目的,将来,国际收支得以改善,实现稳定的经济增长。井上曾说:"要使我国的财政经济在不久的将来恢复常态,现在这样短暂的不

---

① 井上的著作《金解禁——向全日本高呼》(1929年,日本银行调查局编《日本金融史资料昭和篇》第22卷所收)明示了政府对于金解禁问题的见解。政府积极地使用报纸、广播等媒体宣传,鼓励大家为实现金解禁共同努力。有关媒体对于金解禁政策的对策请参见中村宗悦《为什么总是重复经济失策》,东洋经济新报,2005年。

② 只不过,该法律中也加入了限制卡特尔不正当的价格提高的条款,起到了排除寡头垄断带来的影响。请参见桥本寿朗《大恐慌时期的日本资本主义》,东京大学出版会,1984年。

景气难道不远比前途一片漆黑的不景气要好吗?"①

"新比价解禁论"和旧比价下的金解禁

从1929年起政府及日本银行开始着手金解禁的具体准备,将汇率向比价附近靠拢,并补充政府和日银的在外本位币。11月,与以摩根商会为首的英美银行团体之间设定了总额达1亿日元的预备信用贷款(必要时可贷的短期资金合同)。因为信用贷款设定在1925年英国恢复金本位时也使用过,之所以有此一举,一方面是防止金解禁后有可能发生的货币大量流出,另一方面也是在呼吁英美金融界对日本金本位回归给予道义性援助。

1929年11月21日,政府颁布了大藏省令,宣布将在次年,即1930年1月11日实施金解禁(预告解禁),并按照预定进行了。此时,政府没有变更货币法中规定的1日元金币的分量(2分=0.75 g),而是选择了维持原来以与黄金含有量为基准测算的各国通货的比价,即"旧比价解禁"②。在浜口内阁成立之前,1928年的日元对美元的汇率平均值为100日元=46.5美元,低于根据比价制定的汇率100日元=49.875美元,因此在旧比价条件下的金解禁实际上意味着日元升值(图4-5)。

关于金解禁,在20世纪20年代后半叶,东洋经济新报社的石桥湛山、高桥龟吉、小汀利得、山崎靖纯等人主张以"新比价解禁"③。他们以批判英国在旧比价体系下恢复金本位制的凯恩斯理论和卡塞尔的购买力评价说为参考,为了缓和汇率上升对国内经济的影响,主张应将比价下调到解接近实际的外汇水平(被称为新比价)后再实施金解禁。新比价解禁论并不是当时主流的观点,在海外仍然存在着担忧以旧比价实施金解禁的声音。在田中内阁末

---

① "为了金解禁只有节约消费"(井上准之助)东京朝日新闻,1929年7月6日(日本银行调查局编《日本金融史资料 昭和编》第21卷所收)。

② "旧比价"这一用语,与后文中阐述的新比价解禁论形成对比,是指"与以往相同的比价",根据1897年的货币法定下的黄金比价里不存在"新"、"旧"之分。以下,本章中提到的"旧比价"均是指"由货币法评定的比价(及由比价决定的汇率)"。

③ 石桥湛三《金解禁的影响与对策——倡导新平价解禁》,东洋经济新报社,1929年)将新比价解禁论的主张做了系统的整理概括。

期的1929年6月,津岛财务官在纽约商议有关实施金解禁的准备时,摩根商会的拉蒙特、纽约联邦储备银行的哈里森总裁都建议应当将日元贬值到当前的外汇水平。

那么,为什么政府要不顾内外主张下调汇率的声音而选择旧比价解禁呢?首先,以井上为代表,当时财政界的许多人认为以旧比价实施金解禁是理所当然的。他们指出战后日本的经济状况因设备过剩、资金过剩而陷于缓慢增长的状态,因此应通过旧比价下的金解禁促进金融界整顿。第二是有关货币法修正的问题。要修改金比价必须要修改货币法,由于在"宪政的常规"下,政权交替以后,要举行众议院的大选,所以在浜口内阁成立的时点上,民政党的议席数还没有过半。当时,民政党和政友会针锋相对,要使货币法的修改获得议会承认是很困难的。在为了尽早改借外债而急于实施金解禁的浜口内阁看来,比起大选后再修改货币法,仅靠大藏省令就可以实行的旧比价解禁是个更加可靠的方法①。而且,金解禁的成功作为一项政绩,可以加重在大选中的砝码,出于这样一种政治考虑,浜口在金解禁不久之后的1930年2月举行了大选,民政党以压倒性的优势(取得273个议席)获得了选举的胜利。

除此之外,日本还背负着巨额的对外债务,今后必须从国际金融市场调用资金。日本的对外债务余额(除去直接投资的公债和公司债的总和)从1922年的15.5亿日元增长到1928年的约23亿日元,其中大部分是以英镑和美元结算的外币债。这一数额相当于1928年底政府、日银的本位币保有余额(约12亿日元)的两倍水平,光是支付这些债务的利息,每年就需要超过1亿日元的资金。日元的贬值,对于日本来说意味着实际上增加了对外债务,从这个角度来看,以旧比价实现金解禁对于政府来说是个合理的选择。

从上述几个条件来看,应当选择旧比价解禁,然而一方面为了实现日元本质上的升值,另一方面又要实现国际收支均衡,需要彻底的通货紧缩政策。而且,恢复金本位制和国际收支均衡的目标,

---

① 当时,在英美的金融市场,根据1929年的杨格委员会报告预定发行德国复兴公债(杨格公债),要使日本的外债发行成功,必须于1930年春开始交涉。外债交涉开始于金解禁实施后的1930年4月,5月与英美达成改借总额达2.64亿日元外债的协议。

导致了日本经济直面世界恐慌的爆发和国际金本位制的崩溃，一落千丈，陷入了严重的不景气——昭和恐慌之中。

第四节 世界恐慌和昭和恐慌

1929年10月24日，以纽约股市大幅跌落（黑色星期四）为开端爆发的美国经济恐慌，在数年之后，发展成为席卷全球的世界性恐慌。世界恐慌向日本的波及，再加上之前浜口内阁实行紧缩政策的影响，带来了昭和恐慌，那不光在经济这个层面，而且在政治以及社会层面也极大地影响了日本此后的发展方向。

世界恐慌和国际金本位制的崩溃①

第一次世界大战以后，在经济依旧持续增长，被称为"永久繁荣"的美国，20世纪20年代后期发生了资产市场的泡沫型高涨。1928年起，美国联邦储备制度为了抑制投机性交易，采取金融紧缩，其结果是导致1929年10月股市暴跌，资产泡沫的崩溃一方面导致美国经济急速缩小，同时在金融层面和实体经济层面都给世界经济带来了深刻影响。

在实体层面，在全球最大的进口国美国经济低迷的情况下，各国纷纷采取保护主义政策，如上调关税率，形成将殖民地包围其中的"经济共同体"等，使得世界性需求萎缩。世界贸易的总额从1929年的686亿美元大幅缩减到1932年的269亿美元。在金融层面，从美国国内投资过热的1928年起，向欧洲的资本投资开始停滞，而1929年的股市暴跌和随后的恐慌扩大，拉动了美国投资家向欧洲的投资。因此，美国以对外投资为基点的国际性资金循环链中断，加重了欧洲的不景气。

1930年，美国景气的恢复迹象和基于杨格计划的新对德贷款，

---

① 有关世界恐慌，请参见金德尔伯格著，石崎昭彦、木村一朗译《经济大恐慌下的世界1929—1939年》（东京大学出版会，1982年）等。关于世界恐慌的最近的研究动向，详见岩田规久男编著《昭和恐慌的研究》（东洋经济新报社，2004年）。

虽然预示了经济稳定,但是1931年5月,还是以奥地利大银行破产为契机,爆发了国际性金融恐慌。由于资本纷纷撤离,遭遇资金流出的德国于7月停止了金本位制,与此同时,人们对英镑产生强烈不安情绪,在英国也同样发生了资金流出的现象,9月21日,英国停止了英镑的兑换,脱离了金本位制,作为核算体系的国际金本位制实际上宣告终结了。

此次经济危机的扩大,与20世纪20年代重建金本位制有很大的关系。各国在大战前都认为"恢复常态"是恰当的做法,因此以英国、美国为代表的多个国家都选择了恢复战前的金本位制。这一做法招致20世纪20年代的世界性通货紧缩和低增长,使得重建金本位制变得不堪一击。而且,在国际金本位制制约之下,各国的经济政策受到约束,黄金流出国(国际收支赤字国)被要求采取提高利率等通缩政策,而黄金流入国不一定非要实施通胀政策,这就使得金本位制存在着非对称性。可以弥补这一点的是由黄金流入国向流出国进行资本投资,20世纪20年代,最大的黄金流入国——美国进行的资本投资起到了支撑世界经济发展的重要作用。

但是,在世界恐慌的过程中,各国努力维持金本位制的做法致使恐慌扩大。美国的需求萎缩和对外投资的减少加速了黄金从周边国家流出,各国为了维持金本位制只得采取紧缩政策。而且,正如1931年的国际金融危机反映出来的一样,一旦丧失了对各国维持金本位制的信心之后,就会发生资本撤离以及投机性资金流出、流入等短期资金(热钱)的频繁移动,金融体系本身也就面临崩溃的局面。

进一步来说,相对于经济危机的扩大,国际性协调的失败也是世界恐慌扩大的一个原因。英国和美国是世界经济中心的两极,不管是哪一极都不具备稳定世界经济的责任和能力,各国实施保护主义政策,使得原本因为自由贸易扩大的世界经济又缩小了。在应对金融危机的问题上,国际性协调的失败是导致国际金本位制崩溃的决定性因素。这次世界恐慌的经验,给二战后布雷顿森林体系的形成以及后来国际经济协调的变动造成了巨大影响。

昭和恐慌的展开

世界恐慌的爆发,又给原本因为浜口内阁采取的紧缩政策陷入萧条局面的日本经济沉重一击。从表4-5中所列的名义国民总支出的增减和贡献度、贡献率中可以看出,从1929年起,个人消费支出和政府支出都在减少,由此可见浜口内阁紧缩政策的影响。进入1930年后,世界恐慌的影响逐渐显现,个人消费支出和出口的减少是使名义GNE下降了约10%的主要原因。1931年个人消费支出下降幅度最大,可以说这一年,金解禁政策和世界恐慌的波及使得景气进一步恶化。

表4-5 名义国民总支出及其贡献度、贡献率(1928—1936年)

(百万日元)

	个人消费支出	民间固定资本形成	政府支出	出口与海外所得	进口与海外支出	国民总支出
1928	12,210	1,508	2,923	3,033	3,168	16,506
1929	11,782	1,605	2,822	3,300	3,223	16,286
1930	10,850	1,312	2,462	2,486	2,439	14,671
1931	9,754	1,044	2,587	2,029	2,105	13,309
1932	9,804	937	2,932	2,466	2,479	13,660
1933	10,850	1,272	3,240	3,092	3,107	15,347
1934	12,097	1,686	3,242	3,580	3,639	16,966
1935	12,668	1,992	3,471	4,158	3,991	18,298
1936	13,328	2,195	3,610	4,580	4,389	19,324

增减贡献度 (%)

1929	−2.6	0.6	−0.6	1.6	−0.3	−1.3
1930	−5.7	−1.8	−2.2	−5.0	4.8	−9.9
1931	−7.5	−1.8	0.9	−3.1	2.3	−9.3
1932	0.4	−0.8	2.6	3.3	−2.8	2.6
1933	7.7	2.5	2.3	4.6	−4.6	12.3
1934	8.1	2.7	0.0	3.2	−3.5	10.5
1935	3.4	1.8	1.3	3.4	−2.1	7.9
1936	3.6	1.1	0.8	2.3	−2.2	5.6

增减贡献率						（%）
1929	194.5	−44.1	45.9	−121.4	25.0	100.0
1930	57.7	18.1	22.3	50.4	−48.5	100.0
1931	80.5	19.7	−9.2	33.6	−24.5	100.0
1932	14.2	−30.5	98.3	124.5	−106.6	100.0
1933	62.0	19.9	18.3	37.1	−37.2	100.0
1934	77.0	25.6	0.1	30.1	−32.9	100.0
1935	42.9	23.0	17.2	43.4	−26.4	100.0
1936	64.3	19.8	13.5	41.1	−38.8	100.0

出处：根据大川等（1974）制成此表。
注：政府支出是政府日常支出与政府固定资本形成的总数值。另外，民间固定资本形成是除去与政府固定资本形成重叠的数值。
※增减贡献度＝当年各项目的增减/前年国民总支出×100
※增减贡献率＝当年各项目的增减/当年国民总支出的增减×100

昭和恐慌伴随着明显的物价下跌。如图4-7所示，消费者物价、投资品物价的下跌幅度达到30％的水平，尤其是大米和生丝这些与农村家庭经济密切相关的商品价格下跌程度最大。紧缩政策的影响外加1930年的丰产，导致成熟米的供给过剩，致使米价急剧下跌，而1931年以后米价也一直不见恢复迹象。另一方面，伴随出口减少产生的生丝价格的下跌又使得农家的副业——养蚕收

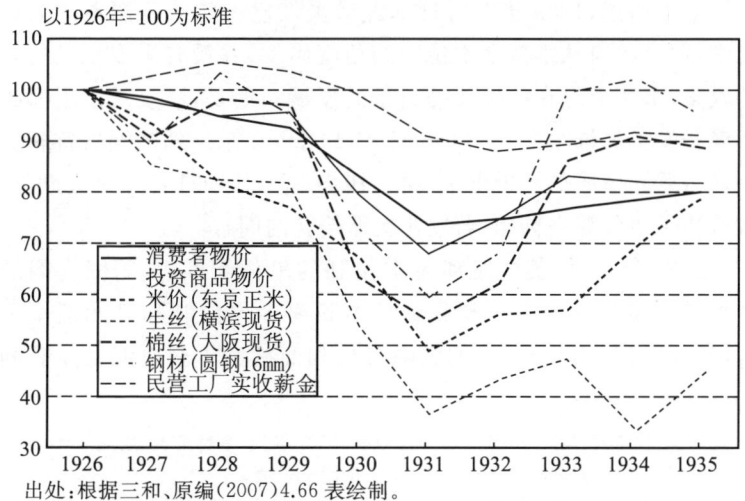

图4-7　昭和恐慌期的物价下跌（1926—1935年）

出处：根据三和、原编（2007）4.66表绘制。

入大幅减少,恐慌后价格依旧低迷。农民收入受到物价下跌的影响在从1929年起的两年时间内锐减了一半,农村恐慌成为一个深刻的社会问题①。

恐慌对制造业的影响也不可小视,对美生丝出口量骤减的制丝业从日本主导产业的位子上掉了下来。在受到世界恐慌波及之前,纺织业就已经开始出现对华出口下降,此次的世界恐慌使得纺织业雪上加霜。但是,通过生产调整(缩短开工时间),1934年棉线价格又恢复到恐慌前的水平,原材料棉花价格的下跌和削减工资使得纺织业挽回了损失。此外,在重工业部门,尽管由于受到竞争性的海外进口品价格下跌的影响,收益情况有所恶化,但是在采取了下调工资和组建卡特尔进行生产调整等应对措施后,生产数量的减少小于价格下降的幅度。工厂劳动者的工资在摆脱大恐慌阴影的过程中,一直在低位徘徊。在农村恐慌的背景下,劳动市场产生了供大于求的现象,再加上日本的重化学工业部门是按照就业年数和熟练程度构建的工资体系,所以就抑制了总工资的水平。这也成为20世纪30年代重化学工业发展的一个条件②。

国际金本位制的崩溃和"购买美元"问题

如上所述,1929年以后日本经济虽然已经陷入了严重的萧条之中,但是政府从维持金本位制的角度出发,并没有采取积极的救助政策,事实上是在放任通缩萧条的发展。但是,民众对于恐慌的不满诱发了恐怖主义,1930年11月14日,在东京站的浜口首相被一名右翼团体成员用枪击中,由于伤势过重于1931年8月去世(浜口首相于4月辞去首相,若槻礼次郎接管内阁)。

1931年9月,英国脱离金本位制的事件给浜口、若槻内阁的金解禁政策最终一击。预测到日本脱离金本位制和日元汇率下跌(日元贬值、美元升值)的金融机构和商社为了获得汇兑差额利

---

① 中村隆英、尾高煌之助:"概说1914—1937年",中村隆英、尾高煌之助编:《日本经济史6:双重构造》,岩波书店,1989年,2—80页。

② 桥本寿朗:《大恐慌时期的日本资本主义》,东京大学出版会,1984年。

益，企图将日元资金换成美元，一时间都涌到横滨正金银行卖出日元买进美元①。参与"买入美元"交易的不仅仅有美国的金融机构，连三井银行等日本的金融机构和商社也加入其中②。面对这样的投机性美元购买，井上没有放松维持金本位制的姿态，从9月到12月间通过横滨正金银行向海外输送了大约3亿日元的本位币。日本银行为了对抗黄金流出，决意要提高国内利息，并试图通过直接管制购买美元的行为封锁投机性交易。虽然针对黄金流出实施的高利息政策，是维持金本位制的正当的政策手段，但是在通缩萧条的情况下，利息上调却使得日本经济背上了更加沉重的负担。

满洲事变和若槻内阁的垮台

1931年9月对于日本来说不仅是经济上的，也是政治上的一个巨大转折点。9月18日，在奉天（今沈阳）郊外的柳条湖附近的南满洲铁路上发生了爆破事件（柳条湖事件），关东军认定这是中国军队的所作所为，单方面开始了军事行动。这便是满洲事变的开端。柳条湖事件其实是企图占领满洲全城的板垣征四郎、石原莞尔等关东军干部策划并自导自演的一幕剧，关东军对若槻内阁的不扩大方针置若罔闻，执意扩大战线。国内舆论对满洲事变却表示出赞赏，在这种情形下，根据要求尊重中国主权的华盛顿体系构建的外交路线也面临着崩溃的危机。

而且，由陆军将校和民间右翼分子策划的推翻第二届若槻内阁的武装政变未遂事件（10月事件）的发生，使内阁遭受巨大冲击，党内外建立新政权的呼声高涨。12月，由于安达谦藏内务大臣主张与政友会构建联合内阁的构想（合作内阁论）导致内阁内部意见

---

① 由于兑换造成更多的黄金流出，从1930年8月起日本银行引入了通过横滨正金银行利用外汇买卖的方式调整外汇供需的"汇兑管制销售"。因此，买入美元的交易都集中到了横滨正金银行。

② 三井银行虽然解释说，因为英国金本位的停止而被冻结了手头持有的英镑资金，不得已购买美元，但是实际上是处于进行投机交易的考虑。请参见伊藤正直《日本的对外金融与金融政策1914—1936》，名古屋大学出版会，1989年。

不统一，若槻内阁于12月13日全体辞职，主张金解禁和协调外交的民政党内阁时代至此画上了句号。

具有讽刺意味的是，若槻内阁全体辞职后，继任的犬养内阁即日就禁止了黄金出口，而两天后的12月15日便是大部分美元预购的结算日。还没有等到结算日，金本位制就崩溃了，围绕美元购买的攻坚战以美元购买方的胜利告终，他们因为日元汇率的暴跌获得了巨额利益。日本的本位币保有额从1929年末的13.43亿日元大幅减少到1931年末的5.57亿日元，2年间就损失了7.86亿日元。

以恢复金本位制为目标而实施的"井上财政"的后遗症就是国内严重的通缩萧条，金解禁政策的失败，以及巨额的黄金流出等一系列惨重的事实。有很多研究者评价井上财政是失败的，有的观点批判昭和恐慌使农村陷入贫困的深渊，并成为后来法西斯势力抬头的温床，有的则针对井上财政主张的清算主义思想和通缩政策进行批判①。另一方面，也有不少观点认为井上财政的失败应该归因于世界恐慌的波及和国际金本位制的崩溃等外在因素，在20世纪20年代国际性框架下，日本恢复金本位制的目的是有其合理性的②。之所以对井上财政有不同的评价，是因为有些观点是事后性地评价历史事件，而有的是把它作为当时政策选择的可能性问题来考虑，或者单纯地作为经济政策问题来理解，亦或是按照政治、经济的框架来评价，总之，这些观点反映出了不同的历史解读的视角。

---

① 具有代表性的研究有长幸男《昭和恐慌——日本法西斯的前夕》（岩波书店，1973年）；中村隆英《经济政策的命运》（日本经济新闻社，1967年）；岩田规久男编著《昭和恐怖的研究》（东洋经济新报社，2004年）。

② 杉山伸也认为井上的金解禁政策是以对美关系的重要性和包括殖民地在内的对亚关系的重要性的认识为前提，在国际游戏规则的框架中，构筑日本经济的重要一步。请参见前引杉山伸也"金解禁论战——井上准之助与世界经济"。

第五节 "高桥财政"和 20 世纪 30 年代的日本经济

在经历了世界恐慌和昭和恐慌期之后,20 世纪 30 年代的日本在政治、经济层面都迎来了新局面。政治上,日本通过 1931 年的满洲事变占领了满洲、内蒙古,建立了傀儡国家"满洲国",扩大了自己的殖民地经济圈(日元区)①,进而向华北扩张势力。对于日本的这番行动,国际联盟派出了利顿调查团,并根据调查团的报告要求日本从满洲统治中撤退②,但是日本拒绝了报告中的要求,退出了国际联盟,也从 20 世纪 20 年代形成的国际合作框架中脱离了出来。经济方面,以英国终止金本位制为开端,国际金本位制分崩离析,世界恐慌日益扩大,在这种时局下,以保护主义政策和殖民地区域的形成为条件,以自由贸易为基础的贸易体制也终结了。在这种情况下,日本率先从世界恐慌的萧条中抽身而退,在整个 20 世纪 30 年代中实现了经济的高速增长。

高桥财政期的经济政策和从萧条中逃脱

第二届若槻内阁倒台后,成立了以政友会为独立执政党的犬养毅内阁。犬养任命高桥是清为大藏大臣,力图改革经济政策。直到 1936 年"二·二六"事件爆发,高桥担任了犬养、斋藤实、冈田启介三任内阁的大藏大臣(冈田内阁的 1934 年 7 月—11 月,藤井

---

① 在关东军的主导下,拥立清朝最后的皇帝溥仪的建立的伪"满洲国",于 1932 年 3 月 1 日宣告从中国"独立"。但是,"满洲国"政府的实务方面的重要职位又都是日本人担当,1932 年 9 月,在日本承认"满洲国"时签署的日满协议上,承认了日本人在"满洲国"的军事、内政方面的指导性地位。从这些事实中,我们可以确定"满洲国"就是日本的傀儡国,由日本进行间接的殖民地统治。

② 利顿调查团的报告书中将满洲事变断定为对中国主权的侵害,虽然不承认"满洲国"的独立,但是承认日本在满洲的权益,为了保护这些权益,建议日中两国缔结新的协议,这些内容是在考虑了日本方面的主张的基础上提出的。但是,已经通过缔结《日满协议》承认了"满洲国"的日本,拒绝接受上述的建议。

真信任大藏大臣),因此这一时期的经济政策被称为"高桥财政"。高桥财政经济政策的特色主要有三点:① 脱离金本位制和低汇率政策,② 积极的财政支出,③ 低利息政策。高桥财政试图将日本经济从昭和恐慌的严重萧条中拉回到正轨上来。

再度禁止黄金出口和汇率的下跌 高桥在犬养内阁成立的12月13日就再度禁止了黄金出口,使日本脱离了金本位制。此后,日本的货币制度向酌情决定货币供给量的管理货币制度过渡。在外汇方面高桥采取了放任的方针,对美元汇率在1932年底曾一时暴跌至100日元＝20美元附近。次年起,政府修改了外汇管理法,开始介入外汇交易,此后的汇率一直在100日元＝30美元上下的水平徘徊(图4—5)。日元汇率的大幅下跌意味着进口到日本的商品价格上涨,海外市场的日本产品价格下跌。1932年以重化学工业品为中心的进口关税上调与低关税政策,同时还带来了日本的出口扩大和进口替代化进程。

财政支出的扩大 高桥财政时期,从井上财政时期的紧缩政策一下子转变为积极扩大财政的政策,一般岁出的规模从1931财年的16亿日元左右增长到1932财年的19.5亿日元,到了1933财年已经增长到22.4亿日元。财政支出扩大的最大原因是以满洲事变费用为主的军事费用,一般账目中的军费支出从1931财年的5.6亿日元增长到1934财年的10.6亿日元,几乎翻了一番。此外,提到高桥财政时期具有特色的经济政策,就要说到以援助农村为目的实施的时局匡救事业①。其中内容包括为整理农村债务而实行的低利息贷款,以及以解决失业和收入保障为目的的公共事业,仅后一项,中央和地方在1932—1934财年就总共支出了8.3亿日元②。

---

① 针对农村的救助政策,除了时局匡救事业以外还有通过《谷物统制法》(1933年)制定的米价维持政策。此外,还实施了诸如以农林省为中心的"农山渔村经济振兴计划"和"产业组合扩充五年计划"等,由政府主导,以农村的组织化和再生为目的的政策。

② 对时局匡救事业的评价主要有两种截然不同的观点,一方高度评价时局匡救事业走在了凯恩斯政策前面(中村隆英:"'高桥财政'与公共投资政策",中村隆英编:《战争期间的日本经济分析》,山川出版社,1981年,111—133页),而另一方认为此项政策的效果不明显(加藤和俊:《战前日本的失业对策》,日本经济评论社,1998年)。

国债的日银认购发行和低利息政策　在应对财政支出的大幅增长方面，高桥并不是通过增税获得财源，而是通过发行国债，1932年首次发行了赤字国债（岁入填补公债）。而且，采用的是被称作"国债的日银认购发行"的新方法。如果政府向金融市场卖出巨额国债，可能会因为与民间资金需求的竞争抬高城市银行利息，最终导致压制设备投资的结果（挤出现象）。而所谓国债的日银认购发行是指持有货币发行权的日本银行，不通过市场直接认购国债（其结果是通过政府重新供给与国债发行额相同额度的通货），这可以说是既解决了政府的财政需求，又缓和了对民间部门资金供需的影响，同时利用充裕的货币供给实现了向低利息过渡的"一箭三雕"的政策（深井英五）。日本银行虽然此前就开始实行通过买卖在市场上流通的国债来调节金融的公开市场操作，但是此次以政府财源筹措手段的形式，与日本银行全面合作，发行日银认购的国债，还是史无前例的一项具有划时代意义的金融政策。日本银行将认购的国债转手在市场卖出，在吸收放出资金的同时还起到了调节物价的作用[1]。

高桥财政的宏观影响　高桥财政时期的经济政策对于20世纪30年代的景气恢复发挥了怎样的作用呢？我们可以通过表4-5来观察。从表中，我们可以发现在1932年，景气恢复的初期阶段，出口和政府支出对经济增长的贡献度很大，而由于汇率下跌导致的出口扩大和财政支出却使景气恢复首当其冲。1933年以后，政府支出对于经济增长的贡献度逐渐减弱，民间部门（个人消费和民间固定资本形成）的需求扩大和出口共同主导了经济增长。持续扩大的设备投资背后是通过发行日银认购的国债积极的资金供给和低利息政策的贡献[2]。可以说在从昭和恐慌的阴影中走出的过程中，高桥财政时期的经济政策发挥了重要作用。

---

[1]　通过发行日银认购的国债和之后的卖出操作达到调节金融的目的，在高桥财政登场以前就一直在政府和日本银行内部商讨（伊藤正直：《日本的对外金融与金融政策1914—1936》，名古屋大学出版会，1989年；井手英策：《高桥财政研究》，有斐阁，2006年）。

[2]　近年的研究指出，以发行日银认购的国债的形式实施金融缓和政策是通过市场上期望通胀率的上升带来总需求的扩张。前引岩田规久男编著《昭和恐慌的研究》。

贸易结构的变化

虽然前文中已经说到,在从昭和恐慌中恢复的过程中,出口的扩张成了主导经济增长的重要因素,但是日本的贸易结构在20世纪30年代在量和质的方面都发生了巨大变化。如图4-2所示,日本的出口额从1931年的11.47亿日元陡增到1936年的26.93亿日元。从地区来看,面向亚洲的出口增长最为显著,其中纤维制品、灯泡、火柴等中小产业产品向中国和东南亚地区的出口增加。由于汇率下跌和彻底的合理化提升了国际竞争力,扩大了日本纤维制品(尤其是棉纺织品)的出口,这也引发了与英国、美国、荷兰等国之间的贸易摩擦①。

满洲事变发生后,政府以及关东军计划利用满洲的资源进行大规模的重化学工业开发,也相继有重化学工业组成后文中将要介绍的新兴康采恩形式进入朝鲜。这种对殖民地的投资相应地扩大了日本重化学工业制品的出口。看一下1935年日本殖民地圈(台湾、朝鲜、关东州、"满洲国")的贸易数据,日本对殖民地圈的进出口占到亚洲贸易总体的六成左右,向殖民地圈出口(12.22亿日元)的清单中,36％为重化学工业品,从殖民地圈进口(10.151亿日元)的清单中61％为食品,22％为各种原材料②。

而另一方面,日本对美贸易的出口却出现明显的停滞现象,甚至没有能超过20世纪20年代的出口额。其中最大的原因是20世纪20年代,曾经是日本获取外币产品的生丝由于受到世界恐慌的影响出口量锐减,随后又因为日元汇率下降导致竞争力低下,再加上人造纤维和化纤制品的普及,生丝出口陷入停滞状态。与此相反,整个30年代,日本从美国的进口额持续增加,对美贸易从20年代的顺差变成了逆差。开禁黄金出口后,低汇率和关税上调虽然推动了重化学工业制品的进口替代化,但是需要高端技术的工作

---

① 杉山伸也、伊恩·布朗(Ian Brown)编著:《战争期间东南亚的经济摩擦——日本的南进与亚洲、欧美》,同文馆,1990年。
② 山本有造:"殖民地经营",中村隆英、尾高煌之助编:《日本经济史6 二层构造》,岩波书店,1989年,231—274页。

机械仍然依靠进口,而且伴随着重化学工业化的进程,金属原料(尤其是铁屑)和石油等原材料、资源进口都增加了。

如上所述,日本的贸易构造呈现对亚贸易顺差和对欧美(尤其是美国)贸易逆差的特点,从20世纪30年代前半期的国际收支的经常项目来看,基本保持均衡的状态(图4-2)。但是,从结算这一点来看的话,日本的贸易构造还面临着外币不足的严重问题。对亚贸易中约六成是在以日元作为最终结算货币的"日元区"内部进行的贸易,因此无法补充在对欧美贸易结算中流出的外币(本位币)。30年代,日本经济的发展和重化学工业的成长,以及与殖民地经济关系的强化促使资源进口扩大,这必然会导致外币不足,在引进外资方面也不见成效的情况下,1934年日本的在外本位币跌至3千万日元以下(图4-3)。外币不足的问题成为日本开始实施真正的经济统制的契机,相关内容将在第五章中详述。

重化学工业的进展和新兴康采恩

在财政支出扩大和出口增加的导引下,昭和恐慌期中曾经一度停滞的工业部门又起死回生,通过旺盛的设备投资迎来了第一次世界大战时期以来的快速增长时代。如图4-4所示,制造业的生产额(1934—1936年价格)从1930年的92.61亿日元到1935年的150.93亿日元,增长了约1.6倍,重化学工业在制造业中所占比重也从1930年的35%增长到1935年的43.7%。主导30年代重化学工业发展的是以钢铁业为中心的金属工业以及造船、电气机械等机械工业。由于汇率下跌和关税保护政策促进了进口替代化的转变,再加上以纤维产业为中心的出口产业呈现繁荣,制造业总体的设备投资兴盛,从而扩大了重化学工业的生产。而且,重化学工业的发展催生了设备投资的需求,反过来又促进了新一轮生产的扩大。像这样展开的"内部循环性生产扩大"[1]可以说是20世纪30年代经济发展的特征。

30年代,以重化学工业为中心,企业经营呈现多元化发展趋

---

① 桥本寿朗《大恐慌时期的日本资本主义》,东京大学出版会,1984年。

势,一些并购了多家企业的新型企业集团开始崭露头角。这些企业与三井、三菱、住友等旧时财阀相对应,被称为新兴康采恩(新兴财阀)①。其中有五家是最具有代表性的新兴康采恩②,分别是由久原房之助创办,后由鲇川义介重建的久原矿业;以重工业为中心,通过吸收合并企业快速成长起来的日产康采恩;日本氮素肥料的创始者野口遵利用电解法建成的世界领先的合成氨工厂,并以化学肥料(硫酸铵)的制造为核心向电力、化学部门扩张的日窒康采恩;以森矗昶创办的日本电气工业和他参与经营的昭和肥料合并建立的昭和电工为中心,向化学、制铝等产业扩张的森康采恩;中野友礼利用自己的技术创办的以日本曹达为中心,并形成企业集团的日曹康采恩;还有以将理化学研究所的大河内正敏的研究成果实现产业化为目标而形成的产业集团——理研康采恩。除了日产,其余四家的创办者都是学技术出身的。而且,与原有的财阀不同的是,旗下没有金融机构的新兴康采恩主要是从股票市场调动资金用来扩大事业,20世纪20年代以后的资本市场的发达支撑了他们的发展。此外,多数新兴康采恩积极地进入殖民地市场,森和日窒两家集团在朝鲜建造了大规模的水力发电站,形成了制造铝和硫酸铵的联合企业。鲇川义介掌管的日产康采恩配合关东军和革新官僚们制定的满洲开发计划,亲自将基点转移到满洲,创建了满洲重工业③。

政府的产业政策也对重化学工业化的发展起到了重要作用。在针对个别产业的产业政策方面,从1932年起开始改善资助船舶措施,规定在将老化船只置换成新造船只时,支付船主一定的补助金,这为海运业的合理化和造船业的发展做出了贡献。根据20世纪30年代发展起来的产业组织化政策,政府商议了以临时

---

① 下谷政弘将新兴康采恩理解为伴随20世纪30年代的重化学工业化出现的新型企业结合形态,并指出重要的不仅是下述的五家集团,还有包括原有财阀在内的多家企业集团也采用了这种以持股公司为核心的康采恩形态。下谷政弘:《新兴康采恩与财阀——理论与历史》,日本经济评论社,2008年。
② 大盐武:"新兴康采恩的展开",经营史学会编:《日本经营史基础知识》,有斐阁,2004年,168—169页。
③ 原朗:"'满洲'经济统制政策的开展——围绕满铁改组与满洲实业的成立",安藤良雄编:《日本经济政策史论》下,东京大学出版会,1976年,209—296页。

产业合理局为中心的制铁公司的官民合同(制铁合同),并于1934年合并了六家官营制铁所和民间制铁公司,成立了日本制铁股份公司。

不仅如此,在30年代后半期,政府开始利用计划经济的手段介入产业发展。例如,1936年制定的汽车制造实业法严格限制了进驻日本的外资汽车制造商(福特、GM)的生产活动,对于获得政府许可的日本企业则采取补助培育政策,以达到实现汽车国产化的目标。此时被指定为许可公司的是日产汽车和丰田自动织机制造所(现在的丰田汽车)。到了1937年以后的统制经济时期,在这种"实业法"基础上制定的政府产业政策被广泛实施①。

"二·二六"事件和高桥财政的终结

正如我们此前分析的一样,高桥财政期间,日本属于全世界较早摆脱世界恐慌的国家,20世纪30年代的日本以重化工业为中心实现了经济的高速增长。但是,在即将克服通货紧缩,实现总需求和总供给的均衡和完全雇佣的关口,由于仍旧实行伴随着货币供给增大的扩大需求政策,恶性通货膨胀的危险正在滋长。

高桥从1934财年的预算开始采取抑制财政支出扩大的方针,但是1935年日本银行认购的国债在城市的消化率下降到了77%。向市场供给的货币如果不能通过日本银行出售国债吸收掉的话,就无法阻止通货膨胀的发展,而且还会招致国债价格的下跌。为此,在制定昭和十一年(1936年)财政年度预算时,提出了要通过削减岁出逐渐减少公债的方针。对于要求扩大军费的陆军省和海军省,高桥依然严格遵循财政抑制方针,与他们针锋相对,最终赤字国债发行额与上一财年相比削减了9,130万日元,高桥的方针得以贯彻②。

然而,1936年2月26日黎明,企图推翻冈田内阁并树立军事

---

① 桥本寿朗:《现代日本经济史》,岩波书店,2000年。
② 但是,实际上军部的预算要求被拖延到下一财年,只不过是"实现了暂时的预算均衡",有观点指出国债递减政策没能转变为抑制通胀的实际紧缩财政。前引井手英策《高桥财政研究》。

专栏 7

高桥是清和井上准之助

如果要说能代表两战期间日本金融财政界的专家,恐怕首先会提到高桥是清和井上准之助两位的名字吧。

1854年(嘉永七年),高桥出生在江户的一个御用画师家中,出生后不久就做了仙台藩足轻家的养子。在刚刚开放港口的横滨和旧金山学习英语,由于出色的英语水平和解决实际问题的能力得到欣赏,很快便崭露头角,历任日银总裁和政友会内阁的大藏大臣等职。日俄战争期间,谈判解决了在欧美市场发行外债的问题,在1927年(昭和二年)的昭和金融恐慌时期,身为大藏大臣的他出面稳定了时局。1931年12月,第五次就任大藏大臣,为日本经济的复苏做出了贡献,然而在1936年的"二·二六"事件中遭到陆军青年将校暗杀。

井上于1869年(明治二年)出生于现在位于大分县日田市的一家酿酒店的家庭,从东京帝国大学毕业后,进入日本银行。在伦敦进行研修,先后担任过营业局长、纽约代理店监督员,横滨正金银行副董事长、董事长等职,于1919年(大正八年)就任日银总裁职务,以应对战后金融界的动荡。关东大地震发生后不久又出任大藏大臣。在昭和金融恐慌发生的时候,应高桥大藏大臣的要求,他再次就任日银总裁,参与整顿时局的工作。1929年就任民政党的浜口雄幸内阁的大藏大臣,翌年初对黄金出口实施了解禁政策,1931年12月在内阁总辞职时下野,翌年2月9日,被右翼团体成员暗杀[1]。

在井上被暗杀前不久的1932年1月21日,在贵族院举行的高桥财政演说上,井上发出提问,围绕是否恢复金本位制的问题,新老大藏大臣之间展开了激烈的政策辩论。高桥的主张是旧比价不仅不能使日本国际收支实现长期均衡,而且导致黄金出口解禁中的本位币大量流出,同时他还指出,井上主导的不合理的恢复金本位制是导致日本经济陷入不景气的主要原因。对此,井上认为本位币的流出是因为投机性的资金流出造成的,维

---

[1] 井上准之助论集编撰会编《井上准之助传》,1935年(影印版:原书房,1983年);杉山伸也:"金解禁论战——井上准之助与世界经济",杉山编:《"帝国"的经济学》,岩波书店,2006年,125—172页;Metzler, Mark (2006) Lever of Empire: The International Gold Standard and the Crisis of Liberalism in Prewar Japan, University of California Press.

持黄金比价是有可能的,日本经济的不景气是因为受到世界性萧条的影响,他反驳了恢复金本位制是导致不景气的主要原因的说法。相对于高桥重视国内民间经济主导的增长,井上的立场则是以稳定的国际经济关系和国内经济为前提。

虽然在会场上两人的辩论针锋相对,但是不能因为这个就单纯地认为两人是完全对立的关系。高桥和井上在包括日本整体状况在内的诸多观点上,还是存在相同点的。

具体说来,高桥和井上两人都有丰富的海外经验,都能清楚地认识到世界经济的现状,以及在当前的状况下日本应有的立场。两人共同关注的一个问题是,在第一次世界大战之前,以国际金本位制为主线发展起来的全球化经济整合面临动摇局面的情况下,作为开放小国(small open economy)的日本有什么样的政策选择的余地呢?战后的世界一边在摸索新的国内经济政策框架,一边在尝试重新构建国际经济体制。在这种时局下,当时的日本在贸易方面依存于欧美以及亚洲等日元经济圈以外的贸易,在金融方面依存于以伦敦为首的国际金融市场。两人的论战就是在对现状共同的认识上展开的。

不仅如此,从维持财政秩序的观点考虑,两人都反对过度的军费扩张。而军部则与两人对现状共同的认识持相反观点,频繁地要求超过国民负担限度的军事支出扩大,这一度成为财政运营上的一个重大问题。井上参加的浜口、若槻两届内阁虽然尝试通过金本位制回归和参加伦敦裁军的政策组合,力求确保财政秩序,但是因为英国推出金本位制和满洲事变的扩大而受挫。而高桥一方,则因为坚持要核定军部不断增加的支出要求,后来惨遭青年将校的暗杀。在井上被暗杀的第二天,高桥在面对东京朝日新闻的采访时,他回忆起1929年,即将在次日就任反对党的浜口内阁的大藏大臣井上前来拜访他时,他对井上这样说道:"为了国家的前途,为了坚持自己的信念,虽然你可能已经决定要排除万难勇往直前,但是切不可忘记要走一条正道。"并在采访中感叹道:"虽说政治家是无法预测明天的,但也太意外了……我期望他今后能积累诸多经验,成为一个杰出的人,他的死是多么令人惋惜啊。"虽然两人在政策方面的意见有所不同,但是我们可以看到两人在感到恐怖主义的威胁时,仍然愿为政策实现而不惜生命的崇高觉悟。

(镇目雅人)

〈参考文献〉井上准之助论集编纂会编《井上准之助传》,1935年。

高桥是清《高桥是清自传》,千仓书房,1936年。

其他参考文献请参见卷末的第四章引用、参考文献部分。

政权的一帮陆军青年将校发起了军事政变,此次"二·二六"事件以暴力的手段结束了81岁的高桥是清藏相的人生。有观点认为高桥之所以成为袭击对象,是因为陆军内部对削减军部预算强烈不满。在高桥被暗杀后不久,日本就迅速进入了战时经济统制时期。

有关对高桥财政期的评价,与井上财政的情况一样,既有肯定的评价,也有否定的评价。否定的评价主要基于大藏省、日本银行等高桥财政时期的政策当事者的自我批判①。这类评价严厉地批判了高桥财政时期的政策,其观点是高桥财政时期的经济政策已经脱离了健全的财政、金融政策,在此后军国主义化过程中,还导致了财政秩序的丧失和恶性通货膨胀的发展,在经历了统制经济时期后,将战后经济推向了崩溃的深渊②。

另一方面,从经济政策的有效性的观点出发,高桥财政获得了较高的评价。尤其是针对由世界恐慌和昭和恐慌带来的总需求减少和通货紧缩的发展,高桥财政时期积极的财政行动和金融缓和使日本较早并成功地从萧条经济中走了出来。关于这一点,有人说那与"凯恩斯政策"有相似之处,近年来还有人将高桥财政时期的政策作为应对萧条的积极金融缓和政策的成功案例来分析③。如上所述,之所以有截然相反的两种评价,反映了从何种视角解释历史事件,也即历史观、历史认知的不同。有关对井上财政、高桥

---

① 否定性评价的代表有写入财务省、日本银行的正史《昭和财政史》《日本银行百年史》中的评价。只不过这些正史发行时点和现阶段人们对于财政、金融政策形式的认识有很大不同,所以这一评价和现在财务省、日本银行的政策并不是一致的。

② 在认识到这些错误之后,二战结束后的1947年制定的财政法中,原则上禁止了发行为填补财政的赤字国债和日本银行对国债的直接认购。

③ 代表性的成果有前引岩田规久男编著《昭和恐慌的研究》。此外,相对于将高桥财政看作军国主义化的第一步进行批判性的评价,也有观点指出在高桥财政后期,通过实施抑制支出和公债渐减政策,有可能实现"和平解决"(前引三和良一"1926年关税改革的历史地位")。关于这一点,也有人从分析财政的可持续性角度出发,指出在高桥财政时期,维持财政的可能性极低(镇目雅人"第二次世界大战前日本维持财政的可能性",神户大学经济经营研究所 Discussion Paper Series,2007,No.J78.)。

财政的评价,这可以说是最具有对比性的例子了。学习经济史的意义就在于理解观点的多样性,只有根据历史脉络才能得出有助于解决当今政治、经济问题的教训和启示。

从历史中读取现代
—— 政府债务的增加会带来什么？

对于现在日本而言，经济的重要课题是如何从开始于20世纪90年代的长期经济萧条中摆脱出来。2012年成立的安倍晋三内阁出台了所谓"三支箭"的经济政策，试图使日本经济从通货紧缩状况中摆脱出来。其具体内容是：(1) 设定通货膨胀目标，实施大胆的宽松货币政策；(2) 为了消除供需矛盾，实施灵活的财政支出；(3) 为了促进民间投资而简政放权。另一方面，政府债务增加和财政重建的问题也是与财政政策相关的重要课题。2015年度末日本的政府债务余额（国债、政府短期证券、借款的合计）为1049万亿日元，同年度对GDP的比率为210％，与其他发达国家相比处于极高的水准。因此，有人指出巨额的政府债务累积有可能导致财政破产。由于日本银行宽松的货币政策等影响，日本的长期利息在低位保持稳定，日本政府试图通过经济增长来重建财政。财政重建与经济增长是否能够两立，另外政府债务的增加将会给日本经济带来什么？本节通过对日本战前的政府债务的变迁及其归结进行论述，来思考现代的问题。

政府债务余额的变迁与财政金融政策

图4-8显示了1885年（明治十八年）至2015年日本的政府债务余额及其对GNP/GDP的比率（以下简称为债务比率）。在松方财政时期，由于采取了均衡的财政政策，从19世纪80年代到90年代前半期政府债务没有明显增加。但从甲午战争以及战后重建的19世纪90年代后半期开始政府的债务开始增加，特别是日俄战争的经费大部分是通过在国内外发行国债来筹集的，因此债务比率在1906年（明治三十九年）急速增长到70.5％。日俄战争以后，政

府提出了包括扩军在内的积极的战后重建构想,国债发行额进一步增加,而沉重的利息负担以及对征税的不满后来成为"大正政变"的主要原因(参见本章第三节)。

图4-8　政府债务余额与债务比率的变迁(1885—2015年)

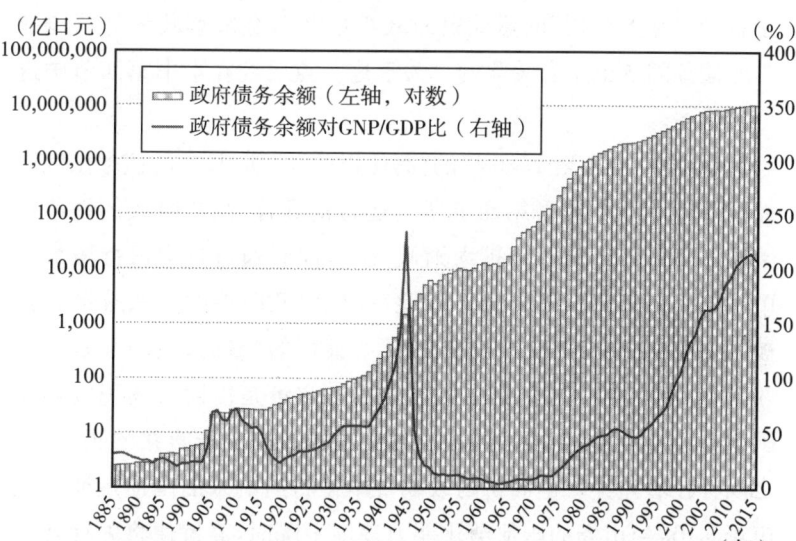

出处:政府债务余额依据大藏省(现财务省)的《国债统计年报》中的"国债、借款等现在余额"(国债、政府短期证券、借款的合计)。截至1912年为年末余额,从1913年起为年度余额。1885—1940年的GNP/GDP数据依据大川等(1974年)的国民生产(当年价格),1914—1954年的GNP/GDP数据依据沟口、野岛(1993年)的事业GDP推算值算出。截至1912年为自然年值,1913—1954年将自然年值换算为年度值,1955年以后为年度值。

本章第四节所论述的第一次世界大战时的景气在相当大程度上改变了这种状况,债务比率在1919年(大正八年)大幅下降至22.4%。这不是因为债务余额减少了,而是因为以出口为杠杆的经济快速增长,再加上通货膨胀,名义GDP急速增长。在那个时期,实际GDP也有所增长,这一点显示了伴随通货膨胀的经济增长有可能消除债务。

进入20世纪20年代,政友会推行积极的财政政策,再加上关东大地震的复兴事业经费(参见本章第四节)等支出,债务余额再次转为增加。另外,由于世界大战后世界性通货紧缩的影响,名义GDP滞涨,债务比率在20世纪20年代末再次增加至40%左右。

浜口雄幸内阁提倡"非募债"主义,实施财政紧缩政策,当时所推行的不依靠国债来实现财政均衡的政策目标与现今政府所设定的基础财政支出的均衡目标有相似之处。另外,战前政府债务中对外债务(主要是用外币发行的公债)的比率在1929年度末高达40%左右,而"井上财政"的紧缩财政政策以及黄金解禁政策与政府的对外债务问题也是有关联的。关于这一点已经在本书第四节中进行过论述。

从1931年末至1936年的"高桥财政"时期,日本的债务比例增加到50%。正如本章第四节所论述过的那样,高桥财政的特色在于通过发行赤字国债来扩大财政支出,同时通过日本银行增加货币供给量来消除供需矛盾。因此,高桥财政时期的金融政策经常被用来与从2013年开始实施的日本银行的"量的、质的金融宽松政策"进行比较,不过,现在的金融宽松政策是借助市场积极购买国债来释放资金,而高桥财政时期则是由日本银行直接购买,两者之间存在着差异。但高桥财政期日本银行所购入的国债短期内在市场卖出,当市场的国债消化能力逐渐下降时,高桥便将方针转向抑制财政赤字,实际保持债务比率的持平。与此不同的是,现在的政府财政对国债的依赖程度扩大,日本银行的国债保有量也持续增加。2016年12月,日本银行所持有的国债占国债余额的39%。"高桥财政"告诉我们:为了维持调节金融的功能,如何将持有的国债在市场上卖出,这将是今后金融政策的重要课题。

由于"二·二六事件"和第二年爆发的中日战争,日本进入战时经济体制,而增加的军费就是通过大量发行国债来筹集的。当时,日本的债务余额急速增加,债务比率在战争末期突破了200%。与日俄战争时期不同的是,当时无法从国际金融市场筹集资金,除了日本银行直接购买,民间的储蓄也被彻底动员起来。战争期间开展了鼓励国民储蓄的运动,邮政储蓄资金通过大藏省储蓄部转化为国债。另外,日本银行无限制地购买国债很容易引发通货膨胀,不过日本政府通过对价格进行严格控制,通货膨胀受到抑制。

战前政府债务的归结

日本战败时点(1945年度末)的政府债务包括：国债1408亿日元(其中用日元发行的国债为1399亿日元)，短期债务32亿日元，借款555亿日元，合计1995亿日元。这些政府债务是如何处理的呢？

为了重整财政，日本政府从1945年12月起开始偿还国债，为此增设财产税，并对存款进行冻结，第二年2月16日发布的"经济危机紧急对策"，以及下一章将要论述的"紧急金融措施"便是其中的具体举措。财产税适用于国民的所有财产，根据财产额按25%至90%的比率进行一次性征收。1946年至1951年，财产税共计征收了294亿日元，其中263亿日元用于偿还国债。① 除此以外，还有大约1000亿日元的战时补偿债务，这种债务不包含在政府债务之中。该债务用于对军工企业损失的补偿，这是日本政府事先承诺过的。按照GHQ的方针，通过与财产税同时实施的《战时补偿特别措施法》征收了与补偿额相等的税款，之后该法律失效。

剩余的政府累积债务是在战后扩大的通货膨胀中消除的。日本战后的通货膨胀以战败后不久的临时军事支出为契机(通过日本银行购入债券筹集资金)，尽管政府采取金融紧急措施对存款进行冻结，但通货膨胀依然处于高位。由于1946年4月成立的第一次吉田内阁推行积极的生产复兴政策(参见本章第五节)，通货膨胀进一步加剧。以1945年为基准的日本的零售物价指数在1948年为36.5倍，1949年为60倍，1951年高达97.8倍。也就是说，用日元发行的政府债务的实际价值在战后6年的时间里减少至1%，这也意味着债权者的资产因为通货膨胀而变得一钱不值，其结果正如图4-8所示。尽管政府债务的名

---

① 大藏省财政史室编：《昭和财政史 11——从终战到媾和》，东洋经济新报，1983年，229页。

义余额没有减少，但债务比率在1951年下降至12.1%。战前的日本政府债务最终是通过"通货膨胀税"由国民来偿还的。

最后想谈一谈政府对外债务的归结。战前在海外用外币发行的国债因为太平洋战争的爆发而停止向敌国债权人偿还，实际上违约了。1951年签订《旧金山和约》时，对战胜国的债权人权利以及重新偿还进行了确认。1952年，日本政府与债权人代表进行交涉，商定将公债的偿还期限延长10—15年，重新支付本金以及违约期间的利息。也就是说，用日元发行的国债由于通货膨胀而贬值，而日元与美元的汇率由发行债券时的1美元＝2日元变成了1美元＝360日元。由于对外债务全部用外币支付，外国债权者的利益得到了保护。

现在，日本政府的债务绝大部分是用日元发行的，外国人持有比例为10.5%（2016年12月末），处于低位，一般认为国债对外违约的可能性比较低。但如果现在的国债市场的供需均衡发生变化，那不仅会对日本政府的财政，而且对于持有巨额国债的日本银行的信用也会产生影响。现在，日本政府希望通过缓慢的通货膨胀和经济增长来消除债务。这种设想能否实现，是否还会以战后日本经历过的"通货膨胀税"来消除债务，这些都是未知数，可以说现在的财政金融政策依然走在歧路上。

（岸田真）

第五章　从战时经济到民主化、复兴

总论　"连续"和"断裂"的时代

　　1937年在中国北京郊外发生的卢沟桥事变成了引发日本和中国军队之间冲突的导火线,日本在没有向中国发出宣战公告的情况下,就突然进入了战争状态。而情况超出对当时战局持乐观态度的日本政府和军部的预测,随着战线的不断扩大,战争很有可能演变成持久战。再加上1941年12月8日,日本陆军登陆马来半岛的哥打巴鲁作战,致使日英开战,而日本海军的珍珠港偷袭又引发了日美之间的战争[①],自此,战争从亚洲扩大到跨越太平洋的亚太战争[②]。日本在对美战争中首战告捷后不久,就在1942年6月的中途岛海战和8月之后的在瓜达尔卡纳尔岛战争中惨败,战局逆转,随后又遭遇到联合国军的反攻。在经历了硫磺岛(1945年2—3月)、冲绳(1945年3—6月)的歼灭战以及8月6日、9日广岛和

[①]　由于两次攻击时刻之间存在时差,难以进行比较,但是如果以日本时间来考虑的话,哥打巴鲁战役是12月8日凌晨1时30分开战,而珍珠湾攻击时同日的3时19分。如果以夏威夷时间比较的话,珍珠港战役就先于哥打巴鲁战役了。

[②]　有关此次战争的称法和时间有江口圭一等人提出的"十五年战争"概念等几种说法,本章是基于日本经济是何时突然转入战时体制的观点进行时间划分的。江口圭一:《十五年战争小史》,青木书店,1986年。

长崎的原子弹爆炸之后,昭和天皇裕仁于1945年8月15日通过广播告知日本国民战败的消息。

战败后,日本被联合国军占领,被迫实施了以政治经济的"非军事化"和"民主化"为目标的诸多改革,也就是所谓的"战后改革"。不过,处于间接占领下的日本政府为了从战败中复兴经济,也需要着手改革。这些战后改革与在战争期间就已经发生的一些变化相辅相成,给日本的经济系统带来了巨大变化。直到1952年4月28日的旧金山媾和条约生效之日,日本才结束了被占领的状态。

恢复主权后的日本经济,在二战后冷战的国际局势中仍处于不稳定的局面,在"复兴"的道路上摸索了很长一段时间。直到1955年,多数经济指标才恢复到战前水平,这一年被看作日本进入高速经济增长时期的年份,本章就将介绍截至1955年这段时间的情况。

在这二十年间,日本的经济构造是被1945年8月15日"割裂"开来了呢,还是一直是"连续"着的,关于这一点,日本国内长期以来争论不断。同时,争论双方的性质本身也不断发生着变化,过去争论的焦点在于明治时期以来的"战前"日本资本主义和"战后"日本资本主义是"连续"还是"断裂"的问题,而近年来,讨论的重心转移到了日中战争之后的"战时"和"战后"的连续和断裂问题上①。本书的立场是以时代划分的方式,也就是连续叙述从战时到战后,来关注战后改革时期变革的影响力。那么首先就在考察经济指标的基础上,大致了解一下这个时期的经济动向吧。

国民收入和各产业生产指数

在分析这一时期的经济指标时,因为要考虑剔除战后通货膨胀的影响,所以就用将名义数值除以物价指数的方法,制成了图5-1。

---

① 有关战时战后的连续、断裂等讨论,请参照油井大三郎、中村政则、丰下楢《占领改革的国际比较——日本、亚洲、欧洲》(三省堂,1994年)中中村政则撰写的部分"占领日本的几个阶段"。

首先,图 5-1 反映了国民收入的走向和各产业的生产指数。除去物价波动的因素,实际国民收入虽然在整个 20 世纪 30 年代处上升态势,但是在进入战争时期后,于 1939 年达到峰值之后就开始走下坡路,后来更因为战败的因素下降到战前峰值的一半左右(54%)。此后,在战后的复兴时期,又以年均超过 10% 的速度恢复,于 1952 年恢复到战前峰值水平。观察各产业的生产指数,可以发现在从昭和恐慌中恢复的过程中,矿工业的增长率远比农业的高。这意味着农村地区从恐慌中恢复的过程要比城市地区滞后,这也成为导致农村地区社会不稳定的因素之一。

图 5-1 实质国民收入与各产业生产指数(1930—1958 年)

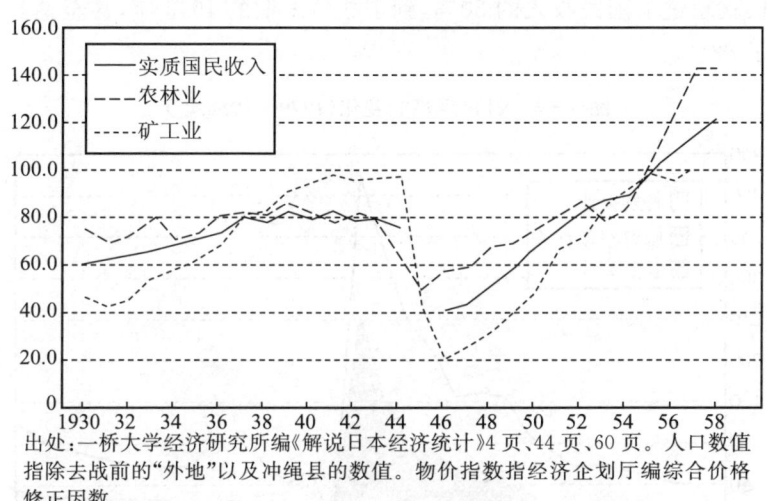

出处:一桥大学经济研究所编《解说日本经济统计》4 页、44 页、60 页。人口数值指除去战前的"外地"以及冲绳县的数值。物价指数指经济企划厅编综合价格修正因数。

虽然矿工业在战时经济下依然呈现了良好的增长势头,但是在进入 40 年代时,增长就达到了顶峰,之后由于战败,指数跌落至顶峰时的 20%。与此相比,农业部门在战时的增长略显迟缓,之后由于战争导致的生产力下降程度也较为缓和,即便如此,该部门在战败之后的生产指数也一度跌落至高峰时的 56%。

再来分析矿工业生产的详细数据,战争时期增长最为迅速的是与军需直接相关的机械工业,其他行业如钢铁业、矿业也都获得了高增长率,而纤维产业和食品等部门在进入战争时期后生产规模开始缩小。在战后的复兴过程中,取得高增长率的依旧是钢铁业、矿业、化学工业等,而战前占据矿工业中心地位的纤维业却退居二线了。

财政构造

在开展积极财政的高桥财政时期,国内的财政规模不断扩大,一度超过了经济增长的规模。其原因虽然可以归结为比一般会计还要明显的特别会计的增长,但在1937年之后引入的临时军费特别会计(临军费)的膨胀使得财政规模进一步扩大到前所未有的程度(图5-2)。一般会计占国民收入的比重虽然在高桥财政时期仅以10%左右的程度推移,但是若加上战争时期的临时军费,财政规模就超过了国民收入的30%,到了战争末期的1943年,甚至达到了82%。

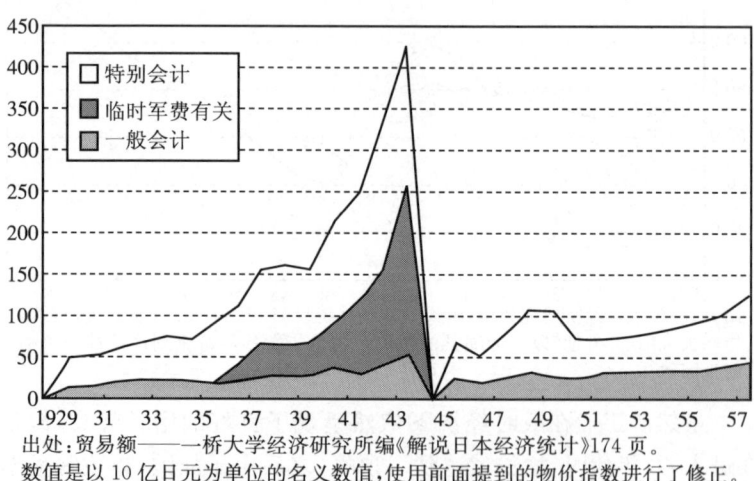

图5-2 财政规模的变化(1929—1958年)

出处:贸易额——一桥大学经济研究所编《解说日本经济统计》174页。
数值是以10亿日元为单位的名义数值,使用前面提到的物价指数进行了修正。

随着战后军费负担的减轻,财政规模有所缩小。战前占到一般会计岁出将近一半(1934—1936年为44.8%)的军费,到了战后被抑制到10%左右的水平(1955年为13.4%),在战后相对轻军备的情况下,日本经济获得了发展。在复兴过程中,特别会计(粮食管理特别会计,国债整理基金特别会计等)一度呈现膨胀态势,通过实施后文中将要介绍的,根据道奇方针制定的紧缩财政政策,有效地制止了膨胀,同时通过发行国债和政府借款等方式,使得岁入的比例下降。在此后的高速经济增长期,日本的财政一直维持了这种"均衡"状态。

战后的财政制度在质的方面经历了几个变化。1940年法人税从所得税中独立出来之后,在战后,又将所得税的免征点予以下调。另一方面,酒税和砂糖消费税等间接税的比率也逐渐下降,并渐渐向以直接税为中心转变。此外,作为战前主要国税之一的地租和房屋税等也以固定资产税的名称转移到了地方,推进了税源向地方的转移,因此地方财政的自主充实可以说是战后的一个重大变化。

贸易结构

由于昭和恐慌带来出口萎缩,日本经济一直苦于伴随着本币外流的贸易赤字,随后,在"高桥财政"的推动下贸易有所扩大。但是,在高桥去世的1936年之后,以进出口指数双双下降为标志,贸易额逐渐下降。处于战争时期的1938—1943年的特征是在贸易额减少的同时,贸易收支开始出现盈余。但是,这是向"满洲国"和中国华北的日元区进行财货供给的结果,而在实际上不可能从这些地区进口物资,所以可以说这一时期没有实质上的贸易增长(图5-3)。

图5-3 进出口额指数的变化(1929—1957年)

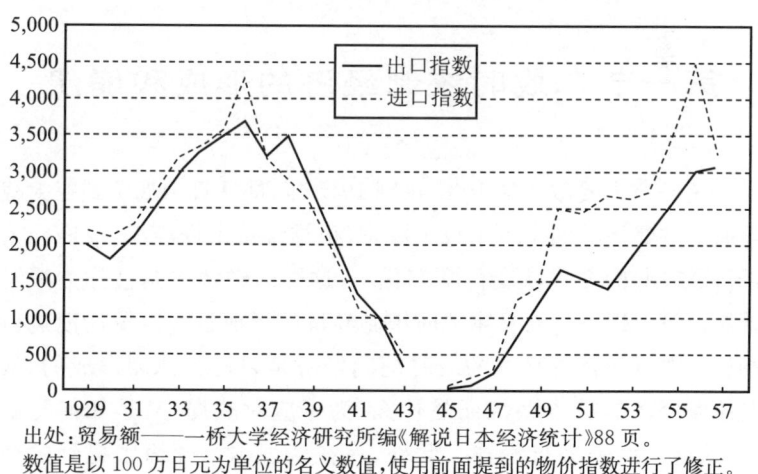

出处:贸易额——一桥大学经济研究所编《解说日本经济统计》88页。
数值是以100万日元为单位的名义数值,使用前面提到的物价指数进行了修正。

从丧失制海权的战时末期到被占领期的1943—1949年间,贸易规模极度缩小。尤其是在被占领期间,自主性贸易被禁止,进出口都要以占领军为媒介进行。同时,由于工业生产力的下降,出口量减少,导致发生大幅的贸易赤字,不过最终都由美国的对日援助填补了。1950年以后,随着日本经济的复兴和美国对日占领政策的转变,使得日本的贸易开始走上恢复的道路。虽然贸易收支仍然是大幅赤字,日本经济仍苦于严重的外币不足,但是由朝鲜战争产生的"特需"缓和了这个问题。

关于贸易品种类,战前以来进口食品原料,棉花、羊毛等服装原料,以及石油、铁矿石、生橡胶等工业用原料,出口纤维制品,机械等半制成品、制成品的贸易构造并没有发生根本性变化。只不过,处于战前出口商品种类中心地位的生丝出口在这个时期衰落了,战后贸易结构开始呈现钢铁及船舶等重工业制成品出口增加的特点。从贸易地区来说,在进出口方面,战前日本的贸易构造在亚洲占有压倒性的比重,北美紧随其后,然而受到战败和东西冷战的影响,战后的东亚贸易缩小,对东南亚市场和美国市场的依赖度增强。进口原材料再出口加工品的这样一种加工贸易的构造虽然没变,但是战前从东亚、美国进口再出口到亚洲的结构,到战后变化成了主要从美国进口,再出口到美国和东南亚的结构。

第一节 战时统制经济的形成和崩溃

这一节主要叙述从1937年到1945年,即从日中战争到亚太战争时期的经济动向。由于战争爆发,很难维持市场经济,政府介入经济(统制)的方式就变得常态化了,这样的经济体制被称为战时统制经济。以下将对日本战时统制经济的形成过程以及崩溃进行阐述。尤其将留意日本的战时统制经济是以何种原因形成的,战时统制经济的日本型特征是什么,为了应对战局,又是如何瓦解的,从这几点来进行论述。此外,将在认识本章开篇中提到的连续、断裂论的基础上,叙述战时统制经济对当时的日本社会造成的影响。

马场财政和外币危机——拉开战时统制的序幕

将日本经济从昭和恐慌的低谷挽救过来的高桥是清历任犬养毅、斋藤实、冈田启介三内阁的藏相，指挥实施了经济政策。但是，因1936年国债消化率的降低而实施的公债渐减方针招来了军部的不信任，高桥本人也在"二·二六"事件中遭到暗杀身亡。事件发生后，冈田内阁全部辞职，继任的广田弘毅内阁的马场锳一藏相撤回1937年年度预算中的公债渐减方针，以积极迎合陆海军的军备扩充计划的形式，发表了将军事预算扩大到前年的三倍左右的大型预算案。此后，日本的军事预算失控，对政府财政造成了巨大压力（表5-1）。

表5-1 军费预算的变迁（1936—1945年）

（单位：百万日元）

	政府支出 A	军费 B	其中临时军费特别会计额	B/A
1936年	11,131	1,089		10%
1937年	12,837	2,920	1,655	23%
1938年	18,297	4,310	3,121	24%
1939年	17,962	5,250	3,598	29%
1940年	22,383	6,686	4,441	30%
1941年	31,810	9,838	6,562	31%
1942年	48,439	14,483	14,074	30%
1943年	70,286	21,395	20,030	30%
1944年	96,241	33,260	30,027	35%
1945年	111,654	22,243	17,298	20%

出处：安藤编（1979）131页。
军费、临时军费仅是指内地。

军事预算的扩大一方面重压了财政收支，另一方面导致物资价格因为预见到军需关联的设备投资将会增加而高涨，同时进口大幅增加，从而使得日本的国际收支急速恶化。当时的日本，重工业的发展水平还没有达到军需物资能够完全自给的水平，大部分的零部件还要依赖从欧美进口。而且，由于原材料的铁屑和石油的进口也很大程度上依赖于美国,所以军扩就直接影响到进口的增加以及贸易赤字的扩大。其结果是大藏省于 1937 年 1 月颁布了进口汇率管理条令,决心对进口实施许可制。在限制由于预见到物资价格的上涨而进行的投机性交易的同时,设定了进口物资的序列,政府对军备扩大过程中不必要的物资进口开始设限①。但是,尽管实施了这样的统制性进口限制,1937 年度前半年的贸易赤字仍然超过了上年同期的 2 倍,达到了 6 亿日元,其中净损失 3.4 亿日元,几乎等同于日本在满洲事变之后储备的全部资金。

马场财政的极端增税路线遭到金融界的强烈反对,继任的林铣十郎内阁起用结城丰太郎为藏相,池田成彬为日银总裁,虽然目标是实现"军财团结"体制,但是结果却未能阻止已经开始的扩军行动,反倒促进了民间企业向军需产业的进军。

日中战争和商品、物资的统制(进出口等临时处理法、临时资金调整法)

1937 年 7 月 7 日,卢沟桥事变打响了日中战争的第一枪,第一次近卫文麿内阁(1937 年 6 月成立)在第 72 次临时议会上提出《进出口产品等临时处理法》和《临时资金调整法》,两法于同年 9 月通过。该内阁在开战前发表了应对战时体制的财政经济三原则(① 生产力的扩充,② 物资供需的调整,③ 国际收支的均衡),上述两法与三原则相对应,是为了使战争顺利进行而制定的。不过,从三原则中提到的国际收支均衡这一点上可以看出,政府没有打算在这一时点上将战线扩大到停止对欧美贸易的程度。

《进出口产品等临时处理法》虽然是将贸易相关产品的进出口、生产、流通、消费置于政府的统制之下,但是由于后来产生了对象产品恣意扩大的结果,这一处理法变成了对几乎所有商品进行

---

① 原朗指出从广田内阁的进口统制开始的战时统制经济其实是日中战争开战之前的事,统制经济化的原因不在于战争本身,而在于国内重工业达不到能够承担但是军扩要求的水平这一点上。原朗:《日本经济史》改订版,放送大学教育振兴会,1994 年。

统制的统制法规。如果说《进出口商品等临时处理法》是对实体经济的统制法规,那么《临时资金调整法》就是金融经济方面的统制法规,为了使国内资金能集中投入政府的重点产业,将通过金融机构的资金流通和股份公司债投资置于政府的管理之下,可以说是一项金融经济的统制法规。

物资动员计划和电力的国家管理

此外,政府还将此前的企划厅和资源局合并,设立了企划院,作为起草物资统制计划的部门。自1938年起,企划院每年起草物资动员计划,根据从全年外币的可使用额中计算出来的计划案来分配各产业的生产额。被这一连串的立法从重点产业中排除在外的代表性行业是纤维产业。尤其是与外币获取没有联系的棉产业由于原料棉的进口被进出口等临时处理法限制,导致面向国内的棉织品生产实际上被禁止了。除此之外,在资金方面,该产业也因为《临时资金调整法》陷入了被禁止一切新规设备投资的苦境。其中,虽然有一些企业,如钟渊纺织,通过将事业部门的一部分转为生产军用纺织品,侥幸生存了下来,但是仍有很多中小企业成了企业整顿的对象,奄奄一息。

此时,政府介入程度最强的产业之一是电力业。从1937年末开始的第73次帝国议会上,通过制定电力管理法和成立日本发电股份公司,推进了国家对电力的管理进程。已有的民间电力公司被由政府管理的日本发电股份公司所吸收,国内的火力发电所和输电线路也被置于国家的管理之下。配电部门中,虽然根据旧民间公司的基准保留了九家公司,但是也都在战争期间受到政府管制。

国家总动员法

出乎近卫内阁的预料,日中战争开始表现出长期化和泥沼化的趋势。中国国民政府为了抵抗日军,联合一直以来视作敌对势力的中国共产党,实现了第二次国共合作。此后,即使是在南京城被日军攻下之后,国民政府军向内陆腹地的重庆撤退的时候,依旧顽强抵抗。当战争超过预期持续时,日本政府建立更加强有力的统制法规就变得很必要了。1938年3月,第73次帝国议会制定了《国家总动员法》。同法第一条中这样定义:"国家总动员法是指在战时为了达到国防之目的,举全国之力,统制运用人力及物力资源的法令。"此前的两大统制立法关乎商品和金融,在此基础上,该法是使政府在介入、统制包括国民劳动以及出版在内的所有经济领域的行为合法化的法律,也可以说是超越了经济统制的全面性的综合统制立法。

欧洲大战的爆发和国民生活的统制

1939年9月,以德国进攻波兰为契机,欧洲大战爆发了,战争逐渐演变为跨越欧亚大陆的世界大战。受到欧洲战线的影响,全球物价飞涨,再加上为了抑制由于通过发行大量国债筹集军费而导致的通胀压力,日本政府实施了价格管制,将物资价格以及工资、津贴、地租、房租全部停留在9月18日的水平上("九·一八停止令"),之后,又合法化地通过价格等统制令、地租房租统制令、工资临时处置令等相关敕令。而且,为了使这些价格统制具有强制力,进而开始对物资流通本身加以统制,1941年4月开始对大米、小麦、酒等商品实行配给制度,1942年2月又对服装制品实施定额票制①。同时,考虑到对粮食生产也有必要进行统制,于是又从1940年度起对农民实施强制供给制度,要求他们以统制价格按照政府制定的量提供大米。除此之外,为了确保紧缺的军需工厂劳动力,根据1939年国民征用令,还动员一般国民投入到军需产业中去,以上种种措施反映出这一时期的基本特征,就是国民的生活本身已经明显受到战时经济的影响。

---

① 配给制、发票制是限制国民每月可购买的物资数量的一种制度。这意味着货款必须按照政府的统制价格支付,即使有钱也买不到超过政府制定数量的商品。

"南进论"抬头的经济背景

受到大战影响,欧洲从日本的进口锐减,而战争也毫无结束的迹象,在这样的背景下,围绕中国形势,日本和美英的关系愈发紧张,加之日美通商航海条约失效等因素,日本的贸易环境日益恶化。德国占领了荷兰、法国一事促使日本国内主张夺取东南亚的荷兰、法国殖民地的"南进论"抬头。1940年7月,第二届近卫内阁采用了进驻越南北部法印①为代表的南进政策,开始进驻同盟国方面的殖民地。并且于1940年9月27日缔结《日德意三国同盟条约》,采取了和同盟国对立的姿态。

然而,在进驻北部法印之后,日本和美国、荷兰持续交涉的局势也未见好转,而此时又发生了德俄开战这种日本始料未及的事态,使得一直期待从德国进口物资的设想落空了。局势发展到这一步,几乎断了从欧美进口物资的来路的近卫内阁不得不做出向英美开战的决定,于7月23日实施向南部法印进驻的战略。对于日本的这一行动,美英荷三国将日本的对外资产全部冻结,并禁止所有对日贸易,于是对美开战就成了时间上的问题了。

具有讽刺意味的是,断绝了与欧美贸易的日本,却从一直以来被视为最大的经济课题——外币问题中解放了出来。此后的物资动员计划的框架就是从此前的外币保有范围出发,以从势力圈("大东亚共荣圈")内最大船舶运输能力为制约因素构建的。

近卫内阁和经济新体制

第二届近卫内阁在组阁时曾提出"新体制"的施政口号,获得了各政党、团体等的支持。这个"新体制"是指以建设"高度国防国家"为目标,将原有的官僚组织、政党、产业界、劳动工会等按照"公益优先、尽职奉公、生产加强、领导者原理、官民合作"的原则,努力

---

① 河内等以今天的越南北部为中心的地区。当时的法国巴黎被德军占领,由于采取了亲德的维希体制,日军与法军的正面交战较少。

重新构建与口号相符的组织。据此，国内的政党、劳动工会全部解散，重组为大政翼赞会、产业报国会，围绕经济层面的重组和统制的强化，日本国内就其社会主义性质展开了激烈的批判①。作为新体制运动的中心机构，企划院对这样的批判做出了一定的让步，但是仍然颁布了以《国家总动员法》为依据的公司利益统制令、公司经理统制令，介入利益分配和产品价格制定的环节，强行设立由官僚主导的业界团体（统制会）。

对美开战——向亚太战争的发展

取代第三届近卫内阁，于1941年9月掌握政权的东条英机内阁于同年12月8日，突然袭击位于夏威夷珍珠港的美军基地，开始了对美战争。通过先发制人的进攻，日军给了美太平洋舰队、英东洋舰队沉重一击，此后控制了香港、马尼拉、新加坡、苏门答腊、从婆罗洲到所罗门群岛的东南亚地区，实施军政，日本称这一地区为"大东亚共荣圈"。

日本采取军事化的一个主要目的就是从这些地区获取石油、锡、铝土矿、橡胶等资源。通过这种方式弥补因断绝了欧美贸易而失去的物资。但是，虽然是叫作"共荣圈"，不要说使用当地通货了，甚至连用日元交易的通常性贸易方式也没有遵守，而是靠发行军票征用物资②。太平洋方面的战线依靠"作战将领的自给自足"，即对战略物资的掠夺来维持的。

统制会的设立

另一方面，在日本国内，东条内阁在对美开战的同时发布了物资统制令，强化了此前由进出口商品等临时处理法确定的政府对

---

① 批判的具体表现是1939年发生的"企划院事件"。该院主张计划经济政策的芝宽等革新官僚集团谴责平沼骐一郎等右翼势力是共产主义性质的，并检举了一部分调查官和职员。在检举者中，包括后来成为农村土地改革推行者的和田博雄。

② 军票是指部队在征发物资时发行的收据。在中国战线上是以日元为单位发行的，而在南方则是以当地通货单位发行。如此大量发行的军票却没有进行精算。

物资统制的权限。作为官民合作团体，已经由近卫内阁根据重要产业团体令，于1941年10月从钢铁、煤炭、贸易、造船等九种产业中指定了12个团体成立了统制会，在1942年9月之后，东条内阁又重新组织了轻金属、橡胶、化学工业等六种产业的9个统制会，尝试对国内的产业政策进行统制。这些统制会虽然由民间企业伙伴自主调整，应对战时经济，但是大企业实际上仍以利益为重，再加上在兵器工业方面因为有陆海军直接管理，企业的自主性不被承认，最终陷入了机能障碍，没能有效地发挥组织的作用。此后，通过制定军需公司法，直接指定民间企业为军需公司，将方式转变为直接统制支配各家企业。

制空制海权的丧失和战时经济的失败

在日本海外资产被冻结，进口来源被阻断的背景下，日军仍然冒着风险实施南进战略，是因为他们对从满洲（中国东北部）和南方获取煤炭、石油、铁矿石等资源充满了期望。但是，对这些资源的获取却没有想像中的顺利。与此同时，进口来源断绝后国内的生产增长缓慢，煤炭和钢铁的生产量分别在1940年和1943年达到顶峰后开始减少，在中国和朝鲜半岛进行的钢铁生产也是杯水车薪。在1943年2月的瓜达尔卡纳尔岛之战中败退之后，政府制定了船舶、飞机、钢铁、煤炭、轻金属这五种产业为超重点产业，通过将这些重点物资的价格大幅提升，进而实施强化生产的方针。这意味着以往的利润制约型的统制经济的破产，然而在这些政策的指挥下，国内的生产力已经达到了极限，作为最后的重点物资，飞机的生产也在1944年11月达到顶峰后开始减产。

最终制约了日本战争执行能力的是运送各种资源的船舶保有量和对保证船舶使用的制空权、制海权的确保。在1941年12月开战时，日本的船舶总保有量约为638万吨，物资动员计划虽然是以船舶在支配区域内能够运送的最大范围为前提制定的，但是由于战局上处于劣势，日本先后丧失了从远方运送物资时所不可或缺的制空权、制海权。尤其是在1942年的中途岛海战中，日本大败而失去制海权，导致日本政府预想的资源运送线路相继被切断。

此后，尽管通过设计并建造适合批量生产的战时标准船，展开了船舶的增产运动，但是战况的恶化导致建设赶不上损耗，1943年末日本船舶保有量为494万吨，1945年8月为153万吨，减少到只有开战时的24%（图5-4）。

图5-4 亚洲太平洋战争中的船舶总吨数的变化（1941—1945年）

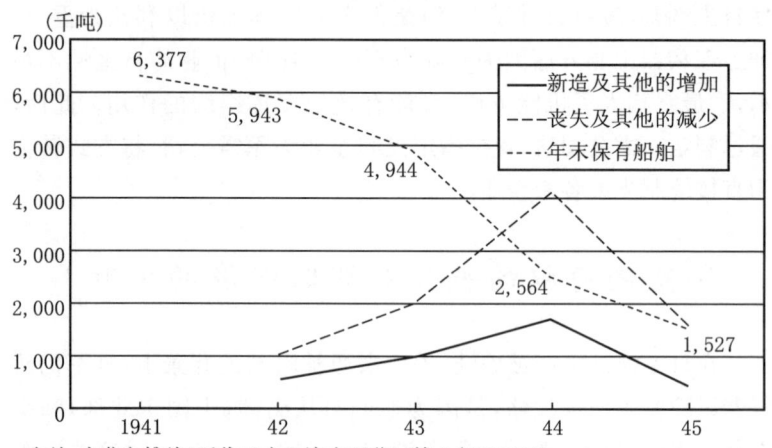

出处：安藤良雄编《近代日本经济史要览》（第2版）139页。
1945年的数值是到8月15日为止的数值。

总体战和社会变化

第一次世界大战以后，列强诸国的战争从以往仅依靠职业军人和战地作战的阶段，突然进入到动员所有国民和社会经济加入到战争中的"总体战"了。对于一战中没有参加正式军事活动的日本来说，亚洲太平洋战争是首次体验的总体战，这次战争使得社会内部发生了各种各样的变动。有关这些变化，有观点评价其为后述的战后改革奠定了基础，还有观点则略带否定的意味，认为这次战争成为战后日本经济系统的"源流"。围绕这些评价直到今天仍然没有定论，在这里，将通过与下一节的战后改革的关联，叙述当时财阀、劳动、农村三方面的变化[1]。

---

[1] 重视战后时期日本经济体系变化的代表性观点，请参见冈崎哲二、奥野正宽编《现代日本经济系统的渊源》（日本经济新闻社，1993年）。

财阀的变化

首先,关于日本企业,尤其是财阀类企业的特点,在战时体制下,财阀企业的性质发生了变化。尤为重要的一点是,出于融资的需要,进一步推进股票的公开。由于股票的公开加速了重化学工业部门的成长,鲇川财团率先实施,三井、三菱等四家财团也不甘落后。财阀家族之所以势力消退,一方面是为了在反财阀的恐怖主义浪潮中保护自己——当时发生了血盟团的团琢磨暗杀事件,另一方面则是为了主张企业的公共性。另外,根据临时资金调整法,增加了从日本兴业银行和系列金融机构融资的那些财阀企业,也逐渐将重心从直接金融中心的资金筹措转移到间接金融中心。直接金融的衰退,通过控股公司弱化总公司支配能力,在战后财阀解体实施之前,财阀一族的支配能力已经在一定程度上有所下降,可以说此时已开始形成以银行为中心的战后企业集团的雏形。

产业报国会

在劳动领域,战时的社会主义劳动运动受到了彻底镇压,这一时期,取代劳动工会,推行劳动者组织化的是产业报国会。产业报国会的前身是1938年在协调会的主导下发起的产业报国运动,以各事业所组织起来的职工一体的单位产业报国会为单位,提出"一君万民的大家族国家"的口号,这是在强迫劳动者整合到战时体制之中。1940年,在新体制运动的影响下,所有劳动工会解散,被编入了产业报国会。从上面的口号中可以看出产业报国会的理念是将劳资关系比作家族制上下关系的经营家族主义,将劳资置于不对等的关系上,是与提升劳动者法律地位的劳动改革完全异质的运动。

但是,家族主义经营有着缩小曾经存在的大企业内部职员和工人的心理差距的作用,同时对战后的劳动工会也带来了一些影响。而且我们认为:虽然在直接组织上没有连续性,但战后日本的劳动工会没有形成英美式的行业工会,而是以企业为单位的工会,那大概是受到了产业报国会的影响吧。不过,并不是所有的国民都对产业报国会的理念唯命是从。被《国家总动员法》强制动员起来的国民心中隐藏着强烈不满,也有劳动者通过逃亡、旷工、怠工等方式进行消极抵抗,产业报国运动没能充分地发挥向心力。

地主制的倒退

这一时期,农村地区的支配秩序也开始出现了动摇和变化。在战前的农村地区,地主经营一般采取的是将拥有的一部分或者全部土地拿出来租种的方式,这部分租种(佃租)收入成为地主的主要收入。从事这种经营的农户(地主)在农村地区具有很强的经济实力以及相应的政治实力。但是,由于大正时期发生了多次要求改善耕地租借条件的纷争(佃耕争议),结果耕地的租赁收入逐渐恶化。然而,在战争时期,政府从粮食增产的角度出发,出台了优待直接耕作者的措施,而不问其是否拥有耕地。

1939年制定的佃租统制令禁止为应对物价上升而提高佃耕费用的行为,实际上降低了耕地租赁收入,而1941年公布的临时耕地价格统制令,又通过冻结耕地价格的方式降低所持耕地的资产价格。另外从1940年度开始实施的大米供出制度规定,佃户向政府出售大米不用经过地主,地主只收取与佃耕米相当的费用,那实际上是将佃租改为用钱缴纳了。不仅如此,还采用了将地主接受的佃耕米费用设定为比生产者收到的售款更低的二重米价制①,依靠耕地的租赁收入维持经营的地主的经济地位在战后耕地改革实施以前就已经大幅弱化了。

第二节 战败和战后改革

战败后的日本被置于盟军的占领之下。这段时间,主要由占领军主导实施的政治、经济体制的变革被称为"战后改革",所谓战后改革不仅指经济体制方面,还包括政治、教育等领域的变革,本书中所要提到的改革是有关财阀解体、劳动改革、土地改革等经济

---

① 再加上政府向国民销售的消费者米价,就组成了三重米价。

方面的改革。

近年来,由于人们多关注前述战争期间变化,关于战后改革的历史意义的评价相对而言比较低。而且对于改革内容本身的评价,今天也不能予以全面肯定。本节将在整体理解上一节中提到的战时统制时期发生的变化以及战后改革时期发生的变化的基础上进行叙述,并论及当前关于战后经济改革的评价的问题。

联合国军的对日占领政策

1945年8月14日,日本政府向同盟国表示将接受《波茨坦宣言》。第二次世界大战的趋势因为1945年5月德国投降已基本确定,但是日本政府受制于军部强硬的本土决战论,同时在外交渠道方面又寄希望于苏联斡旋的和平工作,迟迟未能接受美、英、中三国在7月提出的《波茨坦宣言》。但是,苏联废除了中立条约,出兵中国东北,再加上广岛、长崎遭到原子弹轰炸,日本政府实际上被逼入了无条件投降的窘境。8月15日,昭和天皇通过全国同时播出的广播向日本国民告知战败的消息。签署投降书的仪式于9月2日在停泊在东京湾的美国战舰密苏里号甲板上进行。此后,直到1952年《旧金山媾和条约》生效的大约7年时间里,日本一直是被置于以美国为首的盟军的占领之下的。

盟军对大战的战后处理是根据1945年2月的雅尔塔会谈以及同年7月的《波茨坦宣言》来实施的。其中,从开战后不久的1942年起就对战败国日本的占领计划进行了探讨的美国,从进驻时起就掌握了占领日本的主导权。除去少数英军、澳军等,实际上是美军实施了单独军事占领。其他的盟国也设置了由11国组成的对日理事会,从形式上说那是对日占领的决策机构,但是这种多国籍机构没能充分发挥作用,而由盟军最高司令官(SCAP)道格拉斯·麦克阿瑟指挥的总司令部(GHQ)才是对日占领的实施机构[①]。

[①] GHQ 是 General Head Quarter 的缩写,本来只有"总司令部"的含义。SCAP 是 Supreme Commander for Allied Powers 的缩写,即"盟军最高司令官",在这里就是指道格拉斯·麦克阿瑟本人。只不过当时的 GHQ 结构较为复杂,它不仅是盟军的总司令部,同时也是美军太平洋陆军总司令部,麦克阿瑟兼任两边的最高司令官。有关 GHQ 组织的详细情况请参见竹前荣治《GHQ》(岩波书店,1983年)。

专栏 8

总体战和医疗

近年来，有关日本的战时体制和医疗的研究有所进展。这些研究主要关注于四类问题。第一类是通过调查战争和医学的关系，尤其要弄清与战争犯罪相关的医学工作者的非人道行为。第二类关注于为了进行战争，战时的日本社会变成了被强制"健康"的社会，或者说淘汰了不"健康"人群（残障者和重病患者）的社会。第三类关注战时体制下医师以及医疗机构的活动情况。为了弄清国内支持总体战的医疗情况，就要调查医师以及"护士""保健士""产婆"的活动，或者是弄清医疗设施设立的具体情况。第四类是以研究作为战争时期框架形成的社会保障相关制度的一环，医疗保险制度的形成过程为目的。

然而，这些研究的背景中贯穿着一个共同的重要问题。也就是围绕战时体制下医疗的问题，是以战争这种异常状态为背景的例外的、离谱的问题，还是成为规定战后日本社会的前提条件。如果从日本经济史的观点来看待这个问题的话，就能明白这是一个围绕着战时和战后"连续"和"断裂"讨论的大问题。

举例来说，所谓的"731部队"的医学工作者们虽然进行了惨无人道的医学实验，但是那些研究成果也留到了战后医学界。而且，尽管战后医疗和福利获得了巨大发展，但是麻风病患者仍然长期被隔离。在由于应召入伍，医师匮乏的战争年代，由其他医务工作者进行的医疗代替行为增加，将这些人集中配置的"医院"受到了重视，并在一定程度上成为战后医疗体制形成的前提。而且，战后社会保障的制度性外皮也可以在战争期间制定的法律中找到依据。但是另一方面，战时和战后的"连续"性自不待言，连重视战后特有的规定性的讨论也存在。战后，由于引入了美国医学，日本的医疗进入了新的水平，战后的福利制度更是使得福利范围扩展到战时无法相比的程度。而且，战后医疗体制的形成过程中获得了新的思想和运动，社会保障制度也在新宪法的基础上，变成了保障人权的制度。对于这种"断绝"层面，我们也必须要正确把握。

（中村一成）

正如文件《投降后美国的初期对日方针》(初期对日方针)中载明的一样,GHQ占领日本的初期目的是推进日本的非军事化,并以此为手段,同时实施政治经济的民主化。在这里必须注意的一点是,虽然日本的民主化在初期的占领政策中有所体现,但是日本经济的复兴未必受到重视。在此阶段,由于原定日本要向战胜国支付高额赔偿,导致战后的日本的重工业生产能力未能恢复到战时的水平。对于占领军来说,民主化并不直接意味着日本的经济发展(复兴),这一点容易被忽视,所以希望引起注意。美国实施的占领政策向默认日本经济复兴的方向转变,是在受到美苏冷战激化和中国共产党赢得国共内战的国际情势的强烈影响之后的事情。

对日认识是美国设计占领政策的背景,其内容如下:战前日本的社会经济具备封建性和垄断性,以财阀、地主为中心的经济支配阶层掌握了大部分财富,多数劳动者和农民生活窘困。这催生了日本的军事扩张和对外冒险主义。因此,为了不让日本再次军事扩张,就有必要分解财阀、地主的财富,进行重新分配,为劳动者伸张权利……①我们姑且不论这样的对日认识在当时有多正确,但是必须认识到对日经济占领政策是建立在以上逻辑之上。

财阀解体和禁止垄断法

在前述的《投降后美国的初期对日方针》中,"对在产业以及金融上支配日本大部分工商业的大企业组织进行解体的计划"②是占领政策的重点之一,这说明日本财阀解体早就被纳入到GHQ的占领计划当中了。以占据战前日本企业中枢地位的三井、三菱、住友等为代表的财阀企业形成以封锁性同族经营和控股公司为总公司的康采恩,在日本经济总体中占垄断性地位,那被视为日本经济非民主性性格的象征,以及潜在的战争推动势力。对于这种财阀的战争责任论,三菱财阀的岩崎小弥太进行过反驳,而占领军认为问题不在于个别财阀人士的言论行动,而是同族支配的庞大企业存

---

① 竹前荣治:《GHQ》,岩波书店,1983年。
② 辻清明编:《资料:战后20年史1 政治》,日本评论社,1966年。

在本身所带来的结构性问题,讨论因此产生了分歧,最终推进了财阀体制的解体过程①。

作为财阀解体的一个程序,首先从解散被视为同族支配中心,且具有总公司职能的控股公司开始。1945年11月,依照控股公司解体指令,三井、三菱、住友、安田这四大财阀总公司停止经营活动,随之进行解散和清算,这些总公司旗下的子公司、关联公司的有价证券被禁止买卖和转让,进而由成立于1946年4月的控股公司整理委员会接管,分批转让和出售。此外,控股公司整理委员会还对83家控股公司进行解体整顿,并将所持股票转让到委员会。由此,战前时期曾经盛极一时,利用控股公司组建起来的企业组合解体了(表5-2)。

表5-2 财阀解体时主要控股公司的举措

社　名	指定时	措　置
株式会社三井本社	第1次指定	单独解散
合名会社安田保全社	第1次指定	第二会社设立后解散(永乐不动产)
株式会社三菱本社	第1次指定	第二会社设立后解散(阳和不动产,关东不动产)
富士产业株式会社	第1次指定	第二会社设立后解散(富士工业,富士汽车等)
株式会社住友本社	第1次指定	第二会社设立后解散(四国林业,东邦农业等)
涩泽同族株式会社	第2次指定	单独解散
株式会社浅野本社	第2次指定	单独解散
古河矿业株式会社	第2次指定	保持原状
野村合名株式会社	第2次指定	单独解散
日本窒素肥料株式会社	第2次指定	第二会社设立后解散(新日本窒素肥料)
理研工业株式会社	第2次指定	第二会社设立后解散(新理研工业,新潟工业)
昭和电工株式会社	第2次指定	保持原状
大仓矿业株式会社	第2次指定	第二会社设立后解散(中央建物)

出处:有泽编(1967)104页。
根据《集排法》分割的企业除外。

---

① 当时,岩崎卧病在床,对于总公司的解散要求据理力争:"(三菱)没有与军部官僚勾结挑起战争。遵从国策的命令,以一个国民的身份竭尽全力履行应尽的义务,根本不存在什么可耻的事情。"(岩崎家传记编纂会)

对于曾经是旧财阀所有人的财阀一族,首先于 1947 年 3 月没收了 10 大主要财阀家族共 56 名成员的股票,不仅强制要求所有公司员工辞职离岗,而且根据 1948 年 1 月的《财阀同族支配力排除法》,又将 255 名财阀家族成员和其他主要经营者从管理层清除。另外,改革还波及个人名义的财阀同族财产,对于国内个人的财产开始征收高额的财产税,具体方式是 10 万日元以上征收 25％,1,500 万日元以上征收 90％的累加税。虽说是税,实际上是从资本家手里没收财产,不仅是财阀家族,包括皇族以及地方上的地主在内,总共征收了 294 亿日元的税收。国内的资本家因此损失了大部分的财富[①]。

排除集中和禁止垄断法

说到财阀解体给战后日本带来的重要影响,就不得不提到《禁止垄断法》的成立。对于并没有采取同族经营的大企业,或者是在国内具有垄断地位的大企业,GHQ 也做了分割。GHQ 以美国的反托拉斯法为模板,于 1947 年 4 月公布了更为严格的《禁止私人垄断及有关确保公平交易的法律》(禁止垄断法)。作为更加具体的措施,1947 年 12 月又根据《排除过度经济力集中法》指定国内 325 家企业为垄断企业,作为分割的对象。这一措施的指定范围虽然在日后有所放宽,但日本制铁、三菱重工、王子制纸等 11 家企业最终还是遭到分割,例如日本制铁被分割为富士制铁和八幡制铁两家公司,大日本麦酒被分割为日本麦酒(现札幌啤酒)和朝日麦酒(朝日啤酒)(表 5-3)。

表 5-3 《排除集中法》适用企业

会社名	决定指令
王子制纸	3 社分割(苫小牧制纸,十条制纸,本州制纸)
日本制铁	2 社分割其他(八幡制铁,富士制铁 2 社)
大日本麦酒	2 社分割(日本麦酒,朝日麦酒)

---

① 在太宰治的《斜阳》中描写了旧时贵族的母女俩的生活,其中描写了财产税是造成母女经济窘困的原因。

续 表

会社名	决定指命
东京芝浦电气	27工厂,1研究所处分等
日立制作所	19工厂的处分
帝国石油	保有株式、矿业权、地上权、赁借权的一部分处分
大建产业	制造、商事部门的分离(吴羽纺绩,丸红,伊藤忠商事,尼崎制钉)
三菱重工业	3社分割(东日本重工业,中日本重工业,西日本重工业)
日本化药	保有株式的处分
东洋制罐	2社分割(东洋制罐,北海制罐)
北海道酪农协同	2社分割等(北海道黄油,雪印乳业)
帝国纤维	3社分割(帝国制麻,中央纤维,东邦人造纤维)
三井矿山	2社分割(三井矿山,神冈矿业)
三菱矿业	2社分割(三菱矿业,太平金属)
井华矿业	2社分割其他(井华矿业,别子矿业其他2社)
松竹	保有株式处分
东宝	保有株式处分
日本通运	保有株式处分,转让一部分设施

出处:安藤编(1979)145页。

进而,根据GHQ的指令,分别将战前享有较高国际知名度的三井物产和三菱商事,彻底分解成170家和120家公司①。

通过实施以上一系列政策,以控股公司的财阀总公司为中心、通过资本系统紧密联系在一起的日本财阀最终解体了。但是,这些措施① 虽然解体了原有的同族经营,却未能抑制住战后同族企业的产生;② 由于改革对金融机构的影响微乎其微,所以给旧财阀企业留下了通过互持股票的方式,重新建立以银行为中心的企业集团的余地;③ 后来,持股公司本身也因为《禁止垄断法》的修改(1997年)合法化了。出于以上三点考虑,现在对这一系列措施很难做出评价。

从这个意义上来说,今天反倒应该关注的是财阀解体使得《禁止垄断法》在日本成立这一点。在战前的日本,为了强化日本经济

---

① 对于这两家企业的彻底解体在整个财阀解体政策中极具特色。三菱商事和三井物产分别在1954年和1959年重新集结成关联公司,恢复了原来的公司名称。

的国际竞争力,希望国内企业相互协调、合作的想法占主导,而认为不宜形成国内市场垄断局面的观点并没有产生很大的影响。可以说《禁止垄断法》的成立激发了战后日本的企业间竞争,并且赋予竞争合理性。但是另一种看法是,国内存在的"过度竞争"也给日本经济的国际竞争力带来了负面影响,这种观点深深地扎根于以通产省为代表的战后日本产业政策制定者的脑海中,有关《禁止垄断法》的解释和运用,直到今日还没有定论。

劳动改革

在战前的日本社会,企业和劳动者的关系经常被比作家族关系或是主仆关系,劳动者的法律地位极其低下。大正时期,劳动运动盛极一时,虽然那时确定了成立劳动工会法的目标,但是最终也没有实现,从这一点就可以看出劳动者的团结权、团体交涉权基本上得不到认可,劳资纠纷也时常成为镇压的对象。

占领军认识到这种脆弱的劳动者权利使得日本国民的生活水平低下,那成为对外侵略和日本企业对外倾销的原因之一,占领军基于这一认识着手进行劳动改革。1945年10月颁布的"五大改革指令"中的"奖励组建劳动工会"就可以说明这一点。至于对于劳动运动的态度,在占领初期,美苏的对立并没有那么表面化,GHQ从民主主义运动的观点出发,也表示支持。

日本政府参照占领军的做法,在厚生省下设立了劳务法制审议委员会,着手筹备劳动法规建设。1945年12月《劳动工会法》颁布(1946年3月施行),根据该法案,首次认可了由团结权、团体交涉权、争议权构成的劳动三权。紧接着,又于1946年9月颁布《劳动关系调整法》,而在1947年4月颁布的《劳动基准法》中以所有劳动者为对象,实行男女统一工资、8小时工作制并且取消中间榨取,引入每周休假制度等,改善了劳动者的劳动条件。相对于战前《工厂法》中仅将女性、儿童作为劳动保护对象这一点,新《劳动基准法》中规定的劳动时间对任意使用包括成年男子在内的所有劳动者的行为进行了限制,这是具有划时代意义的变化。虽说是受到了占领军的启发,但是《劳动工会法》能如此迅速地制定完成,不能忽略的一个重要因素是在战前《劳动工会法》制定运动中积蓄了力量。而且，从与今天的劳动问题的关系角度来说也有重要意义，1947年11月公布的《职业稳定法》原则上禁止导致中间榨取的盈利性职业中介，并且确定了职业中介免费和公共化原则。

劳资纠纷的激化

在依照以上法律推广劳动工会和劳资纠纷合法化的过程中，日本国内从1945年10月左右开始频繁发生劳资纠纷。1946年5月，"五一"劳动节时隔11年后重新登上历史舞台，6月读卖新闻工潮（第二次），7月国铁工潮，8月海员工潮等①大规模的工潮相继发生。在劳动者要求获得解放的社会风潮中，当时的日本还处于粮食不足和通胀蔓延的危机之中，由于是关系到国民的生死问题，必须根据通货膨胀率相应地提高工资水平，因此工潮的结果是逐步认可大幅度工资上涨。在劳资纠纷的推动下，国民参与劳动工会的比例上升，劳动工会的组建率也从1946年的41.5%上升到1949年的55.8%。在这些劳资纠纷中，有很多由于物资不足而未能选择同盟罢工（大罢工）的方式，而是展开了以工会主导生产活动的生产管理斗争方式，斗争方式也相当特别②。

这一时期在日本成立的大多数劳动工会以事业所或工厂为单位。与一般采用以行业为单位的企业横贯式劳动工会的英美劳动工会相比较，这种以工厂为单位的劳动工会的普及，是战后日本经济的一大特征。有关这种工会形态普及的原因，直到今日依然在被反复讨论，但是在战后民主化的企业风潮中，再加上前文中提到的产业报国会的影响，职工间的一体感被强化了。在这些以企业为单位组成的劳动工会中，一部分工会于1946年8月形成了日本

---

① 其中较为特别的是在电影制作公司的东宝也发生了工潮。东宝1948年4月发表的解雇1,200名员工的计划，员工组合激烈反抗，最终发展为招致美军介入的大工潮。这一时期，支持反对解雇运动的有电影导演黑泽明和著名演员三船敏郎等人。

② 生产管理斗争是指以实现劳动工会自主管理工厂、进行生产活动为目的的运动。因为在物资不足的环境下，罢工在日本难以获得其他国民的赞同和同感，所以才出现了这种劳动运动。

劳动工会总同盟、全日本产业分类劳动工会会议（产别会议）等全国性组织，旨在使企业运动和行业横贯式运动都得以顺利进行。

虽然劳动运动如火如荼地进行着，但是在 GHQ 对预定于 1947 年 2 月 1 日举行的总罢工（多种产业劳动者举行的大规模罢工）下了中止指令后，劳动运动受阻。其背景是在美苏关系日趋紧张的大环境下，GHQ 对于左派政党主导的劳动运动开始警戒。此后，美国国内也强化了对劳动运动的限制，与此相呼应，在麦克阿瑟的示意下，政府公布了 201 号政令，全面剥夺了公务员的罢工权利等，同时占领军和政府开始对劳动运动施加重压。

农地改革

在战后改革中，农地改革在占领军提出方案以前就已经在国内提议实施，从这一点来说，这一改革独具特色。农林省官员和一部分的官僚从战后开始的粮食增产和维持治安的观点出发，认识到农地改革的重要性。通过将农地重新分配给耕作农民，唤起农民的劳动积极性，同时也可以防止无产政党的影响力渗透到农村地区。

为此，农林省亲自制定了① 以现金缴纳佃租，② 以通过强制转让方式创设自耕农等内容的《耕地调整法修正案》（第一次耕地改革案），并在 1945 年 11 月的临时议会上通过了该法案。耕地的租赁费用（佃租）不用实物而用现金缴纳的方式实现了土地租赁关系的现代化，从这一意义上来说，它实现了战前以来那些进步农林官僚的夙愿。另外，对于没有耕地的佃农，虽然以前就实施过为他们购买耕地牵线搭桥的培养自耕农事业，但是由于这一交易完全取决于土地所有者——地主的意愿，所以可以说第一次耕地改革案中的强制转让方式具有划时代意义。

但是，在此期间认识到土地改革重要性的占领军在 1946 年 3 月指出该法案是不彻底的。其中，认可在村地主（居住在耕地所在市町村的地主）可保有约 5 公顷土地这一点尤其受到质疑，后来在占领军的主导下，对改革方案进行了重新讨论。随后，在对日理事会中，盟军四国（美英中苏）间也就耕地改革案进行了讨论。结果，按照代表议长国美国意向的英国方案，向日本政府发出了非正式指示。以英国方案为原型形成了由《自耕农创设特别措施法》和《农地调整法修正案》组成的第二次农地改革法案,并在 1946 年 10 月的国会上得到通过。

根据第二次农地改革法,政府强制收买了不在村地主(不住在耕地所在市町村的地主)的全部农地和在村地主保有土地中超出 1 公顷的部分,并以政府制定的管制价格将其出售给耕种这片土地的佃农①。虽然当时的农会等批评出售价格过高,但是考虑到当时严重的通货膨胀,实际收购和出售的价格还是相当低的。通过将实施期限设定为两年的短期、严格限制地主的保有面积、引入政府的直接收购(实际工作由市町村农地委员会代理)等方式,将国内农户保有的耕地规模彻底地平均化了。

对于这样的改革,农地原所有者地主阶级提起诉讼,认为农地改革是侵害宪法中所规定的私有权的行为,最高法院在 1953 年 12 月驳回了原告的主张,判决农地改革是符合宪法的。但是,在后来的日本经济增长过程中,由于农地价格上升而蒙受损失的旧地主仍然没有停止要求补偿农地价格的运动,后来根据 1965 年的《农地补偿法》获得了一部分补偿。另外,地主在农地改革实施的过程中,强制解除土地租种合同,而改为自己耕种的情况也多有发生,并与日本农民协会(1946 年 2 月成立)等农民运动势力多次产生纷争。

以上两次农地改革事业从 1947 年实施到 1950 年前后,略微超过了当时预定的两年时间,结果,战前日本约 80% 的佃耕农地(约 193 万公顷)被出售,变成了自耕农地,佃耕农地在国内农地中所占比例从 46% 减少到 10%(表 5-4)。而且,对于残留的佃耕农地,也将其租种费用控制在很低的水平。由于持有佃耕农地不再有利,佃耕合同逐渐被解除,推进了农地的自耕化。被称为战前地主制的农地所有制结构解体,形成了以自耕农为中心的战后农业、农村秩序。

---

① 耕地改革同时以地主、佃农为"农户"单位进行实施。这种做法虽然是为了防止地主将所持耕地分散给家族成员继承下去,以躲避被政府收购的行为,但是战后民法否定了家族制度,而只有耕地改革以"家族"为单位,这一演变过程略显讽刺(《耕地改革始末概要》)。

表 5-4　农地改革的实际成绩

（单位：千町）

农地改革前 (1945.11.23)			通过农地改革买卖土地、变更土地管理权 (1945.11.23—1950.8.1)					
农地面积(A)	佃耕面积(B)	佃耕率(B/A)	买卖管理变更(C)	其中佃耕地(D)	不在地主	在村地主	解放率	
							C/A	D/B
5,156	2,368	46%	1,933	1,896	712	876	37%	80%
农地改革后 (1950.8.1)								
农地面积(E)	佃耕面积(F)	佃耕率(F/E)						
5,200	513	10%						

出处：安藤编(1979)149 页。
原始资料是农林省"农地等开放实绩调查"(1956 年 3 月)
1 町＝0.99ha

农地改革使得战后农村地区资产保有情况平等化，结果在农村形成了繁荣的国内市场，这也成为战后经济发展的一个重要因素。但与此同时，由于农地改革力图通过平均分配农地来促进农村社会的民主化，而不是非常重视提高国内农业生产力，因此将战前以来日本农业的一大课题——零星经营进一步固定下来了，有评价认为这也成为制约后来日本农业现代化的因素[1]。再从今天的观点来看，农地改革将明治宪法以来土地所有权的绝对性相对化了，通过提出农地的所有必须伴随使用的原则，提出土地所有的公共性，这一点是具有历史意义的。

占领政策的转换和对日赔偿问题

盟军对日占领长达 7 年，在这段时间里，国际形势发生了急剧变化，占领政策也不得不受其影响。根据《初期对日方针》，以重视日本的非军事化和民主化为目标实施的对日占领，受到后来国际形势的变化，相应地进行了修改。这次修改极端一点说就是从民

---

[1]　只不过从 20 世纪 40 年代的农业技术水平来考虑，耕地改革实施时的农户规模不能称之为零星。后来日本农业竞争力下降的原因应该可以归结到在随后的高速经济增长期，耕地的流动化停滞这一点上吧。

主化路线(未必伴随经济复兴)向(使某种民主化倒退)经济复兴路线的转变。这一转变过程是在东西冷战体制下将日本纳入到西方阵营的过程。

1946年3月,英国首相丘吉尔发表"铁幕"演说前后,盟国内部的东西对立逐渐白热化,所谓的"冷战"构造通过1947年6月的马歇尔计划基本确立了下来。而且在中国内地发生的国共内战也以毛泽东所率领的共产党获胜而告终,1949年成立了中华人民共和国,蒋介石率领的国民党军败退到台湾,而日本作为美国在东亚的重要据点,其战略价值就突然显现出来了。

在1948年10月的"有关美国对日政策的建议"中,对日占领政策的基调明显地从"改革"转向了"复兴",个别占领政策已经在前不久进行了路线转变,有关劳动改革时"二·一"总罢工的中止和201号政令的公布,以及财阀解体的集中排除指定的大幅度缓和等内容已经在前文中进行了叙述。特别是这些政策对劳动运动造成了巨大影响,由无产政党指导的劳动运动受到占领当局强烈牵制,导致劳资纠纷在GHQ的建议和指导下接二连三地中止了。

除此之外,这一时期被大幅修改的还有对日赔偿政策。1945年12月报告的鲍莱案中,采取的尽管不是现金赔偿而是实物赔偿方式,但国内的许多工业设备都因此成了实物赔偿的对象,导致日本的工业生产能力大幅削减,该方案想使日本的工业水平倒退到1925—1930年的水平。这种"严酷和平(Hard peace)"路线的赔偿计划在上述占领政策的转变中,得到急速缓和。1948年2月的斯特瑞克报告,以及同年5月的詹斯顿报告都大幅缩减了赔偿规模,最终被撤走的赔偿物资仅相当于鲍莱案中提出的7%,约合1亿6千万日元。

第三节 通货膨胀下的战后复兴

本节将叙述复兴由于战败损失惨重的日本经济的一些对策。如果说在上一节所叙述的战后改革是有关经济体系基本规则的变革(Reform)的话,那么本节将要叙述的一些对策则是"复兴"(Recovery)国民生活和生产水平的尝试。尤其是在通货膨胀最为严重的时期,复兴经济这一政策课题,从历史的角度来看是极为困难的。战败不久的日本国内,保守以及革新政党乱立,政权的基础不再稳固,内阁的更迭接二连三。各个内阁具有不同的经济思想和对现状的认识,本节想关注一下在通货膨胀情况下他们是怎样致力于经济复兴的过程的。

严重的战争损失

我们先来总览一下战败后日本经济的损失情况。据推算,战争造成约212万人战死,加上普通民众共有约300万人死亡。除了人员伤亡之外,由于空袭和舰炮射击,国内的建筑物、生产设施也遭到严重损害,根据经济稳定本部的调查,因战争造成的经济损失总额为643亿日元,若是拿1935年的国家财富来比较的话,大约相当于其25%。实际上,由于还包含着战争中的设备投资部分,战争损失比率应该更大。损失比率最高的是船舶,在1935年时点上损耗了82%。其他工业用机械器具的损耗率也很明显,约达到34%。如图5-1中所示,停战时日本矿工业的生产指数只有高峰时期的20%,而农业则减少到56%。

粮食危机和农产品流通统制

农业生产指数的减少很快带来了国民饥荒的紧急事态。停战后不久的1945年,大米的预期收获量预计将下降到正常年景的70%即3,900万石。实际上,这一数值是政府能够把握的数量,这也意味着政府对农村地区农产品流通的把握能力降低,超过了实际歉收的程度。政府一方面向占领军寻求进口粮食的许可,另一方面依旧运用战争时期的1942年制定的《粮食管理法》,尽管当时仍在对农产品的流通进行统制(供给、配给制度),但是国民生活光是依靠配给的粮食难以维持,于是陆续出现了城市居民到黑市上向农民购买粮食的现象。在物价迅速攀升的时期,人们多用衣物等实物来取代现金换取粮食,这种通过不断变卖家中衣物以换取粮食的生活被揶揄为"如剥笋衣般的生活",那段历史长久地留存

专栏 9

"三流董事"的情景

由于始于1945年的财阀解体以及所谓《禁止垄断法》的实施，使得控股公司在日本消失了。但是，在1997年《禁止垄断法》修改之后，又重新承认了控股公司的设立，因此现在诞生了很多控股公司（Holdings）。在这60年间，关于战后改革的研究不胜枚举，但是控股公司的"复活"让生活在现代的我们重新思考战后改革的意义。那么，经历过战后改革那个时代的人们，又是怎样看待战后改革的呢。

"三流董事是什么？"（中略）那是指"乘火车时不是头等厢就不肯坐，而实力却是三流水平的董事"。这是1952年发表的源氏鸡太的《三流董事》中的一节。这一时期，作为战后改革中的一环，很多董事被开除公职，财阀首当其冲，震惊了日本产业界。由于开除公职而被空出来的董事职位由他们的部下匆匆顶上，源氏就是在以一种嘲讽的语气把这些人称作"三流董事"。

《三流董事》这本书基本是虚构的，但是故事是以真实的20世纪50年代前半期为背景的。主人公桑原社长是在前任社长被开除公职之后，匆匆顶上空位的"三流董事"。在作品中，描写了桑原社长以社长的身份管理公司的样子，字里行间都可以看出由于更换了社长，企业文化发生了变化。社长对公司内结婚后的双职工表示理解就是最好的例子，其中尤为具有代表性的是，一个反映职员们"民主主义"感的场面。当时"民主化""民主主义"这样的词汇是象征着那一时代的关键词。举例来说，男职工和女职工一起在茶社的时候说到"如果是在战前那个年代，我们被发现一起在这喝茶的话，恐怕就会被当作家族的不义者而受到处罚吧"，紧接着因为"三流董事"社长认可公司内的自由恋爱，又会说"民主主义真是个好东西啊"。透过这些谈话可以看到，由战后改革催生出来的"三流董事"给企业带来了"民主主义"，甚至连自由恋爱也被认可了。如此这般，战后改革带来的变化甚至影响到了企业文化。

（小林启介）

在城市居民的记忆中。

残存的工业设备

再让我们将目光转到工业方面来。前面说过工业用机械器具的损害率为34％,反过来说,就是还有66％的生产设备被保留下来了。从表5-5中可以详细地看到,生铁的制造能力虽然比战争时期的顶峰减少了12％,但是与战前相比还是增加了80％,至于工作机械也维持着战前两倍多的制造能力。而生产指数下降80％也只能说明原材料的断绝和劳动力的不足比设备的损耗影响更大。国内的生产设备由于回避了本土决战,实际上残存下来的数量比由生产指数推算出来的结果要多。只不过残存的生产设备的情况根据产业类别的不同有所偏差。战争时期军需生产的扩大带来了重工业、化学工业设备的扩大,残存量也较多,而战争时期处于非重点产业地位的纤维产业的设备减少率则较高。

表5-5 战败时的生产设备能力

生产设备名	1937年度生产设备能力 A	战时最高生产能力		战败时生产设备能力 C	C/B ％	C/A ％
		年度	设备能力 B			
铣铁(千吨)	3,000	1944	6,600	5,600	84.8％	186.7％
压延钢材(千t)	6,500	1944	8,700	7,700	88.5％	118.5％
铜(千t)	120	1943	144	105	72.9％	87.5％
铅(千t)	28	1943	48	48	100.0％	171.4％
石油精制(千kl)	2,320	1942	4,157	2,130	51.2％	91.8％
工作机械(台)	22,000	1940	60,134	54,000	89.8％	245.5％
硫酸铵(千吨)	1,460	1941	1,979	1,243	62.8％	85.1％
碳化物(千吨)	915	1941	379	478	126.1％	52.2％
棉纺(千锭)	12,165	1939	13,796	2,367	17.2％	19.5％
绢纺(千锭)	462	1938	463	196	42.3％	42.4％
人造绢(百万磅)	570	1937	570	89	15.6％	15.6％

出处:安藤编(1979)150页。

然而,利用这些剩余设备能否使日本经济再次实现增长呢?这取决于占领军的赔偿方针。因为前述的占领军当初的赔偿方案——鲍莱案把这些残留生产设备作为实物赔偿的对象。日本为了复兴成为重工业国,需要对那之后的占领政策进行变更。

间接占领下的经济复兴

盟国对日本实施的占领属于间接占领,只有属于占领基本方针的战后改革是在占领军的指导下实施的,而其他事务性政策运作则由日本政府实施,占领军基本上只进行监督。间接占领的好处在于弱化日本人的被占领的感觉,进而避免日本国民因为政治、经济混乱而将反抗的矛头直指占领军,以使占领能够比较顺利地实施。因此,战后日本经济复兴的相关政策,基本上是由日本政府实施,必要的时候才有占领军介入。但是,唯独冲绳一直是被置于美军的直接统治(军政)之下的。

图 5-5 战后物价的变化(1944—1958 年)

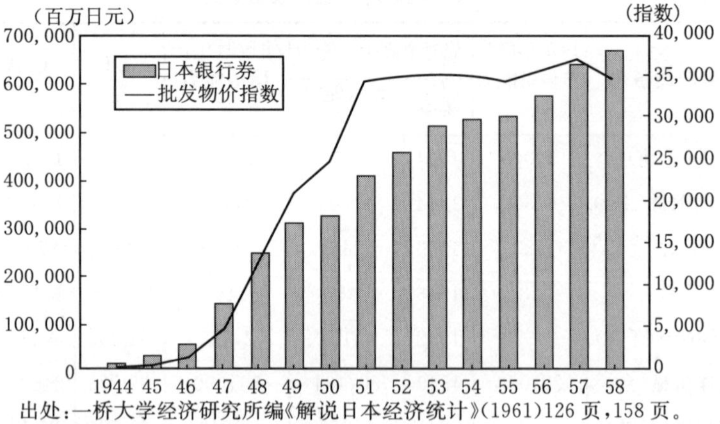

出处:一桥大学经济研究所编《解说日本经济统计》(1961)126 页,158 页。
物价指数,1934—1936=100。

急剧的物价上涨

对于以复兴战后经济为目标的日本政府来说,一个重要的课题就是如何应对严重的通货膨胀（物价上涨）①。国内物价在1945年到1949年的5年间，从批发物价指数来看增长了60倍，这在日本近代史上都是绝无仅有的（图5-5）。因为解决物价上涨的方案根据将货币因素还是将生产因素看成本质原因会有所不同，因此，政权对情势的认识以及政策担当者的政治、学问立场的不同就有可能造成其政策手法的差异。

担心通货紧缩？津岛财政的误读

现在我们意外地注意到：对于战败不久的日本政府来说，通货紧缩或许比通货膨胀更为可怕。曾经担任东久迩内阁财务大臣的津岛寿一指出战败导致军用产业的终止，最终很有可能引发通货紧缩，在从1945年8月到11月期间，强行一次性支付了未付的临时军事费用。支付总额达到265亿日元，这一项的规模超过了1945年度政府一般会计岁出额（215亿日元）。超过国家预算规模的一次性军事费用支出是引发战后通货膨胀的原因之一。其他原因还有作为景气对策实施的以日银贷款为财源的银行贷款的增加，以及因为国民对通货信心下降激化了人们用通货换实物的现象，还有战败处理费（日本政府承担的占领军经费）的临时支出等等，但不管原因为何，东久迩内阁对于通货膨胀多少有些置之不理的结果，就是由继任的币原内阁来清理这个烂摊子。

用两周时间封锁存款——金融紧急措施

"诸位，政府为什么必须要进行如此彻底，甚至看上去有些草率的政策呢？简言之，是因为恶性通货膨胀对于国民来说，实际上就像是为了治愈一个棘手的但是关乎性命的疾病，而不得不采取的方法……"②

---

① 经济学上对通货膨胀（inflation：膨胀）的狭义定义仅指因为通货膨胀造成的物价上涨。而一般用法是将整个物价上涨称为通货膨胀，以下以通货膨胀表示整个物价上涨。

② 香西泰：《高速增长的时代》，日本经济新闻社，2001年。

这是1946年2月16日的广播中,大藏大臣涩泽敬三对国民发表的演说中的一部分。1946年2月时点,日银券发行总额约为618亿日元,这一规模是停战时点的两倍。很明显,造成通胀的原因之一是大量发行货币。对于剧烈的物价上涨,最早从紧缩货币的观点着手处理的是币原喜重郎内阁。涩泽敬三在2月16日,表明金融紧缩措施是"经济紧急对策"的一环,并在文章开头的广播中表示希望获得国民的理解。

金融紧缩措施是指从3月2日起禁止现行日银券(旧日元)的流通,而换成新日银券(新日元)。国民在以旧日元兑换新日元的时候,必须要将旧日元暂时存在银行里,而提取兑换后的新日元的金额被严格限制(每月户主可以提取300日元,每位家庭成员可提取100日元)。这一措施实际上是在封锁存款,在物价上涨时期强制国民存款的政策等同于让人不要对这一时期国民持有存款的缩水现象采取任何对策。如果拒绝强制存款,那么国民所持有的通货将自动无效,因此即使明知这些钱要缩水,但是迫不得已还是得服从强制存款的命令。政府通过封锁存款抑制了在市场上流通的日银券的数量,控制住了物价上涨,同时也防止了国民因为提取存款(挤兑)而造成的信用秩序的崩溃。这样的存款封锁一直进行到1948年7月,持续了2年以上[①]。

三·三物价体系

然而政府认为仅靠调节通货流通量还远远不够,因此又强化了已经实施的物资价格统制。从旧日元无效化的3月3日起,政府制定了以大米、煤炭为中心的各种物资的官方价格体系(三·三价格统制)。这一物价体系是基于每户每月可提取现金500日元,在能够维持家庭生活的前提下推算出来的各种物资的价格。但是,在这一价格统制背后悄然进行的黑市交易完全没有收敛的迹象,

---

① 在作家北杜夫的自传小说《曼波医生青春记》中以真情实感回忆了金融紧急措施令发布后,自家的现金被强制存入银行,随后因为通货膨胀,存款全部变成白纸一张的经历。"我曾经不下十次地梦想过,如果用那时一小部分的钱,至少在黑市上买个罐头什么的话,该多好啊。"

相同物资的黑市价格和官方价格之间相差很大。

通过封锁存款这种强制办法,回收上来的日银券达到503亿日元,日银券发行总额在3月12日时点上为152亿日元,减少到高峰时的四分之一。这种荒唐的方法虽然一时控制住了通货膨胀,但是仅凭通货措施是不能保证此后日本经济的复兴的。币原喜重郎和涩泽敬三并不是从一开始就将通货政策作为重中之重的,尤其是涩泽担心极端的通货政策反而会加重经济的晃动,因此在"经济紧急对策"的立案过程中,对于为恢复铁、煤炭等生产而设立复兴金融公司的设想进行了探讨。但是,短命的币原内阁没能等到这些政策发挥作用,后来的生产复兴政策是继任的吉田茂内阁接手实施的。

石桥财政和复兴金融金库

"今天的饥荒物价仅靠增加物资生产和流通是可以解决的,如果这时采取通货紧缩政策下调物价水平的话,恐怕会导致生产缩小,国民收入减少,国民的生活愈发困难。当国家出现失业者,存在闲置生产要素的时候,财政的第一要义就是要动员这些闲置生产要素,用于恢复生产活动。为了达到这一目的,即使财政出现了赤字,增加货币发行量也丝毫无碍,那反而是真正的健全财政。"①

这次演说是第一届吉田内阁的石桥湛山藏相发表的。对于通货膨胀,主要利用货币政策来应对的是币原内阁,而试图通过强化生产增加商品供给来结束通胀的则是第一届吉田内阁。1946年4月,经过战后首次众议院总选举后组阁的吉田内阁的石桥藏相,是战前以来的积极财政主义者,为了结束通货膨胀局面,振兴日本经济,他认为最重要的是要通过复兴生产增加商品供给。在上面的演说中,石桥强调了现在的日本处于不完全雇佣的状态,这种不完全雇佣情况下的物价暴涨不能通过通缩政策,而只能通过增强生产来解决,为此他坚持增发一定量货币的

---

① 有泽广巳编:《昭和经济史 中》,日本经济新闻社,1994年,46页。

主张。

　　在展开这些积极政策之前,在1946年6月的内阁会议上,石桥藏相主导了对民间企业实施金融融资的内阁决意,作为实施机构,于次年的1947年1月设立了复兴金融金库,该金库是由政府全额出资的金融机构,集中对煤炭、电力、肥料、钢铁等行业实施融资,尤其将36％的融资金额都投入到了煤炭部门。融资总额在1948年度末达到了约1,300亿日元,这一金额超过了全国银行信贷总额的20％,由此,诞生了一个巨大的政策银行(表5-6)。这部分资金光靠政府资金是不够的,很多需要通过发行日银承兑的公债(复金债)来筹措,因此日银券的发行数从1947年到1948年末增加了约800亿日元。结果,因为金融紧急措施暂时平复的物价水平再次上升,以至于这一时期的物价上涨被称为"复金通货膨胀"。

表5-6　产业类别融资额占复金融资的比重

(单位:百万日元)

产业 \ 项目	金融机关融资额 A	复金融资额 B	B/A %
煤矿行业	67,250	47,519	70.7％
设备资金	33,877	32,819	96.9％
运转资金	33,373	14,700	44.0％
铁钢行业	21,931	3,526	16.1％
设备资金	2,821	1,943	68.9％
运转资金	19,110	1,583	8.3％
肥料	16,143	6,119	37.9％
设备资金	7,113	4,555	64.0％
运转资金	9,030	1,564	17.3％
电力行业	25,422	22,399	88.1％
设备资金	20,580	19,129	92.9％
运转资金	4,842	3,270	67.5％
融资合计	566,118	131,965	23.3％
设备资金	127,380	94,342	74.1％
运转资金	438,738	37,623	8.6％

出处:安藤编(1979)151页。
融资额是1949年3月末的数值。

倾斜生产方式

另一方面，吉田内阁在1946年10月发表了要将国内的煤炭产量从年产2,300万吨提高到3,000万吨的目标。由于当时日本工业生产的扩大，煤炭的不足被看作是实物层面最大的障碍。当时，煤炭是制铁用燃料、火力发电燃料、铁路船舶燃料等，几乎是所有工业部门必需的资源。而且，因为是国内可以自给的资源，所以即使说煤炭能否实现增产关系到日本经济复兴的成功与否也不为过。为了实现煤炭的增产，吉田内阁于11月在外务省内设置了以东京大学有泽广巳教授为委员长的"煤炭特别小委员会"，专门商讨煤炭增产对策。以该委员会的报告为蓝本形成的政策被称为倾斜生产方式。

所谓倾斜生产方式是指朝着增加作为工业复兴过程中基础素材的煤炭和钢铁产量的方向，将所有的经济政策集中"倾斜"过去。为了增加煤炭产量，就必须要增加用于坑道等建设的钢铁材料。在钢铁行业，虽然战争时期还残存了一些当时被用作原料的铁矿石，但是由于燃烧用煤炭和重油不足，这一行业在战后也处于大幅减产的状态之中。为此，首先要将国内的煤炭和向美国申请获得进口许可的重油集中地投入到钢铁行业，增加钢铁产量。接下来，将这部分钢铁集中地投入到煤炭行业增加其产量，再将增产的煤炭重新投入到钢铁行业……也就是以一种循环的手法将相互的生产物有重点地投入到对方产业中，以此来扣动日本重工业复兴的扳机。而为实现增产提供的金融支持则由前述的复兴金融金库重点实施。

经济稳定本部的扩充和价格差额补给金

第一届吉田内阁由于受到"二·一"总罢工中止以及与之相关的吉田首相的"不逞之辈"发言等事件的影响，失去了国民的支持，在1947年4月的大选中败下阵来①。后继的片山哲内阁是以社会党为首的联合内阁,基本继承了基于倾斜生产方式的经济政策。比起以"厌恶计划"著称的吉田茂政权,或许社会党政权更倾向于计划色彩强烈的倾斜生产方式。片山内阁大幅扩充改组了1945年8月设立的经济稳定本部(后来的经济企划厅),致力于将倾斜生产方式反映到各季度的物资供需计划和资金供需计划等具体对策中去。而且,配合着这些计划,还于1947年7月改组了此前的三·三物价体系,构建了七·七物价体系。此时,对于煤炭、钢铁等重要物资(被称为稳定物资)设定了由生产者的"生产者价格"和销售时的"消费者价格"组成的双重价格,实施了价格差额补给金制度,差额由政府用一般会计支出来填补。价格差额补给金在一般会计支出中所占比率在1947、1948财政年度达到了超过20％的高水平,其中对钢铁和煤炭的补给额甚至超过补给金总额的70％。

煤炭国家管理问题

片山内阁是与民主党和国民协同党组成的联合内阁,因此难以显出社会党自身特色,在经济政策方面,基本上是在强化石桥财政时代各项政策的基础上继续展开。而其中,社会党作为竞选诺言独自推行的是炭矿国家管理。1947年6月,经济稳定本部提出的方案中提到,① 炭矿所长由政府任命,生产现场由国家直接管理;② 在现场设置由劳动者和职员组成的生产协议会来参与管理。对于该方案,不仅是在野的自由党,连联盟执政党的民主党中也有一部分人表示反对,法案的通过极其困难。最终,于12月通过的三年期的时限立法《临时煤炭矿业管理法》中对相关内容作了大幅缓和,改为① 保留原来的公司,并由公司选任现场管理者;② 生产协议会也变成没有强制力的咨询机构。

该法案实际上没能顺利推行,成为后来片山内阁自然瓦解的

---

① "不逞之徒"发言,是指在"二·一"总罢工即将发生的1947年元旦的广播中,吉田茂首相策划总罢工的劳动者称为"不逞之徒"而引起民愤的事件。总罢工中止这件事虽然是因为GHQ的压力,但是这次发言确实让国民愤怒的矛头指向了吉田政权。

一个因素,执政党的民主党内部分裂,社会党内部也出现了左派和右派的严重对立。社会党没能贯彻原来的法案导致内部分裂加深,以及企业的国营化使人们不禁联想到向战时统制经济的回归,这些都导致国民的支持率大幅下降。

倾斜生产方式的评价

倾斜生产方式在实施过程中,因为重油进口推迟等影响导致计划滞后,而且尽管实现了煤炭向钢铁业的重点投入,但是反向的钢铁向煤炭业的投入却因为其他产业原材料铁的不足,没能按照计划顺利地进行[①]。另外,还必须指出的一个负面现象是,由于复兴金融金库造成的政策融资的膨胀,围绕融资许可问题,一部分政府官员的贪污行为扩大,其中具有代表性的是后文中将要介绍的昭和电工事件。但是,另一方面我们也要看到,虽然过程迂回曲折,最终还是达到了1947年度煤炭增产目标3,000万吨这一数字。在占领军改变对日占领政策的过程中,由日本政府主导的复兴计划引入了美国的对日重油进口许可,必须承认这是战后日本重工业复兴的起点。

第四节 从道奇方针到特需景气

正如1949年以后的占领时期被称作"反向路线"的时代一样,占领军、美国的占领政策在这一时期发生了巨大变化。这是在"冷战体制"这种新的世界史状况中发生的变化,此后的日本经济体制也只能在冷战体制框架中仅有的几个选项中做出选择。

虽说处于这种被限制的情况,但是我们也不能忽视了从占领后期到20世纪50年代前半期这段对于日本经济来说是"自立"时期的这样一个侧面。后述的道奇方针是使日本经济从美国的对日援助和贸易保护中自立出来的一个尝试,而且尽管因为媾和条约

---

① 中村隆英编:《"计划化"与"民主化"》,岩波书店,1989年,183页。

的缔结，日本被纳入到了"西方"这个有限的世界中，但同时也加入到了IMF·GATT体制这样一个国际经济新秩序中。这段时间，从国际收支的观点来看，支撑日本经济的是东西阵营的军事冲突——朝鲜战争，可以说这是象征着日本经济所处的国际环境的重大事件。

芦田内阁和中间稳定论

随着冷战体制的深入，美国的对日占领政策方向从"改革"转向了"复兴"，如前文所述，财阀解体和赔偿政策在这一时期也被放宽。这样的占领政策的转变使占领军内部出现了对立，也给日本政权造成了影响。1948年3月，在片山内阁退出政治舞台后上台的芦田均内阁主张"引入外资重建经济"的政策目标，这是日本方面对同年1月美国明确提出的对日本经济的复兴，并以罗亚尔声明为代表的占领政策的变换做出的积极反应。

在这里，芦田内阁倡导的"外资引入"虽然说明较之民间企业的资本参与，政府更希望对日援助能够增加，但是不论如何，其目标都是以扩大从美国进口的消费产品（援助）为杠杆；以消除物资不足的困局，同时又无须通过通货措施或是转向紧缩财政来抑制通货膨胀。这种在一定程度上接受通胀的同时努力复兴生产的计划在当时被称为"中间稳定论"。但是，也有一部分学者提倡"一举稳定论"，即为了恢复生产，以结束通胀为前提，寻求强有力的通货措施，两派之间曾有过激烈的争论[①]。

昭和电工事件和占领军的内部对立

芦田内阁因为化学肥料厂商昭和电工为从复兴金融金库获得融资而进行收受贿赂事件而瓦解。这一事件之所以牵连甚广，从当时的经济稳定本部长官、大藏省主计局局长扩大到连芦田首相

[①] 比如说，提倡中间稳定论的有有泽广已，提倡一举稳定论的有木村禧八郎、铃木武雄等，根据他们的观点编著了《有泽、木村之争》。

本人都被逮捕,其背后存在占领军内部支持民主化中庸路线的GS(民生局)和反共保守势力的G2(参谋第二部)的对峙。暗中揭发事件的G2部长威洛比在搜查过程中,甚至将G2副部长凯迪斯的渎职事件也都牵连了出来,将凯迪斯逼到了退职的地步。占领军内部势力配置的变化也强烈地影响到了对日占领。但是,不管怎么说,"中间稳定论"和"一举稳定论"的政治解决还是被拖到了下一届政权——第二届吉田内阁时期了。

经济稳定九原则的矛盾

由于芦田内阁从"复兴日本经济"这一点来理解对日占领政策的本质变化,因此以庞大的对日援助为前提筹划了经济政策。但是,从结果上来说,他们只认识到了美国对日政策变化的一个部分。在美国国内,长期的对日占领带来占领经费负担的问题,民众对持续的对日援助的不满情绪高涨。芦田内阁依赖的约1亿4千万美元的对日援助没能获得美国议会的同意,由此可以看出美国的对日政策虽然在向"复兴"日本经济的方向变化,但是这所谓的"复兴"的主要目标是将美国本国的支出控制在最低限度,同时使日本经济"自立"①。

关于这一点,美国方面的意见也出现了分歧,以占领当地的麦克阿瑟为首的GHQ为了继续获得占领经费和对日援助,对日本政府下达的指示缺乏一贯性,使得日本政府不知如何应对。最能说明这一点的象征性事例是1948年12月GHQ向日本政府提出的经济稳定九原则。九原则是基于美国本国的国家安全保障会议(NSC)的决定,在美国本国被采纳的,其内容由① 通过削减岁出实现均衡预算,② 征税的强化,③ 金融机构融资的抑制,④ 工资稳定计划的筹划,⑤ 物价统制的强化,⑥ 外国贸易、汇兑的统制强化,⑦ 配给制度的有效化,⑧ 国产原料、产品的增产,⑨ 粮食统制的有效化九条组成。其中前三个条目表明了要通过紧缩财政建立"小政府"的目标,而后半部分的条目则反映出要依旧继续此前的统

---

① 武田晴人:《日本经济事件簿》,新曜社,1995年。

制,并进一步强化,即建立"大政府"的目标。那么,在向日本方面提出的九原则中,到底什么是重点,还一时难以判断。美国的本意又是什么呢,或者说哪方面的主张更有力呢。直到新年过后的1949年2月,从美国国内派来了一个大人物后,这些谜团才被解开。

道奇方针——缩短高跷腿

"日本经济就像踩着高跷,两脚都没有落地。高跷的一条腿是美国的援助,另一条则是国内提供补助金的机构。高跷太高的话,就会有摔断脖子的危险。现在必须立即降低高度……"①

1949年2月,时任美国底特律银行总裁的约瑟夫·道奇以美国总统公使的身份来到日本。道奇来到日本后,在3月7日召开的记者招待会上发表了上述讲话。他把日本经济的复兴比作踩在美国援助和政府补助这个"高跷"②上,道奇在发言中强烈主张要变革日本经济依赖这些悬空的高跷结构,很明显美国政府要求的重点是在九原则的前三项中。

当时的内阁是在1949年1月的大选中获得压倒性胜利,以民主自由党为中心的第三届吉田内阁,中庸三派在国政上的惨败和保守的民自党的飞跃发展与占领政策的转变统一了步调。尤其是GHQ下的民生局(GS)对吉田茂就任首相不断地表示出难色,此后的吉田长期政权意味着占领军内部以GS为首的新主流势力的衰退③。

从1949年到1950年间,由道奇指导的一连串经济政策被称为道奇方针。首先,道奇介入已经确定的1949财年预算编制,并改变了其中的内容。其内容由以下三条组成:① 从一般会计收支中

---

① 前引有泽光巳编《昭和经济史》中,71页。
② 高跷在美国最早是从19世纪以后开始出现的玩具。英语是 stilts。
③ 美国对日占领政策的转换给占领军干部之间的势力关系造成了影响。具体说来,作为新交易人推进日本财阀解体的干部埃利诺·哈德利回忆道,自己曾被G2的威洛比少将评价为"极左势力",结果在后来的公职升迁过程中遭到严重制约。请参见埃利诺·哈德利《财阀解体 GHQ 埃利诺的回忆》(东洋经济新报社,2004年)。

拿出约 7,040 亿日元平衡该年度预算,而且特别会计也要达到平衡,形成"超均衡"预算。其中,由于包含着要偿还复兴金融债券等公债,因此这实际上是个黑字预算。② 废止诸如价格差额补给金、进出口补助金等一切补助金。③ 全面停止复兴金融金库的新建融资,开始偿还复兴金融债券①。而且在税制方面,还根据 1949 年 9 月发表的休普使节团的建议,实施了主要内容为建立以直接所得税为中心的税收体系和税源向地方转让的建议,并在 1949 年度补正预算之后,尝试了建议中提出的税制改革。

对日援助的变质

改革对日援助是道奇的主要使命之一,因此在这一点上也进行了较大改动。美国通过设置 GARIOA(占领地区救济政府资金)和 EROA(占领地区经济复兴资金)两项基金来向占领地区实施援助,对日本共提供了总计 18 亿美元(其中的 13 亿美元是无偿的)的援助。当初,援助物资在国内的销售货款将被处理为国内的贸易资金特别会计,货款实际上是从进口补助金中支出的。

1949 年 4 月 GHQ 针对日本政府,在日本银行内设置了对日援助回转资金账户,命令日本政府将与美援同等数额的日元存入该账户。这部分存款在未经 GHQ 许可的情况下不得使用,主要用于偿还复金债以及 GHQ 认可的公共事业。设定回转资金援助本身虽然并不直接意味着削减援助,但是分离了占领情况下区分不明的进口和援助,占领军由此可以支配援助物资的销售货款的用途了②。

单一汇率的设定(1 美元＝360 日元)

标志着道奇方针完成的是将美元对日元的汇率设定为单一汇率(固定汇率制)。虽说是单一汇率,若是将今天的汇率设定为单

---

① 停止功能的复兴金融金库于 1952 年被日本开发银行吸收。
② 所谓回转资金援助是指被援助国政府将供给物资在国内销售,其所得货款(回转资金)由两国商量用于社会开发事业的一种援助方法,包括今天的日本在内的发达国家的 ODA 都普遍实施过。

一的变动汇率,现在的读者们一定会感到不可思议。但是,在被占领的日本,贸易时的日元对美元汇率根据产品种类有所不同,也就是存在复数的汇率。当时的贸易是通过日本政府和美军为媒介进行的,出口品由日本政府从民间企业购买,再由美军在美国等地贩卖的方式进行①。举例来说,在1949年时点,若出口价值100万日元的陶瓷器具,在当地就以1,667美元销售,若是100万日元的生丝则卖到2,381美元。此时,用两种商品计算出来的汇率就分别为1美元≒600日元和420日元,两种商品之间存在着汇率差。而且,当时的日美汇率理论上被设定为1美元=360日元,所以两种商品若是以相等的3,333美元销售的话,就分别与实际的销售额之间相差1,666美元和952美元,这部分差额事实上是由出口补助金来支付的。而且,既然实际上不存在单一的汇率,那么就不可能正确地计算出出口补助金的数额,复数汇率既是出口补助金产生的原因,同时也是使其不透明的原因。设定单一汇率的目的在于清除这样的出口补助金,使日本恢复到自由贸易体系中去。

在道奇来日本之前,设定单一汇率的必要性就受到美国国内的重视,1948年5月来日的杨格使节团就曾建议将汇率设定为1美元=300日元的单一汇率。这与战前金本位制下的1美元≒2日元的汇率相比,日元贬值到原来的150分之一,即使如此,日本方面认为如从当时日美交易的条件来考虑,按照这一汇率,仍然是日元升值,将会导致出口减少将近20%。此后来日的道奇亲自为设定单一汇率进行了调查,并于1949年3月向美国提出了1美元=330日元的汇率方案,在经过与美国国内协调之后,正式发表了1美元=360日元的汇率方案。虽然关于这一汇率的合理性还存在讨论,但是日本方面对修改了当初的330日元方案表示放心,而道奇则认为比起在汇率水平上议论纷纷,更应该优先考虑设定单一汇率的问题。

1美元=360日元的固定汇率从1949年4月开始实施,到1971年因为美元冲击而崩溃,一共维持了20多年。战后西方各国

---

① 占领时期从日本出口的产品上不是标记着"Made in Japan",而是"Made in Occupied Japan"。

货币与美元结成固定汇率的国际通货秩序被称为布雷顿森林体系①。日本引入单一汇率也意味着加入了这个布雷顿森林体系,同时也意味着日本加入了以美国为中心的西方诸国的通货秩序。

稳定恐慌和劳动争议的激化

以超均衡财政为代表的道奇方针的实施给日本经济造成了严重的通货紧缩效应。虽然通货膨胀暂时被抑制了,但是从即将到来的萧条的意义上来说,当时的不景气被称为"稳定恐慌"。为了缓和通货紧缩效应,日本政府放松了对城市银行的融资限制,实施了购买复金债和国债的市场操作等积极的金融缓和政策(反通货膨胀政策)②。1949 年日银的信贷资金达到 920 亿日元,超过了被财政黑字吸收的金额(848 亿日元),但是由于受到资金供给偏向于大企业等影响,没能充分发挥克服通货紧缩的效果。

不景气给劳动运动也造成了强烈影响。伴随着紧缩财政,1949 年 5 月公布了《行政机关职员定员法》,实施了对公务员的削减。在此过程中,国铁、专卖被公共企业化,分别发生了涉及约 12 万人和 8 千人的人员清理,在民间企业也进行了大规模的人员清理。再加上占领军和政府加速排除共产党方面的劳动工会成员,激发了以国铁工会为中心的劳动工会运动。在此过程中,国铁总裁下山定则失踪,除了下山不明死亡(1949 年 7 月 6 日)的事件以外,还发生了诸如三鹰事件(7 月 15 日)、松川事件(8 月 8 日)等与国铁有关的奇异事件,在社会上造成了恐慌情绪。一连串争议的结果是,虽然共产党方面的行业工会作用遭到削弱,但是这段时间发生的事情使得民众对于非共产党的劳动工会成员的占领军的不信任感增强,由此,在 GHQ 的支援下于 1950 年 7 月结成的日本劳动工会总评议会(总评),成功地蜕变为提倡全面媾和、反对美军基地、抵抗 GHQ 的组织了。

---

① 布雷顿森林体系是将美元固定在 1 盎司黄金＝35 美元水平上,其他国家通货通过美元为媒介与黄金挂钩的一种金本位制(黄金汇率金本位制)。

② 本来反通胀政策是抑制通胀的政策,所以此时的政策应该被称为反通缩政策,然而当时这种"反通胀"的叫法却被广泛使用。

对道奇方针的评价

道奇方针在实施的过程中,给复兴时期日本经济最大的悬案——通货膨胀画上了句号。1949 年,战后持续上涨的物价指数终于稳定了下来,到 1950 年物价已经开始出现了下降的局面。但是,由于物价上涨的比率受到生产复兴的影响,在道奇方针实施之前就开始出现了下降的迹象,因此此前的紧缩财政究竟有没有必要,围绕着这一点,至今仍没有统一意见①。但是,道奇本身是美国政府的代言人,在其政策目标中,抑制通货膨胀应该是被放在次要位置的吧。美国从根本上清理了对日援助政策,并将日本的贸易体系纳入到西方阵营的布雷顿森林体系之中,从这一点来看,可以说道奇方针是达到了它的目的的。尽管政策的通缩效果是否阻碍了美国政府所希望的日本经济的"复兴"成了争论焦点,但是不管怎么说,稳定恐慌的伤害被后来的朝鲜战争等突发事件大大缩小了,可以说这也是难以对道奇方针进行评价的一个原因。从日本方面来看,关于抑制通胀虽然存在前文中介绍的那些观点,但是可以确定的是,道奇方针给在中间稳定论和倾斜生产方式中显现出来的慢性财政赤字路线画上了终止符,又通过引入单一汇率,使得日本具备了在西方经济体制下获得高速发展的前提条件。

朝鲜战争的爆发

日本经济由于道奇方针的影响陷入了萧条之中,1950 年 6 月,在战后南北分裂的朝鲜半岛发生了大规模的军事冲突。金日成率领的朝鲜人民军越过三八线南下,占领了韩国首都首尔。美国的杜鲁门政权将这一行为判定为共产主义势力的武力侵略,经过联合国安全保障决议(苏联代表缺席),将麦克阿瑟将军任总司令的

---

① 围绕道奇方针对结束通胀的作用评价,肯定评价的代表有三和良一的论文(收录于中村隆英编:《"计划化"与"民主化"》,岩波书店,1989 年),否定评价的代表有中村(中村隆英:《昭和经济史》,岩波书店,2007 年)的论述。不过,中村也对道奇方针在使后来的日本经济走向合理化路线方面的作用进行了评价。

联合国军派遣到朝鲜半岛。由此,朝鲜战争爆发。

由于出兵朝鲜半岛的美军主力是驻扎在日本的第八军,因此日本实际上成了美军的后方基地。为了补充减少的占领军以及支援联合国军,吉田内阁于1950年8月公布了警察预备队令,创建了由4个师团7万5千人组成的警察预备队,另配备了由8千人和125只舰艇组成的海上保安厅,作为运输省的中央直属局。

"特需"的产生和设备投资的活化

在军事紧张气氛日渐高涨的同时,日本经济迎来了被称为"特需景气"的景气回升局面。所谓"特需"是指向在朝鲜战场活动的美军提供物资等特别需求,美军为日本带来了诸如麻袋、有刺铁线、汽油桶、桥梁用钢材、卡车、飞机、汽车修理等各种各样的需求①。如图5-6中所示,广义的特需除了物资需求之外,还包括增加的美军士兵在日本国内消费的服务性需求,在1952年等年份,

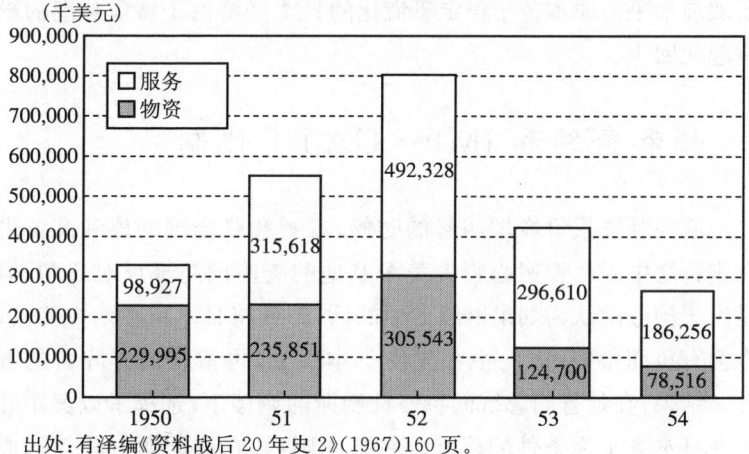

图5-6 "特需"的合同金额(1950—1954年)

出处:有泽编《资料战后20年史2》(1967)160页。
年度,从7月至次年的6月。

---

① 汽车产业就是典型的因为特需复活的产业。当时的日银总裁一万田尚登针对在稳定恐慌下苦苦挣扎的汽车产业界,提出"在日本培育轿车工业是没有意义的。在这样一个国际分工的时代,只要依存于美国就行了"以及"轿车工业无用论"。特需使得这些国内汽车产业起死回生(请参见前引有泽广巳编《昭和经济史》)。

第五章 从战时经济到民主化、复兴 247

这一部分需求在总需求中比例超过了物资需求。由于特需是在日本国内下订单,而以美元支付的,这就造成贸易复兴时期对日本来说非常重要的外汇收入。此外,处于被占领情况下的日本的贸易赤字实际上由美国援助进行填补,但在设定了单一汇率之后,外币保有量就成了制约因素,从而也造成设备投资关联进口的增加。

在1949年末时点上,日本的国内外币储备约为2亿美元,由于受到特需影响,到1951年末增加到4.5倍,总数超过了9亿美元,日本可以通过扩大设备投资和原料进口,实现积极的生产扩张了。在设备投资方面,尤以钢铁行业的设备扩张最为显著,实施了积极的设备更新和新建,例如,川崎制铁建造的铣钢一贯体制的千叶制铁所。对于这样的企业大规模设备投资,政府也于1951年利用回转资金出资设立了日本开发银行,完善了援助企业设备投资的体制。再加上受到处于东西阵营军事紧张状况下的世界各国竞相扩张军备和购买物资的影响,特需以外的出口也增长了,国内制造业在短时间内就实现了大幅增长。国内的矿工业生产指数从朝鲜战争开战时起仅仅用了不到四个月的时间,就在1950年10月内突破了战前水平。原本苦于稳定恐慌化的日本经济由于特需热潮的影响起死回生。

媾和条约和IMF·GATT体制

就在朝鲜战争烽烟四起的时候,日本和联合国的议和准备也在进行之中。尽管担心丧失美军基地的美国国防部反对议和,但是由于国务院认为如果继续占领的话,即便将日本留在西方阵营,也会有负面影响,因此主张先使日本独立,再留在西方阵营的方针。结果,在杜鲁门总统的特使杜勒斯的调停下,选择了以美军驻留在日本本土为条件的议和。在日本国内,在仅同西方阵营达成议和的"片面议和论"和同时也要与东方阵营各国寻求议和的"全面议和论"之间展开了激烈的争论,尽管如此,1951年9月在旧金山签署的媾和条约最终还是去掉了苏联和中国等国,而与西方阵营片面议和。

1952年4月,媾和条约生效,获得独立的日本加入了此后以美国为中心的西方阵营的经济秩序之中。其中具有代表性的事件是1952年加入IMF(国际货币基金组织)和1955年加入GATT(关贸总协定)。被称为IMF·GATT体制的这一国际货币、贸易秩序是在世界大萧条之后,由于列强诸国认识到集团经济化和贸易保护化的竞争最终导致了二战爆发而设立的。参加IMF的发达国家(8条国)禁止对经常交易的支付和资金移动进行限制,采取了通过限制汇兑防止走向集团经济化道路的措施。但是,对于那些苦于经常性贸易赤字的发展中国家(14条国),承认了以过渡性措施进行经常收支的汇兑管理,而且一旦经常收支陷入危机,就能够从同盟国出资的基金中获得资金供给。

日本当初是作为14条国参加IMF的,当时,虽然通商产业省(通产省)实施了外币分配等汇兑限制,但是基本上进行的还是以国际收支平衡为目标的经济政策。而且,通过参加GATT,在贸易保护性关税措施方面也受到了协议的限制。这样一来,日本经济就一步步地加入了自由贸易体制中去了。

特需的功过和向高度增长前进的问题

朝鲜战争进行过程中,让美军没有预料到的是中国志愿军的参战,同时围绕着北纬38度线,交战双方几退几进,逐渐陷入了胶着状态。这期间,主张轰炸中国内地,扩大战线的麦克阿瑟将军与杜鲁门总统意见对峙,结果在1951年4月,他被撤销了司令官的职务,踏上了归国之途。此后,通过苏联等国的居间调停,延长了休战交涉,最终签署停战协定已经到了距离开战3年多时间的1953年7月了。

受到战争在邻国夺取许多人生命的影响,日本经济从稳定恐慌中走出来的这一过程,必须要立足于事实。尤其是如果没有特需带来的充裕的外汇收入,此后的日本企业的旺盛的设备投资就不可能实现。但是,特需给日本经济带来的并不都是正面影响。1953年的《经济白皮书》中对于这一点是这样描述的,"如果抓住特需不放的话,就会陷入停滞不前的扭曲的经济状态,我们或许更应该悉数特需的罪过",这是在为依赖于特需的日本经济敲响警钟。

虽说特需是用美元支付的，但是由于美军恣意地向邻近战地的日本订货，所以这不能算是建立在竞争基础上的贸易。再加上原材料市场由于朝鲜战争价格高涨，以及特需高潮带来的工资上涨，国内物价再次上涨。在固定汇率制下，国内物价的上涨相应提高了出口产品价格，给出口造成了负面影响。日本经济继续依存于特需有可能会阻碍将来日本经济提升国际竞争力①。

但是，在这样的担忧变成现实之前，特需高潮的终结就已经来临了。1953年，苏联领导人斯大林的逝世，缓和了美苏对立，同时带来了军需物资需求的缩小，国内由于冻灾导致粮食大量减产，增加了必需的粮食进口，结果日本的贸易收支一落千丈，发生了严重的外汇危机。政府从IMF借入2,230万英镑，一方面试图度过外币不足的危机，另一方面开始在金融、财政方面实施紧缩政策。尤其是日本银行对商业银行采取了抑制银行信贷和提高贷款利息的措施，努力达到金融紧缩的目的。

1954年的不景气由于美国的经济复苏获得了一段不长时间的喘息，同年11月，日本经济在触底后开始反弹，其间，第五届吉田内阁由于造船疑狱等恶性事件不得已退出政治舞台②。此后登台的是因保守合同诞生的鸠山一郎内阁。此时的日本经济与政治方面建立的55年体制如出一辙，突然转入了被称为高速经济增长的时代。

---

① 香西泰：《高度成长的时代》，日本经济新闻社，2001年。
② 造船疑狱是围绕朝鲜战争停战后，为帮助陷入萧条的造船、海运行业减免负债利息，制定由国家负担的外航船建造利息补给法而发生的收受贿赂事件。自由党干事佐藤荣作等34人遭到起诉，犬养健法相不得不辞职。

从历史中读取现代
——战时经济研究的潮流

本书各章的时代划分是本书的特色,关于各个时代的研究成果都得到了体现。本章所设定的时代为战争期间至20世纪50年代前半期,对此或许有读者觉得不适应,特别是对于习惯了高中历史教科书中"战前"、"战时"这种时代划分的大学生来说更是如此。

不仅经济史,整个学术研究当中都会出现所谓潮流。这里所说的潮流是指许多学者对特定课题或者时代加以关注的现象。20世纪90年代关于战争时期的研究十分活跃,出现了堪称"总力战热"的现象。当然,那之前也有关于战争时期经济状况的研究,在马克思主义史学领域出现过战前、战后是连续还是断裂的论争。有人认为日本的资本主义在昭和经济危机以后垄断倾向加剧,这种倾向在战败以后是断裂了还是持续着,对此学者之间存在意见分歧。关于战时经济的研究是以战时国家垄断资本主义为主要对象,[①]并以战前与战后的连续性或者断裂性为焦点来展开的。这些研究将战时经济体制和战败视为战前日本资本主义的归结,并为之画上句号,将战后改革理解为新日本经济的开端。这种"战前战后断裂论"的历史观(在经济史领域以山田盛太郎的《再版原畜论》为代表)被日本国民广为接受。另外,高度经济增长期以后日本经济的增长受到高度评价,在那样的过程中形成了将战时以及战时经济观视为日本社会经济发展中的"脱轨期"的连续论立场。总之,战时经济相对而言不太受关注。

但1990年泡沫经济瓦解以后,进入被称为"失去的10年"的长期萧条期,以往对于日本经济体制的信赖瓦解了,"为什么日本会遭遇挫折?问题出在哪里?"这样的批判性的问题意识高涨。冈崎哲二、奥野正宽编写的《现代日本经济体制的源流》(日本经济新闻

---

① 关于这方面的研究,请参见木村隆俊《日本战时国家垄断资本主义》(御茶之水书房,1983年)。

社,1993年)就是在这样的潮流中面世的。该书主张现在日本的经济体制的要素大多是在20世纪30年代至战败的那段时期人为地形成的,之前日本的经济体制基本上是盎格鲁-撒克逊式的古典经济体制。他们的基本认识是:主要银行、日本特色的劳资关系、业界团体对产业政策的巨大影响力、粮食管制制度以及农业团体等等,这些现代日本经济体制的原型在战时经济期就已经形成,并且在战后依然持续。他们的这些观点对于日本经济史研究产生了相当大的影响。野口悠纪雄的《1940年体制——再见,战时经济》(东洋经济新报社,1995年)与《现代日本经济体制的源流》相呼应,他针对经济政策所提出的建议受到了关注。野口指出阻碍日本经济增长的各种管制,特别是金融制度中的官僚管制和中央集权的税制,以及借地权优先的土地制度的原型,不少是在战时经济期形成的,而那种制度在战后一直得到持续。他认为那是在战争期间形成的制度,应该将之废止。他的逻辑结构以及主张方式中包含着轻视对那些制度进行历史的、现代的功能进行探索的问题,但由于论点十分明晰,他的简政放权的主张超出学界而被人们广为接受,该书也因此成为一本畅销书。这种现象在经济史研究领域并不多见。

另外,这一时期不仅在经济史领域,而且在整个历史学领域,人们都表示出了对战争期间的关注。西洋经济史学家山之内靖在《系统社会的现代位相》(岩波书店,1996年)中指出:经历国家对人力物力财力进行总动员的"总力战"之后,形成了不可逆转的社会结构。该书成为"总力战体制"论研究热的先驱。除此以外,在政治史领域,雨宫昭一在《战时战后体制论》(岩波书店,1997年)一书中指出:在日本的总力战下,日本社会出现了某种平等化的现象(向下平均化)。森武麿、大门正克编著《地方的战时与战后》(日本经济评论社,1996年)对农村社会的战时与战后的连续与断裂的状况进行了探讨。像这样,关于战争期间出现的社会变化与战后的连续性问题的专著相继问世,那不同于以往的所进行的"战前"与"战后"的比较,而是就"战时"与"战后"的连续与断裂问题进行重新审视。这种堪称"总力战研究热"的现象在日本国内历史学界产生了相当大的影响。

另外,2010 年以后,随着战争时期史料的公开,出现了一些与上述潮流有所不同的关于战争时期间经济的实证分析研究。原朗的《日本战时经济研究》(东京大学出版会,2013 年)便是这方面的代表性成果。另外,山崎志郎的诸多研究,例如《战时经济动员体制研究》(日本经济评论社,2011 年)、《物资动员计划和共荣圈构想的形成》(日本经济评论社,2012 年)对战争期间的农地政策进行了深入细致的分析。坂根嘉弘的《日本战时农地政策史研究》(清文堂出版,2012 年)则对战争期间管制政策的实效性及其问题点进行了探讨。这些都是功底深厚的实证主义的研究。

在这些实证分析研究深化的过程中,那些主张战时战后连续论的不少论点都受到了批判。不过在前文中介绍过的诸多成果使经济史研究并不局限于相关学者,而是受到了整个社会的关注,使得相邻学科的学者以及青年学者等都参与到战争期间经济史的研究中来了。从这个意义上来说,应该给予那些研究以高度评价。

经济史学并不是与现代社会经济相隔绝、沉溺于古老故事的学科。我们可以从过去的经验中来探寻解决现代经济中各种问题的线索。经济学史的实证研究必须以史料为依托,而不能随心所欲,我们是在这样的制约下进行探索。如果读者能够认识到这一点,我将感到十分荣幸。

(永江雅和)

第六章　从高速增长到平成萧条

总论　战后经济的增长和停滞

日本的人均国民收入在 1955 年左右恢复到了战前的最高水平。结束了战后复兴阶段的日本，从 1956 年起到 1970 年代初期经历了高速的经济增长。本章将要回顾的是被称作"高速增长"的时代，1980 年代后半期稳定增长期过后的泡沫经济，以及从 1990 年代初期泡沫崩溃开始的平成萧条到世纪之交这几个阶段日本经济的变化。

如果从经济增长率的水平这个侧面来看 1955 年以后的日本经济的话，可以将其划分为① 高速增长期，② 稳定增长期和泡沫经济期，③ 泡沫崩溃后的萧条期这三个时期。从图 6-1 中可以明显看出，在从 20 世纪 50 年代中期到 1973 年的这段时间里，完成了战后复兴的日本经济每年的平均增长率保持在 9.3％的高水平上。那也就是所谓的高速增长时代。如后文中将要叙述的，这一时期的增长主要是由内需，尤其是积极的民间设备投资拉动的。但是，以发生在 1970 年代初期的两件外来冲击（尼克松冲击和石油危机）为契机，企业的投资欲望减退，成长速度趋缓。在 1974 年创下了战后首次的负增长后，日本经济在从内需主导转向出口主导的过程中又重新开始增长。尽管如此，在 1974—1991 年的这段时间里，平均每年的实际经济增长率仅为 3.7％，增长速度不及高速增长期的一半。

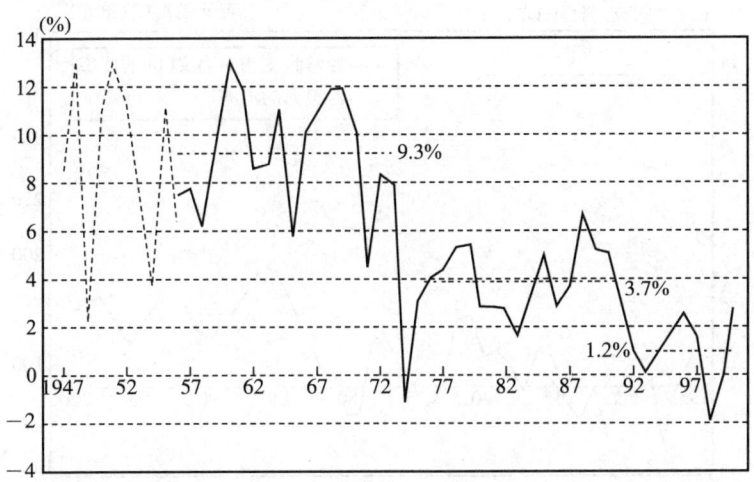

图 6-1 经济增长率的变化（1947—2000 年）

出处：经济企划厅（1966），内阁府"国民经济计算"（http://www.esri.cao.go.jp/jp/sna/toukei.html）

注：虚线所表示的 1947—1956 年的数值，是根据经济企划厅（1966）的实际 GNE 成长率（1934—1936 年价格：年度）得出来的参考数值，所以与次年的曲线未相连。1956 年以后的实线皆是历年的实际 GNE 成长率。1956—1980 年，即根据 1990 年基准 68SNA，1981—1994 年，即根据 1995 年基准 93SNA（固定基准年方式），1995 年以后即根据 2000 年基准 93SNA（连锁方式）。

经济向出口主导转型的这一变化给日本对外关系带来了巨大变化。在 20 世纪 70 年代后半期之后，除去受第二次石油危机（1979 年）影响的数年，如图 6-2 中所示，日本的经常收支盈余逐渐扩大。另一方面，曾经是日本最大的出口对象国的美国经常收支恶化，导致日美之间产生了严重的贸易摩擦问题。

1973 年汇率制度转为浮动汇率制后，日元迅速升值，之后在 70 年代末到 80 年代前半期的这段时间里又逐渐贬值。但是，当 1985 年的广场协议确定了以调整美元比价和消除经常收支不平衡为目的的国际协调后，日元再度迅速走高。政府虽然采取了扩大内需政策以应对由于消除对美贸易顺差和日元升值导致的出口产业萧条，但是这一政策结果却支持了当时开始的过热的土地、股票投资，从而产生了所谓的泡沫。

20 世纪 80 年代末是泡沫经济的鼎盛时期。但是，这一时期的实际经济增长率即使在顶峰时期也只有 6.8%（1988 年），与高速

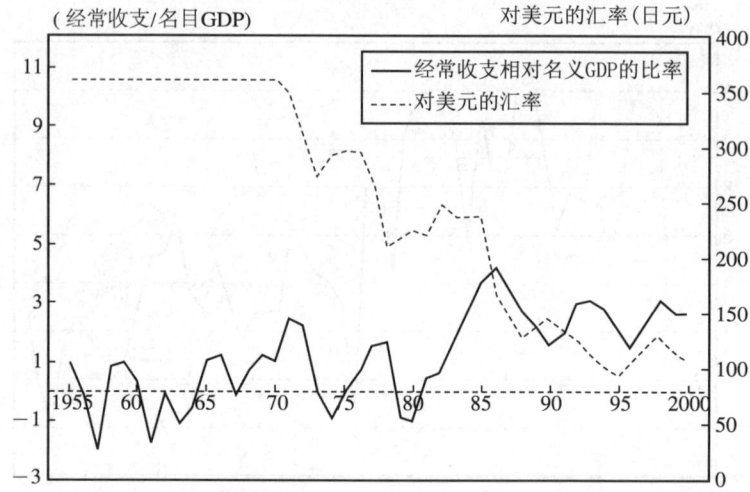

图 6-2 经常收支相对名义 GDP 的比率和汇率的变化(1955—2000 年)

出处:总务省"日本的长期统计系列"(http://www.stat.go.jp/data/chouki/index.htm),内阁府"平成 19 年度经济财政报告"(http://www5.cao.go.jp/j-j/wp/wp-je07/07b09000.html)。

注:1965 年之前的经常收支是根据总务省"日本的长期统计系列"中的美元折算成日元的。1966 年以后的皆出自"平成 19 年度经济财政报告"。另外,经常收支在 1985 年、1995 年因为统计概念的变更而不能与曲折相连,但本图为了方便而与之相连起来。名义 GDP,1955—1979 年即根据 1990 年基准 68SNA,1980—1993 年即根据 1995 年基准 93SNA,1994 年以后即根据 2000 年基准 93SNA。

增长时期相比的话,实体经济的增长并不能算高。而且,当 90 年代初期泡沫一崩溃,增长率的下降就更加厉害。1992—2006 年,平均每年的实际经济增长率只有 1.2%,虽然从 2003 年左右开始看到了一点复苏的迹象,但是经济仍然在长期的低迷状态中徘徊。

增长产业和产业构造的变化

在如上所述的约半个世纪的增长和停滞的历史之中,引领各个时代的增长产业也在轮换。如表 6-1 中所示,在高速增长时期,除了农林水产业,各产业部门都实现了高增长率,不过这一时期增长得最快的正是重化学工业(18.2%)。

从表中还可以看出在稳定增长时期,尽管产业整体的增长率跌落至 3.6%,但加工组装型产业却仍然保持了 8.9% 的相对较高增长率。由于石油危机造成能源价格上涨,受此影响,以化学产业和钢铁产业为代表的高耗能的原材料产业的增长率不见提高,而以电气机械、精密仪器为代表的加工组装型产业成了拉动增长的主力军。虽然增长率水平本身在下降,但是这一倾向同样符合泡沫时期以及泡沫崩溃之后的平成萧条的时代。此外,在稳定增长时期之后的各阶段,服务业一直保持着比制造业更高的增长率。

表 6-1 各经济活动的实质国内生产总额的年平均增长率(1955—2000年)
(%)

	1955—1973年	1973—1985年	1985—1990年	1990—2000年
总增长率	9.4	3.6	5.2	1.5
农林水产业	1.1	−0.2	0.8	−3.3
矿产业	7.4	−0.8	1.4	−3.9
制造业	12.8	4.2	4.8	1.2
轻工业	10.0	2.2	2.3	−1.3
重化学工业	18.2	5.9	6.4	2.5
基础原材料型产业	17.2	3.1	3.4	0.5
加工组装型产业	20.0	8.9	8.4	3.8
建筑业	10.8	0.4	8.0	−2.4
电力、煤气、自来水	11.0	4.3	3.7	2.2
服务产业	9.5	4.4	5.2	2.5

出处:内阁府经济社会综合研究所编"长期遡及主要系列国民经济计算报告 平成 2 年基准(昭和 30 年—平成 10 年)",2003 年。内阁府经济社会综合研究所"平成 15 年度国民经济计算"(http://www.esri.cao.go.jp/jp/sna/h17-nenpou/17annual-report-j.html)

注:1985—1990 年是根据 1990 年的基准 68SNA,1990—2000 年是根据 1995 年的基准 93SNA。

重化学工业即化学、石油、煤炭制品、初级金属、金属制品(以上为基础原材料类型),一般机械,电气机械,输送机械,精密机械(以上为加工组装型)。

轻工业即食品、纤维,纸浆纸,制陶坯制品,以及其他制造业。

服务产业即批发、零售,金融、保险,房地产业,运输、通信业,服务行业。

这种产业间增长率的差异催生出了如表 6-2 中所示的产业结构的变化。从表中可以看出,在高速增长起始的 1955 年,农林水产业在名义 GDP 中所占比例为 21.0%,而到高速增长期则大幅减少,1973 年下降到 6.1%。与此相对应的是制造业,尤其是重化学工业的比重在迅速增加。

表6-2　国内总生产的经济活动类别构成比（1955—2000年）

(%)

	国内总生产构成比（名义）					国内总生产构成比（实际）				
	1955	1973	1985	1990	2000	1955	1973	1985	1990	2000
农林水产业	21.0	6.1	3.4	2.6	1.5	21.4	5.2	3.3	2.7	1.7
矿业	2.1	0.8	0.3	0.3	0.1	0.8	0.6	0.3	0.3	0.2
制造业	30.0	36.4	31.4	28.3	23.6	16.1	28.1	30.0	26.2	25.3
轻工业	17.4	13.1	11.1	10.0	8.1	12.6	13.9	11.7	10.1	7.6
重化学工业	12.5	23.3	20.3	18.4	15.5	3.5	14.2	18.3	16.1	17.7
基础原材料型产业	7.5	11.1	7.8	7.3	6.0	2.5	8.5	8.0	6.8	6.1
加工组立型产业（机械）	5.0	12.1	12.5	11.1	9.5	1.1	5.7	10.3	9.3	11.6
建设业	4.8	9.1	8.4	10.5	8.0	10.7	13.6	9.3	11.1	7.5
电气、煤气、自来水	2.5	1.8	3.4	2.7	3.0	2.1	2.7	2.9	2.9	3.1
服务产业	39.7	45.9	53.0	55.6	63.9	49.0	49.8	54.1	56.8	62.2

出处：同表6-1。

注：1985年是根据1990年基准68SNA，1990、2000年是根据1995年基准93SNA。

值得注意的一点是，表6-2中几个产业部门内，比重的变化倾向根据名义值和实际值的不同而有所差异。比如说，从名义值来看，制造业的比重从1955年到1973年是上升的，然后一直处于下降趋势。另一方面，服务业的比重在所有时期都是上升的。因此，若以名义值进行讨论，伴随着高速增长的终结，制造业在国内经济中所占比重就是持续下降的，而服务业经济化则在不断发展。但是，若是看实际值的话，制造业比重的下降只是小幅的，而服务业的增长率也没有名义值那么高。

这样的差异是由制造与服务产业生产的商品、服务价格增长率不同带来的。正如后面所看到的，在稳定增长时期以后，制造业通过节能和技术革新提高了生产能力和产品质量，抑制了产品价格的上涨。因此，以名义值评价的比重比实际值要低很多。与此相反，服务业是劳动相对密集型产业，因此很难提高生产能力，而且人工费的上涨很容易影响到产品价格。而且，因为很难对服务质量的提升做出统计性评价，所以使用名义值可能会比使用实际值过高估计生产额。因此，稳定增长时期之后，服务业在日本经济中的重要性有明显提高,另一方面,制造业比重的下降程度也并没有像名义值表现的那样严重①。

基于以上概况,从下一节起将分别对高速增长期、稳定增长期、泡沫经济期和泡沫崩溃后的各个时期展开详细论述。

第一节　高速增长的机制

在从 1955 年(昭和三十年)到 1973 年(昭和四十八年)的不到 20 年的时间里,日本经济创下了 9.2% 的实际经济增长率的记录。在此期间,日本 GNP 的规模陆续超过了一些发达国家,1968 年跃居到继美国、前苏联之后的世界第三经济大国的位置。这便是被称为"高速增长期"的时代。

人们通常认为日本经济的高速增长是从 1955—1956 年开始的。但是,经济增长率并不是从 50 年代中期才开始迅速上升的。如图 6-1 所示,在此之前的 1947—1955 年里,每年的实际经济增长率平均也达到了 9.0%,几乎可以和 50 年代后半期相匹敌。因此,仅看增长率的话,高速增长期的起始点可以追溯到停战后不久的复兴时期。

但是,人们之所以将 1955—1956 年作为高速增长期的起点,是因为这一时期,超越了战前经济水平恢复——"复兴增长"的过程,实现了持续的经济增长,而且,这段时期的增长方式也在向被称作"以投资带动投资"(经济企划厅,1960 年)的民间设备投资主导型经济转变。同时,1955 年在政治体制方面也诞生了具有象征性意义的"55 年体制"。

1956 年度的《经济白皮书》中用"已经不是'战后'了"来做结束语,这句话经常被解读为宣告日本结束了战后复兴。但是,倒不如说这一主张的着重点在于紧随其后的内容:"我们现在正面临着不同的事态。通过恢复实现增长的时代已经结束了。"②

---

① 关于这一点,请参照内阁府《经济财政白皮书》2002 年版第二章。
② 香西泰:《高速成长的时代——现代日本经济史笔记》,日本经济新闻社,2001 年,146 页。

既然已经再次达到了战前的水平,那么就不能指望通过复兴来实现增长。今后的增长还需要其他要素的支持,"当务之急是要趁着世界技术革新的东风,让日本走向新的建国之路"(经济企划厅,1956年),政府方面已清晰地意识到这一点。

直到50年代末,承认日本经济存在高增长的可能性反倒成了例外①。认为保持经济的高增长率且长期的增长是有可能的这样一种观点显然不是当时学界的主流,反倒是担忧经济前景的观点占据主导。

人们对于经济增长意识的转变是在1960年。1959—1960年是由三井矿山的人员裁减问题引发的三池争议和抵制《日美安全保障条约》斗争不断的"政治季节"。然而,就在此时,接替辞职的岸信介内阁的池田内阁于1960年12月做出了国民收入倍增计划的内阁决定,宣称计划在从1961年度开始的10年之间使得国民收入翻一番。在政府的广泛宣传下,"收入倍增"成了当时的流行语。池田内阁一改岸内阁的做法,将经济政策推到前列,成功地完成了从"政治季节"到"经济季节"的转换。而且,正如《经济白皮书》中所指出的,日本经济最重要的课题是通过将技术成果商品化的旺盛的民间设备投资和消费需求的增长牵引,实现了超过收入倍增计划设想的高速增长。

图6-3是不同时期内不同需求项目对经济增长的贡献率。据此,我们可以看出在20世纪50年代前半期,如果将在国民经济中所占比重最高的消费剔除,贡献率最高的是出口和公共资本形成。也就是说,这一时期的增长主要是由出口和政府部门的投资拉动的。然而,在1956年到1973年的高速增长期里,出口的比重在下降,而民间设备投资的贡献率在上升。虽然图中没有显示,但是从50年代中期之后,设备投资在GDP中所占份额从10%增长到20%这一点上,我们可以看出这一时期投资的活跃。也就是说,以50年代中期

---

① 关注于民间设备投资增加,指摘日本经济的增长可能性的下村治是少数例外中的一人(下村治:《经济大国日本的选择》,东洋经济新报社,1971年)。下村作为池田勇人首相的顾问参与了收入倍增计划。关于当时的时代背景和收入倍增计划产生的过程,请参照泽木耕太郎《危机宰相》(文艺春秋,2008年)。

为界,经济增长方式开始向设备投资主导型转变①。

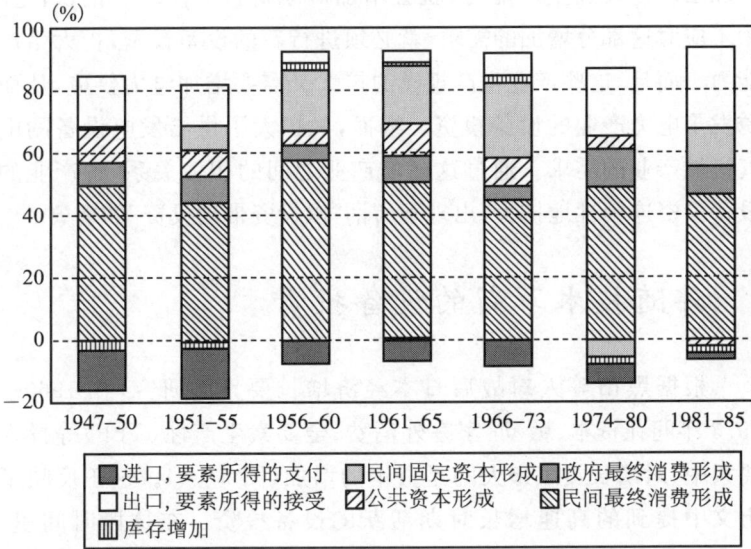

图6-3 对经济成长的贡献度(1947—1985年)

出处:同图6-1。
注:1947—1955年的数值是经济企划厅(1966年)的实际GNE(1934—1936年价格:年度)的旧SNA系列。1956年以后,皆为根据1990年基准68SNA得出的历年的实际GNE。贡献率是以期间开始年的前一年为基准,通过对从基准年开始的增减的累积而得出的数值。

以投资带动投资

日本国内企业开始积极地进行设备投资的契机是由朝鲜战争带来的特需,在20世纪50年代后半期,以化学、金属、机械产业为中心的重化学工业部门的投资增长尤为明显。对这些产业进行投资不仅是要扩大该产业的供给能力,而且还有通过需求的波及诱发相关产业的设备投资的效果。因为在高速增长初期,重化学工业部门的生产规模还没有那么大,所以如果没有相关产业扩大生产能力,设备的扩张就不可能实现。因此为了进行某一产业的设

---

① 冈崎哲二:"从复兴到高速增长",《日本经济辞典》,日本经济新闻社,1996年,71页。

备投资,其他相关的产业也必须进行设备投资。

比如说,如果扩张石油化学产业和汽车产业的设备,那么为了增加工厂建设和生产能力,就会增加对原材料的需求。钢铁行业为了应对这部分增加的需求,就必须进行新的设备投资,扩大生产能力。而且,这些产业生产规模的扩大又需要增加电力供应,从而诱发了电力产业的设备投资。继而,又扩大了供给发电设备的电气机械产业的需求。通过这样的产业之间的相关关系,各产业的设备投资连锁性地扩大,出现了所谓"以投资带动投资"的现象。

伴随技术革新的设备投资

根据黑田等人对战后日本经济增长要素的研究,在1960—1973年间在资本、劳动、家庭外消费、全要素生产性(TFP)等投入要素中,对增长贡献最大的是资本的增加(图6-4)。这正反映了上文中提到的高速增长时期活跃的设备投资。在这段时间里,TFP的贡献率仅次于资本,并在石油危机之后,出现大幅下降。TFP的增加是不能用资本、劳动、家庭外消费的增加来说明的,尤其是有观点认为TFP的增加是由技术进步带来的,所以这一测算结果说明技术进步对于经济高速的增长来说有着极其重要的作用。

实际上,我们知道在高速增长时期,大部分活跃的设备投资都是伴随着技术革新的。本来,由于日本的生产设备大多是从战时沿用下来的,老化情况严重,因此新设备的更新显著地提升了生产能力[1]。但是,战时在海外被开发并实际应用的产业技术到了这一时期,集中地被引入日本,加速了技术革新。本来在战争时期,由于断绝了与海外的技术交流,日本与欧美发达国家之间的技术差距拉大。但是战后的技术引入又将其迅速缩小。而且,被军需生产培育起来的技术在战后被转用到了民间部门。日本企业利用这些新技术,一方面试图实现产品的批量生产,同时推行提高品质、降低价格的程序创新(改良和创新原有产品的生产工艺)。

---

[1] 香西泰:《高速增长的时代》,日本经济新闻社,2001年。

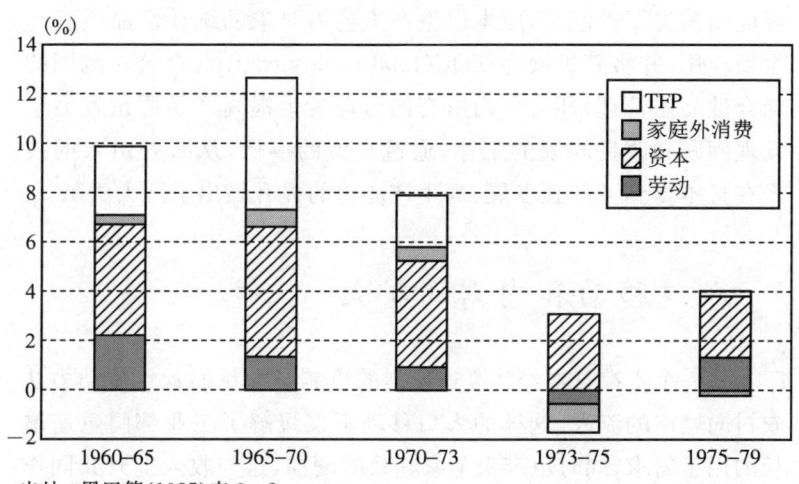

图 6-4 经济增长要素的分析(1960—1979 年)

出处：黑田等(1987)表 3-2。

这些技术革新从原材料产业开始，逐渐波及加工组装型产业。例如，将轧钢部门的技术革新应用于汽车和家电产品封装的薄板使其物美价廉，而且由于珪素钢板更加优质，洗衣机、冰箱的大量生产也就变为可能。新原材料的出现和对以往原材料品质的改良，扩大了原材料的用途，从而对加工组装型产业产品的成本削减和质量提升起到了不可替代的作用①。

从海外引进管理方法

日本不仅从美国等国引进了上述作为硬件的技术，而且还引进了成本管理、经营计划调查以及职务分析等作为软件的知识和方法，以提高企业管理现代化程度。负责这些工作的核心部门是日本生产性本部及日本科学技术联盟等团体。举例来说，生产性本部频繁地将以经营者和劳动工会的代表组成的视察团派往国外，积极致力于将视察结果在国内普及的运动（提升生产能力运动）（请参照专栏 10 ""昭和的遣唐使'和'日本式经营'"）。

---

① 香西泰：《高速增长的时代》，162—163 页；中村隆英：《日本经济：成长与结构》第 3 版，东京大学出版会，1993 年。

当时引入的经营管理方法中,有些因为不适用于日本的经营环境而消失了。但是,原本以生产工艺为对象的统计性品质管理得到应用,并将其扩展为 TQC(total quality control:全公司范围的综合性品质管理)即公司内所有的劳动者为提高产品质量致力于发现问题和改良问题的工作,通过类似的事例,从海外引入的技术在日本得到了单独发展,为生产能力的提升做出了巨大贡献。

人口移动和内需的扩大

另一个支撑日本经济高速发展的机制是大量的青年劳动力从农村向城市的流入,这样的人口移动不仅缓解了工业部门急速增长的用工需求,同时也带来了家庭数的增加,这与收入上升共同作用,急速地促进了对耐用消费品需求的扩大。

图 6-5　三大都市圈的转入超过数(1955—2001 年)

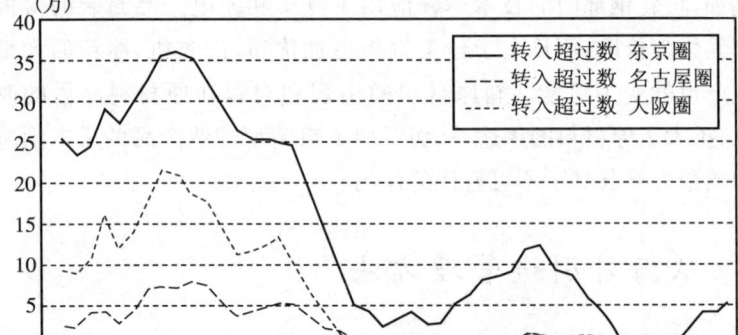

出处:国立社会保障、人口问题研究所《一般人口统计——人口统计资料集》(2007 年度版) http://www.ipss.go.jp/syoushika/tohkei/Popular/Popular2007.asp? chap=0

注:地域划分,东京圈:埼玉、千叶、东京、神奈川一都三县。
名古屋圈:岐阜、爱知、三重三县。
大阪圈:京都、大阪、兵库、奈良二府二县。

专栏 10

"昭和遣唐使"和"日本式经营"

说到遣唐使,大家都知道是指将各种文物从唐朝传入日本的使节团。遣唐使在894年被废止,这是日本史上的常识,然而,你知道在距那1,000多年以后的日本经济高速增长时期开展的被称作为"昭和遣唐使"的大规模海外派遣事业吗?

作为美国的马歇尔计划的一环,设立于1955年的日本生产性本部开展的一项主要业务,就是向欧美派出由日本企业家和劳动工会人员组成的海外视察团。这项事业规模非常之大,在到1975年的20年间,派出的视察团共计1,000次以上,人数达到1万人次以上。在外币兑换受到限制以及出国都存在困难的当时,人们将战后日本这一大项目称为"昭和遣唐使"。

要说为什么将这个使节团称为"昭和遣唐使",我想其规模和稀缺性不言自明,还因为它给处于高速增长期的日本经济和企业管理都带来了巨大影响。举例说来,使"marketing"的概念在日本广泛传播的就是1955年派出的marketing视察团的贡献。此外,据说数次出国的高层管理视察团从美国学到了"实现与国家、社会协调发展的管理"。还有比较新奇的使节团,比如汽车销售金融专门视察团等。实际上,为了学习欧美的经营方法和概念,组成并派出了涉及多方面的视察团。而且,为了防止考察成为单纯的游山玩水,多数视察团都是在进行了详尽的事前学习之后才出国的,并且通过报告书和报告会的形式,向团员以及整个日本反馈了考察成果。

但是,过了70年代中期,企业和业界单独组成视察团就成了司空见惯的事情了。而且,进入20世纪80年代后,开始宣扬"Japan as No.1"的观念,一股"已经不需要向欧美学习"的风气弥漫在整个日本经济界。因此,在70年代中期以后,不得不缩小了视察团的规模。"昭和遣唐使"伴随着高速增长时期的终结也完成了自己的使命。

关于"日本式经营"的形成,很多人认为是在明治时期以后的日本企业的经营形态,是受日本文化和日本人的思考模式的强烈影响而形成的。但是,实际上,它是受到了由"昭和遣唐使"从欧美带回来的经营方法以及概念的深刻影响而形成的。

(岛西智辉)

高速增长一开始,以东京圈、关西圈、名古屋圈这三大都市圈为中心的太平洋沿岸地区(即环太平洋地带)的工业得到发展,从而催生了从农村到城市的大规模人口流出。伴随着工业部门的生产能力上升后的工资水平的提升,扩大了城市和农村地区的收入差距,又进一步促进了以青年人为中心的人口迁移。

从图6-5中我们可以清楚地看出,向三大都市圈的人口迁移从20世纪50年代开始扩大,在1961—1962年左右达到顶峰,最终持续到高速增长时期结束的20世纪70年代前半期。象征着这一时代的人口迁移模式是出身于非城市地区的人从初中或高中毕业之后,就开始到城市工作。

在战争时期的1940年代前半期"鼓励生育"政策时期出生的人,及在1947—1949年战后第一次出生高峰的一代(即"稠密的一代"),到了1955—1960年,以及1962—1964年左右,先后到了从初中毕业的年龄,他们中的大多数一从学校毕业,就被城市的企业所雇佣。这趟搭载着大批向大城市转移的、通过学校和职业介绍所的帮助而被录用的地方上的中学毕业求职者的"集团就职列车",自1954年起开始运行①。

工业部门工资的上涨增加了劳动者的收入,从而拉动了个人消费的增长。因为技术革新和竞争导致耐用消费产品的价格下降,到了1950年代后半期,以"三种神器"(冰箱、洗衣机、黑白电视机)为代表的家电产品的价格降到了一般家庭承担得起的水平。而且,以年轻人为中心的急剧的人口迁移,城市里以单身家庭、小家庭为中心,购买耐用消费产品的户数增加了。此外,家庭储蓄率的上升又通过金融机构为企业的设备投资提供了资金。简言之,收入和储蓄率的上升,技术革新和量产体制带来的产品价格的下降,以及家庭数量的增加,内需通过多个渠道急速扩大,支撑经济增长的又一个循环开始发挥作用了②。

---

① 加濑和俊:《集团就职时代:高速成长的中坚力量》,青木书店,1997年,143—167页。

② 吉川洋:《高速成长:改变日本的6,000天》,读卖新闻社,1997年,138—141页,149—152页;中村隆英:《日本经济:成长与结构》第3版,东京大学出版会,1993年,249页。

在20世纪60年代前半期,向东京的人口迁移开始停滞,而周边地区(神奈川、千叶、埼玉等)的人口显著增加。由于住宅需求的增加,东京大部分的耕地变成了住宅用地,可以说城市内部的边界已经消失了。人们开始到郊外购房,逐渐形成了面向小家庭的住宅区①。以东京为中心的都市圈急速扩大,由于多数人在市中心工作,又促进了铁路运输能力的加强和道路网的完善。

虽然从农村向城市的人口迁移一直持续到高速增长时期结束的70年代初期,但是这一构造在60年代初期就发生了变化。战后不久的1945—1946年间,由于受到出生数量下降的影响,60年代初期的中学毕业人数一时骤减。然而,岩户景气的持续使得劳动需求持续增加,这就导致人手不足的现象越发严重。此时,由于战败后的复员被农村吸收的劳动力也涌现了出来,高中升学率不断上升,家庭主妇也在增加。因此,尤其是中小企业招人极为困难,以至于初中毕业生稀有到被称为"金蛋"。战后的生产停滞以及由于海外涨价导致的过剩劳动力在这个时期已经基本消失了,经济整体转入了劳动力不足的状态②。

由于劳动力不足,60年代后半期,企业的节省劳力化投资兴盛,制造业部门的劳动力流入停止了。而且,一直以来单一受雇于纤维产业的女性也开始进入所有制造业行业了。节省劳力投资带来的工程机械化、自动化的发展使得用女性劳动力弥补男劳动力

---

① 平山洋介认为战后日本的一大特征是中间阶层社会和有房社会的出现。有房社会不是单单指有房比率较高,而是指人们看到持有住房的价值后,希望拥有住房的社会。向东京等大都市流入的多数人从贷款开始,爬上迁居的"梯子",最终以获得属于自己的住宅为目标,政府也为这些人实施了住宅供给政策。请参照平山洋介《东京的结局》(NTT出版,2006年)第三章。

② 南亮进:《日本的经济发展》第3版,东洋经济新报社,2002年,211—217页。W.A.路易斯假设了这样一个模型:在经济发展初期,由于大部分人口的就业集中在生活资料部门(如农业),而且劳动的边际生产力低于维持生存水平,所以资本主义部门(如工业)就可以接近于生存维持水平的低工资无限制的雇佣劳动者以达到增长目的。从包括战前的长期视角来看,日本是否存在过这样一个无限制劳动供给的状态?如果存在,又是何时转为限制劳动供给的呢?关于这一点,有不同的见解。具体请参照安场保吉《经济成长论》(筑摩书房,1980年),157页;以及小池和男《工作的经济学》第3版(东洋经济新报社,2005年),272—273页。

不足变成了可能①。60年代后半期,人口从农村向城市的迁移逐渐停滞,而从部门来看,商业、服务业部门和建筑也取代了制造业部门的中心地位。

制约增长的国际收支"天花板"

第一次石油危机后的1974年,日本出现了战后的首次负增长,而此前的经济一直保持着正增长的良好记录。然而,即使是高速增长时期,经济增长率也不一直是很稳定的,也经历有几次激烈的景气循环(景气上升和下降的波动)。

日本的高速增长时期先后经历有神武景气(1954年11月—1957年6月)、岩户景气(1958年6月—1961年12月)、奥运景气(1962年10月—1964年10月)以及伊奘诺景气(1965年10月—1970年7月)四次景气上升高峰,而另一方面,在高峰背后也有景气倒退的低谷。其中,在20世纪50年代到60年代前半期的景气循环中,也可以看到以下描述的典型模式。

首先,由于20世纪60年代中期,日本的外币保有量很少,再加上繁荣时期活跃的投资和生产扩大导致的燃料和资产的增加,经常收支赤字一度扩大,最终陷入外币不足的境地。为了应对这样的状态,政府采取了诸如提高法定贴现率等金融紧缩政策。于是,企业缩小了设备投资,景气进入下降局面,增长停滞,进口也减少了。在此背景下,国内企业开始由增长停滞的国内市场转向海外市场寻求销售渠道,出口的增加使得经常收支开始出现好转。于是,政府解除了金融紧缩政策,企业的设备投资又重新活跃起来,景气再次转入上升局面。像这样,直到60年代前半期的日本,经济增长一直受到外币保有量的制约,即存在所谓的"国际收支天花板",与其说出口是经济增长的原动力,不如说承担着支撑景气的作用。

这种状况的变化是在"伊奘诺景气"(1965年10月—1970年7月)时期。如前文中的图6-2所示,1965年以后,除了1967年的

---

① 盐田咲子:"高速经济成长期的技术革新与女性劳动的变化",中村正则编:《技术革新与女性劳动》,东京大学出版会,1985年。

小额赤字以外,直到第一次石油危机后的 1974 年,日本的经常收支一直维持着黑字。

稳定的经常收支黑字的原因在于,国内产业通过生产能力的提升获得了出口竞争力,而且出口的主流向具有更高附加值的产品领域转型。如图 6-6 所示,20 世纪 50 年代中期,纤维制品占出口的约 4 成左右,随着高速增长的发展,钢铁制品、船舶、汽车、机械类的出口在不断增加。虽然无论哪个时期,日本的贸易结构都是以进口原材料、燃料,出口制成品的加工贸易型为主,但是由于出口产品的构成向高附加值方向转化,使得日本的经常收支稳定地实现了黑字化。

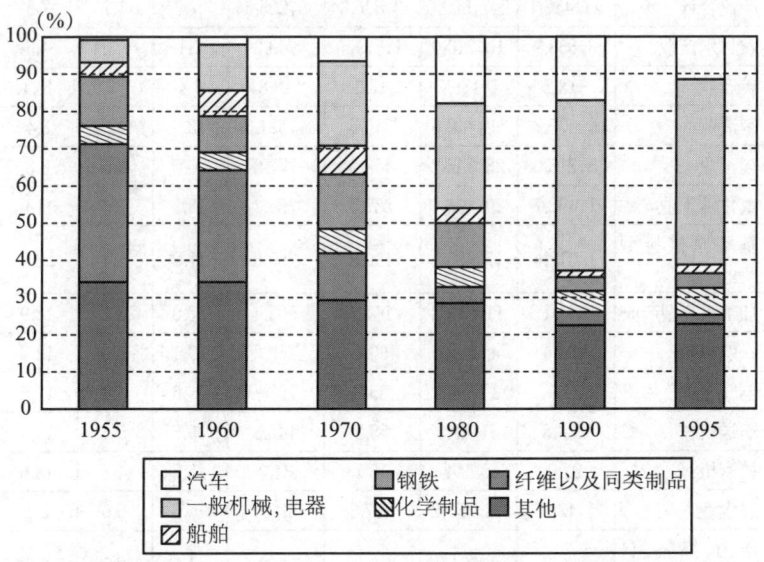

图 6-6 出口构成的变化(1955—1995 年)

出处:经济企划厅编(1997:19)《战后日本经济的轨迹——经济企划厅五十年史》经济企划厅,第 1-3-1 表。

重化学工业化的发展

表 6-3 显示了从 1955 年到 1973 年各产业部门的实际总生产额、就业人数、劳动生产性(平均一名就业者的生产额)增长率。从生产额来看,制造业以年率 12.8%,就业者以年率 4.0% 的水平增加。其中,增长尤其迅速的是重化学工业。重化学工业的生产额增加率

大大超过轻工业的10%水平,达到了18.2%,在生产额上后来居上,超过了轻工业。尤其是电气机械的生产额增加率达到了27.6%的出类拔萃的水平,显示出以家电为代表的新兴机械产业取得了多么急剧的发展。此外,重化学工业中的一个特征是劳动生产性的上升率也很高。在重化学工业中,由于进行了技术革新的设备投资,在生产扩大的同时,也实现了大幅超过雇佣增加的生产力的提升。

表6-3 高度成长期各产业的生产额、就业人数及劳动生产性

	实质生产额(10亿日元)		就业人数(万人)		生产额增长率(%)	就业人数增长率(%)	劳动生产性增长率(%)
	1955	1973	1955	1973			
产业合计	41,457.1	207,699.0	3,836.3	5,205.6	9.4	1.7	7.5
农林水产业	8,863.9	10,710.0	1,679.5	903.3	1.1	−3.4	4.6
矿产业	318.7	1,156.2	47.5	18.8	7.4	−5.0	13.1
制造业	6,677.7	58,442.5	746.5	1,521.6	12.8	4.0	8.4
轻工业	5,215.0	28,946.2	459.0	777.6	10.0	3.0	6.8
重化学工业	1,462.7	29,496.4	287.5	764.2	18.2	5.6	11.9
基础原材料型产业	1,018.6	17,683.1	119.8	260.8	17.2	4.4	12.2
加工组装型产业	444.1	11,813.3	167.7	503.4	20.0	6.3	12.9
一般机械	186.4	4,314.1	60.4	162.2	19.1	5.6	12.7
电气机械	21.9	1,756.8	35.8	163.7	27.6	8.8	17.3
输送机械	208.8	5,149.0	55.8	142.8	19.5	5.4	13.4
精密机械	27.0	593.4	15.7	34.7	18.7	4.5	13.6
建设业	4,428.5	28,255.2	217.3	520.9	10.8	5.0	5.6
电力、煤气、自来水	860.7	5,664.8	19.8	30.9	11.0	2.5	8.3
服务产业	20,307.5	103,470.4	1,125.7	2,210.2	9.5	3.8	5.4
批发、零售业	1,894.7	23,718.5	497.9	931.7	15.1	3.5	11.1
金融、保险业	818.4	7,835.2	63.9	145.8	13.4	4.7	8.3
房地产业	6,394.1	23,441.1	5.3	43.2	7.5	12.4	−4.3
运输、通信业	2,419.9	15,604.2	179.5	323.1	10.9	3.3	7.3
服务业	8,780.4	32,871.4	379.1	766.4	7.6	4.0	3.5

出处:内阁府经济社会综合研究所编"长期溯及主要系列国民经济计算报告平成2年基准(昭和30年—平成10年)",2003年。

注:生产额是根据1990年基准68SNA计算出的实际数值。生产额、就业人数、劳动生产性成长率则为平均年率。

国民生活的变化

在高速增长时期,多样的家用电器、家用轿车,由尼龙、聚酯纤维、丙烯纤维等合成纤维制成的花样繁多却价廉物美的衣服、杂货等各种各样的新产品随着重化学工业的发展纷纷登场了。伴随着收入上升的个人消费支出的扩大和新产品的急速普及,所谓的"大众消费社会"或"消费革命"到来了,大大改变了人们的生活样式。

新家电产品的出现使得城市居民的生活样式发生了巨大转变,并且逐渐波及了地方。比如说,自从洗衣机登上历史舞台,人们就从使用洗衣盆和搓衣板洗衣的繁重劳动中解放了出来。还有,由于电冰箱和电饭煲的普及,在家中储存生鲜食品变成了现实,煮饭再也不用砍柴生火了。以电气产品以及冷冻食品为代表的各种加工、半加工食品的普及促进了家务劳动的省力化,尤其是为有家的已婚女性提供了充裕的空闲时间。在高速增长时期,收入上升的背景下,作为专业主妇的女性增加了,1955 年 517 万人的专业主妇到了 1970 年增加到 1,213 万人①。但是另一方面,这一时期还出现了所谓打零工和小时工的非正规雇佣劳动者走入工厂和公司的现象。以 1960 年为界,或许是因为经济转入劳动力不足状态,由于家务革新和省力化获得闲暇时间的已婚女性开始以劳动者的身份走入了社会②。

大众消费社会的登场和生活样式的变化同时又促进了商业的发展。如表 6-3 中所示,批发零售行业从 1955 年到 1973 年,实际生产额以年率 15.1% 的速度增加。而且,这一时期的商业不仅是在数量上有所扩大,值得关注的是,一直持续到后来的新型零售样式也开始崭露头角。20 世纪 50 年代,诞生了以食品和日用百货为中心,采用自助服务式销售的超市。从 50 年代后半期到 60 年代初期,大荣、洋华堂(现在的伊藤洋华堂)、西武商店(现在的西友)等也都涉

---

① 内阁府:《国民生活白皮书》,2002 年版。Http://www5.cao.go.jp/seikatus/whitepaper/

② 盐田咲子:"高速经济成长期的技术革新与女性劳动的变化",中村正则编:《技术革新与女性劳动》,东京大学出版会,1985 年。

足超市,并在60年代中期开始推广全国。1972年,大荣从三越手中夺走了零售业销售额日本第一的桂冠,直到70年代中期,超市和百货商店在零售业的销售额中所占比重也后来居上了。①

在考虑高速增长时期国民生活变化时,还有一个重点就是收入的上升带动了高中、大学教育的普及。在高速增长开始前的1954年,高中入学率为50.9%(男55.1%,女46.5%),大学、短期大学入学率为10.1%(男15.3%,女4.6%),然而到了1974年,高中入学率上升到了90.8%(男89.7%,女91.9%),大学、短期大学入学率上升至34.7%(男39.9%,女29.3%)。作为增长带来的成果之一,收入的上升使得人们普遍获得受教育的机会。尤其具有特点的是,在高中入学率中,女生比率超过了男生比率,尽管差距不大。而在大学、短期大学入学率中,男女之间的差距依旧存在,而且女性升入短期大学的比率较高,高中教育在女性中的普及尤为明显,这也给就职、结婚、生儿育女的女性人生道路(个人随着年龄增长所走的人生道路)带来了影响。

走向衰退的产业

从表6-3中显示的所有产业领域的实际生产额的增加,我们可以清楚地看出高速增长期是给经济活动带来全面增长的时代。但是,增长的程度并不是在所有领域都是均衡的。正如此前介绍的那样,既有取得急速增长的产业,同时也有被迫陷入停滞或衰退的产业。

举例来说,棉纺织业在战前一直稳坐出口世界第一的宝座,1955年也创下了仅次于钢铁的出口额。也如前章中看到的,纤维产业虽然因为战时统制不得不缩小了规模,但是战后的复兴却是很显著的。然而,进入高速增长时期后,由于合成纤维的使用急速增长,棉织物由于受到工资上升和贸易摩擦带来的出口管制等因素影响,渐渐失去了竞争力,中小纺织业者积聚的国内纺织产地也遭受到了重创。因此,以消除20世纪60年代过剩的生产设备为目

---

① 日经流通新闻编:《流通现代史》,日本经济新闻社,1933年,21—24页。

的,政府采取了收购并废弃织机等政策①

与多数欧美发达国家一样,日本的情况也是在工业化的初期阶段,以纤维产业为重心的劳动密集型轻工业扮演着基础产业的重要角色。但是,其他发达国家的纤维产业由于被具有低工资优势的后发国赶上,失去了竞争力,与这些国家一样,日本的棉纺织业也失去了曾经作为基础产业的地位,走上了向夕阳产业衰退的道路。

在高速增长时期失去竞争力逐渐衰退的产业中还有一个代表就是煤炭产业。在战前和战时,煤炭产业作为供给重要的一次能源的产业,在经济整体中占有举足轻重的地位。如前章所述,即使在战后复兴时期,煤炭产业也被看作与钢铁业同样重要,是经济复兴过程中不可或缺的产业,在政府的统制下,优先获得物资以及资金的分配。但是,进入20世纪50年代以后,国内煤炭产业的高成本性制约了其他产业的增长。而且,从50年代中期开始开发中东的优质油田,被称为"1美元原油"的低价格石油源源不断。再加上油轮的大型化使得运送石油的成本大幅下降,到了50年代末,以相当于1千卡热量的价格进口的石油逆转了国产煤炭的地位,能源供给源从煤炭逐渐转向了石油。煤炭在一次能源供给中所占的比例从1955年的49%下降到1965年的27%,石油则从20%上升到了58%。这就是所谓的能源革命的发展过程②。

整个高速增长时期,低价且丰富的石油供给,使得能源价格保持在低位,这为国内产业,尤其是重化学工业的发展做出了重大贡献。但另一方面,伴随着能源革命的发展,煤炭产业却陷入了严重的萧条之中。直面经营危机的煤炭企业开始着手进行包括大规模人员清理在内的合理化运动,以至于经常与劳动工会针锋相对。三池争议就是在从1959年到1960年间发生的战后最大的劳动争议中的一起。

政府于1955年制定了《煤炭矿业合理化临时措施法》,并于

---

① 牛岛利明、阿部武司:"棉业",西川俊作、尾高煌之助、斋藤修编著:《日本经济的200年》,日本评论社,1996年,250—253页。

② 日本能源研究所计量分析Unic编:《能源、经济统计要览》2005年版,节约能源中心,2005年。

1963年开始实施第一次煤炭政策,在生产、流通、财务、地区振兴等方面实施了结构调整政策。当时的政策的主要着眼点在于关闭低能效煤炭矿山,培育高能效炭矿(废旧建新政策),并且在推进合理化的过程中扶持煤炭产业。国产煤炭被政策性地分配到钢铁行业和电力行业,直到1968年国产煤炭的需求逐年递减。但是,从1969年开始实施第四次煤炭政策以后,方针转向缓慢撤退煤炭产业的方向,由此煤炭产业的规模大幅地缩小了[1]。

20世纪70年代由于发生了石油危机,人们从能源保障的观点出发,重新审视了煤炭产业。持续到21世纪初期的煤炭政策缓和了由于急剧的产业缩小造成的失业给地区社会带来的深刻影响,在减轻社会、政治摩擦的同时为了终结煤炭产业,投入了大量的补助金和融资。这一举措究竟是为了防止伴随产业结构变化的剧烈冲击,保护弱者的合理政策呢?还是仅仅是无意义的延长处于竞争劣势的产业生命的政策呢?在日本国内对此的评价明显地分为两派(有关煤炭企业的多角化和关闭矿山给地区社会带来的影响,请参见专栏11"地区社会和企业")。

农业机械化与保护政策

在高速增长时期的农业部门,土地基础完善事业,农业法以及品种改良发展,化学肥料和农药(杀虫剂、除草剂)的运用得以广泛推广,机械化也在进展之中。以水稻种植为例,20世纪50年代开始普及耕种机、拖拉机,70年代由于普及了收割机、播种机,水稻种植几乎实现了全面机械化。水稻种植的劳动投入时间从每10公亩188.9个小时(1955年)迅速下降到81.5个小时(1975年),仅从这一点就可以清楚地看到农业的劳动生产性发生了前所未有的提升[2]。化肥和农药之所以能被广泛使用,主要是因为石油化学产业的发展。而且,机械产业的发展也是促进机械化的

---

[1] 矢田俊文:"煤炭产业",产业学会编:《战后日本产业史》,东洋经济新报社,1995年,994—1,013页。

[2] "大米及小麦的生产费用(年产)长期累年统计",根据农林水产统计信息综合数据库(http://www.gender.go.jp/whitepaper/h17/danjyo_hp/top.html)。

专栏 11

地区社会和企业——夕张和磐城

2006年,北海道夕张市由于630多亿日元的负债宣告财政破产,并于翌年3月开始向财政重建团体过渡。夕张的破产再一次刻画了"盒子行政"和散漫的财政运营等地方行政问题,在这里,我将稍稍地改变视角,从经济史以及经营史的角度来考虑夕张的破产。

夕张这座小城,从明治时期起因为煤炭矿产业而繁荣起来。在夕张市经营大规模炭矿的是三井财团旗下的北海道炭矿汽船(北炭)和三菱财团旗下的三菱矿业(三菱)。两家公司不仅开发炭矿,而且还配备了住宅、商店、甚至医院和学校。炭矿周边建起了商业街和娱乐场所,聚集了很多承包商。是这两家财阀企业支撑着这个夕张地区的社会发展。

战后,夕张依旧保持着发展势头,最繁荣时期人口超过10万,被称作"煤炭之城"。但是,进入20世纪60年代之后,由于所谓的"能源革命",炭矿经营明显恶化。北炭开始向观光业,三菱则向水泥行业转移,一边进行多元化探索一边维持炭矿经营。但是到了90年代,所有的矿山都关闭了。关闭矿山后的夕张地区还遗留着失去主人的炭矿设施,以及聚集在炭矿周边的工商业者,还有一部分炭矿离职工人。两家公司的总部都在东京,受到财阀企业集团的支援,转向了多元化经营,企业得以继续发展。北炭和三菱虽然向股东和金融机构履行了社会责任,却放弃了向曾经是其事业基础的地区履行社会责任。

在夕张破产的同年,一部描述在炭矿生活的少女因为迷恋草裙舞而成长为一流舞蹈家的过程的电影《草裙舞女孩》大受欢迎。这部电影的舞台是福岛县磐城市的常磐炭矿建造的常磐夏威夷风格中心(现在的 Spa Resort Hawaiians)。20世纪60年代,面临经营情况恶化的常磐炭矿开始利用挖掘煤炭时流出的大量温泉水,涉足温泉疗养领域,重新雇用炭矿离职工人和他们的家属。而且现在,Hawaiians 已经成长为磐城具有代表性的观光设施,不断地给这座城市带来经济效益。与财阀类的北炭及三菱不同,曾经作为地方企业成长起来的常磐炭矿选择的道路是从炭矿产业抽身而退,努力实现企业的继续发展和与地区的共存。

夕张和磐城,这两座小城的命运展示出了企业的历史背景的不同是如何决定着企业的社会责任的方向,以及如何决定了地区社会的发展方向。

(岛西智辉)

一大重要因素,就此而言,农业也享受到了高速增长带来的成果,提高了生产能力。

但是,根据表6-3中所示,高速增长时期农林水产业的实际生产额的年增长率为10.6%,这与其他产业相比明显处于较低水平,就业者人数也骤减。这反映了此前介绍过的人口从农村向城市的大规模迁移的结果。伴随着高速增长的进程,工厂开始向地方分散,这样一来,那些为了寻求更加有利的就业机会而向附近的非农业部门求职、就职的农村人口就多了起来。

在整个高速增长时期伴随着农林水产行业就业人口的减少,产生了农村地区的人口稀少化,以及农业的兼营化等问题。第二种兼营农户(农业收入在50%以下的兼营农户)在总农户数中所占比例不断上升,从1955年的28%到70年代的50%以上,再到1973年达到61%的水平①。到了60年代后半期,农户收入上升到与劳动者家庭同等程度的水平,然而增加的绝大部分收入是因为兼营化带来的非农收入的增加②。由于从农业部门释放出了大量的成年男劳动力,1975年拥有60岁以下的男子职业者的农户约占整体的四分之一,这直接导致了劳动力老龄化以及后继不足的社会问题。

在此期间,政府于1961年制定了《农业基本法》,其政策目标是通过推进机械化和经营规模的扩大提高生产能力,以及扩大畜产、果树、蔬菜等需求,在向这些领域进行"选择性扩大"的基础上调整农业与其他部门的收入差距。但是,另一方面,在从战时以来持续的粮食管理制度之下,由于政府提高了大米收购价格,农户不能减少价格变动风险较小的大米种植面积,结果滞留了小规模的兼营农户,当初设想的扩大农业经营规模的目标并没有顺利实现。由于政府的收购价格(生产者米价)甚至超过了出售价格(消费者米价),政府的粮食管理特别会计就产生了大额赤字。20世纪60年代,由于饮食生活的改变,人们对大米的需求开始减少,因此产生了生产过剩的问题。为此,政府从1969年开始实施大米的生产

---

① "农林业人口普查累年统计报告",根据前引的农林水产统计信息综合数据库。

② 晖峻众三:《日本的农业150年》,有斐阁,2003年,192—194页。

调整（减反）和自主流通大米制度，尽管如此，米价支持政策造成的财政负担（粮食管理特别会计的赤字和减反补助金的总额）持续增加，1975年达到9千亿日元，"大米"和国铁、健康保险一起被合称为"3K赤字"①。

政策的作用

高速增长期政府的景气对策，是以前文中所述的国际收支动向判断为基准的金融政策为主体的。虽然大量财政资金投入到了铁路、港湾、道路等基础设施建设中，但是高速增长时期的财政依旧奉行着保持收支均衡的健全主义理念。

产业政策的重心，从复兴时期以煤炭、钢铁等基础产业为对象的政策转移到了对有增长前景的新兴产业实施的保护培育政策上。对于这些产业，采用了一些保护政策，如实施为促进设备投资资金的低息融资和出口的税制优惠措施，以及优先获得因为贸易限制导致的进口管制以及外币配额。虽然贸易限制在20世纪60年代被逐渐撤销，但是在考虑到国内产业竞争力强弱基础上，设定了阶段性的自由化进程②。

产业政策的另一个支柱，是针对以煤炭产业为代表的那些处于停滞、衰退局面的产业为对象的政策。对于这些产业，在实施推行合理化、近代化政策的同时，还支付补助金，目的在于减轻因为急剧的衰退带来的失业以及对地方经济的重创。而且，在遭遇到不景气的行业内企业间竞争导致严重过剩的情况下（即"过度竞争"），也会通过认可不景气卡特尔、调整设备投资、促进合并、重组等意在调整企业间竞争的行政指导手段介入③。

产业政策是在产业竞争力不足的时期以及不景气时期，在依靠各家企业以及业界团体的努力难以控制竞争的时候，通过政府的介入和协调起到为民间企业继续积极的经营活动提供安全网的

---

① 速水祐次郎、神门善久：《农业经济论》新版，岩波书店，2002年，208—215页。
② 前引香西泰《高速增长的时代》，232—235页。
③ 同上书，243—245页。

作用。但是，大部分的产业政策不是在中央官厅单方面的指导下实施的，而是通过官（行政）民（业界）协调推行的。即使有对银行、证券、保险业继续进行强势管制及指导的旧大藏省的"护送船队方式"的金融行政之类的例外，但是中央官厅的影响力仍然是有限的，没能得到业界赞同的政策在大多数情况下没能发挥实际效力①。

高速增长时期的企业经营和"日本型企业体系"的形成

在企业经营方面，人们常常认为在高速增长时期，对日本企业获得竞争力贡献最大的因素是与美国企业相对照的"日本型企业体系"。用一句话来概括其特征的话，我想就是一种重视与股东、银行、交易方、职工等企业的利害关系者（stake holder）之间的长期关系的管理吧。

经过由GHQ实施的财阀解体和持股整顿，旧财阀旗下大企业的股票从财阀总部手里转到了个人手中。但是，为了应对50年代股价的下跌以及60年代资本自由化带来的侵占危机，旧财阀企业加快了与同系企业间互相持有股票的步伐。其结果正如图6-7中

---

① 关于产业政策的影响，曾经有观点将中央官厅的强势指导能力看作经济增长的源泉。其典型是以Chalmers Johnson（1982）为代表的被称作日本异质论者（revisionist）的美国研究者，他们的观点给80年代，围绕日美贸易摩擦美国方面的应对带来了一定的影响。但是，近年来，也出现了否定产业政策有效性的竹内弘高、三轮芳朗等人的研究（竹内弘高："日本型政府模式的有效性"，贝塚启明编：《再访日本型经济系统》，有斐阁，2002年；三轮芳朗：《经济学的运用方法：实证性日本经济论入门》，日本评论社，2007年）。现在占主流的一种看法认为产业政策的作用是有限的。比如说，桥本寿朗的研究（桥本寿朗：《战后日本经济》，岩波书店，1995年）。

然而，由于业界的反对，通产省计划的政策未能实现，比如说，20世纪50年代通产省计划将汽车行业集约到三家公司的程度来开发国民汽车的这样一种构想。有关业界对于国民汽车构想的反应，以及产业政策和汽车产业发展的关系，请参照伊丹敬之等《竞争与革新——汽车产业的企业成长》（东洋经济新报社，1998年）第七章。此外，还有20世纪60年代以强化特定产业的国际竞争力为目的《的特定产业振兴临时措施法》被废除这样的事例（宇田川胜等"企业与政府"，森川英正等编：《超越高速增长》，岩波书店，1995年，241—295页）。

所示,50—60年代个人持股比率下降,取而代之的是金融机构、事业公司持股比率的上升。

图6-7 按所有人分类的控股比率变化(1949—2000年)

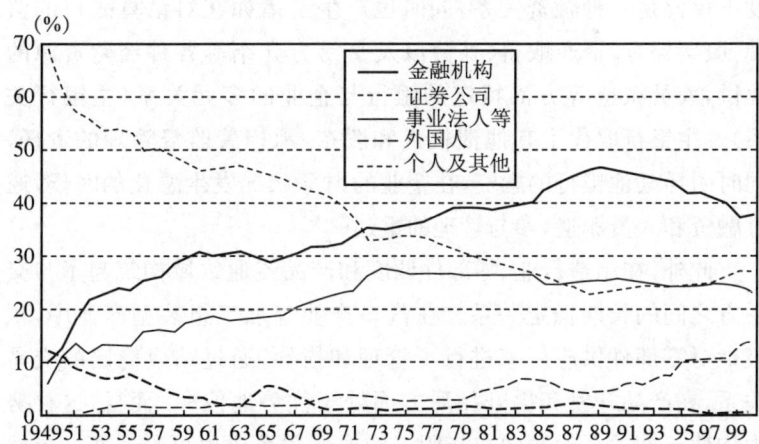

出处:东京证券交易所集团"股票分布状况调查"。
(http://www.tse.co.jp/market/data/examination/distribute/index.html)
注:1984年以前为单元速度,1985年以后为单位数理速度。

同样作为战后改革的一环,开除公职(开除出财界)的结果导致大企业管理阵营中大多数位置被内部升迁上来的专业管理者占据,因此股票的相互持有缓和了外部带来的压力,以管理者为首的职工集团可以做到保障管理的自律性了[①]。但是,另一方面,也导致缺乏维护股东和债权人等其他利害关系者利益的监督机制。一般观点认为,弥补了这种机能的是企业与银行之间的关系。

在战前的30年代中期,企业的自有资本比率约占60%左右,到了70年代下降到了约20%。这意味着高速增长时期,设备投资资金的大部分是由以他人资本、尤其是银行借贷为中心的间接金融方式筹集的。高速增长时期中景气的倒退期时间比较短,即使

---

① 有关开除公职带来的管理者交替,请参照前一章的专栏9。从股东造成的压力中逃脱出来的日本企业的管理者,与其说他们的管理重视股价和分红等股东利益,不如说获取行业份额以及长期增长的意向更为强烈。有观点认为这一因素大大为日本企业获得竞争力做出了贡献,但是也有相反的观点,还没有确定的评价。具有代表性的研究整理请参见宫岛英昭"日本的企业经营、企业行动"(贝塚启明编:《再访:日本型经济系统》,有斐阁,2002年,9—54页)。

增长率出现了停滞,也不曾陷入到负增长的局面。有观点认为在景气倒退的局面下,既有政府的政策,又可依靠银行贷款扩大设备,因此企业的风险是比较小的①。这种依存于间接金融的资金调度不仅仅是一种融资关系,同时也产生了诸如在对结算账户的监视,股票保有,资产取得、处分以及交易方介绍等各种经营资源的提供,人员派遣等方面特定的银行与企业的多元关系(主银行关系)。主银行取代了其他债权人和股东,承担着监督管理的责任,同时引导其他银行的融资,在企业的财务状况发生恶化的时候,通过融资和人员派遣,参与管理的重建②。

此外,在制造行业,零部件调度和产品流通领域构筑起了与交易方之间的长期稳定关系。在汽车产业等加工组装型产业中,积极地对零部件供应厂家进行了管理和指导,通过结成稳定的交易关系,在产品开发和提升品质方面处于优势地位③。而且,这种努力构建长期关系的倾向在与职工的雇佣关系中也可见一斑。虽然战后复兴时期时常发生大规模的人员清理,但是管理者尽可能地回避解雇,而是利用工龄工资制度等方式,通过建立长期工作的激励机制,以达到积累劳动者技能的目的,同时要求员工对企业忠诚的这样一种雇佣特色也是在高速增长的过程中逐步形成的④。

对经济增长优先的重新审视

高速增长带来的收入水平的上升、新工业产品的普及使国民

---

① 中村隆英:《日本经济:成长与结构》第3版,东京大学出版会,1993年。
② 青木昌彦、奥野正宽编著:《经济系统的比较制度分析》,东京大学出版会,1996年,221—245页;青木昌彦、Hugh Patrick、Paul Sheard:"作为关系纽带的主要银行系统",伊丹敬之、藤本隆宏、冈崎哲二、伊藤秀史、沼上干编:《企业与管理》,有斐阁,2005,314—341页;冈崎哲二:"战后日本的金融体系",森川英正、米仓诚一郎编:《日本经营史 5:超越高速成长》,岩波书店,1995年,137—204页。
③ 滕本隆宏:"供方系统的构造、机能、发生",藤本隆宏、西口敏弘、伊藤秀史编:《论集供方系统——创造新企业间关系—》,有斐阁,1998年。
④ 小池和男认为长期雇佣促使通过劳动者的OJT形成处理问题和变化的能力(知识熟练),对获取竞争力有很大帮助(小池和男:《日本企业的人才培养》,中央公社论,1997年)。此外,关于以上介绍的日本型体系的历史形成过程,以冈崎哲二等人的观点为代表,学界有众多讨论。

的物质生活丰富。但是,另一方面,急速的经济增长也催生了环境破坏、公害问题、城市人口过密等弊害。60年代作为追求收入倍增计划中所描绘的充裕生活的时代掀开了新的一页,然而从60年代末到70年代初期,很多争议的矛头指向了企业、政府对公害问题的处理以及经济增长未必能提高人民的幸福指数①。

在舆论的压力之下,政府于1967年制定了《公害对策基本法》,1967—1969年开始四大公害诉讼(新潟水俣病、四日市大气污染、骨痛病、水俣病)。在1970年的公害国会上,修正并重新规定了公害防治相关14法案,翌年的1971年设立了环境厅(现为环境省)。此外,通过针对公害管理的强化、防治公害投资的租税特别措施和政府系金融机构的融资,大企业进行的公害防治设备投资的比重从20世纪60年代末到70年代前半期急速上升,在高峰期的1975年度达到了17.1%②。对导致大量民众受害的产业公害的正式处理,终于在高速增长末期开始着手施行了③。

第二节　高速经济增长的终结和结构调整
——20世纪70年代—80年代前半期的日本经济

从20世纪50年代中期开始,不到20年间,实现长期高增长率的日本经济在70年代前半期迎来了巨大转机。为应对日元升值趋势所推行的财政政策,田中角荣首相的日本列岛改造论带来的公共事业的扩大和开发高峰,再加上石油危机的影响,这一切导致了严重的通货膨胀。以为缓解通胀而采取的金融紧缩政策为转折点,日本经济开始面临严重的萧条局面。在第一次石油危机爆发后的1974年,经济增长率在战后首次出现了负增长,即使在摆脱了石油

---

① 当时,批判最为普遍使用的增长率指标GNP的"徒劳GNP"成了1970年的流行语。"徒劳GNP"也成为当年《朝日新闻》连载报道的题目。

② 公害防治设备投资在通商产业省所管行业(以资本金在一亿日元以上的企业为对象)的设备投资整体中所占比重。请参照环境省《环境白皮书》(1977年)第三章第一节,环境厅《环境白皮书》(1978年)第二章第二节。

③ 关于20世纪60年代的公害问题,请参见描写有关水俣病的经典著作诸如原田正纯的《水俣病》(岩波书店,1972年)。

危机的直接影响之后,企业的设备投资欲望依旧没有复苏迹象。

此后,到80年代中期,一直持续着被称作稳定增长期的时代。在这一时期里,不单单是增长率停滞,成长产业和经济整体的增长模式也发生了变化。石油危机以后,能源价格和工资的上涨导致钢铁、造船、化学等支撑高速增长的产业失去了竞争力,取而代之的是汽车、电子等加工组装型产业成为新的主角。由这些产业制造出来的产品在海外市场的份额增加,经济增长的模式从高速增长时期的设备投资主导型逐渐转变为出口主导型。

尼克松冲击(美元冲击)

正如第五章第四节叙述过的那样,在布雷顿森林体系(IMF体系)下,以美元为基础货币维持下来的固定汇率制是在保证以1盎司黄金=35美元的交换比率进行美元和黄金的交换的基础上成立的。美国持有大量黄金,美元的价值又是由黄金来保证的。

但是,进入20世纪60年代后,欧洲以及日本处于复兴和增长阶段,美国的贸易顺差开始缩小,人们对美元的信赖程度开始动摇。60年代后半期的美国,由于越南战争的军事支出扩大,出现了财政恶化,同时还苦于通货膨胀和国际收支的恶化。大量的美元流向海外,但是美国没有充足的黄金储备来应对,在1968年的伦敦黄金自由市场上,美国接受了黄金价格的高涨,这实际上标志着美国放弃了美元和黄金的兑换制度。继而,在1971年8月,尼克松总统发表了"经济紧急对策",宣告停止美元和黄金的兑换,作为通胀对策,对物价和工资进行90天的冻结,同时为改善贸易收支,开征进口税。由此,固定汇率制崩溃了。此后,1971年12月,史密森协议尝试通过多国间调整维持固定汇率制,日元被迫升值到1美元=308日元,结果这一汇率也没能维持下来,于1973年2月转为了浮动汇率制。

1971年,由于处于伊奘诺景气后的景气倒退局面,在日本经济界,1美元=360日元的汇率成了维持出口产业竞争力的绝对条件,因而,日元的升值将会给日本企业造成巨大创伤的想法在人们心中根深蒂固。因此,人们对于日元升值抱有强烈的危机感,政府作为景气对策采用了扩张性财政金融政策。基于这一政策,国内的货币供给开始增加。

日本列岛改造论和第一次石油危机

翌年1972年6月,田中角荣发表了《日本列岛改造论》,其主张如下:

> 大胆转变向城市集中的洪流,将民族的活力和日本经济的强大余力发散到整个日本列岛。以工业的全国性重新配置和知识集约化、全国新干线和高速公路的建设、信息通信网络的形成为杠杆,一定能消除城市与农村,日本沿海与内陆的差距①。

主张调整在60年代扩大的经济差距的这一宣言,对于不愿意在增长中被淘汰的地方上的人们来说,无疑是具有魅力的主张。但是,通过以新干线的架设、高速公路的建设等公共事业为杠杆进行差距调整的政策方针出台后,其结果却将日本经济逼入了苦境之中。在"日本列岛改造论"发表的翌年7月成立的田中内阁,采用了积极的财政金融政策,为增加公共事业支出,持续增加货币供给。同时,卷起了一阵投机热潮,投资者争相在全国收购以作为开发候补地区为主的土地。

此时,发生了1973年的第一次石油危机,同年10月,又爆发了第四次中东战争,在此背景下,由阿拉伯产油国组成的石油输出国组织(OPEC)为了在中东战争中获得优势地位而发动了石油战略,决定削减原油生产,并停止对以色列支援国的出口,原油价格从每桶2美元左右大幅提高到了11美元左右。50、60年代,以重化学工业为首的日本制造业用了很短的时间就将原燃料从煤炭转向了石油,正如前面所介绍的,它们受低价且稳定的石油供给的恩惠发展了起来,日本的石油进口依存度实际上达到了100%,因此第一

---

① 田中角荣:《日本列岛改造论》,日刊工业新闻社,1972年,2页。

次石油危机造成的原油价格猛涨对于国内产业来说是个巨大的冲击。

石油危机的发生在社会上也掀起了恐慌情绪。为了节约石油，城市中心的霓虹灯消失了，电视台的晚间节目也变得单调起来。与石油无关的产品趁机涨价，等待价格高涨的投机性惜售出现，甚至可以看到不安的消费者涌向店铺购买厕所用纸和洗衣剂等日常用品的现象。在石油危机尚未到来的1973年第二季度，消费者物价较前期增长率已经达到了12%，而石油危机的发生进一步加剧了物价上涨，1974年的批发物价和消费者物价分别上涨了30%和23%，人们称其为"疯狂物价"。

政府只得将"列岛改造论"搁置一边，从1973年到1974年为应对通胀采取了严格的金融紧缩政策。通过这一政策虽然成功地抑制住了激烈的通胀，但是1974年的实际经济增长率创下了战后首次负增长的记录。在下一节中将会看到日本在1970年代到80年代的增长率约为4%，跌到了高速增长期一半以下的水平。

高速增长的终结

看到这里，我们可以知道高速增长的失速是两个外生冲击（尼克松冲击、石油危机），以及当时政策影响的综合作用的结果。但是，在发生这些状况之前支撑高速增长的基础条件的变化也是导致后来转向低增长经济的一个原因。

如图6-5中所示，从农村到城市的劳动力转移在石油危机发生以前就已经急剧减少了。而且，如后文所述，以持续爆发性普及的三种神器为代表的家电的普及率到70年代初期就几乎到了饱和状态。尽管家电产业不断地推陈出新，但是像60年代那样的爆发性需求增长已经不太可能出现了。以家庭数量的增加支撑以耐用性消费品为中心的内需增长机制到70年代初期基本已经消失了。此时，雪上加霜的是从国外波及而来的外来冲击。由于从1974年持续到1975年的萧条，导致原本推动高速增长的企业设备投资带来的扩大生产能力的积极性已经完全丧失，日本的高速增长也就此结束了①。

滞涨的发生

第一次石油危机以后,包括日本在内的世界各国都发生了滞涨[景气低迷(停滞)和持续物价上涨(通货膨胀)共存的状况]的问题。石油危机发生以前,通胀在景气好的时候是由于过度需求造成的,反之,在不景气的时候虽然由于企业业绩恶化会增加失业率,但是物价处于稳定或是下降的通缩趋势,这是普遍的理解②。但是,原油价格高涨的强烈供给冲击导致使用原油和相关产品为原燃料的企业成本上升。这不仅直接导致产品价格上涨,而且压制了不能将成本上升部分完全转嫁到价格上的企业的收益。同时,为了在严重通胀之下维持生活,劳动工会经常举行要求调高工资的运动,然而工资一旦被提高到超过生产能力上升的程度,就会因为人工费的上升进一步导致物价上涨和企业业绩的恶化,从而引起恶性循环。日本的情况是,在1974年的春斗中劳资双方谈妥的工资上涨幅度达到了32.9%的高增长率③。

不过,经济的停滞、失业率的上升和通胀的同时进行并不只在日本出现,在美国及欧洲其他发达国家也都发生了,是整个世界经济在70年代都面临的严重问题。在欧美,有很多国家苦于长期的高通胀率和失业率,在这样的大环境下,日本的物价虽然在第一次石油危机后迅速上升,但是通胀较早地结束了,而且也暂时抑制住了失业率的上升。石油危机给日本的经济与社会造成了深刻影响,而且此后日本都没能恢复与高速增长期匹敌的高水平增长。但是,日本从冲击中走出来的表现与他国相比或许可以说是比较出色的。

---

① 吉川洋:《高速成长:改变日本的6,000天》,读卖新闻社,1997年,141—149页。
② 理论认为通胀和失业率上升是二律背反的关系(菲利普斯曲线)。
③ 所谓春斗,就是劳动工会一起与管理层交涉提高工资的这样一种具有日本特色的工资交涉体系。有关50年代以后的春斗的发展和作用,请参见久米郁男《日本型劳资关系的成功:战后和解的政治经济学》(有斐阁,1998年)第三章。

应对由"减量经营"带来的经营环境的变化

第一次石油危机后,企业对重建经营的尝试被称为"减量经营",其中心是节约高涨的能源消费,压缩负债以及通过节省劳动力来削减成本①。

高速增长时期的日本企业依靠间接金融筹集到了设备投资资金,有关这一点已经在前文中有所叙述。如果为设备投资借入资金的话,当然会产生利息的负担。但是在高速增长情况下,企业方能够预见到与供给能力的增加相应的市场增长,因此如果增强设备的话,利润也会相应增加,那么即使要支付利息也是十分有利的。

然而,由于石油危机后的经济环境发生变化,企业的这种美梦被打破了,大大削弱了通过设备投资扩大生产规模的欲望,投资水平下降。而且,企业此前向银行借来的负债也出现了缩水。残留投资的中心不是扩大生产规模,而是向合理化投资转向。为应对石油价格上涨,企业主要的关注点从扩大设备投资事业转移到了如何通过实现节省能源和节省劳动力降低生产成本方面上来了。

节省能源

以石油危机为契机的原燃料价格上涨,使得一直以来利用低廉能源发展起来的产业生产成本陡增,失去了竞争力。石油化学、钢铁等行业就是其典型代表。还有,在高速增长时期成长起来的代表性出口产业——造船业也因为全球大萧条导致船舶需求减退而陷入苦境。像石油化学工业和造船业为了削减成本废弃设备,从而削减生产能力的产业也是有的,以这些产业为首,开始努力进行彻底的节约能源,如图6-8所示,制造业的单位能耗(每单位生产额的能源耗费)在石油危机以后大幅下降。

---

① 中村隆英:《日本经济:成长与结构》第3版,东京大学出版会,1993,228—234页。

图 6-8 按行业分类的生产额与能耗比(1970—1989 年)

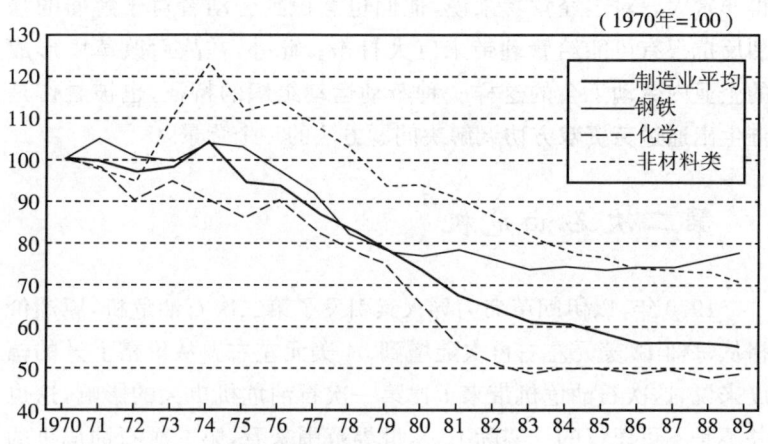

出处：日本能源——经济研究所(2005)
注：生产额依据 68SNA 制造业之种别生产额(1990 年基准)统计

雇佣调整与劳资协调

对于推行减量经营的企业来说，抑制人工费也是一项亟待解决的问题。为此，企业力图减少投入，控制正规员工的录用，偏向雇佣能根据景气波动即时调整的非正式员工（钟点工或临时工）。但是，极力回避使用指定解雇正规人员的手段，而是在劳资双方达成一致的前提下优先确保雇佣，并采用在工资方面达成协议的解决方法。目标是在尽可能地维持长期雇佣的同时，利用缩短劳动时间，削减录用人数，招募派遣、迁移、自愿退职人员等手段进行缓和的雇佣调整[①]。

由于在高速增长时期，以大企业为中心，有利于长期劳动者的

---

① 中村隆英：《日本经济：成长与结构》第 3 版，东京大学出版会，1993 年，229—231 页；小池和男：《日本企业的人才育成——应对不确定性的智慧》，中央公论社，1997 年，147—153 页；米仓诚一郎："共同幻想的日本型系统的出现与终结"，森川英正、米仓诚一郎编：《日本经营史 5：超越高速成长》，岩波书店，1995 年，327—329 页。联邦德国与他国相比物价上升较为缓慢，成功地走出了第一次石油危机的困境。但是，由于 1974—1975 年间实行了大规模的雇佣调整，导致 100 万人失业，日本企业采取的雇佣调整对策与联邦德国是形成鲜明对比的。

工资制度被固定了下来,对于劳动者来说,失业和跳槽的成本就变得非常大。对于经营者来说,他们也意识到劳动者对于解雇的强烈反抗很有可能给管理带来巨大打击。此外,在战后改革中形成的企业内劳动工会的这样一种劳动运动组织的特征,也被看作是催生出通过劳资双方协调解决问题方法的一个背景①。

第二次石油危机

1979年,以伊朗革命为导火索引发了第二次石油危机,原油价格从每桶12美元左右再次陡增到34美元左右。从价格上升的幅度来说,这次石油危机带来了比第一次石油危机更大的影响,这也并不是不可思议的。实际上,从世界范围来看,第二次石油危机的影响远比第一次要大。但是,在日本,消费者物价的上涨在1980年以7.8%的增幅达到顶峰,名义工资的上涨率也仅停留在6.3%。与第一次石油危机相比,物价只有小幅上涨,景气的下降也不明显,日本在较短的时间内就摆脱了第二次石油危机。

有观点指出,第二次石油危机的影响较为轻微的原因有,较早地做出了金融紧缩的通货膨胀对策,劳资双方协调地抑制住了工资的上涨,以及由于推行减量经营,节能工作取得进展。或许还因为从1977年左右开始的日元升值缓和了进口价格上升带来的影响,日本政府和企业吸取了第一次石油危机的教训,成功地将能源价格高涨的影响压制到最小程度。

成长产业的更替

日本经济在向第一次石油危机以后的低增长转换的同时还伴随着产业构造的变化。由于能源价格和工资的上涨,第一次石油危机以后,钢铁、造船、石油化学等从高速增长初期起就是领头羊的产业最终失去了竞争力。因此,政府开始摸索仅靠企业和产业

---

① 有关战后的长期雇佣和工资制度、企业内劳动工会,请参见三谷直纪"劳动—技能形成与劳动分配"(橘木俊诏编:《验证战后经济》,东京大学出版会,2003年,353—454页)。

的能力不能解决的,应对经营环境突变的"结构萧条"的产业救助政策。1978年,制定了《特定萧条产业稳定临时措施法》(特安法),认定钢铁(平电炉)、铝精炼、合成纤维、造船、氨制造、纺织等14种产业为结构萧条产业,根据政府制定的稳定基本计划,共同将过剩设备废弃①。同时,将萧条愈发严重的地区指定为特定萧条地区,制定了实行雇佣对策的《特定萧条地区离职者临时措施法》,以及对中小企业进行融资支援和对萧条地区实行公共事业的重点分配的《特定萧条地区中小企业对策临时措施法》。结构萧条产业对策不仅仅针对"企业"的范畴,而且从缓和萧条行业对集中布局的"地区"的影响的角度来推进②。

取代这些产业,引领着20世纪70年代后半期到80年代经济增长的产业是汽车、电子等加工组装型产业。比如说,日本的汽车产业在70年代以后,以美国市场为中心,迅速地扩大了出口。尤其是在石油危机后的美国市场,由于汽油价格上升,对低燃料的小型车的需求增长,日本汽车的市场份额因此迅速扩大。与结构萧条产业的停滞形成鲜明对比的是,日本的汽车生产辆数在石油危机后的70年代后半期持续、稳定地增加,到了70年代末,已经达到可以与世界上最大的汽车生产国美国相抗衡的水平了③。

从图6-6中的出口构成比中可以看出,20世纪80年代除了汽车,在减量经营的环境下,积极引进微电子(ME)的机械类出口构成比也有所上升。再有,如图6-3所示,在1974年以后的时期内,民间固定资本的形成对经济增长的贡献率降低,而出口的贡献率则上升。可以说石油危机后的日本经济增长是由出口拉动的。但是,在后文中将要提到,日本的出口产品增加,导致贸易对象国尤其是美国的对日贸易赤字扩大,引起了贸易摩擦等其他问题。

产业结构的另外一个重要变化是服务业的重要性增强。如表

---

① 通商产业省通商产业政策史编纂委员会编:《通商产业政策史》1卷总论,通商产业调查会,1994年,524—527页。

② 中村隆英:《日本经济:成长与结构》第3版,东京大学出版会,1993年,236—237页。

③ 当然,日本的汽车产业的增长也并不都是因为能源价格变化带来的。具体说来,可以参见藤本的文章,他指出"能力构筑竞争"(围绕开发、生产现场的组织能力的企业间竞争)是日本的汽车产业获得并维持竞争优势的重要原因。

6-1中所示,1973—1985年的服务业年平均实际增长率为4.4%,创下了超过制造业整体水平(4.2%)的记录。而且,就业人数也从60年代起出现了逐渐增加的趋势,1970年服务业就业人数比重为46.6%,到了80年大幅增加到55.5%[1]。

再来看个人消费中服务支出的经费项目构成比,我们可以发现20世纪70年代住房、医疗保险、服装以及鞋帽服务的比重在降低,相反交通通信服务、教育服务、文化娱乐服务的比重在上升[2]。私家车保有量的增加带动了汽车相关服务,家教、培训学校等培训教育普及,以及人们在运动俱乐部和文化中心上的支出增加,也就是说与国民生活变化相关的服务性支出上涨,关于经济的软件化、服务化之类的广泛讨论也是在这一时期以后。

再分配政策的变化和财政危机

在处于高速增长期的1961年,创设了国民养老金和国民健康保险制度,在制度方面实现了国民全民养老金、全民保险的目标。但是,20世纪50年代到60年代的再分配政策,完全是以农业补助金、产业政策(中小企业、衰退产业保护)、地方交付税交付金等在高速增长背景下由增长到停滞、衰退的产业,以及由城市到地方的再分配政策为中心的[3]。但是,1973年,通过年金的物价浮动制以及老人医疗费的免费化开始扩大养老金给付(福祉元年),社会保障相关费用在一般岁出中所占比重也从1970年的19.0%大幅增加到1980年的26.7%。从高速增长的末期开始,正式实施通过扩

---

[1] 根据黑田等人对宏观经济增长中劳动投入、资本投入对各部门的贡献度的推算,在石油危机后的1973—1979年间,第三产业部门在劳动、资本两方面都显示出了比第二产业部门要高的贡献度。

[2] 佐和隆光编:《服务性经济入门——其全部数据与展望》;中央公论社,1990年,47页,66—67页。

[3] 广井良典指出,像这样的"通过生产部门的再分配"以1970年前后为界,逐渐转变为了从保障就业的意义上来说,承担着社会保障功能的公共事业,以及以高龄者为中心的社会保障扩充的再分配政策。请参见广井良典"战后日本的再分配政策——产业政策与社会保障政策的活力",《社会保障周报》,2007年2月12日,42—47页。

充以高龄人群为中心的社会保障的再分配政策①。

然而,另一方面,由于石油危机后企业经营恶化,导致政府的法人税、所得税收入减少,不得不在1975年大量发行赤字国债。再加上高速增长时设计的社会保障制度以年轻人较多的人口金字塔为前提,采用了实际课税方式②的原因,由于经济运行速度的减缓和人口老龄化的发展导致社会保障相关费用增加,给财政造成了巨大压力。而且,根据在1977、1978两年的峰会上呼吁的"日美德火车头论",当时的福田赳夫内阁转而采取扩大财政支出的政策③,国债依存度(新发国债额在一般会计岁出额中所占比重)在1979年达到了34.7%。与高速增长时期财政基本保持收支平衡形成鲜明对照的是70年代后半期财政对国债的依赖程度迅速提高。

80年代初期,受到第二次石油危机的影响,税收不足导致大幅的岁入空洞,为此,开始推行以摆脱财政赤字为目标的行政财政改革。在1981—1983年的第二次临时行政调查会(土光敏夫主持)上,提议通过增税重建财政、削减医疗费用,实现三大国企(国铁、电电公社、专卖公社)的民营化④。同时,在1982年度的预算中设定了零最高限额,以及从1983年度开始的负最高限额的规定,真正开始着手削减支出了。

第三节　泡沫经济及其崩溃
——20世纪80年代后半期之后的日本经济

从20世纪80年代后半期到90年代,象征日本经济的事件就是所谓的泡沫经济的发生及其崩溃。从70年代的两次石油危机中走出的日本经济在1985年末至1991年初的这段时间里,经历了

---

① 请参见前引广井良典论文。
② 此种课税方式是指通过向现役世代征收保险费来筹集支付给高龄人群的年金所必需的原始资金的一种方法。
③ 通过以美国、德国、日本为中心的有增长余力的国家采取积极的财政支出扩大和金融缓和政策,起到拉动经济增长的作用的一种构想。
④ 日本电信电话公社和日本专卖公社在1985年,国铁在1987年分别被民营化。

长达51个月、持续时间仅次于"伊奘诺景气"的战后第二的繁荣时期(当时)①。这一时期最大的特征是景气不仅持续了很长时间,而且伴随着景气的上升,土地和股票的价格高涨,甚至超过了实体经济的水平,企业以及个人对这些资产的投资过热。

泡沫经济时期,虽然存在企业和个人通过投资土地和股市获得高额利润,但是以1991年为界,股价和地价迅速下跌,出乎众人意料。泡沫崩溃了。而且,此后的日本经济迎来了"平成不景气",或者是被称为"失去的十年"的长期低迷时代。

贸易摩擦的激化

从20世纪80年代后半期的景气上升到泡沫发生的这一过程的起点,与以石油危机为契机,由于日益扩大的出口导致的贸易摩擦的激化有着密切的关系。立足于这一点,我们首先来回顾一下贸易摩擦的发展过程。

早在20世纪50年代,日本和美国之间在围绕棉织品上就产生了贸易摩擦,且持续到60年代末,由于日本纤维制品对美出口的增加,日本被迫采取了自愿出口限制。在60年代后半期到70年代,交涉对象有钢铁、电视、工作机械,进入80年代又逐渐扩大到汽车、VTR、半导体等产品领域,每当日本对美出口增加,日美之间就会进行经济交涉。

在70年代后半期到80年代的这段时间里,对美贸易摩擦发展成为日美间的一个重大外交问题。尤其是80年代里根政权时代的美国,高利息的金融紧缩政策虽然成功地抑制住了通货膨胀的趋势,但是另一方面由于减税和军事费用支出的增长,财政赤字规模扩大。持续的高利息吸引了海外的投资资金流向美国,美元需求增加,美元开始升值。而美元升值继而又使得贸易赤字扩大,形成了这样一种连锁反应机制。为此,出现了财政赤字和贸易赤字的所谓"双赤字"的结果。而此时,日本的对美贸易顺差就成了问

---

① 根据内阁府经济社会综合研究所的景气基准日期。这个基准日期是以景气动向指数为基础设定的。详细情况请参见内阁府"景气统计页面"(http://www.esri.cao.go.jp/jp/stat/)。

题焦点。日本的出口被看作是引起美国经常收支赤字的元凶,美国要求日本削减经常收支黑字。

以汽车为首的日本出口产业为了回避贸易摩擦,将视线转向拥有廉价劳动力和原材料的海外,从 80 年代起纷纷开始了当地生产,然而此后,经常收支的不平衡依然没有消失。因此,美国不仅要求日本采取出口自愿限制,而且还批评由于日本市场存在各种进口壁垒,导致美国产品很难进入,并围绕牛肉、橙子等农畜产品,汽车零部件,金融业以及通信等领域的市场开放进行了通商交涉。

贸易摩擦的应对——广场协议和前川报告

在对日贸易赤字膨胀,贸易摩擦转变为外交问题的过程中,1985 年,在召开的发达国家财政部长、央行行长会议(G5)上达成了明确调整美元升值和宏观经济政策的国际协调的广场协议,试图消除贸易的不平衡。以广场协议为契机,如图 6-2 所示,汇率开始向日元升值趋势变化,尤其是从 1986 年初起,日元迅速走高。但是,由于 J 曲线的效应,以美元结算,出口额反而上升了,压制经常收支赤字的效果也没有显现出来[①]。尽管出口产业美元收入增加,但是由于以日元结算的出口额减少,陷入了核算恶化的讽刺局面,不要说消除贸易摩擦了,就连国内也发生了严重的日元升值萧条问题[②]。

在这样的形势之下,政府成立了中曾根首相的私人咨询机构"为实现国际经济协调的经济结构调整研究会",并于 1986 年发表了呼吁扩大内需和开放市场的报告(前川报告)。在前川报告中,指出有必要将经济结构从出口型转向国际协调型,提出了为刺激内需的财政金融政策,以及促进规制缓和的措施。这一报告本质上可以说是日本方面针对美国围绕贸易摩擦提出的批评、要求做

---

① 这里所说的 J 曲线效应是指由于进出口价格和数量调整之间存在翘尾效应,即使日元升值,短期内经常收支的盈余趋势依旧会持续地现象。有关 J 曲线效应的机制,请参照中村隆英《现代经济史》(岩波书店,1995 年),163—164 页。

② 中村隆英:《现代经济史》,岩波书店,1995 年,166 页。

出的回答，而且其内容是基于广场协议制定的政策协调路线的。实际上，日本政府实施了一系列扩大内需政策，如扩大以公共投资为中心的财政支出，为促进民间投资扩大的规制缓和，以及通过废止小额储蓄优待税制减少储蓄等等。

但是，1989 年，美国根据前一年制定的包括通商法超级 301 条在内的规定，指定日本为"不公正贸易国"，并且提议举行日美结构协议①。自此，日美间的贸易摩擦已经不仅仅停留在个别商品的通商问题上，储蓄、投资模式、土地利用、流通、竞争性交易惯例、系列关系、价格机制等日本经济结构本身也成了交涉的对象。

泡沫的产生

日本经济从 1985 年起迎来了景气倒退局面，这也起因于上述的广场协议造成的急速日元升值。日本银行为了改善经常收支不平衡，抑制超过预期的急速的日元升值，于 1986 年 1 月从将 5％的官方利率下调到 4.5％开始着手，实施了阶段性金融缓和政策，最终于 1987 年 2 月，将官方利率下调到战后最低（当时）水平的 2.5％。而且，直到 1989 年 5 月，日银做出提升利率的决定，金融缓和政策持续实施了 3 年以上。在此基础上，政府又于 1987 年 5 月通过了总事业规模达 6 兆日元、减税 1 兆日元的大型紧急经济对策，实施了利用财政刺激景气的对策。

但是，事后看来，经济在 1986 年末跌入谷底，景气开始触底反弹。此后，持续的繁荣增加了税收，1991—1993 年度的赤字国债发行额为 0，国债依存度也下降到了 9.5％。80 年代初期的一大问题——财政重建问题，因为景气的持续开始大幅好转。从支持了长期景气扩大的意义上来说，政府的金融财政政策还是有一定效果的。但是另一方面，政策转换的滞后也是导致实体经济超过基础性条件（fundamental）的急剧的资产价格（地价、股价）上升，也就

---

① 超级 301 是针对"不公正贸易国"发动制裁的条款。日美结构协议在美国方面被表示为 Structural Impediments Initiativre（结构性壁障）。

是造成泡沫产生的重要原因①。

从 1986 年到 1987 年,虽然已经能看到股价和地价的大幅上涨,但是政府仍没有采取金融紧缩政策。这一判断基于两点:第一,由于日元升值导致进口物价下跌,因此日本银行一直用作决策的重要判断依据的一般物价水平的波动相对稳定了下来;第二,考虑到 1987 年 10 月发生的黑色星期一(纽约股市的暴跌),错失了升值时机以及多种因素影响的结果。而且,原本应该考虑到资产价格的上升是否超过了从实体经济趋势中预测的理论值,也就是说以实际时间来认识泡沫是否发生是非常困难的。

本来,股价的上涨是企业业绩改善的契机,地价的上涨也会增加大城市的办公需求,两者都是反映了实体经济的繁荣才开始上升的②。但是,金融缓和和财政支出的扩大不仅是国内的景气对策,也不能忽视了它是最终引起了日本经常收支黑字的压缩的另一个侧面,换言之,通过内需扩大消除贸易摩擦的强烈意识导致政策转换滞后③。从结果来看,金融缓和政策的继续与大规模财政政策启动的同时,带来了景气的过热和货币供给的上升,资产价格持续上升的预期支撑着人们的"期待"。因此,大量的资金涌入了股票、房地产市场,最终产生了泡沫④。

此外,在 20 世纪 80 年代前半期,通过金融、资本市场的自由化推行的企业筹资手段的多样化也应用于土地、股票投资的资金筹集变得更加容易。如在本章第一节中看到的,战后的日本企业的

---

① 有关泡沫的定义,请参见柳川范之:"何谓泡沫",村松岐夫、奥野正宽编:《平成泡沫研究上:形成篇》,东洋经济新报社,2002 年,195—215 页。
② 吉富胜:《日本经济的真相》,东洋经济新报社,1998 年,55—56 页。
③ 田中隆之:《现代日本经济:泡沫与后泡沫轨迹》,日本评论社,2002 年,39—50 页。
④ 副标题为"泡沫经济的教训和新发展课题"的 1993 年度版《经济白皮书》中承认了政策的负面影响,"这样的政策执行(金融缓和与财政的景气刺激对策:引用者注),除了带来了长时间的景气扩大,还起到了缩小对外顺差的重要作用,但是反过来,不能否认这也为泡沫形成打下了一个基础"。请参见经济企划厅《日本财政白皮书》1993 年版第二章第五节。

图 6‑9　地价和股票价格的变化（1975—2007 年）

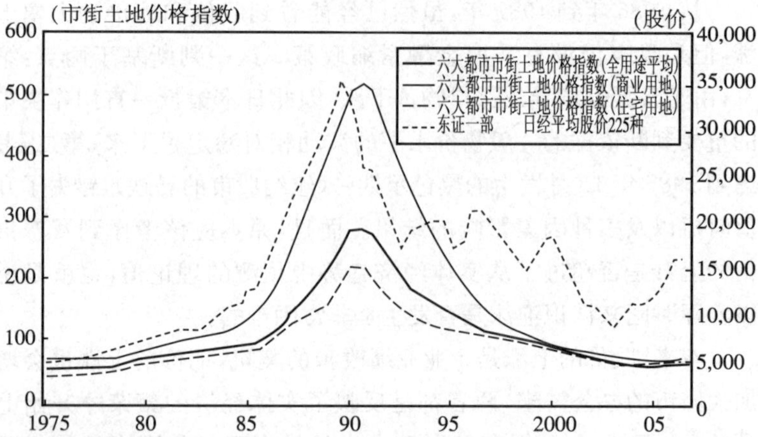

出处：日经 NEEDS。
注：六大都市市街土地价格指数以 2002 年＝100 为基础。

筹资很大程度上依赖于间接金融，也就是从银行借款。但是，这一时期发展起来的金融、资本市场自由化使得以制造业为中心的大企业银行贷款相对降低，而从资本市场调用资金的比重急速上升。1980 年修改了外汇管理法，从原则禁止与海外的资本移动相关的外汇交易转换到了原则自由。而且，1981 年商法修改后，认可了新股承兑权公司债的发行，到了 1985 年，又对 10 亿日元以上的大额定期存款采取了利息自由化政策[1]。在这些规制缓和的推行过程中，大企业不仅在国内，在海外也积极发行新股承兑权公司债和转换公司债等，通过直接金融（equity finance）来筹集资金，将剩余资金用大额定期存款或股票投资方式运作，获得利益的方式已经一般化了。即所谓的"理财"的资金运作很兴盛。而且，大量的资金流入股票市场还带来了股价的飞涨。

另一方面，这样的企业筹资手段的多样化使日本经济摆脱了依赖以大企业为中心的间接金融，换言之促使其脱离银行。根据金融自由化，非银行机构的新加入激化了金融机构之间的竞争，银行为了开拓新的顾客群不得不将贷款目标从大企业转向中小企业及个人。80 年代后半期，银行以中小企业为中心，尤其增加了向建

---

[1] 前引中村隆英《现代经济史》，125—136 页。

筑、房地产，还有以非银行机构为中心的金融业的贷款。这些行业以从银行的融资获得的资金为本金，向房地产业进行投资，这也直接导致了地价的大幅攀升①。

泡沫的崩溃和"失去的十年"

1985年日经平均股价为1万2千日元左右，随后迅速攀升，到了1989年12月30日创下了3万8,915日元的史上最高纪录。但是，好景不长，股价从1990年年初开始下跌，到了1992年8月最终跌破了1万5千日元大关。

再来看看泡沫经济的另一个主角——地价的情况，1986—1990年间，商业用地的价格以每年10%以上的速度增长，87年创下了上涨率为21.9%的记录②。住宅用地的地价没有商业用地上涨得那么厉害，在地方上也看不到都市圈那样的上涨情况。然而，日本的土地价格还是因为泡沫经济上涨了两倍多。但是，比股价的下跌略迟，地价也从1991年开始下跌，到2006年出现了略微的上升时，已经连续下跌了15年③。股价、地价一开始下跌，以利用股票和土地交易获得资本利得为目的的交易就停止了。筹集了大量资金进行土地和股票投资的企业惨遭损失，泡沫崩溃了。

制造了引发股价和地价下跌导火索的是日银向金融紧缩政策的转变以及政府的抑制地价上涨政策。如前所述，日银于1989年5月，转变了持续了3年多的缓和政策，决定上调贴现率。紧接着，到1990年8月一共上调了5次，法定利率从2.5%上涨到了6.0%。虽然从最初的上调到股价停止上涨需要半年多的时间，但是随着日银持续实施金融紧缩政策的意图越来越明朗，股价辜负了人们的期待，急转直下。

---

① 吉富胜：《日本经济的真相》，东洋经济新报社，1998年，65—69页；田中隆之：《现代日本经济：泡沫与后泡沫的轨迹》，日本评论社，2002年，92—110页。

② 田中隆之：《现代日本经济：泡沫与后泡沫的轨迹》，日本评论社，2002年，138—140页。

③ 根据国土交通省的地价公示，请参见国土交通省《土地白皮书》（平成19年版）第一部第二章第三节（国土交通省土地综合信息图书馆 http://tochi.mlit.go.jp/index.html）。

针对抑制地价上涨实施了多个政策,其中最强有力的是1990年3月大藏省启动的对房地产金融实施总量控制的政策,①这个通告抑制了为投资房地产进行的融资,缩小了对土地的投资,造成了地价的下跌②。

伴随着泡沫经济的失速,泡沫景气在1991年初终结,日本经济迎来了被称为平成萧条的低迷时代。在这段时间,1992到1996年,经济增长率下降到0.6%,虽然1995—1996年一度出现了恢复的征兆,但是1998—1999年由于受到消费税上调和金融危机的影响,再次转为负增长。进入新世纪后,这种一边可以看到复苏征兆,一边又滑向低谷的循环依旧继续着,最终看到景气的持续性复苏基调已经是2002年以后的事了。

这段时间,企业的设备投资被抑制,由于雇佣不安情绪的高涨,个人消费低迷。需求减少导致物价的持续下跌(通货紧缩),继而企业的销售额减少,但因为工资等生产要素价格难以降低,企业的收益进一步恶化③。而且,企业业绩的恶化又通过上述那样起因于抑制设备投资的机制而进一步导致需求下降和物价下跌。

不良债权问题和金融危机的发生

泡沫经济的崩溃催生了巨额的资本损失。银行以拿土地担保进行融资的担保主义为基本,泡沫时期地价的上涨通过担保价值的上涨带来了融资额的扩大。因此,泡沫崩溃导致的地价下跌大

---

① 根据大藏省的通告,要求将金融机构的房地产相关融资总额的上涨率控制在总融资额的上涨率之下。电影《向着泡沫GO!! 时间机器像铁桶》(2007年发行)描写了泡沫时期的社会状况,虚构了这样一个故事,财务官像认为将日本经济推到破产边缘的元凶是使泡沫崩溃的房地产融资总量限制,因此发明了铁桶式洗衣机型的时光机器企图来阻止大藏省的通告。

② 通告对象的金融机构中除去了住宅金融专门公司(住专)。但是,由于住专可以从农林系统金融机构那里获得融资,进行了大规模的房地产融资,因此后来住专的不良债权处理成了一个严重问题。1996年,政府虽然进行了包括公共资金投入在内的住专处理,但是由于受到舆论批评的压力,对后来围绕是否要向金融机构进行公共投资的议论也产生了影响,导致推迟了处理不良债权的政策性决定。

③ 桥本寿朗:"巨额资本损失与利益压缩机制",伊丹敬之、藤本隆宏、冈崎哲二等编《企业与环境》第2期第5卷,有斐阁,2005年,214—341页。

幅降低了担保价值,产生了巨额的不良债权。如何处理不良债权,实现金融机构运营的健全化,即使说这一问题是20世纪90年代中期以后日本经济的最大课题,也毫不为过①。

持有不良债权的金融机构的经营恶化问题的凸显是1997—1998年的事②。1997年11月,由于三洋证券宣告经营破产,短期市场(金融机构间的短期金融市场)发生了债务不执行(default),向短期市场的资金供给缩小(信用收缩)。受其余波影响,北海道拓殖银行资金链断裂宣告破产,继而山一证券自主停业,在很短的时间内,大型金融机构相继破产,引发了金融危机。经营状况不佳的银行在短期市场被征收了追加利息,而且日本的金融机构在国际市场上融资的时候也被规定要缴纳追加利息(Japan premium)。因此,日本金融机构的融资成本逐渐上升,苦于资金周转的金融机构面临着更加深重的破产危机。此外,这些面临融资困难的金融机构由于采取了抑制贷款(惜贷)和从中小企业的贷款回收(逼债),不仅产生了金融机构经营破产的直接影响,而且企业资金链的恶化和通过设备投资的抑制给实体经济造成的影响也十分令人担忧③。

另一方面,根据财政结构改革进行的财政紧缩也导致了金融危机和萧条严重化。泡沫经济崩溃后的90年代,政府相继实施了大型的经济对策,公共投资的增加和减税使得财政赤字再次扩大。受到赤字财政严重化的教训,1997年开始了财政结构改革,除了削减财政支出以外,还实行了上调消费税率,停止所得税、居民税的特别减税政策,增加健康保险的负担等措施。但是,向紧缩政策转型的时机太差,结果导致事态更加严重。而且,政府为了应对金融

---

① 不良债权问题是萧条的结果,还是其原因,关于这一点有相互对立的几种观点。目前,请参见柳川范之《何谓不良债权》(东洋经济新报社,2002年)的第三章中的整理。

② 对不良债权的正式处理被推迟到90年代后半期,这也使得问题更加严重。学界认为推迟的理由有金融机构的不完全信息公开,不稳定的政局,政治家、官僚、金融机构相互勾结的构造等等。具体请参见松村(2005)中收录的几篇文章。

③ 田中隆之《现代日本经济:泡沫与后泡沫的轨迹》,日本评论社,2002年,193—197页。

危机和亚洲货币危机,不得不再次从财政重建转向景气对策①。这一时期日本的财政政策,在健全化的要求和景气刺激对策的要求的两难选择中摇摆不定,结果是哪个要求都没能满足。

为了应对金融危机,政府于 1998 年 3 月对 21 家大型金融机构投入 1 兆 8156 亿日元的公共资金,同年 10 月制定了《金融机能早期健全化法》《金融再生法》等,针对持有不良债权的金融机构,完善了其破产前后的措施。根据《金融再生法》,同年 10 月,日本长期信用银行,同年 12 月,日本债权信用银行转到特别公共管理(暂时国有化)之下。除此之外,根据《早期健全化法》,1999 年 3 月又向 15 家大型金融机构注入了 7 兆 4592 亿日元的公共资金。另外,日本银行虽然从泡沫崩溃后的 1991 年 7 月持续实施了金融缓和政策,但是金融危机后再次强化了缓和政策,于 1999 年将无担保短期次日商品利息引导至 0.15%,政策利息实际上降到了零水平以下(零利息政策)②。

第四节 从"失去的 10 年"到"失去的 20 年"

日本从 20 世纪 90 年代末开始陷入出现物价下跌与实体经济萎缩的恶性循环。自泡沫经济瓦解以后,日本经济萧条的状况长期得以持续。1999 年在美国的"IT 泡沫"所带来的景气支撑下,呈现了景气复苏的前兆,但 2000 年以后再次衰退,截至今日都没有从通货紧缩的状况中摆脱出来。

在这期间,日本银行在 1999 年 2 月实施的零利息政策在 2000 年 8 月一时被解除,又由于经济不景气而转换方针。但新的举措不是调整利息,而是在 2001 年 3 月 14 日通过日本银行扩大资金供给量,实施宽松的货币政策,政策变化十分频繁。

---

① 有关 1997 年的金融危机和亚洲货币危机的关联,请参见竹森俊平《1997 年——改变世界的金融危机》,朝日新闻社,2007 年。

② 所谓无担保短期次日商品是指在短期市场上,银行间进行无担保资金的融资,翌日返还的短期交易。1994 年利息自由化以后,取代法定利率成为金融政策的引导目标。

之后,小泉纯一郎内阁通过金融重建项目(2002年)正式着手处理不良债务。另外,泡沫经济瓦解以来企业的雇佣、设备、债务过剩的问题在当时基本上得到了解决,企业的收益增加。在2002年至2008年,经历了长期的景气扩大局面。但是由于物价与工资几乎没有上涨,日本的这期间的景气扩大被称为"没有实感的景气复苏"①。

2008年,美国向低收入群体发放的住房贷款引发信用危机,大型投资银行雷曼兄弟公司倒闭并发展为全球性经济危机,受其影响日本经济再次减速。21世纪初"失去的10年"的说法到这个时候变成了"失去的20年"。总的来说,泡沫经济瓦解以后至2000年,日本经济是苦于低增长和通货紧缩的时代。包括2009—2012年民主党政权在内的历代内阁都试图摆脱这种状况,但就金融政策而言,那与第三章的"从历史中读取现代"部分所论述的明治时代松方正义的做法形成对照,这些内阁都未能采取摆脱通货紧缩状况的有效对策。另外就财政政策而言,虽然从1992年度的"紧急经济对策"以来多次扩大公共投资并实施减税,但这些刺激经济发展的政策都没有收到明显的效果。

"日本式"体制的改革

关于泡沫破裂之后经济萧条长期持续的原因,有人主张不仅仅是因为泡沫破裂之后发生了通货紧缩等金融现象,其实从20世纪70年代中期开始一直持续的储蓄过剩、总需求不足的问题是背后的结构性原因。另外,从20世纪90年代起一直有人主张日本的政治经济以及与企业经营相关的制度、体制已经丧失了其合理性。第五章的"从历史中读取现代"所介绍的日本经济史的研究动向也表明,人们试图通过对"日本式"经济体制的形成过程进行探讨来找出解决各种现实问题的线索。

就政策层面来看,在20世纪80年代中期,中曾根康弘内阁推行民营化政策,桥本龙太郎内阁实施了财政改革,但如前所述,那

---

① 内阁府:《年次经济财政报告》,2007年版。

些举措由于遭遇金融危机而受挫。进入21世纪以后，小泉纯一郎内阁提倡"无圣域的改革"，将以邮政事业为代表的公共服务民营化，并且放宽了参与电气通信、运输业的门槛。

在企业经营方面，在高度经济增长期形成的重视长期关系的体制弱化，转向以市场为导向。由于股权融资而增加的企业股份一直因为与金融机构相互持有而被吸收，但泡沫瓦解以后股价低落以及银行经营的恶化，再加上导入了时价会计制度，解除股份相互持有的动向有所增强。也有人指出主要银行实力减弱，加之解除相互持有股份的做法也使得稳定的股东减少，以海外投资机构为代表的对股价敏感的股东增加，日本企业努力开展重视股东利益的经营，决定经营方针的董事会与负责经营的高管分离，设置公司外董事等等，这些保证股东利益的新制度在大企业普及就是这种变化的体现。

在雇佣方面，为了灵活应对景气的变动，以临时工以及兼职等非正式雇佣替代正式员工的状况加剧，正式员工的工资体系也由基于年龄和持续工作年限的做法转向绩效工资制。

日本经济的课题

在没有克服通货紧缩和增长率低下的状况下，日本又于2011年3月经历了东日本大地震，损失惨重，给经济造成极度的混乱。自民党借此机会从民主党手中夺回政权，于2012年成立了第二次安倍晋三内阁。安倍内阁提出了所谓"三支箭"的经济增长战略，设定通货膨胀目标，实施大胆的宽松金融政策，为了缓解供需矛盾而实施灵活的财政政策，同时鼓励民间投资。但正如第四章的"从历史中读取现代"所论述的那样，财政重建与经济增长是否能够两立，政府债务的增加会给日本经济带来什么，对于这些问题今后走向的预测依然是一件十分困难的事情。

日本的人口在2008年达到峰值之后转为减少，同时老龄化急速加剧，2015年的老龄化率（65岁以上人口在总人口中所占比率）为26.7%，已经进入"超老龄化社会"。预计到2060年，老龄化比率将上升到 39.9%。① 日本将迎来史无前例的老龄化时代。

正如在第二章的"从历史中读取现代"所论述的那样,人口受到经济发展水平的影响,同时人口的变化也将对一个国家的经济以及政治状况带来影响。今后日本老龄化加剧将导致养老金以及医疗社会保障金的支出增加。另一方面,由于少子化进展,预计负担那些费用的生产年龄人口将会减少。因此,如果力图维持现行制度的话,支出和负担的均衡将被打破,有可能扩大不同年龄人群之间的不平等,并使财政赤字增加。另外,人口集中到东京、地方上人口减少、老龄化将都给区域社会带来阴影。如何缓解老龄人与在职者、地方和都市在需求上的对立关系,这对于今后的日本来说也将是重要课题。

(牛岛利明)

---

① 内阁府:《高龄社会白皮书》,2016年;国立社会保障人口问题研究所:《日本的将来推算人口》,2012年。

引用·参考文献

（供读者学习用的参考文献列表等本书的附加信息，预计刊登于网址 http://www.keio—up.co.jp/np/isbn/9784766415735/）

第一章

安达诚司：《摆脱通货紧缩的历史分析——通过"政策体制"的转变回顾近代日本》，藤原书店，2006年。

安藤优一郎：《江户经济官僚的精英：大冈越前的结构改造》，NHK出版，2007年。

饭沼二郎编：《学习近世农书》，日本放送出版协会，1977年。

矶田道史："关于十七世纪的农业发展——从利用草和牛的视点来看"，《日本史研究》1996年，402号，27—50页。

岩桥胜：《近世日本物价史研究》，大原新生社，1981年。

岩桥胜："江户期货币制度的活力"，《金融研究》，1998年，17—3号，59—80页。

宇田川武久：《真说：铁炮传来》，平凡社，2006年。

鬼头宏：《环境先进国：江户》，PHP研究所，2002年。

鬼头宏：《图说：通过人口看日本史——从绳文时代到不久的将来》PHP研究所2007年。

黑田基树：《百姓眼中的战国大名》，筑摩书房，2006年。

斋藤修："大开垦、人口、小农经济"，速水融、宫本又郎编：《经济社会的成立——17—18世纪》，岩波书店，1988年，171—215页。

樱井英治、中西聪编：《流通经济史》，山川出版社，2002年。

佐佐木银弥:《中世商品流通史研究》,法政大学出版局,1972年。

岛田龙登:"18世纪国际铜贸易的比较分析——荷属东印度公司和英属东印度公司",《早稻田政治经济学杂志》,2006年,362号,54—70页。

新保博、长谷川彰:"商品生产流通的原动力",速水融、宫本又郎编:《经济社会的成立——17—18世纪》,岩波书店,1988年,217—270页。

铃木敦子:《日本中世社会的流通结构》,校仓书房,2000年。

铃木公雄:《钱的考古学》,吉川弘文馆,2002年。

铃木公雄编:《货币的地域史——从中世到近世》,岩波书店,2007年。

铃木康子:《近世日荷贸易史研究》,思文阁出版,2004年。

田代和生:《近世日朝通交贸易史研究》,创文社,1981年。

田代和生:《被篡改的国书——德川朝鲜外交的幕后》,中央公论社,1983年。

田代和生:"德川时代的贸易",速水融、宫本又郎编:《经济社会的成立——17—18世纪》,岩波书店,1988年,129—170页。

田代和生:《倭馆——锁国时代的日本人街》,文艺春秋,2002年。

康拉德·托特曼(Conrad Totman)著,熊崎实译:《日本人是怎样造林的》,筑地书馆,1998年。

罗纳德·托比(Ronald P. Toby)著,速水融、川胜平太、永积洋子译:《近世日本的国家形成与外交》,创文社,1990年。

中村哲:《明治维新的基础构造》,未来社,1968年。

永积洋子:"17世纪的东亚贸易",浜下武志、川胜平太编:《新版 亚洲贸易圈与日本的工业化:1500—1900》,藤原书店,2001年,103—128页。

西川俊作:《江户时代的政治经济》,日本评论社,1979年。

浜野洁:《近世京都的历史人口学研究——解读都市市民的社会构造》,庆应私塾大学出版会,2007年。

速水融:《近世浓尾地区的人口经济社会》,创文社,1992年。

速水融：《通过历史人口学看日本》，文艺春秋，2001年。

速水融：《近世日本的经济社会》，丽泽大学出版会，2003年。

速水融、宫本又郎："概说17—18世纪"，速水融、宫本又郎编：《经济社会的成立——17—18世纪》，岩波书店，1988年。

路易斯·弗罗伊斯（Luís Fróis）著，松田毅一、川崎桃太译：《全译本 弗罗伊斯日本史3（织田信长篇Ⅲ）》，中央公论新社，2000年。

藤木久志：《走在战国的乡村》，朝日新闻社，1997年。

藤木久志：《走在饥饿与战乱的战国》，朝日新闻社，2001年。

宫本又郎、上村雅洋："德川经济的循环构造"，速水融、宫本又郎编：《经济社会的成立——17—18世纪》，岩波书店，1988年，271—324页。

村井淳志：《勘定奉行荻原重秀的生涯——新井白石嫉妒的天才经济官员》，集英社，2007年。

胁田晴子：《日本中世商业发展史研究》，御茶之水书房，1969年。

第二章

青木美智男："天保起义论"，青木美智男、山田忠雄编：《日本近世史讲座6 天保时期的政治与社会》，有斐阁，1981年，111—182页。

穐本洋哉：《前工业化时代的经济》，密涅瓦书房，1987年。

浅井昭吾："欧洲造酒技术传入日本"，梅棹忠夫、吉田集而编：《酒与日本文明》，弘文堂，2000年，117—142页。

油井宏子："酱油"，永原庆二等编：《讲座 日本技术社会史1 农业、农产加工》，日本评论社，1983年，169—202页。

阿部武司："明治前期的原有产业"，梅村又次、中村隆英编：《松方财政与殖产兴业政策》，东京大学出版会，1983年，295—317页。

井奥成彦："近世南山城的棉作与浅田家的手工作坊经营"，石井宽治、林玲子编：《近世近代的南山城》，东京大学出版会，1998年，245—283页，后收录于2006年版。

井奥成彦：《19世纪日本的商品生产与流通》，日本经济评论社,2006年。

石井宽治:《日本蚕丝业史分析》,东京大学出版会,1972年。

石井宽治:"维新变革的基础过程",《历史学分析》1986年,560号,138—148页。

石井宽治:《大系日本的历史 12 开国与维新》,小学馆,1989年。

伊藤好一:《以江户为中心的经济圈的展开》,柏书房,1966年。

岩桥胜:"江户时代的货币数量",梅村又次等编:《日本经济的发展》,日本经济新闻社,1976年,241—260页。

上村雅洋:"滩酒制造业的展开",《社会经济史学》1989年,55—2号,12—31页。

R.Alcock(阿礼国)著,山口光朔译:《天皇之都》上中下,岩波书店,1962—1963年。

川胜平太:"亚洲木棉市场的构造与展开",《社会经济史学》1985年,51—1号,91—125号。

北原进:《江户的代理商》,吉川弘文馆,1985年。

小林正彬:《近代日本经济史》,世界书院,1983年。

小室正纪:《民间的经济思想》,御茶之水书房,1999年。

筱原三代平:《长期经济统计 10 矿工业》,东洋经济新报社,1972年。

隅谷三喜男:《日本煤炭业分析》,岩波书店,1968年。

高桥幸八郎、古岛敏雄编:《养蚕业的发展与地主制》,御茶之水书房,1958年。

高村直助:《日本纺织业史绪论》上下,塙书房,1971年。

高村直助:"围绕维新前后'外部压力'的一两个问题",东京大学社会科学研究所《社会科学研究》1987年,39—4号,1—29页。

田中直树:《近代日本煤矿劳动史研究》,草风馆,1984年。

谷本雅之:"酿造业",西川俊作、尾高煌之助、斋藤修编:《日本经济200年》,日本评论社,1996年,255—280页。

谷本雅之:《日本的传统经济发展与纺织业》,名古屋大学出版会,1998年。

辻善之助:《田沼时代》,岩波书店,1980年。

角山幸洋:"日本的织布机",永原庆二、山口启二编:《讲座:日本技术的社会史 3 纺织》,日本评论社,1983年,284—301页。

中井信彦:《转换期幕藩制的研究》,墒书房,1971年。

中井信彦:《色川三中研究:传记篇》,墒书房,1988年。

中井信彦:《色川三中研究:学问与思想篇》,墒书房,1993年。

中村吉治等:《解体期封建农村的研究》,创文社,1962年。

中村哲:"世界资本主义与日本棉业的变革",河野健二、饭沼二郎编:《世界资本主义的形成》,岩波书店,1967年,399—455页。

中村哲:《明治维新的基础构造》,未来社,1968年。

中村隆英:"酿酒业的数量史:明治—昭和初期",《社会经济史学》,1989年,55—2号。

野田正穗等编:《日本的铁路》,日本经济评论社,1986年。

林基:"宝历—天明期的社会状况",《岩波讲座:日本历史 近世4》,岩波书店,1967年,103—154页。

林玲子:"以江户为中心的经济圈的成立过程——以皮棉、油为中心",大塚久雄等编:《资本主义的形成与发展》,东京大学出版会,1968年,255—271页。

林玲子编:《酱油酿造史研究》,吉川弘文馆,1990年。

林玲子、天野雅敏编:《东方与西方的酱油史》,吉川弘文馆,1999年。

速水融:《日本经济社会的展开》,庆应通信,1973年(后收录于2003年版)

速水融:《近世日本的经济社会》,丽泽大学出版会,2003年。

原口虎雄:《幕府末期的萨摩》,中央公论社,1966年。

哈利斯(Harris T)著,坂田精一译:《日本旅居记》上中下,岩波书店,1953—1954年。

汉利(Hanley, Susan B.)著,指昭博译:《江户时代的遗产》,中央公论社,1990年。

藤原隆男:《近代日本酿酒业史》,密涅瓦书房,1999年。

古岛敏雄、永原庆二:《商品生产和寄生地主制》,东京大学出版会,1954年。

马修·卡尔伯莱斯·佩里(Matthew Calbraith Perry)著,土屋

乔雄、玉城肇译:《佩里提督日本远征记》上下,弘文堂,1935—1936年。

堀江英一编:《幕府末期、维新时期的农业结构》,岩波书店,1963年。

三井文库编:《近世后期主要物价的动态》(增补改订版),东京大学出版会,1989年。

明治文献资料刊行会编:《明治前期产业发展史资料》第一集,明治文献资料刊行会,1959年。

爱德华·莫马士(Edward S. Morse)著,石川欣一译:《在日本的那些日子》1—3,平凡社,1970—1971年。

爱德华·莫马士(Edward S. Morse)著,上田笃、加藤晃规、柳美代子译:《日本的居所:内与外》,鹿岛出版会,1979年。

山口县文库馆编修:《防长风土注进案》第1—25卷,松野书店,1983年。

山崎隆三:《地主制成立期的农业结构》,青木书店,1961年。

山本有造:《从两到日元》,密涅瓦书房,1994年。

柚木学:《近世滩酒经济史》,密涅瓦书房,1975年。

柚木学:"提起问题",《社会经济史学》1989年,55—2号。

横滨市:《横滨市史》,1959年。

早稻田大学经济史学会编:《足利纺织物品史》上,足利纺织同业会,1960年。

渡边隆喜:"资本主义的形成与农民",石井宽治等编:《学习近代日本经济史》上,有斐阁,1977年,26—44页。

第三章

岩田规久男:《通货紧缩的经济学》,东洋经济新报社,2001年。

梅村又次等:《长期经济统计2:劳动力》,东洋经济新报社,1988年。

大川一司等:《长期经济统计8:物价》,东洋经济新报社,1967年。

大川一司等:《长期经济统计1:国民所得》,东洋经济新报社,1974年。

大盐武:"化学工业的成立",经营史学会编:《日本经营史的基础知识》,有斐阁,2004年,120—121页。

太田爱之、川口浩、藤井信幸:《日本经济的两千年》(改订版),劲草书房,2006年。

大豆生田稔:《大米与食物的近代史》,吉川弘文馆,2007年。

笼谷直人:《亚洲国际通商秩序与近代日本》,名古屋大学出版会,2000年。

鹿岛茂:《开创百货店的夫妇》,讲谈社,1991年。

川胜平太:《日本文明与近代西洋——重新思考"锁国"》,日本放送出版协会,1991年。

川北稔、角山荣编:《胡同里的大英帝国——英国都市生活史》,平凡社,1982年。

鬼头宏:《图说:通过人口看日本史——从绳文时代到不久的将来》,PHP研究所,2007年。

西蒙·史密斯·库兹涅茨(Simon Smith Kuznets)著,盐野谷祐一译:《近代经济成长》上下,东洋经济新报社,1968年。

久保文克:《殖民地企业经营史论——"准国策会社"的实证研究》,日本经济评论社,1997年。

庆应私塾编:《福泽谕吉书简集》第8卷,岩波书店,2002年。

香西泰:"历史的教训,不断革新以维持最长景气",《日本经济新闻》2006年11月6日朝刊。

高成凤:《近代日本的社会与交通 9——殖民地的铁路》,日本经济评论社,2006年。

后藤新一:《昭和时期银行合同史——1县1行主义的成立》,金融财政事情研究会,1981年。

泽井实:"机械工业",西川俊作、尾高煌之助、斋藤修编著:《日本经济200年》,日本评论社,1996年,299—320页。

柴孝夫:"造船业的发展与斯托克波特",山崎广明编:《日本经营史的基础知识》,有斐阁,2004年,116—117页。

杉原熏:《亚洲贸易的形成与构造》,密涅瓦书房,1996年。

杉山伸也、伊恩·布朗(Ian Brown)编著:《战争期间东南亚的经济摩擦——日本的南进与亚洲、欧美》,同文馆,1990年。

铃木淳:"两种时刻,三种劳动时间"桥本毅彦、栗山茂久编著:《迟到的诞生——近代日本时间意识的形成》,三元社,2001年,99—121页。

铃木淳:"史料介绍'云扬'舰长井上良馨在明治八年九月二十九日关于江华岛事件的报告书",《史学杂志》,2002年,111—112页。

铃木良隆、桥野知子、白鸟圭志:《MBA日本经营史》,有斐阁,2007年。

大东文化大学创业家研究会编:《世界创业家50人》,学文社,2004年,198—203页。

武田晴人:"保险业的发展",经营史学会编:《日本经营史的基础知识》,有斐阁,2004年,128—129页。

武田晴人:《工作与日本人》,筑摩书房,2008年。

玉置纪夫:《日本金融史——从安政开国到高度成长期之前》,有斐阁,1994年。

艾尔弗雷德·D.钱德勒(Alfred DuPont Chandler Jr.)著,鸟羽钦一郎、小林袈裟治译:《经营者的时代——美国产业界近代企业的成立》上下,东洋经济新报社,1979年。

塚濑进:《满洲的日本人》,吉川弘文馆,2004年。

角山荣:《"通商国家"日本的信息战略——读领事报告书》,日本放送出版协会,1988年。

东洋经济新报社编:《明治大正国势总览》,东洋经济新报社,1982年。

内阁府:《平成16年度 少子化社会白皮书》,2004年。

Http://www8.cao.go.jp/shoushi/whitepaper/w—2004/html—h/index.html

中林真幸:《近代资本主义的组织——制丝业发展下的商业统制以及生产结构》,东京大学出版会,2003年。

中村隆英:《明治大正时期的经济》,东京大学出版学会,1985年。

中村隆英:《日本经济——成长与构造》第3版,东京大学出版会,1993年。

中村宗悦:《后藤文夫——从人格的统制到国家的统制》,日本经济评论社,2008年。

奈仓文二:"钢铁业与民间钢铁业",经营史学会编:《日本经营史的基础知识》,有斐阁,2004年,94—95页。

野口旭编:《经济政策形成的研究——既成观念与经济学的矛盾》,中西屋出版,2007年。

桥本寿朗、大杉由香:《近代日本经济史》,岩波书店,2000年。

花井俊介:"从制丝结社到大制丝企业",经营史学会编:《日本经营史的基础知识》,有斐阁,2004年,94—95页。

原武史:《"民都"大阪对"帝都"东京——作为"思想"的关西私营铁路》,讲谈社,1998年。

原田敬一:《甲午、日俄战争——日本近现代史系列③》,岩波书店,2007年。

古田和子:《上海网络与近代东亚》,东京大学出版会,2000年。

牧原宪夫:《民权与宪法——日本近现代史系列②》,岩波书店,2007年。

彼得·马赛厄斯(Peter Mathias)著,小松芳乔译:《最初的工业国家——英国经济史 1700—1914年》改订新版,日本评论社,1972年。

松浦正孝:《财界的政治经济史——井上准之助、乡诚之助、池田成彬的时代》,东京大学出版会,2004年。

松本贵典编:《生产与流通的近代画像——100年前的日本》,日本评论社,2004年。

宫本又郎:《日本的近代11:企业家们的挑战》,中央公论新社,1999年。

持田信数、山本有造:"财政与财政政策",西川俊作、尾高煌之助、斋藤修编著:《日本经济200年》,日本评论社,1996年,117—134页。

山室信一:《日俄战争的世纪——从连锁的观点看日本与世界》,岩波书店,2005年。

山本茂实:《啊!野麦岭——制丝女工的哀愁史》,朝日新闻社,1968年。

李宪昶著,须川英德、六反田丰译:《韩国经济通史》,法政大学出版局,2004年。

第四章

Eichengreen, Barry(1992) Golden Fetters: The Gold Standard and the Great Depression, 1919—1939, Oxford University Press

Metzler, Mark (2006) Lever of Empire: The International Gold Standard and the Crisis of Liberalism in PrewarJapan, University of California Press

Smethurst, Richard J. (2007) From Foot Soldier to Finance Minister: Takahashi Korekiyo, Japan's Keynes, Harvard East Asian Monographs 292, Harvard University Press

巴里·艾肯格林(Eichengreen, Barry)著,高屋定实译:《全球化资本与国际货币系统》,密涅瓦书房,1999年。

阿部武司:《日本棉产地的棉纺织业的展开》,东京大学出版会,1989年。

美国商务部编,斋藤真、鸟居泰彦译:《美国历史统计》第Ⅰ卷,原书房,1986年。

石井宽治、原朗、武田晴人编:《日本经济史3 两次大战间隔期》,东京大学出版会,2002年。

石桥湛山:《金解禁的影响与对策——倡导新平价解禁》,东洋经济新报社,1929年(收录于石桥湛山全集编撰委员会编《石桥湛山全集》第6卷,东洋经济新报社,1971年)。

石见徹:《世界经济史——霸权国经济体制》,东洋经济新报社,1999年。

井手英策:《高桥财政研究——为实现摆脱昭和恐慌与财政再建的苦战》,有斐阁,2006年。

伊藤正直:《日本的对外金融与金融政策 1914—1936》,名古屋大学出版会,1989年。

伊藤正直、霭见诚良、浅井良夫编:《金融危机与革新——从历史到现代》,日本经济评论社,2000年。

井上准之助论集编撰会编:《井上准之助论集》全4卷,1935年

a(影印版:原书房,1982年)。

井上准之助论集编撰会编:《井上准之助传》,1935年 b(影印版:原书房,1983年)。

岩田规久男编著:《昭和恐慌的研究》,东洋经济新报社,2004年。

大川一司、高松信清、山本有造:《长期经济统计1:国民所得》,东洋经济新报社,1974年。

大盐武:"新兴康采恩的展开",经营史学会编:《日本经营史基础知识》,有斐阁,2004年,168—169页。

大豆生田稔:"第一次世界大战期间的粮食问题与粮食政策——依靠国外粮食政策的破产",近代日本研究会编:《经济政策与产业》,山川书店,1993年,55—77页。

加濑和俊:《战前日本的失业对策——救济型公共土木事业的历史分析》,日本经济评论社,1998年。

上川隆夫、矢后和彦编:《国际金融史》,有斐阁,2007年。

岸田真:"南满洲铁路外债谈判与日本的对外金融政策 1927—1928年",《社会经济史学》,2000年,65—5号,45—66页。

岸田真:"东京市外债发行谈判与宪政会内阁的金本位恢复政策 1924—1927年",《社会经济史学》,2002年,68—4号,45—66页。

岸田真:"对20世纪20年代日本的本位币收支数量的探讨——'在外本位币'的再考",《三田学会杂志》,2003年,96—1号,61—90页。

岸田真:"昭和金融恐慌后的美国对日经济认识与日美经济关系——以1927年10月摩根财团 T.W.Lamont 的访日为契机",《三田学会杂志》,2003年,96—3号91—119页。

橘川武郎:《日本电力业的发展与松永安左卫门》,名古屋大学出版会,1995年。

查尔斯·P.金德尔伯格(Charles P. Kindleberger)著,石崎昭彦、木村一朗译:《经济大恐慌下的世界1929—1939年》,东京大学出版会,1982年。

越泽明:《复兴计划——从幕府末期、明治的大火到阪神、淡路大地震》,中央公论新社,2005年。

镇目雅人:"第二次世界大战前日本维持财政的可能性",神户大学经济经营研究所 Discussion Paper Series,2007,No.J78

筱原三代平:《长期经济统计10 矿工业》,东洋经济新报社,1972年。

下谷政弘:《新兴康采恩与财阀——理论与历史》,日本经济评论社,2008年。

新保博:《近代日本经济史——和平时期下的日本市场经济》,创文社,1995年。

杉山伸也:"国际环境的变化与日本经济学",杉山伸也编:《"帝国"的经济学》,岩波书店,2006年,1—14页。

杉山伸也:"金解禁论战——井上准之助与世界经济",杉山伸也编:《"帝国"的经济学》,岩波书店,2006年,125—172页。

杉山伸也、伊恩·布朗(Ian Brown)编著:《战争期间东南亚的经济摩擦——日本的南进与亚洲、欧美》,同文馆,1990年。

高桥是清著,上塚司编:《高桥是清自传》,千仓书房,1936年(中公文库,1976年再版)。

高桥龟吉、森垣淑:《昭和金融恐慌史》,清明会出版部,1968年(讲谈社学术文库,1993年再版)

高村直助:《近代日本棉业与中国》,东京大学出版会,1982年。

武田晴人、桥本寿朗编著:《两次大战间隔期日本的卡特尔》,东京大学出版会,1985年。

田中杰:《帝都复兴与生活空间——关东大地震后市街的形成理论》,东京大学出版会,2006年。

长幸男:《昭和恐慌——日本法西斯的前夕》,岩波书店,1973年。

彼得·特明(Peter Temin)著,猪木武德等译:《大恐慌的教训》,东洋经济新报社,1994年。

中村隆英:《经济政策的命运》,日本经济新闻社,1967年。

中村隆英:《战前日本经济成长的分析》,岩波书店,1971年。

中村隆英:"'高桥财政'与公共投资政策——对时局匡救农村

土木事业的再评价",中村隆英编:《战争期间的日本经济分析》,山川出版社,1981年,111—133页。(收录于中村隆英编:《明治大正时期的经济》,东京大学出版会,1985年,123—149页)。

中村隆英、尾高煌之助:"概说 1914—1937 年",中村隆英、尾高煌之助编:《日本经济史 6 双层构造》,岩波书店,1989年,2—80页。

中村宗悦:《为什么总是重复经济失策——媒体所传达的昭和恐慌》,东洋经济新报社,2005年。

中村宗悦:《后藤文夫——从人格统制到国家社会统制》,日本经济评论社,2008年。

西川俊作、尾高煌之助、斋藤修编著:《日本经济的 200 年》,日本评论社,1996年。

日本银行统计局编:《明治以后我国主要经济统计》,日本银行统计局,1966年(并木书房,1999年影印)。

日本银行编:《日本银行百年史》全 7 卷,日本信用调查,1982—1986年。

桥本寿朗:《大恐慌时期的日本资本主义》,东京大学出版会,1984年。

桥本寿朗:《现代日本经济史》,岩波书店,2000年。

桥本寿朗、大杉由香:《近代日本经济史》,岩波书店,2000年。

原朗:"'满洲'经济统制政策的开展——围绕满铁改组与满洲实业的成立",安藤良雄编:《日本经济政策史论》下,东京大学出版会,1976年,209—296页。

原朗:"二十世纪二十年代财政支出与积极、消极两政策路线",中村隆英编:《战争期间的日本经济分析》,山川出版社,1981年,77—109页。

坂野润治:《近代日本政治史》,岩波书店,2006年。

坂野润治、宫地正人等编:《向现代社会的转型》第 3 卷,岩波书店,1993年。

比斯利(W. G. Beasley),著,杉山伸也译:《日本帝国主义 1894—1945》,岩波书店,1990年。

细谷千博、斋藤真编:《华盛顿体制与日美关系》,东京大学出版会,1978年。

御厨贵编:《时代的先驱者后藤新平 1857—1929》,藤原书店,2004年。

三谷太一郎:"华尔街与满蒙",细谷、斋藤编:《华盛顿体制与日美关系》,东京大学出版会,1978年,321—350页。

布赖恩·R.米切尔(Brian R. Mitchell)著,中村宏、中村牧子译:《麦克米伦新编世界历史统计 1 欧洲历史统计 1750—1993》,东洋书林,2001年。

三和良一:"1926年关税改革的历史地位",逆井孝仁等编:《日本资本主义——展开与理论》,东京大学出版会,1978年,173—191页;三和良一:"1926年的关税改革",《战争期间日本的经济政策历史研究》,东京大学出版会,1978年,103—119页。

三和良一、原朗编:《近现代日本经济史要览》,东京大学出版会,2007年。

持田信树:《都市财政研究》,东京大学出版会,1993年。

山崎广明:《昭和金融恐慌》,东洋经济新报社,2000年。

山本有造:"殖民地经营",中村隆英、尾高煌之助编:《日本经济史 6 二层构造》岩波书店,1989年,231—274页。

若田部昌海:"'失去的13年'的经济政策争论",岩田编:《昭和恐慌研究》,2004年,63—116页。

第五章

浅井良夫:《战后改革与民主主义》,吉川弘文馆,2001年。

雨宫昭一:《占领与改革——日本近现代史系列⑦》,岩波书店,2007年。

有泽广巳编:《昭和经济史》中,日本经济新闻社,1994年。

石井宽治、原朗、武田晴人编:《日本经济史 4 战时与战后期》,东京大学出版会,2007年。

岩崎家传记编撰会:《岩崎小弥太传》,1979年。

内野达郎:《战后日本经济史》,讲谈社,1978年。

江口圭一:《十五年战争小史》,青木书店,1986年。

大石嘉一郎:《日本资本主义的百年经历》,东京大学出版会,

2005年。

大石嘉一郎:《日本帝国主义史3》,东京大学出版会,1994年。

大和田启气:《日本土地改革秘史——农政负责人的回忆》,日本经济新闻社,1981年。

冈崎哲二、奥野正宽编:《现代日本经济体制的源流》,日本经济新闻社,1993年。

加藤阳子:《从满洲事变到日中战争——日本近现代史系列⑤》,岩波书店,2007年。

上川孝夫、矢后知彦编:《国际金融史》,有斐阁,2007年。

经营史学会编:《日本经营史的基础知识》,有斐阁,2004年。

香西泰:《高速增长的时代》,日本经济新闻社,2001年。

香西泰、寺西重郎编:《战后日本的经济改革》,东京大学出版会,1993年。

安德鲁·戈登(Andrew Gordon):《日本200年》下,篠竹书房,2006年。

庄司俊作:《日本土地改革史研究》,御茶之水书房,1999年。

武田晴人:《财阀的时代》,新曜社,1995年。

武田晴人:《日本经济事件簿》,新曜社,1995年。

武田晴人编:《日本经济的战后复兴——未完成的结构转变》,有斐阁,2007年。

竹前荣治:《GHQ》,岩波书店,1983年。

约翰·W.达瓦(John W. Dower):《拥抱失败》上下,岩波书店,2001年。

辻清明编:《资料:战后20年史1 政治》,日本评论社,1966年。

晖俊众三:《日本农业问题的展开》下,东京大学出版会,1984年。

晖俊众三编:《日本农业150年》,有斐阁,2003年。

东京大学社会科学研究所编:《劳动改革》,东京大学出版会,1974年。

东京大学社会科学研究所编:《农业土地改革》,东京大学出版会,1975年。

东京大学社会科学研究所编:《经济改革》,东京大学出版会,1975年。

中村政则:《战后史》,岩波书店,2005年。

中村政则编:《占领与战后改革》,吉川弘文馆,1994年。

中村政则、天川晃、尹健次、五十岚武士:《占领与改革》,岩波书店,1995年。

中村隆英:《昭和史Ⅱ》,东洋经济新闻社,1993年。

中村隆英:《昭和经济史》,岩波书店,2007年。

中村隆英编:《"计划化"与"民主化"》,岩波书店,1989年。

西成田丰:《近代日本劳动史》,有斐阁,2007年。

西田美昭编:《战后改革期的农业问题》,日本经济评论社,1994年。

农业用地改革记录委员会:《农业用地改革始末概要》,御茶之水书房,1977年。

野口悠纪雄:《1940年体制》,东洋经济新报社,1995年。

桥本寿朗:《现代日本经济史》,岩波书店,2000年。

桥本寿朗、武田晴人编:《日本经济发展与企业集团》,东京大学出版会,1992年。

埃利诺·哈德利(Eleanor M. Hadley):《财阀解体GHQ埃利诺的回忆》,东洋经济新报社,2004年。

原朗:《日本经济史》改订版,放送大学教育振兴会,1994年。

原朗编:《日本的战时经济》,东京大学出版会,1995年。

原朗编:《复兴期的日本经济》,东京大学出版会,2002年。

兵藤钊:《劳动战后史》上,东京大学出版会1997。

牧野富夫主编:《"日本的经营"的变迁与劳资关系》,新日本出版社,1998年。

正村公宏:《战后史》上,筑摩书房,1995年。

松尾尊兊:《日本的历史21:走向国际国家》,集英社,1993年。

三和良一:《日本经济史概说》,东京大学出版会,1993年。

三和良一:《有关日本占领下的经济政策的历史研究》,日本经济评论社,2002年。

森武麿:《关于战时日本农村社会的研究》,东京大学出版会,

1999年。

森武麿、浅井良夫等:《现代日本经济史》,有斐阁,1993年。

森武麿、大门正克编:《地方的战时与战后》,日本经济评论社,1996年。

山之内靖、成田龙一、J.维克托·柯休曼(J. Victor Koschman):《全国总体战与现代化》,柏书房,1995年。

油井大三郎、中村政则、丰下楢:《占领改革的国际比较——日本、亚洲、欧洲》,三省堂,1994年。

吉田裕:《亚洲·太平洋战争——日本近现代史系列⑥》,岩波书店,2007年。

第六章

青木昌彦、奥野正宽编著:《经济系统的比较制度分析》,东京大学出版会,1996年。

青木昌彦、Hugh Patrick、Paul Sheard:"作为关系纽带的主要银行系统",伊丹敬之、藤本隆宏、冈崎哲二、伊藤秀史、沼上干编:《企业与管理》,有斐阁,2005年,314—341页。

伊丹敬之、加护野忠男、小林孝雄、榊原清则、伊藤元重:《竞争与革新——汽车产业的企业成长》,东洋经济新报社,1988年。

井堀利宏:"拖延现象分析",村松岐夫、奥野正宽编:《平成泡沫的研究下:崩溃期》,东洋经济新报社,2002年,51—82页。

岩田规久男:《学习日本经济》,筑摩书房,2005年。

牛岛利明、阿部武司:"棉业",西川俊作、尾高煌之助、斋藤修编著:《日本经济的200年》,日本评论社,1996年,225—254页。

宇田川胜、安部悦生:"企业与政府:The Third Hand",森川英正、米仓诚一郎编:《超越高速增长》,岩波书店,1995年,241—295页。

冈崎哲二:"战后日本的金融体系",森川英正、米仓诚一郎编:《日本经营史5:超越高速增长》,岩波书店,1995年,137—204页。

冈崎哲二:"从复兴到高速增长",《日本经济辞典》,日本经济新闻社,1996年,68—96页。

冈崎哲二、奥野正宽编:《现代日本经济系统的渊源》,日本经济新闻社,1993年。

奥井智之:《日本问题:从"奇迹"到"威胁"》,中央公论社,1994年。

贝塚启明、财务省财务综合政策研究所编:《再访:日本型的经济系统》,有斐阁,2002年。

加濑和俊:《集团就职时代:高速成长的中坚力量》,青木书店,1997年。

环境厅:《环境白皮书》,1976年,1977年。(各年度的环境白皮书可以在以下的网址看到:Http://www.env.go.jp/policy/hakusyo/index.html)

工藤章、橘川武郎、格伦·D.霍克(Glenn D. Hook):《现代日本企业1:企业体制上内部结构与组织间的关系》,有斐阁,2005年。

久米郁男:《日本型劳资关系的成功:战后和解的政治经济学》,有斐阁,1998年。

黑田昌裕、吉冈完治、清水雅彦:"经济成长:要因分析与多部门间的影响",浜田宏一、黑田昌裕、堀内昭义编:《日本经济的微观分析》,东京大学出版会,1987年,57—95页。

经济企划厅:《经济白皮书》,1956年、1960年、1977年版。

经济企划厅:《国民所得白皮书:昭和39年国民所得报告书》,1966年。

经济企划厅:《日本财政白皮书》,1993年版。

小池和男:《日本企业的人才培养——应对不确定性的智慧》,中央公论社,1997年。

小池和男:《工作的经济学》第3版,东洋经济新报社,2005年。

香西泰:《高速增长的时代——现代日本经济史笔记》,日本经济新闻社,2001年。

泽木耕太郎:《危机宰相》,文艺春秋,2008年。

佐和隆光编:《服务性经济入门——其全部数据与展望》:中央公论社,1990年。

盐田咲子:"高速经济成长期的技术革新与女性劳动的变化",中村正则编:《技术革新与女性劳动》,东京大学出版会,1985年。

(Http://d—arch.ide.go.jp/je_archive/society/book_unu_jpe9_

d06.html)

下村治:《经济大国日本的选择》,东洋经济新报社,1971年。

查默斯·约翰逊(Chalmers Johnson)著,矢野俊比古等译:《通产省与日本奇迹》,TBS布里坦尼卡,1982年。

TBS—BRITANNICA Co., Ltd. Chalmers Johnson (1982) MITI and the Japanese Miracle: the Growth of Industrial Policy, 1925—1975, Stanford University Press

竹内弘高:"日本型政府模式的有效性",贝塚启明编:《再访日本型经济系统》,有斐阁,2002年,183—224页。

竹森俊平:《1997年——改变世界的金融危机》,朝日新闻社,2007年。

田中角荣:《日本列岛改造论》,日刊工业新闻社,1972年。

田中隆之:《现代日本经济:泡沫与后泡沫的轨迹》,日本评论社,2002年。

通商产业省通商产业政策史编纂委员会编:《通商产业政策史》第1卷总论,通商产业调查会,1994年。

晖峻众三:《日本的农业150年》,有斐阁,2003年。

内阁府:《经济财政白皮书》,2002年版。

(过去的经济白皮书〈年度经济报告〉,经济财政白皮书〈年度经常财政报告〉可以在以下的网址看到:Http://www5.cao.go.jp/keizai3/whitepaper.html)

内阁府:《国民生活白皮书》,2002年版。

Http://www5.cao.go.jp/seikatus/whitepaper/

中村隆英:《日本经济:成长与结构》第3版,东京大学出版会,1993年。

中村隆英:《现代经济史》,岩波书店,1995年。

西野智彦:《验证:经济乌云——为何推延》,岩波书店,2003年。

日经流通新闻编:《流通现代史》,日本经济新闻社,1993年。

日本能源研究所计量分析Unic编:《能源、经济统计要览》2005年版,节约能源中心,2005年。

桥本寿朗:《战后日本经济》,岩波书店,1995年。

桥本寿朗:"巨额资本损失与利益压缩机制",伊丹敬之、藤本隆宏、冈崎哲二等编《企业与环境》第2期第5卷,有斐阁,2005年,314—341页。

原田正纯:《水俣病》,岩波书店,1972年。

堀内昭义:"日本的金融系统:主要银行机能的再考",贝塚启明、财务省财务综合政策研究所,2002年,105—144页。

速水祐次郎、神门善久:《农业经济论》新版,岩波书店,2002年。

日高千景、橘川武郎:"战后日本的主要银行、系统与公司管理",东京大学社会科学研究所《社会科学研究》,1998年,49—6号,1—29页。

平山洋介:《东京的结局》,NTT出版,2006年。

广井良典:"战后日本的再分配政策——产业政策与社会保障政策的活力",《社会保障周刊》,2007年2月12日,42—47页。

深尾光洋:"1980年代后半期的资产价格泡沫与90年代不景气的原因",村松岐夫、奥野正宽编:《平成泡沫的研究上:形成编》,东洋经济新版社,2002年,87—126页。

藤本隆宏:"供方系统的构造、机能、发生",藤本隆宏、西口敏弘、伊藤秀史编:《论集供方系统——创造新企业间关系—》,有斐阁,1998年。

藤本隆宏:《能力构筑竞争:日本的汽车产业为什么那么强?》,中央公论社,2003年。

古内博行:《现代德国经济历史》,东京大学出版会,2007年。

南亮进:《日本的经济发展》第3版,东洋经济新报社,2002年。

三谷直纪:"劳动—技能形成与劳力分配",橘木俊诏编:《验证战后经济》,东京大学出版会,2003年,353—454页。

宫岛英昭:"专业经营者的霸权:日本型经营者企业的创立",山崎广明、橘川武郎编:《日本经营史4:"日本式"经营的连续与断裂》,岩波书店,1995年,76—124页。

宫岛英昭:"日本的企业经营、企业行动",贝塚启明编:《再访:日本型经济系统》,有斐阁,2002年,9—54页。

三轮芳朗、马克·拉姆齐尔(J. Mark Ramseyer):《产业政策论的误解—高速成长的真相》,东洋经济新报社,2002年。

三轮芳朗:《经济学的运用方法:实证性日本经济论入门》,日本评论社,2007年。

村松岐夫、奥野正宽编:《平成泡沫研究上:形成篇》,东洋经济新报社,2002年。

村松岐夫、奥野正宽编:《平成泡沫研究下:崩溃篇》,东洋经济新报社,2002年。

村松岐夫编著:《平成泡沫延迟的研究》,东洋经济新报社,2005年。

森直子、岛西智辉、梅崎修:"日本生产本部发起的海外视察团的运营与效果——海外视察的意义",《企业家研究》,2007年4号。

安场保吉:《经济成长论》,筑摩书房,1980年。

矢田俊文:"煤炭产业",产业学会编:《战后日本产业史》,东洋经济新报社,1995年,994—1,013页。

柳川范之:"何谓泡沫",村松岐夫、奥野正宽编:《平成泡沫研究上:形成篇》,东洋经济新报社,2002年,195—215页。

柳川范之:《何谓不良债权》,东洋经济新报社,2002年。

柳田邦男:《狼来的日子》,文艺春秋,1982年。

吉川洋:《高速成长:改变日本的6,000天》,读卖新闻社,1997年。

吉富胜:《日本经济的真相》,东洋经济新报社,1998年。

米仓诚一郎:"共同幻想的日本型系统的出现与终结",森川英正、米仓诚一郎编:《日本经营史5:超越高速成长》,岩波书店,1995年。

脇村孝平:"生产性运动与'美式经营'——以高层管理人员视察团为中心",Charles Wales、海老塚明编:《日本生产性运动的原点与开展》,社会经济生产性本部生产性劳动信息中心,2004年,58—84页。

年　　表

	西历	日　本	世　界
安土桃山时代	1582	秀吉下令开始检地。之后，在全国范围内实施(太阁检地)	
	1585	秀吉任关白一职,次年得赐姓"丰臣"(丰臣政权实质上的成立)	
	1588	刀狩令。铸造天正大判、小判。	西班牙无敌舰队败于英国舰队。
	1592	秀吉出兵朝鲜("文禄之役",至1593年)。通过实施"身份统制令"实现兵农分离。	
	1597	秀吉再次出兵朝鲜("庆长之役",至1598年),秀吉死后撤退。	
	1600	关原之战。战后,德川家康将佐渡金山、石见以及生野银山变为直辖地。	英国东印度公司成立。
	1601	家康设立金座、银座、钱座,实行统一货币政策(三货制度)。告知西班牙等国,将给出海船只发放朱印状。	
江户时代	1603	家康出任征夷大将军(江户幕府)。	英国斯图亚特王朝成立。荷兰东印度公司成立。
	1604	幕府允许松钱氏垄断与阿依努贸易的利益,松前实施藩制。丝割符制度开始实行(至1655年)。	
	1606	幕府,禁止使用永乐钱,铸造了庆长通宝。	
	1607	朝鲜通信使初次来日。	
	1609	岛津氏,出兵琉球。日朝间缔结贸易协定(己酉条约)。在釜山豆毛浦创设倭馆(1678年迁至草梁)。荷兰在平户开设商馆,开始互通贸易(1610年英国在平户开设商馆)。	荷兰从西班牙独立。

年　表　325

续 表

西历	日本	世界
1613		俄国罗曼诺夫王朝成立。
1614	大阪冬之役。	
1615	德川氏在大阪夏之役中消灭丰臣氏残余力量,宣布实现天下一统(元和偃武)。颁布"武家诸法度"、"禁中并公家诸法度"。	
1616	幕府将中国以外的国外船只限定在平户、长崎两港。	女真族努尔哈赤建立金国。
1617	第2代将军德川秀忠接见朝鲜使节团。	
1618		30年战争开始(至1648年)。
1619	堺商人向江户运送物资(菱垣货船)。	
1620		英国的一部分清教徒渡海到美国(建立新英格兰殖民地的基础)。
1623		安波那事件(英国撤出对日贸易)。
1627	菱垣回船批发商行会在大阪成立。	
1635	第3代将军德川家光修改"武家诸法度",要求大名参勤交替。全面禁止日本人出国。	
1636	发行宽永通宝。	
1637	岛原之乱(至1638年)。	
1639	禁止葡萄牙船只来日(完成"锁国")。	
1641	荷兰平户商馆迁至长崎。	英国清教徒(Puritan)革命(至1649年)。法国路易十四即位(从1661年开始亲政,至1715年)。
1643	发布禁止田地永久买卖的命令。	
1644	幕府命令编制乡村产量账本以及国郡诸城地图(正保图)。	中国明朝灭亡。
1648		《威斯特伐利亚和约》签订(30年战争结束)。
1649	发布庆安触书,列入检地的条款。	
1652		第一次英荷战争(至1654年)。
1655	开始实施相对贸易(至1685年)。	
1660		英国查理二世即位("王政复古")。
1661	福井藩发行银票(现存最老的由藩发行的银票)。	明朝遗臣郑成功收复台湾,并以台湾为根据地对抗清朝(至1683年)。
1665		第二次英荷战争(至1667年)。
1666	发布诸国山川掟。	

江户时代

续 表

	西历	日　本	世　界
江户时代	1668	调整外国船只进口商品种类。调查各藩的特产、禁止货物进出口的情况、斗(1669 将江户斗统一改为京斗)。	
	1670	在大阪设置十大兑换商。	
	1671	河村瑞贤开设东回航路(1672 年开设西回航路)。	
	1672		第三次英荷战争(至 1674 年)。
	1673	发布限制分地的命令。	
	1682		俄国彼得大帝即位。
	1683	确定禁止长崎进出口的品目。三井高利在江户开兑换商店。	清朝消灭郑氏,占领台湾。次年,与俄国签订《尼布楚条约》。
	1685	发布"怜悯动物令"。恢复"丝割符制"。	
	1688		英国光荣革命(1689 年根据"权利宪章"确立议会的主权)。
	1694	在江户成立十组批发商。	
	1695	荻原重秀对货币进行改铸(元禄改铸)。	
	1701		西班牙继承战争(至 1713 年)。
	1707	幕府禁止使用藩券(禁止使用宝永券的命令,1730 年设附带条件解禁。1759 年禁止新发行藩券)。	英国与苏格兰合并,成立大不列颠王国(至 1800 年)。
	1709	正德之治(至 1715 年)。	
	1710	金银的改铸(乾字银等)。	
	1714	新井白石对货币进行改铸(正德的改铸)。	
	1715	发布"海舶互市"新例(正德新例)。	
	1716	享保的改革(至 1745 年)。	
	1718	幕府将检见法改为定免法。	
	1719	发布自行解决借贷纠纷令(至 1729 年)。	
	1721	德川宗吉实施全国人口普查。	英国罗伯特·沃波尔内阁成立(责任内阁制的开始)。
	1722	发布禁止将抵押田地出售的命令。幕府要求大名向幕府进贡大米。	
	1726	发布新田检地条目。	
	1727	设立大阪堂岛大米交易会所(1730 年公认)。	
	1733	德岛藩开始实施蓝专卖制度。	
	1736	改铸正德金银,铸造文字金银(元文的改铸)。	

续 表

西历	日本	世界
1740		普鲁士腓特烈二世即位。奥地利玛丽亚·特蕾西亚即位。奥地利继承战争(至1748年)。
1749	在全国实施定免制。	
1756		七年战争(至1763年)。
1757		清乾隆帝仅保留广州为贸易港口(实施海禁政策)。"公行"(特许商人组织)独占对外贸易。普拉之战(英属东印度公司军队打败法国=印度豪族军队,为英属印度打下了基础)。
1762		俄国叶卡捷琳娜二世即位。
1763		在北美,英国赢得英法殖民地战争的胜利,法国丧失北美殖民地。
1767	田沼意次成为侧用人,1772年成为老中(至1786年被称为"田沼时代")。	
1769		英国瓦特发明蒸汽机车。
1772	发行南镣二朱银。幕府认可大阪传马蔬菜市场、棉花店行会等。	
1773		波士顿倾茶事件。
1776		美国独立宣言(独立战争1775—83年,《巴黎条约》承认其独立。1788年制定合众国宪法)。亚当·斯密《国富论》。
1778	俄国船只至虾夷地,要求通商。	
1779		塞缪尔·克伦普顿发明纺织机。
1782	天明饥馑(至1787年)。	
1787	米价腾贵,江户、大阪等全国主要城市相继发生抢米事件(天明抢米骚动)。宽政改革(至1793年)。	法国大革命。
1789	幕府发布弃捐令,免除旗本、御家人的债务。在江户浅草设置贷款行会。实施围米之制。	
1791	江户制定七分金积金制。	
1792	俄国使节克拉斯曼来日。	法国第一共和国成立(1793年,路易十六受刑)。英国与其他各国结成第一次反法同盟。
1799		法国雾月十八日政变,拿破仑出任第一总统。
1804	俄国使节雷扎诺夫抵达长崎要求与日本通商。	拿破仑制定民法典,当上皇帝(第一帝政)。

(江户时代)

续 表

	西历	日　本	世　界
江户时代	1813		在莱比锡战役中拿破仑败仗（1814年退位，1815年复位）。
	1814		维也纳会议（1815年缔结《维也纳议定书》）。
	1815		英普联军在滑铁卢大败拿破仑。
	1825	发布驱赶异国船令。	
	1827	萨摩藩开始改革藩政。	
	1830	水户藩开始改革藩政。	法国七月革命。利物浦与曼彻斯特之间开通世界上最初的铁路。
	1832		英国第一次修改选举法。宪章派运动。
	1833	天保饥馑（至1839年）。	
	1834	水野忠邦出任老中。	德国成立关税同盟。
	1837	大阪发生大盐平八郎之乱。越后柏崎发生生田万之乱。	英国维多利亚女王即位（至1901年）。
	1839	蛮社之狱。	
	1840		鸦片战争（至1842年，签署《南京条约》）。
	1841	天保改革（1843年失败，水野忠邦下台）。发布解散工商行会的命令。	
	1846		英国废止《谷物法》。1849年废止《航海法》，走向自由贸易体制。美国墨西哥战争（至1848年）。
	1848		法国二月革命（第二共和政体）。德国三月革命。马克思、恩格斯《共产党宣言》。
	1851		清朝太平天国运动（至1864年）。
	1852		拿破仑三世建立法兰西第二帝国。
	1853	美国海军提督佩里抵达浦贺。	克里米亚战争（至1856年）。
	1854	签订《日美和亲条约》（开国）。	
	1856		亚罗战争（1860年签署《北京条约》）。
	1857		印度大暴动。1858年被英国东印度公司军镇压，莫卧儿帝国灭亡。
	1858	签订《安政五国条约》。1859年开始在横滨、长崎、箱根开展贸易。安政大狱。	
	1860	樱田门外之变。五品江户回送令。	

续 表

	西历	日 本	世 界
江户时代	1861		意大利王国成立。俄国亚历山大二世发布解放农奴令。美国南北战争(至1865年)。
	1864		在伦敦成立第一共产国际(至1876年)。
	1866	萨长联合成立。签订改税条约。	普奥战争。
	1867	大政奉还。	英国第二次修改选举法。
明治	1868	发布王政复古的大号令、五条誓文。戊辰战争(至1869年)。	
	1869	版籍奉还。	美国横贯大陆铁路开通。苏伊士运河开通。
	1870		普法战争(至1871年)。
	1871	开通邮政。公布实施户籍法。发布新货币条例。废藩置县。签订甲午修好条约。岩仓使节团访问欧洲列国(至1873年)。	德意志帝国成立。借助赔偿金向金本位制过渡。法国巴黎公社成立(2个月后瓦解)。
	1872	解禁田畑永代买卖。制定学制。新桥—横滨铁路开通。发布国立银行条例。采用阳历。富冈制丝厂开工。	
	1873	发布征兵令、地租改正条例。发起关于征韩论的争论。(明治六年政变)。	
	1875	签订《萨哈林·千岛交换条约》。江华岛事件。	法国第三共和国。
	1876	签订《日朝修好条约》。发布《废刀令》。实施秩禄处理。发生神风连、秋月、萩之乱等士族暴动。三重县发生农民暴动。	奥斯曼土耳其宰相米德哈特发布亚洲最早的宪法,因俄土战争(1877—78年)而停止。
	1877	西南战争。	英国宣布成立印度帝国。
	1878	制定地方三新法(《郡区町编制法》《府县会规则》《地方税规则》)。	
	1879		美国爱迪生发明电灯。
	1880	公布《工厂转让规则》	
	1881	发布开设国会的敕谕。明治十四年政变。开始实施松方财政政策。日本铁道会社成立。	
	1882	日本银行开业(1885年发行兑换日本银行券,事实上实施银本位制)。	
	1883	大阪纺织厂开业。	

续 表

	西历	日本	世界
明治	1884		中法战争(1885年。1887年成立法属印度支那联邦)。
	1885	日本邮船会社成立。开始实施内阁制度。	
	1887		成立第二国际(至1914年)。
	1889	公布《大日本国宪法》。东海道线全线开通。从年底开始发生经济恐慌。	
	1890	实施第一次众议院议员选举。召开帝国议会。绵丝的出口量超过进口量。	
	1891	大津事件。足尾铜矿中毒事件引起社会关注。	俄法同盟(至1894年)。
	1894	签署《日英通商航海条约》。甲午战争(至1895年)。	朝鲜甲午农民起义(东学党之乱)。
	1895	在下关签署《马关条约》。俄德法三国干涉。	
	1896	公布《奖励造船法》以振兴造船海运业。	
	1897	制定货币法(确立金本位制)。	
	1898		美西战争。中国戊戌变法。
	1899	公布商法。实施修改条约(恢复法权)。	南非战争(至1902年)。
	1900	经济恐慌(至1901年)。	义和团事件(至1901年)。列强出兵。
	1901	八幡制铁厂开始生产。	
	1902	缔结日英同盟。设立日本兴业银行。	俄国建成西伯利亚铁路。
	1903		美国莱特兄弟发明飞机。福特设立汽车公司。
	1904	日俄战争(至1905年,签署《朴次茅斯条约》)。签署《日韩议定书》。缔结第一次《日韩协约》。	
	1905	缔结第二次《日韩协约》。在汉城(今首尔)设置统监府。	俄国"血的星期日"事件。
	1906	公布实施《铁路国有法》。南满洲铁路株式会社成立。	
	1907	签署第一次《日俄协约》。	英法俄三国协商。
	1909	三井合名会社成立。	
	1910	合并韩国。设置朝鲜总督府。	
	1911	签署《日英新通商航海条约》(恢复关税自主权)。公布《工厂法》(1916年实施)。	中国辛亥革命。
	1912	明治天皇去世,大正天皇即位。	中华民国成立,清朝灭亡。

续 表

	西历	日 本	世 界
大正	1914	西门子事件。参加第一次世界大战。	爆发第一次世界大战（至1818年）。巴拿马运河。
	1915	对华"二十一条"要求。	
	1916	签署第四次《日俄协约》。	中国袁世凯去世。
	1917	开始西原借款。禁止出口黄金。石井蓝辛协议（1923年废弃）。	俄国爆发三月革命，罗曼诺夫王朝灭亡。俄国十月革命。
	1918	出兵西伯利亚（1922年撤兵）。发生抢米事件。原敬政友会成立（第一个真正的政党内阁）。	美国威尔逊总统发表十四条。德意志共和国成立。
	1919	朝鲜发生"三·一"运动。	巴黎和会。中国"五四"运动。签订《凡尔赛和约》。在莫斯科成立第三国际。德国制定魏玛宪法。
	1920	战后恐慌。东京上野举行日本第一次"五一"集会。实施第一次国势调查。	国际联盟成立（至1946年）。
	1921	原敬首相遭暗杀。皇太子裕仁担任摄政。废弃日英同盟。	中国共产党成立。召开华盛顿会议（至1922年，缔结海军裁军条约、九国条约、四国条约）。
	1922	日本共产党成立。	苏联社会主义联邦成立。热那亚国际经济会议（重建国际金本位制的决议）。
	1923	关东大地震。	
	1924	第二次宪政拥护运动（护宪三派组成加藤高明内阁）。	中国第一次国共合作。美国发表道斯方案。
	1925	公布普通选举法。	
	1926	大正天皇去世，昭和天皇即位。	中国开始北伐。
昭和	1927	金融恐慌。田中义一政友会内阁成立。	中国蒋介石在南京建立政权。
	1928	实施第一次普通选举。炸死张作霖的皇姑屯事件（满洲事件）。	巴黎不战条约成立。苏联实施一个五年计划（至1932年）。
	1929	滨口雄幸民政党内阁成立。	发生杨格案。10月纽约股市暴跌（世界经济危机的开端）。
	1930	黄金出口解禁。昭和恐慌。缔结《伦敦海军裁军条约》。	
	1931	制定重要产业管制法。"九·一八"事变（满洲事变）。犬养毅政友会内阁成立。再次禁止黄金出口。	麦克唐纳内阁成立，停止金本位制,渥太华会议（区域经济政策）。
	1932	血盟团事件（暗杀井上准之助、团琢磨）。"满洲国"建国宣言。"五·一五事件"。缔结日满议定书。	

续　表

	西历	日　本	世　界
昭和	1933	日本脱离国际联盟。	德国纳粹政权成立。苏联实施第二个五年计划(至1937年)。美国罗斯福就任总统,开始实施新政。
	1934	日本制铁公司成立。帝人事件。室户台风。	中国共产党红军开始长征(至1936年)。
	1935	天皇机关说事件。国体明征运动。相泽事件。	德国撕毁《凡尔赛和约》,重新军备。美国制定瓦格纳法。
	1936	"二·二六事件"。日德防共协定成立。	西班牙内乱(至1939年)。中国西安事变。
	1937	卢沟桥事件(中日战争开始,至1945年)。公布《临时资金调拨法》《进出口品等临时措施法》《军用工业动员法》等。设置规划院(开始策划物质动员计划)。	
	1938	制定国家总动员法。	
	1939	诺门汗事件。公布《价格管制法》(至1946年)。	第二次世界大战爆发(至1945年)。
	1940	日军侵入北部法领印度支那。日德意三国同盟成立。大政翼赞会、大日本产业报国会成立。	
	1941	日军在马来半岛登陆。偷袭珍珠湾,太平洋战争爆发(至1945年)。	英美首脑在大西洋上会谈,发表《大西洋宪章》。
	1943	英美中首脑举行开罗会谈,发表《开罗宣言》。	
	1944	塞班岛陷落。东条内阁总辞职。	缔结布雷顿森林协议(1945年生效)。
	1945	日本接受《波茨坦宣言》,签署投降书。根据盟军最高司令部(GHQ)的五大改革令实施财阀解体,公布《新选举法》(妇人参政权等)、《劳动工会法》,实施第一次土地改革。	英美苏首脑举行雅尔塔会谈。英美中发表《波茨坦宣言》。联合国成立。印度支那共和国成立。
	1946	发布《开除公职法》《金融紧急措施令》。此时第二次土地改革。公布《日本国宪法》(从1947年开始实施)。采取倾斜生产方式。	印度支那战争(至1954年)。创设国际货币基金(IMF)。国际复兴开发银行开始营业。
	1947	"二·一大罢工"停止。公布《教育基本法》《劳动基准法》《禁止垄断法》《排除经济过度集中法》,修改民法。	美国对苏联实施封锁政策(杜鲁门主义)。发表欧洲经济复兴援助计划(马歇尔计划)。苏联和东欧六国设立经济援助计划会议(COMECON,至1991年)。印度联邦、巴基斯坦独立。

续 表

西历	日本	世界
1948	美军总司令部宣布执行《经济安定九原则》。	大韩民国、朝鲜民主主义人民共和国成立。缅甸、斯里兰卡独立。以色列宣告建国,爆发第一次中东战争。GATT 成立(1995 年改为 WTO)。
1949	美国指示日本根据道奇路线制定预算方案。设定单一兑换率(1 美元=360 日元)。休普就税制提出劝告。	西方十二国成立北大西洋公约组织(NATO)。德意志联邦共和国、中华人民共和国、德意志民主共和国、印度尼西亚共和国成立。
1950	朝鲜特需景气(至 1953 年)。	中苏签署友好同盟相互援助条约。朝鲜战争爆发(1953 年停战)。
1951	签署《旧金山和约》《日美安全保障条约》(1952 年生效)。	
1952	加入 IMF。	
1953		苏联斯大林去世。
1954	神武景气(1954 年 11 月至 1957 年 6 月)。	
1955	日本社会党左右两派再次统一,自由党和民主党联合组建自由民主党(55 年体制开始,至 1993 年)。制定煤矿合理化临时措施。	亚非会议(万隆会议),通过和平十项原则。东欧成立相互防卫援助条约机构(华沙条约组织)(至 1991 年)。
1956	《日苏共同声明》(日苏邦交正常化)。日本加入联合国。	苏联批判斯大林。埃及宣布将苏伊士运河国有化。第二次中东战争爆发(至 1957 年)。
1957		欧洲经济共同体(EEC)。苏联成功地发射人造卫星。
1958	岩户景气(1958 年 6 月至 1961 年 12 月)。	中国开始大跃进运动。法国第五共和制。
1959	皇太子结婚。伊势湾台风。	古巴革命。中印国境纠纷。
1960	三井三池争议。安保斗争激化。签署《新日美安全保障条约》。内阁发布"收入倍增计划"。	非洲 17 国独立。签署经济合作开发机构条约。
1961	确立国民全民养老金、保险的制度。制定《农业基本法》。	美国肯尼迪就任总统(1963 年遭暗杀)。
1962		古巴危机。
1963	关西电力黑部川第四发电厂竣工。	非洲统一机构(OAU)成立。马来西亚联邦成立。
1964	过渡到 IMF 八国。加入 OECD。东京奥运会。	71 个发展中国家成立联合国发展会议(NUCTAD)。巴勒斯坦解放机构(PLO)成立。

昭和

续表

	西历	日 本	世 界
昭和	1965	日本银行向山一证券实施特别融资。签署《日韩基本条约》。战后首次发行"赤字国债"。伊奘诺景气(1965年10月至1970年7月)。	越南战争激化。美国开始轰炸北越。
	1966		中国文化大革命开始(至1976年结束)。
	1967	制定《公害对策基本法》。	第三次中东战争。欧洲经济共同体(EC)成立。东盟(ASEAN)成立。
	1968	日本的国民生产总值(GNP)位居世界第二。大学纠纷激化。	苏联、东欧军队进驻捷克布拉格(布拉格之春)。
	1969	警察机动队解除对东京大学安田讲堂的封锁。减少耕种面积的措施。开始实施自主流通米制度。	阿波罗登月飞行成功。
	1970	八幡制铁厂与富士制铁厂签署合并协议,成立新日本制铁。《日美安全保障条约》延长。	
	1971	环境厅成立。外汇兑换比率设定为1美元=308日元(至1973年)。	美国尼克松总统宣布停止美元与黄金的兑换,使美元贬值。签署史密森协定。
	1972	浅间山事件。冲绳回归本土。田中角荣发表《列岛改造论》。发表《中日共同声明》(中日邦交正常化,1978年签署《中日和平友好条约》)。	美国尼克松总统访华。水门事件。
	1973	日元过渡到变动汇率制。GATT在东京举行协商会议。实施《大规模零售店铺法》。	签署越南和平协定(1976年越南社会主义共和国成立)。发达国家向变动汇率制过渡。第四次中东战争爆发。第一次石油危机。
	1974	第一次石油危机使物价飞涨。	
	1975		攻占西贡,越南战争结束。第一次发达国家首脑会议在法国召开。
	1976	洛希德事件,田中角荣前首相被捕。	
	1977	设定200海里排他性经济水域。	
	1978	新东京国际机场(成田机场)开通。制定《特定萧条产业安定临时措施法》。	伊朗革命(至1979年)。第二次石油危机。
	1979		英国撒切尔政权成立(至1990年)。苏联出兵阿富汗(至1988年)。
	1980	首次众参两院同日选举。大平正芳首相突然去世。铃木善信内阁成立。	波兰出现独立自主管理的工会。两伊战争(至1988年)。

年表 335

续 表

	西历	日 本	世 界
昭和	1981	第二次临时行政调查会(至 1983 年)。	美国里根政权诞生(至 1989 年)。
	1982		英国阿根廷围绕马岛的归属问题发生战争。
	1983	东京迪士尼乐园开业。任天堂发售游戏机。三宅岛火山爆发。	大韩航空飞机坠落事件。
	1985	日本电信电话公司分割民营化。日本航空 123 航班坠落事故。	苏联戈尔巴乔夫就任总书记。G5 广场协议。
	1986	景气呈现扩大局面(后来变为泡沫景气,至 1991 年)。发表前川报告。	苏联切尔诺贝利原子能发电站事故。
	1987	国有铁路的民营化。	G7 达成共识。美国股市暴跌,并波及世界。
	1988	利库路特事件。	
	1989	昭和天皇去世。平成天皇即位。实施《消费税法》(3%)。日美首脑会议决定开始进行日美构造协商。日本劳动工会总联合会("联合")成立。	
平成	1990	大藏省限制不动产金融的总量。	伊拉克攻打科威特。东西德国统一。
	1991	泡沫经济瓦解。证券违规事件受到社会关注。进入平成长期停滞期。	海湾战争爆发。苏联瓦解。EC 加盟国签署《马斯特里赫特条约》。美国、加拿大、墨西哥签署《北美贸易协定》(NAFTA,1994 年生效)。
	1992	《PKO 协作法》成立。	
	1993	细川护熙联合政权成立,55 体制瓦解。	欧盟(EU)成立。
	1994	自民、社会、魁三党联合的村山富市政权成立。	
	1995	阪神淡路大地震。奥姆真理教地铁沙林事件。	世界贸易组织(WTO)成立。
	1996	日本版金融大爆炸开始。	
	1997	消费税增税。三洋证券、北海道拓殖银行、山一证券倒闭。政府向 21 家大型银行投入 1.8 兆日元的资金。	香港回归。亚洲金融危机。京都议定书。
	1998	成立金融监督厅。实施《NPO 法》。	
	1999	日本银行实施零利息(2000 年解除。2001 年实施数量缓和政策,2006 年解除)。政府向 15 家大型银行投入 7.45 兆日元的资金。平成市町村大合并(第一次,至 2006 年)。	欧盟 11 国单一货币欧元。

续　表

	西历	日　本	世　界
平成	2000	实施《地方分权一揽子法》。	美国 IT 泡沫瓦解。
	2001	小泉政权成立(至 2006 年),提出"无圣域的改革"。	美国"九·一一"恐怖事件。
	2002	小泉首相访问朝鲜(签署《日朝平壤宣言》)。经团联与日经联合并为经济团体联合会(日本经团联)。	
	2003	自卫队派往伊拉克(2008 年撤退)。利索那银行实质上国有。伊拉克战争(第二次海湾战争)爆发。	
	2004	新潟县中越大地震。	苏门答腊岛洋面大地震,海啸。
	2005	围绕邮政民营化的众议院总选举(自民党大胜)。道路相关四公团民营化。	
	2006	活力门事件。实施《会社法》。	
	2007	参议院选举自民党失败,沦为在野党。邮政民营化。社会保障厅的养老金记录消失问题受到社会的关注。	
	2008		美国金融危机,波及世界。美国总统选举,奥巴马当选(2009 年初诞生了美国第一位黑人总统)。
	2009	民主党在众议院选举中获得压倒性胜利。鸠山由纪夫内阁执政(至 2010 年)	美国总统奥巴马在布拉格表示要创建没有核武器的世界。
	2010	日本航空申请破产(负债额为 2 万亿日元)。民主党菅直人内阁执政(至 2011 年)。	英国保守党与自由民主党联合执政(卡梅伦首相)。 中国 GDP 跃居世界第二(日本第三)。
	2011	3.11 东日本大地震,福岛第一核电站发生事故。民主党野田佳彦内阁执政(至 2012 年)。	利比亚卡扎菲政权倒台(之后卡扎菲去世)。
	2012	自民党在众议院选举大获全胜,第二次安倍晋三内阁执政。	习近平就任中国共产党总书记(2013 年就任国家主席)。
	2013	政府以及日本银行出台政策,制定稳定物价的目标。	IOC(国际奥委会)决定由东京承办 2020 年奥运会及残奥会。
	2014	消费税由 5% 提升至 8%	BCB(欧洲央行)实施负利率政策。
	2015	安全保障相关法案通过。	伊斯兰极端组织 ISIL 连续制造恐怖袭击事件。
	2016	日本银行实施负利率政策。熊本地震。	英国公投,选择脱离欧盟。美国总统选举,特朗普当选(2017 年就任)。

专栏撰稿人简介

荒武贤一郎　专栏1、2

东北大学东北亚研究中心副教授,1972年出生,关西大学研究生院文学研究科博士课程毕业,文学博士。主要成果有:《关于屎尿的近世社会——大阪地区的农村和都市》(清文堂出版,2015年);《日本史学的前沿1、2》(共编著,法政大学出版局,2015年);《了解世界遗产——从日本的文化遗产的视角来看》(共著,东北大学出版会,2015年)等。

田口英明　专栏3

1977年出生,庆应大学研究生院经济学研究科博士课程修满学分退学。主要成果有:"大正时期新潟县租佃习惯、区域经济发展、租佃纠纷(1)——新潟县北部地区佃租水准与地域经济的变动",KEIO－GSEC Project on Frontier CRONOS WP系列(05－35,2005);"大正时期新潟县租佃习惯、区域经济发展、租佃纠纷(2)——从《租佃惯例调查》的记载内容看租佃合同期间设定的要素",KEIO－GSEC Project on Frontier CRONOS WP系列(06－05,2006)等。

谷本雅之　专栏4

东京大学研究生院经济学研究科教授,1959年出生,东京大学研究生院经济学研究科第二种博士课程学分修满退学,经济学博士。主要成果有:《日本的传统经济发展与纺织业——市场形成与家族经济》(名古屋大学出版会,1998年);*The Role of Tradition in Janpan's Industrialization: Another Path to Industrialization*;《日本经济史——从近世到现代》(共著,有斐阁,2016年)等。

岛田昌和　专栏5

文经学院大学经营学部教授,1961年出生,明治大学研究生院经营学研究科博士课程学分修满退学,经营学博士。主要成果有:《进化的经营史——个人与人组织的灵活性》(共编著有斐阁,2008年);《涩泽荣一的企业家活动研究——战前企业系统的创造与出资者经营者的作用》(日本经济评论社,2007年);"经济立国日本的经济学——涩泽荣一与亚洲",《岩波书店,"帝国"日本的学知第 2 卷"帝国"的经济学》(共著,杉山伸也主编,岩波书店,2006 年)等。

高桥周　专栏 6

东京海洋大学研究生院海洋科学系副教授,1971 年出生,早稻田大学研究生院经济学研究科博士课程学分修满退学,经济学博士。主要成果有:"两大战期间鱼粉贸易的逆转——传统鱼肥的出口商品化与欧美市场",《社会经济史学》70 卷 2 号,2004 年;"从日俄战争到第一次世界大战前日本的肥料进口——以与国际市场的关联为中心",《社会经济史学》72 卷 1 号,2006 年等。

镇目雅人　专栏 7

早稻田大学政治经济学术院教授,1963 年出生,1985 年庆应大学经济学部毕业,经济学博士。主要成果有:"关于日本转向近代货币体系的背景",《国民经济杂志》197 卷 6 号,2008 年;《世界经济危机与经济政策——"开放小国"日本的经历与现代》(日本经济新闻出版社,2009 年);译著《高桥是清——日本的凯恩斯,其生涯以及思想》(理查德 J. 司摩士著,东洋经济新报社,2010 年)等。

中村一成　专栏 8

上武大学商务信息学部讲师,1976 年出生,一桥大学研究生院经济学研究科博士课程后期学分修满退学。主要成果有:"'国民皆保险'与大城市的国民健康保险——以名古屋市为例",《同时代史研究》7 号,2014 年;"近代日本的山区医院医疗供给与区域社会——从乡绅到行业工会",《历史与经济》234 号,2017 年等。

小林启祐　专栏 9

公立大学法人高崎经济大学助手,1980 年,一桥大学研究生院经济学研究科博士后期课程学分修满退学。主要成果有:"亚洲太平洋战争开战前后的千叶都市规划——军工厂投资、防空计划与都市规划的变化",《千叶今昔》20 号,2007 年;"昭和初期千叶都市规划与市财政——都市规划法下的费用负担",《千叶史研究》17 号,2009 年。

岛西智辉　专栏 10、11

东洋经济大学经济学部教授,1977 年出生,庆应大学研究生院商学研究科博士课程学分修满退学,商学博士。主要成果有:"日本生产性本部海外视察团的运营与效果——海外视察体验的意义",《企业家研究》4 号,2007 年;《日本煤炭产业的战后史——市场构造变化与企业行动》(庆应大学出版会,2011 年)等。

译后记

《日本经济史:1600—2000》书由彭曦、刘姝含、韩秋燕、唐帅合译,分工情况如下:

彭曦:前言、第一章、部分参考文献、部分年表、校对(译)全文;

刘姝含:第四、第六章;

韩秋燕:第二、第三章;

唐帅:第五章、部分参考文献、部分年表、部分图表。

另,《日本经济史:1600—2015》修订版的新增补分,均由彭曦翻译。

不当之处,恳请读者指正。

译者代表彭曦
2018 年 6 月于南京大学

图书在版编目(CIP)数据

日本经济史：1600-2015 /（日）浜野洁等著；彭曦
等译. —南京：南京大学出版社，2018.6(2022.8 重印)
（阅读日本书系）
ISBN 978-7-305-20390-9

Ⅰ. ①日… Ⅱ. ①浜… ②彭… Ⅲ. ①经济史－日本
－1600－2015 Ⅳ. ①F131.39

中国版本图书馆 CIP 数据核字(2018)第 135207 号

NIHON KEIZAISHI 1600-2015：REKISHI NI YOMU GENDAI
Copyright © 2017 by Kiyoshi Hamano, Shigehiko Ioku, Muneyoshi Nakamura,
Makoto Kishida, Masakazu Nagae, and Toshiaki Ushijima
All rights reserved.
Original Japanese edition published in 2017 by Keio University Press Inc., Tokyo
This Simplified Chinese language edition published by arrangement with Keio
University Press Inc., Tokyo in care of Tuttle-Mori Agency, Inc., Tokyo
through Bardon-Chinese Media Agency, Taipei City.
Simplified Chinese edition rights © 2018 Nanjing University Press Co., Ltd.

江苏省版权局著作权合同登记　图字：10-2010-123 号

出版发行	南京大学出版社
社　　址	南京市汉口路 22 号　　邮　编　210093
出 版 人	金鑫荣
丛 书 名	阅读日本书系
书　　名	日本经济史　1600—2015
作　　者	浜野　洁　井奥成彦　中村宗悦　岸田　真 　　　　　永江雅和　牛岛利明
译　　者	彭　曦　刘姝含　韩秋燕　唐　帅
责任编辑	田　雁　　　　　编辑热线 025-83596027
照　　排	南京紫藤制版印务中心
印　　刷	江苏凤凰通达印刷有限公司
开　　本	635×965　1/16　印张 22.5　字数 322 千
版　　次	2018 年 6 月第 1 版　2022 年 8 月第 3 次印刷
ISBN 978-7-305-20390-9	
定　　价	68.00 元

网　　址	http://www.njupco.com
官方微博	http://weibo.com/njupco
官方微信	njupress
销售热线	(025)83594756

* 版权所有，侵权必究
* 凡购买南大版图书，如有印装质量问题，请与所购
　图书销售部门联系调换